KB164316

기술 중독 사회

첨단기술은 인류를 구원할 것인가

기술 중독 사회

Geek Heresy

켄타로 토야마 Kentaro Toyama 지음

전성민 옮김

유아이북스

기술 중독 사회

1판 1쇄 발행 2016년 5월 20일
1판 3쇄 발행 2018년 4월 30일

지은이 켄타로 토야마
옮긴이 전성민
펴낸이 이윤규

펴낸곳 유아이북스
출판등록 2012년 4월 2일
주소 서울시 용산구 효창원로 64길 6
전화 (02) 704-2521
팩스 (02) 715-3536
이메일 uibooks@uibooks.co.kr

ISBN 978-89-98156-56-5 03300
값 15,000원

• 이 도서의 국립중앙도서관 출판예정도서목록(CIP)은 서지정보유통지원시스템 홈페이지
  (http://seoji.nl.go.kr)와 국가자료공동목록시스템(http://www.nl.go.kr/kolisnet)에서
  이용하실 수 있습니다.(CIP제어번호: CIP2016009909)

비즈니스에 어떤 기술을 적용하고자 할 때 고려해야 할 두 가지 법칙이 있다. 첫 번째 법칙은 효율적으로 운영하는 곳에 자동화를 적용하면 그 효율성이 배가된다는 것이고, 두 번째 법칙은 비효율적으로 운영하는 곳에 자동화를 적용하면 그 비효율성이 더욱 커진다는 것이다.

빌 게이츠,《우리 앞의 길The Road Ahead》(1995)

여는 글

과학기술은 인류의 구원자인가

"재능은 보편적으로 주어지지만 기회는 그렇지 않다."

2011년 봄, 캘리포니아대학교 버클리캠퍼스(UC버클리)에서 미국 국가 최고기술경영자CTO(Chief Technology Officer)이자 구글닷오그Google.org의 전 부사장인 메건 스미스Megan Smith는 개회사를 이렇게 시작했다. 스미스와 나는 '디지털 격차와 디지털 가교: 정보 기술이 빈곤을 해결할 수 있는가?'라는 주제의 행사에 패널로 나와 있었다.[1] 이 행사는 캠퍼스에서 가장 오래된 건물이면서 최근에 설립된 정보대학원이 자리한 사우스홀에서 열렸다. 참석한 패널들은 학생과 교수뿐만이 아니었다. 또한 샌프란시스코 만안 지역의 영향력 있는 투자가, 비영리단체 리더, 사회적 기업들의 주목을 받았다.

당시 구글닷오그의 모토는 '기술 중심의 자선사업'이었는데, 스미스는 이를 기꺼이 받아들였다.[2] 그는 재능은 보편적으로 주어진다는 데에 동의하면서 기회 또한 점점 더 보편화되고 있다고 말했다. 스미스의 말에 의하면 기회는 '네트워크'와 함께 확대되는데, 이 네트워크란 인터넷, 휴대전화

시스템, 그리고 이들을 기반으로 이루어지는 구글의 기술을 의미하는 듯하다.

점점 더 많은 사람들이 서로 연결되고 있다는 점은 간과할 수 없는 사실이다. 2014년 말까지 약 30억 명의 사람들이 인터넷을 사용했다. 2015년에는 총 휴대전화 가입자 수가 세계 인구를 넘어섰다.[3] 이 두 수치는 계속 증가하고 있다. 스미스는 이러한 기술을 통해 세상의 모든 지식을 온라인상에서 무료로 이용하게 해야 한다고 제안했다. 만약 스미스의 제안이 이루어진다면 전 세계의 사람들이 즉시 수많은 기회를 갖게 될 것이다. 그렇게 되면 재능뿐만 아니라 기회 역시 인터넷으로 말미암아 보편적으로 주어진다고 말할 수 있을 것이다.

세계를 선도하고 있는 기술전문가들은 스미스의 제안에 전적으로 공감하며, 바삐 경쟁하고 있다. 2009년, 인터넷 핵심 프로토콜의 창시자인 팀 버너스 리Tim Berners-Lee는 '세계 공익이자 기본 권리'로서 웹을 확산시키고자 '월드와이드웹 재단World Wide Web Foundation'을 설립했다. 재단의 구호는 '사람 사이를 연결하여 인간성을 북돋우자Connecting People. Empowering Humanity'였다.[4] 몇 년이 지난 후 구글에 있는 스미스의 동료들은 태양열로 전원을 공급받는 풍선으로 무선 인터넷 서비스를 제공하는 일에 착수했다. 래리 페이지Larry Page 구글Google 최고경영자[5]는 "현재 세계 인구 세 명 중 두 명은 인터넷 접속 환경이 불안하다. 그래서 풍선으로 인터넷 환경을 제공하면 사람들에게 도움이 될 것으로 생각했다"고 말했다.[6] 이에 뒤질세라 페이스북Facebook 창업자인 마크 주커버그Mark Zuckerberg는 2013년 인터넷닷오그Internet.org를 발표하고 "우리는 하늘에서 인터넷을 보급해 주는 방법을 연구하고 있다"는 글을 인터넷에 올렸다.[7] 주커버그는 적외선 레이저와 고공 무인기로 원격지까지 인터넷이 연결되기를 바라고 있다.

이와 같은 '기술 거인'들이 자신이 만든 창조물로 메시아인 양 행세하는 것은 더 이상 놀랄 일도 아니다. 놀랄 만한 일은 따로 있다. 이 거인들의 전망이 실리콘밸리 밖에 있는 사람들의 마음까지 사로잡았기 때문이다. 아른 던컨Arne Duncan 미 교육부 장관[8]은 "기술이야말로 교육 분야의 게임 체인저game changer[9]이며, 모두의 학업성취도를 개선하고 그동안 소외된 아이들과 지역사회를 위해 형평성을 제고하는 측면에서 절실히 원했던 것이다"라고 말했다.[10] 《빈곤의 종말The End of Poverty》의 저자이자 유엔의 밀레니엄 빌리지 프로젝트Millennium Villages Project[11]를 이끌고 있는 경제학자 제프리 삭스Jeffrey Sachs는 "휴대전화와 무선인터넷은 고립 자체를 허용하지 않기 때문에 이 시대의 경제 발전에 있어 가장 혁신적인 기술이 될 것"이라고 믿고 있다.[12] 또한 2011년, 당시 미 국무장관이었던 힐러리 클린턴Hillary Clinton은 새로운 외교 정책 원칙을 발표했다. 그녀는 정보 네트워크를 "빈곤에 빠진 사람들을 구하고 그들이 결핍에서 해방되도록 사용해야만 하는 위대한 평등주의자"라고 말하면서 '인터넷 자유'를 제안했다.[13] 이처럼 세계의 리더들은 기술이 세상을 더 살기 좋게 만들 것이라고 확신했다.

하지만 과연 기술이 긍정적인 사회 변화를 가져오는 것일까?

미국의 빈곤을 예로 살펴보자. 미국의 빈곤율은 1970년까지 수십 년간 지속적으로 낮아졌다. 하지만 그 이후 감소 추세가 멈추고 빈곤율이 12

에서 13퍼센트 사이로 유지되고 있는데, 이는 세계에서 가장 부자인 나라로서는 당황스러울 정도로 높은 수치다. 게다가 2007년 경기 침체 이후에는 계속 증가하기만 했다.[14] 지난 40년에 걸쳐 빈곤층과 중산층 가정의 실질수입은 정체되었고 이렇다 보니 불평등은 지난 100년간 볼 수 없었던 수준까지 올라가고 말았다.[15]

같은 40년의 기간 동안 미국에는 새로운 기술이 폭발적으로 출현했다. 미국에는 인터넷과 개인용 컴퓨터의 시대가 열렸다. 미국 기업들은 휴대전화와 소셜 미디어social media [16]를 개발했고, 애플, 구글, 마이크로소프트, 트위터 같은 기업은 수십억 명이 사용할 상품을 잇달아 출시하며 세계 비즈니스를 지배했다. 2014년에는 미국 내 페이스북 계정 수가 2억 1000만 개를 넘으면서 15세부터 64세에 이르는 미국 인구수를 넘어섰다. 그 후 한동안 가입자 수가 미국 총 인구수를 앞질러 왔다.[17]

이렇듯 세계에서 기술적으로 가장 발전한 나라가 혁신의 황금기를 거쳤는데도 빈곤율을 줄이지 못했다. 경이로운 디지털 기술도 두드러진 사회 병폐를 완화시키지는 못한 것이다.[18]

능력이 아닌 기회가 불공평하다

스미스가 말한 "재능은 보편적으로 주어지지만 기회는 그렇지 않다"는 전 해병대 대위였던 라이 바코트Rye Barcott의 회고록《전쟁으로 가는 도중 생긴 일It Happened on the Way to War》의 발췌문을 인용한 것이었다. 바코트는 2000년에 케냐 나이로비에서 장교로 훈련을 받다가 그곳의 가장 큰 슬럼가인 키베라를 방문한 뒤 세계 빈곤 문제에 눈을 떴다. 이후 그는 빈곤 문제를 해결하기 위해 무언가를 해야 한다는 의무감을 느끼고 지역 주민인 다비다 아티에노 페스토Tabitha Atieno Festo, 사림 모하메드Salim Mohamed와 함께 '키베라를 위한 캐롤리나CFK(Carolina For Kibera)'라는 비영리단체를 설립했다. 이 단체는 의료와 교육 프로그램을 운영하며 젊은 리더를 양성함으로써 지역사회 문제를 해결하고자 했다. 한 예로 주마라는 사람은 CFK 청소년 축구팀에 있다가 자신의 재능을 깨닫고 CFK로부터 의대 장학금을 지원받았다. 그리고 현재 CFK 진료소에서 환자를 돌보고 있다.[19] CFK 설립자들은 모든 사람이 잠재력을 갖고 태어나지만, 모두에게 그 잠재력을 개발할 기회가 주어지지는 않는다고 생각한다. 그렇기에 재능은 보편적으로 주어지지만 기회를 통해 그 재능을 키우려는 것이다.

이 부분에서 바코트의 주장은 스미스의 주장과 차이를 보인다. 즉, 스미스는 재능에 대한 답으로 외부 공급을 제시하는 반면, 바코트는 내적인 힘을 키워 나가야 한다고 주장하는 것이다. 그 차이는 매우 심오한데, 사실 스미스는 물론 구글의 전 직원조차 내적인 힘의 중요성을 익히 잘 알고 있다. 구글이 자사 웹사이트에 올리는 구직 공고상으로는 인터넷에 접속할 수만 있다면 누구든지 입사 지원이 가능하다. 이렇듯 모두에게 채용 기회가 열려 있다고는 하지만, 실제로 다양한 면접과 적성검사를 통과할 수 있는 것은 소수의 사람, 즉 필요한 교육을 받았고 관련된 경험이 있으며 인적 관계가 있는 사람뿐이다. 때문에 온라인상에 구직 기회가 있어도 항상 실질적인 구직 기회라고는 볼 수 없다. 스미스 자신도 미국 캘리포니아 주 이스트팔로알토East Palo Alto의 고교 중퇴자와 스탠퍼드대학교의 컴퓨터공학 박사의 소프트웨어 해킹 능력이 서로 같다고 주장할 수는 없을 것이다. 그럼에도 스미스는 인터넷이 소외 계층을 위한 기회라고 보고 모호한 가설, 즉 인터넷으로 오프라인 세상의 극심한 빈곤을 해결할 수 있다는 가설을 세웠다.

"재능은 보편적으로 주어지지만 기회는 그렇지 않다." 이 문장은 스미스와 바코트 두 사람이 믿는 바를 여섯 구절로 나타내고 있지만 이에 대한 두 사람의 해석은 전혀 다르다. 그렇다 보니 두 사람이 세계를 바꾸려는 방식에 많은 차이가 보인다. 스미스는 지구촌 곳곳에 기술을 전파하고 싶어 하는 반면, 바코트는 한 개인의 재능을 키우는 데 초점을 맞추고 있다. 한 사람은 기술을 개발하고 다른 한 사람은 사람을 키우는 것이다.

나는 스미스가 그동안 어떤 일을 해왔는지 잘 알고 있다. 12년간 마이크로소프트에서 근무하면서 디지털 기기를 좋아하는 다른 기술전문가들이 그렇듯, 나 또한 무의식적으로 어떤 역설을 받아들였다. 이 이상한 역설은 회사에서 늘 하는 이야기를 통해 알게 된 것이다. 회사 모임이 있을 때마다 경영진은 우리에게 이렇게 말하곤 했다. "여러분은 우리 회사의 가장 큰 자산입니다!" 하지만 경영진은 마케팅을 할 때에는 고객에게 이렇게 이야기했다. "우리 기술이야말로 고객의 가장 큰 자산입니다!" 달리 말하면 회사 입장에서는 능력 있는 사람이 중요하지만 고객에게는 새로운 기술이 가장 중요하다는 것이다. 어쨌든 우리에게 최선인 것과 남들에게 최선인 것은 서로 달랐다.

이 책에서 나는 이처럼 기술의 미묘한 모순과 이 모순에 따르는 커다란 결과를 다루고자 한다. 즉, 기술이 사회에서 맡은 역할을 잘못 이해하는 것이 기술 산업뿐만 아니라 전 세계에 어떠한 영향을 미치는지와 이것이 사회문제를 해결하기 위해 노력하고 있는 우리에게 어떠한 혼란을 불러일으키는지를 알아보겠다. 자신은 최신 기술을 전파하지만 자식은 전자 기기를 금지하는 월도프 학교Waldorf school에 보내는 실리콘밸리 경영진, 해외에 인터넷을 보급하지만 국민의 이메일을 몰래 감시하는 정부, 양방향 의사소통이 가능하지만 전례 없는 양극화 현상을 보이는 소셜 미디어 등에서 왜 혼란이 일어나는지 알 수 있을 것이다. 이 책에서 이러한 모순을 명확하게 설명하고, 사회를 더 효과적으로 바꿀 수 있는 방법이 무엇인지 차근차근 설명하도록 하겠다.

기술로 사회의 빈 칸을 채우다

나는 한마디로 말하면 갱생 중인 기술 중독자이다. 나 또한 한때 문제를 해결하는 데 기술적인 방법에 지나치게 의존했다.

나의 부모님 두 분 모두 진짜 괴짜였는데, 아마도 과학과 기술을 좋아하는 전형적인 일본인이셨던 것 같다. 부모님은 내 생일에 레고 블록과 과학 상자를 사다 주시고는 했는데 덴시 부로쿠라는 기발한 일본 장난감을 갖고 놀았던 게 어렴풋이 기억난다. 덴시 부로쿠는 아날로그 전자회로가 들어 있는 플라스틱 정육면체를 다양하게 배열하여 거짓말 탐지기와 라디오 같은 것을 만드는 장난감이었다. 7학년이 되자, 나는 애플II 개인용 컴퓨터로 프로그래밍을 하고 있었다. 책장은 아이작 뉴턴, 토머스 에디슨,

라이트 형제 전기와 '궁금해요' 시리즈 같은 책들로 가득 차 있었다.

깊은 감명을 주었던 책은 러시아에서 핵융합로를 만들려 했던 노력을 다룬 책이었다. 내가 어릴 적 1970년대에는 계속된 에너지 위기로 주유소에 사람들이 길게 줄서 있는 광경과 전등 끄기에 집착하는 어른들을 흔히 볼 수 있었다. 당시 나는 무한 에너지의 원천인 핵융합로가 이러한 문제를 완전히 끝내 줄 것이라고 생각했다. 그리고 나야말로 그 목표를 이루는 데 도움이 될 만한 사람이라고 자신했다. 그래서 대학에서 물리학을 전공했지만, 어쩌다 보니 전공을 바꿔 컴퓨터공학으로 박사 학위를 받았다. 그 후 세계 최대 컴퓨터공학 연구소 중 하나인 마이크로소프트 연구소에서 일했는데, 이때에도 어떤 문제를 기술적인 방법으로 해결하려는 나의 집요함은 여전했다.

처음에 나는 컴퓨터 시각computer vision 분야, 즉 당연한 듯 보이지만 과학적으로 설명하기 어려운 능력을 컴퓨터에 부여하는 일을 하게 되었다. 나의 연구 과제는 디지털 사진에서 대상을 오려내면 빈 곳을 적절한 배경과 함께 자동으로 채워 주는 알고리즘에 관한 것이었다.[20] 또 다른 연구는 마이크로소프트 키넥트 시스템Kinect system[21] 소프트웨어가 탄생하는 데 있어 선구자적인 역할을 했는데, 게임하는 사람의 몸동작을 카메라로 추적하는 기능으로 엑스박스 게임에서 조이스틱을 대신하는 것이었다.[22]

기술이 지닌 놀라운 능력들이 속속들이 입증되자 나는 7년이라는 시간 동안 이 분야에 전념하게 되었다. 하지만 어느 순간부터 나의 능력에 조금씩 불만을 느끼기 시작했다. 어릴 적에는 에너지 문제를 해결할 수 있다고 믿으며 지나치게 의욕적이었다면, 그 당시에는 그렇지 않았다. 디지털 기기에 푹 빠진 사람들에게 도움이 되는 일 말고 그 이상의 일을 하고 싶었다. 그러던 차에 2004년, 매니저 레드몬드가 인도에 연구센터를 설립하는 데 함께하자고 제안했다. 그 연구센터는 세워지기만 하면 마이크로소프트가 개발도상국가에 유일하게 설립한 핵심 연구소가 될 것이었다. 나는 레드몬드의 제안을 선뜻 받아들였다.[23] 새로운 목표를 갖고 일할 수 있게 되니 의욕이 넘쳤다. 세계에서 가장 빈곤한 지역을 도울 만한 전자 기술에는 무엇이 있을까? 몇 달 후, 인도 벵갈루루로 향하면서 내가 가진 기술로 빈곤 문제를 어떻게 해결할지 기대하였다. 그때까지만 해도 기술을 보는 나의 관점이 완전히 바뀌리라고는 전혀 생각지 못했다.

장밋빛 전망은 위험하다

미국은 마치 사람들이 한 방에 모여 모두 유튜브YouTube만 보고 있는 것 같다. 아마존Amazon은 킨들Kindle로 전자책을 배송하고, 어떤 것이 사실인지 아닌지는 아이폰으로 검색하면 금방 끝난다. 이렇다 보니 기술이 사회에 미치는 효과를 제대로 파악하기 어렵다. 우리 모두 한 방에서 같은 공기를 마시고 있으며, 일부 사람들은 'WEIRD'[24]라고 부르는 사고방식을 갖고 있다.[25]

하지만 이 방을 나서면 인간과 컴퓨터의 다채로운 상호작용으로 엄청난 다양성이 존재하는 인도 같은 나라도 있다. 글도 모르고 하루에 1달러밖에 벌지 못하지만 휴대전화 블루투스로 파일을 능숙하게 교환할 줄 아는 인력거 기사는 컴퓨터공학을 공부하는 학생들을 프로그래밍 이론만 가르치는 캠퍼스로 실어 나른다. 이처럼 극명한 대조를 보이는 열악한 환경에서는 기술에 관한 어설픈 이론을 일관적으로 적용할 수 없다.

이 책 1부에서는 디지털 기술에 관해 인도 및 다른 지역에서 얻은 교훈을 공유하고, 그것을 어디에 어떻게 적용할지 설명하겠다. 또한 증폭의 법칙으로 기술 발전이 사회에 미치는 영향을 간결하게 설명하고, 사회 변화에 관해 만연해 있는 과학기술 발전에 대한 무조건적인 환상을 깨버릴 것이다. 이러한 환상은 현대 기술만능주의자의 정신에 깊이 박혀서 그들을 언젠가 사라지고 말 신기루로 인도한다.

2부에서는 기술의 바람직한 방향에 대해 논하고자 한다. 기술을 적용하는 데 있어 중요한 역할을 하는 것은 개인과 사회의 의도와 안목, 그리고 자기통제임을 강조하고, 기술을 넘어서는 최선의 방법이 무엇인지 보여 줄 것이다. 또한, 고향인 가나에 첫 인문대학을 설립하기 위해 좋은 직업을 제치고 떠난 마이크로소프트의 백만장자 패트릭 아우아Patrick Awuah와 빈곤층 아이들을 골드만삭스나 메르세데스 벤츠 같은 회사에 보내는 타라 스리니바사Tara Sreenivasa가 전하는 감동적인 이야기도 들려주겠다. 더불어 그 어느 때보다 오늘날에 의미 있는 선인들의 이야기, 즉 기술이 풍요로워도 사람이 변하지 않으면 사회는 변하지 않는다는 이야기를 하고자 한다.

나는 이 책 전반에 걸쳐 다양한 고난을 표현하기 위해 세계 빈곤을 예로 설명하였는데, 부분적인 이유로는 이것이 지난 10년에 걸쳐 내가 관심을 기울여 온 분야이기 때문이다. 가난은 직접적이든 간접적이든 거의 모든 사회문제에 연관되어 있다. 보통 가난하다는 것은 의료와 교육과 정치적 영향력이 낮다는 것을 의미한다. 자원 부족과 환경 파괴는 빈곤한 나라에 늘 있는 일이다. 모든 사회적 불평등과 편견은 경제적 불평등과 차별의 근본 원인이 된다. 이 책 말미쯤 가서는 증폭의 법칙과 특정한 가치의 경우, 빈곤은 물론 어떤 것에도 긍정적인 변화를 가져다주지 못한다는 사실을 제시할 것이다. 부디 독자 여러분도 여기에 동의해 주기를 바란다.

이카로스의 교훈

그리스 신화에서 다이달로스는 뛰어난 장인이자 기술자였다. 다이달로스는 미노타우로스를 가두는 미궁을 설계했고, 새로운 목공과 조선 방식을 고안했다. 그가 만든 움직이는 동상은 최초의 로봇이었다.[26] 하지만 오늘날 다이달로스는 비행기를 발명한 것으로 더 알려져 있는 것 같다. 다이달로스는 아들인 이카로스와 높은 탑에 갇힌 중에 깃털과 밀랍을 이용하여 날개를 만들었다. 다이달로스는 탈출을 계획하며 아들에게 태양에 너무 가까이 가면 밀랍이 녹으니 주의하라고 당부했다. 그러나 아들은 아버지의 말을 무시하고 하늘로 힘차게 솟아올랐다. 결국 이카로스의 날개는 녹아 버렸고 그는 죽음을 맞이하였다.

이 이야기는 종종 아이들에게 도덕을 가르칠 때 인용된다. 즉, 부모님께 순종하고 자만심에 빠지지 말라는 의미로 해석되는 것이다. 하지만 이 이야기에는 어른을 위한 교훈이 담겨 있다. 즉, 그 어떤 훌륭한 기술이라고 해도 우리 자신을 구원해 주지는 못한다는 것이다. 기술 지지자들은 탈출할 수 있는 날개가 필요했다고 주장할 것이다. 기술회의주의자들은 차

라리 날개가 없는 편이 나았을 것이라고 말할 것이다. 하지만 이카로스가 본격적으로 탈출하기 전에 미리 한계를 시험해 보거나 다이달로스와 좀 더 시간을 가졌더라면 기술의 혜택을 받았을지 모른다. 여기서 우리가 얻을 수 있는 진정한 교훈은 기술이 중요한 게 아니라 올바른 생각과 의지가 중요하다는 점이다.

기술만능주의

2부 기술과 우리의 미래

훌륭한 교육은 기술이 아니다

새로운 업그레이드가 필요할 때

1부

기술 혁신의
한계

1장

컴퓨터는
교사가
아니다

아무리 가난해도 쓸 수 있는 컴퓨터

인도는 지금껏 IT 초강대국으로 급부상하며 세계 무대에 우뚝 섰지만, 이 같은 현상은 교육을 제대로 받은 극히 소수 계층에게만 해당될 뿐이다. 나머지 사람들, 즉 하루에 2달러도 못 버는 8억 명의 사람들은 중산층 가정에서 하인으로나마 일할 수 있다면 감지덕지로 여긴다. 계층 간에 엄청난 격차가 있는 것이다. 첨단 IT 산업의 메카 벵갈루루의 경우, 채용 담당자들이 유리 피라미드와 빛나는 돔으로 이루어진 빌딩에 머물며, 미국보다 인구가 네 배 많은 이곳 인도에서 유능한 기술자를 찾고자 애쓴다. 인포시스 같은 대형 IT 기업은 절실한 나머지, 지능지수검사를 바탕으로 역사학 전공자들을 뽑아 5개월 코스로 컴퓨터 프로그래밍을 가르쳤다. 인도에서는 매년 2000만 명 이상이 성인이 되지만, 대부분 매년 수십만 개의 기업 기술직 공고에 부합하는 기초 교육을 거의 받지 못하고 있다.

이렇듯 기초 교육이 부족한 나라에서는 개인용 컴퓨터를 통한 학습 지원 방법을 연구하는 것이 당연해 보인다. 이것은 내가 2004년 인도로 넘어갔을 때, 관심을 기울인 사안 중 하나였다. 먼저 나는 설계자, 기술자, 사회학자들을 고용하여 팀을 만들고 교육, 농업, 의료 서비스, 정부 제도, 저소득층 소액대출 등의 분야에서 프로젝트를 시작했다. 교육 분야의 프로젝트는 인도 농촌 지역의 공립학교에서 시작됐다.

공립학교에서는 교사가 결석하기도 하고, 망가진 화장실은 방치되어 있었으며, 학부모 또한 분별력이 없는 터라 말 그대로 엉망이었다. 절박했던 행정 당국은 그 해법을 기술에서 찾고자 했고, 그 결과 엄청나게 많은 수의 지방 학교에 컴퓨터실이 생겼다. 하지만 예산이 적다 보니 컴퓨터실에 설치할 수 있는 것은 적은 수의 컴퓨터뿐이었다. 첫 수습사원 중 한 명인 조요지트 팔Joyojeet Pal은 네 개 주의 열두 개 학교를 돌며 컴퓨터 한 대에 럭비선수마냥 둘러싸인 학생들의 사진을 찍어 왔다.[1] 모든 아이들이 사용하기에는 컴퓨터 수가 부족했던 것이다. 보통 상류 카스트처럼 높은 계급 집안의 아이가 마우스와 키보드를 독점하면, 나머지 아이들은 그 주위를 둘러싸고 부러운 눈으로 기회가 오기만을 바랄 뿐이었다.

이것이야말로 혁신을 위한 완벽한 기회였다. 컴퓨터에 여러 개의 마우스를 연결해서 화면에 여러 개의 커서를 띄운다면 어떨까? 비디오게임 콘솔의 경우, 많은 아이들이 동시에 참여할 수 있었다. 팔의 동료인 우다이 싱 파와르Udai Singh Pawar는 이 의견에 공감했다. 그는 재빨리 교육 소프트웨어와 함께 '멀티포인트MultiPoint'라는 시제품을 만들었다.

학생들은 멀티포인트를 좋아했으며, 실제로 공식 연구 결과를 통해 멀티포인트의 효과가 확인되었다. 파와르는 단어 훈련 같은 활동에서 그 효과를 검증했는데, 학생들은 마치 자신에게 컴퓨터가 한 대씩 있는 것처럼 멀티포인트를 이용하여 공부하였다.[2] 시제품에 반한 한 아이는 이렇게 물었다.

"왜 모든 컴퓨터에 마우스가 여러 개 달려 나오지 않는 거죠?"

우리는 곧바로 특허를 냈고 마이크로소프트에 무료 소프트웨어 키트를 배포해 달라고 설득했다. 그리되면 세계 모든 학교에서 혜택을 보게될 터였다. 우리는 승리를 외치며 부족한 화장실과 말없는 학부모, 그리고 결석하는 교사를 잠시나마 잊었다. 어찌됐든 아이들은 새로운 기술 앞에서 미소 지었고, 정치인들은 신제품을 나누어 주며 홍보용 사진을 찍었다. 나는 티크 목재판으로 만든 중역 회의실에서 장관, 세계은행 고위 당국자 및 비영리단체 리더와 함께 기술 전략을 논의하고는 했다. 바야흐로 개발도상국가의 교육에 기술적 해법이 존재하는 듯 보였다.

한편 '어린이에게 노트북컴퓨터를One Laptop Per Child'이라는 원대한 뜻을 가진 한 비영리단체가 이름만큼이나 야심 찬 계획으로 주목받았다. MIT 미디어 연구소MIT Media Lab의 설립자인 니콜라스 네그로폰테Nicholas Negroponte가 이끄는 이 단체는 개발도상국의 많은 아이들에게 노트북컴퓨터가 한 대씩 돌아갈 수 있도록 100달러짜리 노트북컴퓨터의 설계 방안을 모색했다. 네그로폰테는 2005년 정보사회 세계정상회의World Summit on the Information Society에서 당시 유엔 사무총장인 코피 아난Kofi Annan과 무대에 올라 장난감 같은 개인용 컴퓨터를 공개했다. 아난은 "아이들은 강력하고 풍부한 기능을 갖춘 이 노트북컴퓨터를 이용함으로써 보다 적극적으로 공부하게 될 것입니다"라며 공개적인 지지를 표했다.[3] 네트로폰테는 과학기술 전문가로서 우리의 신조를 다음과 같이 요약했다.

"이것은 노트북컴퓨터 프로젝트가 아니라 교육 프로젝트이다."[4]

우리는 값싼 학습 장치를 개발하고 보급함으로써 전 세계의 혜택 받지 못한 아이들에게 도움이 될 것이라 믿었다. 하지만 정말 그랬을까?

모두를 위한 선물은 없다

멀티포인트 시제품이 성공하면서 우리는 사용처를 늘리

고자 해당 장치가 필요할 만한 학교를 찾아다녔다. 여유 있는 부모나 자선가의 기금으로 세워진 사립학교의 경우, 교장이 직접 우리를 인솔하여 컴퓨터가 잘 관리된 말끔한 교실로 안내해 주었다. 이런 학교들은 후원이 필요 없었다. 그곳 학생들에게 멀티포인트는 있어도 그만, 없어도 그만이었다. 도움이 정말 필요한 학교는 행정 당국의 관심이 없거나 재정이 열악한 곳, 교사가 결석하거나 교사 업무가 과중한 곳, 학생들이 거의 배우지 못하는데다 졸업하기도 힘든 곳이었는데, 이런 곳에 멀티포인트를 자리 잡게 하기란 거의 불가능했다.

내가 벵갈루루 외곽에 있는 한 공립 초등학교에 방문했을 때의 일을 말하면 그 이유를 이해할 수 있을 것이다. 그 학교 교장은 커다란 철제 캐비닛을 열어 학교에서 보관 중인 컴퓨터를 보여 주었다. 안에는 데스크톱 컴퓨터가 모니터, 키보드와 함께 어깨 높이만큼 쌓여 있었는데, 어찌된 일인지 꺼낸 적이 없는데도 먼지가 잔뜩 쌓여 있었다. 교장의 말에 따르면 2년 전, 지역 내의 각 학교에 개인용 컴퓨터가 할당되었다고 한다. 컴퓨터를 처음 받았을 당시에는 그야말로 흥분의 도가니였다. 교장은 컴퓨터실을 만들기 위해 시멘트 블록으로 지어진 건물에서 방 하나를 비웠다. 각 반은 차례대로 컴퓨터실을 이용했는데, 컴퓨터 한 대를 대여섯 명씩 둘러싼 아이들은 이내 컴퓨터에 '게임'이 있다는 사실을 알게 되었다. 교사들은 어떻게든 컴퓨터로 학습지도를 하려 했으나 결국 실패했다. 그로부터 몇 주 뒤 컴퓨터가 고장 나기 시작했는데, 아마도 불안정한 전압 상승이 원인이지 않았나 싶다.[5] 하지만 학교에는 관련 직원도 없었고 기술 지원을 위한 예산마저 없었다. 학교는 곧바로 컴퓨터들을 캐비닛에 보관

하고 그 방을 컴퓨터실 대신 다른 용도로 바꿨다. 컴퓨터들은 창고 자리만 차지하게 되었지만, 교장은 이를 처리할 마땅한 방도가 없었다. 컴퓨터는 국가 자산이므로 훗날 감사 대상이 될 수도 있기 때문이었다.

이러한 상황이 특별한 것은 아니었다. 대다수의 학교가 기술 지원을 받기 위해 필요한 기술직원은 물론 예산도 없었다. 또, 교육에 필요한 컴퓨터 예산은 하드웨어, 소프트웨어, 기반시설에 투자해야 하는데, 학교들은 데이터 저장장치, 업그레이드, 문제 해결, 유지 보수와 수리에 필요한 비용을 무시하였다. 특히 인도의 시골 학교처럼 덥고, 먼지가 많고, 습한 환경에서는 컴퓨터를 세심하게 관리해야 하니 더더욱 문제가 많았다. 한편 교사들은 교실에 놓인 컴퓨터로 말미암아 난데없이 초대형 여객기를 몰아보라는 요구를 받은 듯한 기분을 느꼈다. 그것도 아무 승객이나 자유롭게 조종석에 드나들 수 있는 비행기를 말이다. 컴퓨터는 이미 교사에게 도움은커녕 장애만 될 뿐이었다.

나는 5년이라는 시간 동안 적어도 열 개에 달하는 교육 기술 프로젝트를 관장했다. 수석 교사의 영상녹화강의, 수업 준비 시간을 줄이는 발표 도구, 간단한 문자 편집이 가능한 학습용 게임, 학생들의 이해도 확인을 위한 저렴한 클리커clicker [6], DVD플레이어 디스크로 만든 파워포인트 슬라이드 변환 소프트웨어, 학생들이 나란히 앉아 공부할 수 있는 분할 화면 등이었다.[7] 프로젝트를 할 때마다 우리는 교육 문제의 본질을 다루고 있다고 생각했다. 하지만 정작 중요한 것은 그게 아니었다. 문제의 본질은 기술로 교사나 교장의 부족한 점을 결코 보완할 수 없으며, 학교에 기발한 장치가 생겼다고 해서 무관심한 행정 당국이 갑자기 신경 쓰는 일도 없고, 충분한 교육을 받지 못한 교사들은 디지털 콘텐츠를 사용만 할 뿐이라는 것이었다. 그 외에도 학교에서 원가를 절감한 장치를 얼마나 구매했는지와 관계없이 학교 예산이 늘어나지 않았다는 점도 있었다. 오히려 기술이 상황을 더 악화시키고 부담만 늘린 것이다.

처음에 이 같은 사실을 받아들이기는 쉽지 않다. 나는 컴퓨터공학자이자 마이크로소프트 직원이며 개발도상국을 위해 디지털 해법을 제시하는 단체의 수장이 아닌가. 나는 공학 논문에서 언제나 그랬던 것처럼 혁신이 승리하는 것만이라도 보려 했었다. 하지만 빈곤 문제가 가장 심각한 곳에서는 기술에 따른 변화의 가능성이 전혀 보이지 않았다.

에디슨의 예언

발명을 통해 교육을 혁신하겠노라 생각했던 사람은 우리가 처음이 아니었다. 도심 빈민 지역의 베테랑 교사이자 스탠퍼드대학교 명예 교수인 래리 큐반Larry Cuban은 지난 세기에 유행한 기술들을 연대기로 정리했다. 그는 예를 들어가며 기술이 병든 사회를 치유할 수 있다는 생각은 예전에도 있었다는 사실을 보여 주었다. 1913년, 일찍이 토머스 에디슨은 "활동사진은 교육 시스템을 획기적으로 바꿀 것이다"[8]라고 말하며, 책을 읽으면 읽은 내용 중 2퍼센트만 흡수하게 되지만 필름으로 보면 100퍼센트를 흡수할 수 있다고 내다봤다. 에디슨은 이를 토대로 앞으로 교과서는 쓸모없어질 것이라고 확신했다.

1932년, 오하이오 방송학교Ohio School of the Air의 창립자인 벤자민 대로우Benjamin Darrow는 라디오를 대상으로 비슷한 주장을 했다. 그는 "라디오를 통해 교실이 세계와 가까워지며 …(중략)… 모두가 보편적으로 가장 훌륭한 교사에게 교육을 받고, 가장 위대한 리더에게 격려를 받게 된다"고 강조했다. 그에 따르면 라디오야말로 '활기차며 매력적인 방송 교재'가 될 운명이었다.[9] 1950~1960년대에는 텔레비전이 그랬다. 케네디John F. Kennedy 미 대통령은 교실 텔레비전 프로그램을 위해 3200만 달러의 예산을 승인해 달라고 국회를 설득했다. 미국령 사모아는 몇 년간 학교 전체 시스템을 텔레비전 강의를 기반으로 운영했다. 존슨Lyndon B. Johnson 미 대통령은 "세계적으로 교사 수가 지나치게 적다"며 "사모아에서는 교육 텔레비전을 통해 이 문제를 해결하고자 했다"고 덧붙였다.[10]

이 모든 예측은 오늘날 디지털 기술에 관해 주장하는 바와 상당히 비슷해 보인다. 따라서 역사의 교훈대로라면 학교가 새로운 기술을 받아들이더라도 교육 발전에는 도움이 거의 안 될 것이다. 지금 와서 한 세대가 교육의 희망을 바보상자에 걸었다고 생각하니 시대에 뒤처진 것 같기도 하고 어리석었던 것 같기도 하다. 텔레비전은 많은 사람들의 마음을 즐겁게 하고자 만들어진 존재이지만 사람들은 텔레비전 앞에 앉은 채 노예가 되어 버렸다.

어쩌면 디지털은 다를지도 모른다. 어쨌든 진정한 교육에는 양방향 간 상호작용이 있어야 하는데, 방송 매체는 단방향일 뿐이다. 그나마 컴퓨터, 인터넷, 소셜 미디어는 텔레비전에는 없는 무언가를 제공하지 않을까? 그러나 심도 있는 연구를 통해 그렇지 않다는 사실이 밝혀졌다. 미주 개발 은행Inter-American Development Bank의 경제학자인 아나 산티아고Ana

Santiago와 동료들은 페루에서 진행한 '어린이에게 노트북컴퓨터를' 프로그램에서 교육 효과를 전혀 발견하지 못했다. 프로그램을 시작한 지 3개월이 지나자, 참신함은 사라졌고 한 주가 지날 때마다 노트북컴퓨터는 점점 더 사용되지 않았다. 15개월이 지났는데도 학생들의 학업성취도에는 전혀 나아진 점이 없었다.[11] 다른 연구팀도 우루과이에서 유사한 연구 결과를 얻었다. 그들은 "연구 결과로 볼 때, 기술만으로는 학습에 영향을 미치지 못한다는 사실을 확인했다"고 말했다.[12]

텍사스대학교 오스틴캠퍼스의 경제학자인 리 린든Leigh Linden은 인도와 콜롬비아에서 한 테스트에서 평균적으로 컴퓨터로 하는 교육에 노출된 학생들이 컴퓨터 없이 교육받는 대조군에 비해 더 많이 배우지 않는다는 사실을 발견했다.[13] 린든의 결론은 무엇일까? 컴퓨터를 통해 교육을 보완할 수는 있어도, 진짜 교사와 함께하는 시간까지 대체할 수는 없다는 것이다.

비영리단체인 아짐 프렘지 재단Azim Premji Foundation은 우리의 인도 지역 연구 파트너였는데, 그 당시 교육에서의 컴퓨터 활용과 관련하여 세계 최대 프로그램을 운영했었다. 2010년, 최고경영자인 아누락 베하르Anurag Behar는 월 스트리트 저널 인도 지부에 과감한 내용이 담긴 기고문을 발표했다. 베하르는 자신의 단체가 15000개 이상의 학교 컴퓨터실을 대상으로 수행한 연구에 의구심을 제기하며 이런 글을 남겼다.

"좋을 때는 정보 통신 기술로 문제의 본질이 흐려지고, 안 좋을 때는 정보 통신 기술이 문제를 해결할 수 있는 대안으로 제시되어 버린다."[14]

교실에 꼭 컴퓨터가 있어야 할까?

전자 제품의 기판이 타버릴 정도로 저질의 전기가 공급되거나 수돗물이 나오지 않는 곳에서 얻는 교훈은 선진국에 사는 우리 같은 사람에게는 다른 나라 이야기처럼 들릴 수 있다. 하지만 미국 학교조차도 기술이 적용되면서 비슷한 문제로 신음하고 있다. 2001년과 2002년, 캘리포니아대학교 어바인캠퍼스(UCI) 교수이자 '교실 내 기술 적용'에 관한 세계적인 전문가 중 한 명인 마크 바르샤바Mark Warschauer는 부유한 집단과 빈곤한 집단을 포괄하여 캘리포니아 여덟 개 학교를 대상으로 연구를 주도했다.[15] 이 과정에서 바르샤바는 미국 학교 역시 기술을 유지하고 유용하게 활용하는 데에 어려움을 겪었다는 사실을 알게 되었는데, 이는 훗날 인도에서의 나의 경험에 전조가 되었다.

바르샤바는 교사 대다수가 교실의 컴퓨터 때문에 업무가 두 배로 늘어났다며 불만을 늘어놓는다는 사실을 알게 되었다. 교사는 컴퓨터 강의 계획을 작성해야 할 뿐만 아니라 기술 문제를 대비해서 대비책을 마련해야 했다. 기술이 문제없이 운용된다고 해서 기술을 잘 활용한다고 볼 수도 없었다. 바르샤바는 한 수업에 들어가 학생들이 검색엔진에 나라 이름을 입력한 후, 웹페이지가 검색되면 아무거나 클릭해서 워드 프로그램에 복사·붙여넣기를 하고 있는 모습을 목격했다. 바르샤바는 "학생들이 웹에서 자료를 검색하는 일을 해냈다고 볼 수도 있지만, 일반적으로 그런 활동으로는 인지능력이나 정보처리능력이 전혀 개발되지 않는다"고 밝혔다.

바르샤바는 가난한 지역일수록 컴퓨터 때문에 더욱 곤란을 겪는다는 것을 알아냈다. 중요한 건 기술이 아니었다. 학교의 학생당 컴퓨터 수는 별로 차이가 없었고 인터넷 접속 환경도 비슷했다. 이에 바르샤바는 "저소득층 학교에 컴퓨터와 인터넷 접속 환경을 제공하는 것 자체만으로는 해당 학교의 교육 문제에 도움이 되지 않는다. 컴퓨터를 들이는 것만 강조하다 보면 다른 중요한 자료나 개입을 간과할 수 있으며, 이로 인해 오히려 역효과가 일어날 수 있다"고 밝혔다.[16]

여러 학자, 저널리스트, 그리고 교육전문가 또한 미국 교실의 전자장치들을 심도 있게 관찰하여 그것들이 불충분하다는 점을 발견했다. 에모리대학교 교수인 마크 바우어라인Mark Bauerlein은《가장 멍청한 세대The Dumbest Generation》에서 여러 통계를 예로 들며, 인터넷이 없는 삶을 전혀 알지 못하는 밀레니엄 세대, 즉 '디지털 원주민digital natives'은 학교생활 면에서 부모 세대보다 나은 점이 없다고 밝혔다. 또한 사회적 충동이 커지고 지적 능력 향상에 방해를 받는다며 기술에 대한 집착을 비판하였다.[17]

토드 오펜하이머Todd Oppenheimer도《흔들리는 마음The Flickering Mind》에서 디지털화된 학교들을 둘러보며 한탄했다. 그는 디지털 교육의 현실이 그림을 잘라내서 파워포인트에 붙여넣는 수준이며 이런 일이 너무나 많다고 말했다.[18] 뉴욕 시러큐스 근교의 리버풀 센트럴 지구 학교 위원회 위원장인 마크 로손Mark Lawson은 학교 노트북컴퓨터 프로그램을 7년간 운영한 끝에 결국 취소하기로 했다. 로손은 "학생들의 학업성취도에 도움이 된다는 증거는 거의 없었다. 교사들은 학생과 컴퓨터에 일대일 관계가 형성되는 순간, 컴퓨터 자체가 방해물이 되면서 교육과정이 어긋났다고 말했다"라고 밝혔다.[19]

즉, 기반이 확실하고 기술이 풍부한 미국에서조차 컴퓨터로 학교 문제를 해결하지 못하고 있다. 그럼에도 2010년 내가 미국으로 돌아왔을 때, 미국은 교육 기술을 발전시키는 데 박차를 가하고 있었다. 던컨 미 교육부 장관은 교실에 기술을 더 많이 사용해야 한다고 계속 강조했다. 2010년에 던컨이 한 기조연설은 기술 회사의 영업 직원과 크게 다를 바 없었다. 여기서 던컨은 기술을 마흔세 번이나 언급했다. "기술은 학습을 위한 새로운 플랫폼이다." "기술은 교육의 평등을 위한 강력한 힘이다." "기술 중심의 학습을 통해 학생들은 학습 콘텐츠를 자유롭게 다룰 수 있게 된다." "기술 덕분에 어릴 적 도서관을 뒤져서 찾았던 것보다 휴대전화으로 더 많은 정보에 접근할 수 있다." (던컨은 같은 연설에서 교사는 겨우 스물다섯 번만 언급했다.)[20]

컨설턴트이자 '디지털 원주민'이라는 용어를 처음 만든 마크 프렌스키Marc Prensky는 "오늘날 학생들이 생각하고 정보를 처리하는 방식은 부모 세대와 근본적으로 다르다"라고 주장했다. 요즘 학생들은 태어날 때부터 장치에 둘러싸였고, 자라면서는 '디지털 이민자digital immigrant'인 부모들은 이해하지 못할 새로운 세계를 접한다는 것이다. 그렇다면 프렌스키는 교육 문제를 어떻게 보았을까? 그는 아이들의 환경에 맞추어 디지털 원주민으로 가르쳐야 한다면서 "내가 디지털 원주민을 가르칠 때 가장 선호하는 방법은 컴퓨터게임을 개발하여 가르치는 것이며, 무거운 내용을 다룰 때조차 그렇게 한다"라고 말했다.[21]

이렇듯 미국은 교육에 기술을 적용하는 것이 학생의 학습 능력 향상에 도움이 된다는 증거가 거의 없는데도 교육공학의 열광에 빠져 있다. 2013

년 로스앤젤레스 통합 교육구는 교육구 학생 전체에게 아이패드를 배포하는 10억 달러(약 1조 원) 규모의 프로그램을 발표했다.[22] 후원자들이 '온라인 칸 아카데미online Khan Academy'를 지원하기 위해 모여들었고 하버드대학교, MIT(메사추세츠공과대학교), 스탠퍼드대학교 등의 온라인 공개수업 MOOC(Massively Open Online Courses)에서는 전 세계에서 수많은 사람들이 무료 강의를 들으려고 로그인했다.

이러한 열기는 전염성이 있다. 나는 인도에서 교훈을 얻었음에도 불구하고 이 열기에 영향을 받았다. 한번은 MIT에서 네그로폰테와 패널로 참석한 적이 있었는데, 거기서 나는 교육 기술에 관해 얻은 교훈을 간략히 설명했다. 네그로폰테는 나의 의견이 마음에 들지 않았는지 나에게 선제공격을 가했다. 네그로폰테가 확신을 갖고 말하는 모습을 보다 보니, 나조차 설득되는 것 같았다. 하지만 과한 평가를 들으면 들을수록 명확한 증거가 없다는 것을 깨달았다. 그것은 비판에 허무하게 고개를 숙일 실속 없는 구호에 지나지 않았다.

아이들은 본래부터 전자 기기를 통해 스스로 학습한다는 네그로폰테의 주장을 생각해 보자. 그것은 전자 기기가 지닌 매력의 일부에 불과하다. 이쯤에서 핑크 플로이드Pink Floyd의 노래가 떠오른다.

"우리는 교육받고 싶지 않다네. 생각을 통제받고 싶지 않다네."

일상을 관찰하면 네크로폰테의 말이 사실이 아니라는 것을 알 수 있다. 아이들은 홀로 아이패드를 하고 있을 때는 교육 관련 어플리케이션을 거의 켜지 않았다. 아이들이 정말 하고 싶어 한 건 앵그리 버드 게임이었다. 로스앤젤레스의 아이패드 프로젝트는 고학년 학생들이 태블릿tablet의 보안 소프트웨어를 해킹하여 게임과 소셜 미디어 접속 권한을 얻으면서 초기 단계에서부터 문제가 일어났다.[23]

높이 평가받는 또 하나의 프로젝트로 '벽 구멍 컴퓨터 프로젝트Hole-in-the-Wall'가 있다. 이 프로젝트의 주요 지지자는 뉴캐슬대학교 교육공학 교수인 수가타 미트라Sugata Mitra이다. 미트라는 뉴델리 슬럼가 벽에 개인용 컴퓨터를 장착했을 당시 일어났던 일을 이야기하였다. 동네 아이들은 아무런 감독 없이 컴퓨터를 쓰기 시작했다. 아이들은 스스로 응용프로그램을 열어 그림을 그리며 인터넷을 사용하는 법을 배웠다. 미트라는 연구에서 자신이 명명한 '최소간섭교육minimally invasive education'을 통해 가난한 마을의 아이들이 스스로 영어와 분자생물학을 배우게 되었다고 주장하였다.[24] 이후 그는 세계적으로 유명한 연사가 되었고 2013년 TED상[25]을 수상했다.

하지만 미트라가 말한 '벽 구멍 컴퓨터' 장소에 찾아간 사람들은 실제로 학생들이 컴퓨터를 쓰지 않으며 일부 컴퓨터는 기능이 정지되었고, 그나마 비디오게임을 즐기는 고학년 학생들이 컴퓨터를 점유하고 있다는 사실을 알게 되었다.[26] 네덜란드 로테르담의 에라스무스대학교 파얄 아로라Payal Arora 미디어통신학 교수는 "어느 마을에서 컴퓨터 대신 큰 구멍 세 개가 뚫려 있는 시멘트 구조물을 보았다. 컴퓨터가 설치된 후 몇 년이 지나자, 학생들은 물론 마을 사람들 대부분이 그 프로젝트를 기억하지 못했다. 그 지역의 한 교사는 컴퓨터를 쓰는 아이들이 일부 있지만 대부분 게임 같은 것을 한다"고 말했다. 이러한 사실이 밝혀지자 미트라는 자세를 낮춰 밖에 놓인 컴퓨터에 자유롭게 접근할 수 있다고 해서 실제 학

습 환경을 완전히 대체할 수는 없다고 인정했다.[27]

기술 분야에 이해관계가 없는 경제학자 로버트 페어리Robert Fairlie와 조너선 로빈슨Jonathan Robinson이 수행한 2013년도 연구에서는 아이들이 디지털 방식으로 스스로 학습한다는 말이 더 이상 나오지 않게 쐐기를 박았다. 이 연구에서는 초등학교 6학년부터 고등학교 1학년에 이르기까지 1000명이 넘는 학생들을 대상으로 실험을 했는데, 2년간 노트북컴퓨터를 임의로 지급받은 학생들은 확실히 컴퓨터를 이용하는 데 시간을 보냈지만, 게임, SNS, 오락거리가 대부분이었다. 또한 실제로 노트북컴퓨터를 가진 아이들이 집에서 컴퓨터를 켜지 않은 대조군에 비해 성적, 표준시험 점수, 학점, 출석률 및 징계 조치 등에 있어 나은 게 없었다.[28] 즉, 컴퓨터를 자유롭게 한다고 해서 학습 교재보다 학습 성과가 좋아지는 것은 아니었다.

기술 옹호자들은 이 같은 연구를 무시한다. 대신에 부모가 느끼는 불안감을 이용하려 한다. 던컨 장관은 "기술 역량은 세계 경제 진입을 위한 필수 요건이다"라고 주장하며 아이들이 컴퓨터 없이 자란다면 나중에 불리한 위치에 놓일 것이라고 암시했다.[29] 하지만 경쟁력을 갖춘다는 이유로 아이를 컴퓨터가 있는 환경에 놓을 필요가 있을까? 사실 던컨 자신도 그렇지 않았다. 그의 고백에 따르면 그는 어려서 기술의 '기' 자도 싫어하는 가정에서 자랐다. 확실한 건 어린 시절 던컨의 집에는 텔레비전조차 없었다는 것이다. 물론 컴퓨터는 말할 것도 없었다.[30]

몇 년간의 교육 지표를 보면 교실에 적용된 기술은 좋은 성적과 거의 연관이 없다는 것을 알 수 있다. 국제학업성취도평가PISA(Program for International Student Assessment)는 참가국의 만 15세 학생들을 대상으로 표준 학업성취도테스트를 시행한 뒤 과목별로 비교할 수 있도록 하는 정규교육에 대한 세계적인 평가 프로그램이다. 한국의 경우 첨단 기술을 지향하며 학업에서 높은 성과를 낸 반면, 핀란드와 중국의 경우에는 저차원의 기술로 접근하였음에도 불구하고 학업 성취에서 다른 나라들을 계속 능가했다.[31] 2010년 PISA분석보고서는 "요지는 컴퓨터 같은 교육 자원과 관계없이, 학교 체계의 질이 교사의 질을 넘어설 수 없다는 것이다"라고 언급하고 있다.[32]

누구든 트위터Twitter를 할 수 있다. 하지만 어떤 매체로든 설득력 있는 주장을 세우고 그것을 설명하기 위해서는 생각하기와 쓰기 그리고 의사소통 능력이 필요하다.[33] 이런 능력들은 문자 메시지, 파워포인트, 이메일로 많이 쓰이지만, 그것으로 이 능력을 배우는 것은 아니다. 마찬가지로 컴퓨터 사용법을 배우는 것은 쉽지만, 회계나 공학의 바탕이 되는 수학 능력을 갖기 위해서는 컴퓨터가 있든 없든 문제 해결 능력을 갖추는 준비 과정이 필요하다. 즉, 현 시대에 필요한 (다루기 편하고 날로 쉬워지는) 디지털 도구를 배우는 것과 정보 시대에 필요한 (배우기 어려워서 어른의 가르침이 필요한) 사고 능력을 배우는 것에는 큰 차이가 있다. 오히려 미래에는 다른 도구가 나와서 현재의 도구가 필요 없어질지도 모른다.

현명한 부모는 알고 있다

2013년 봄 한 달간 레이크사이드 학교Lakeside School에 머물렀다. 이 학교는 미국 시애틀에 있는 사립학교인데, 이 지역 엘리트 계층의 학생들이 다니고 있다. 붉은색 벽돌로 아름답게 지어진 캠퍼스는 마치 아이비리그 대학교 같은데, 실제로 수업료가 아이비리그와 맞먹는 수준이다. 이 학교는 빌 게이츠가 동문임을 자랑스럽게 여기고 있으며, 기술적으로 부족한 것은 없다. 교사는 학교 인트라넷에 숙제를 올리고, 학급은 이메일로 의사소통을 하고, 모든 학생은 노트북컴퓨터(필수)와 스마트폰(선택)을 갖고 있다.

이러한 상황에서 부모는 아이에게 추가 지원이 필요하다고 생각되면 무엇을 할까? 내가 이곳에 대체 교사로 있었던 것은 친구 때문이었다. 친구가 맡은 학생들은 배우는 것이 다양했다. 일부 학생은 고급 미적분학 과정을 듣고 있었는데, 어려운 문제를 풀 때는 물어볼 사람이 필요했다. 강도 높은 특별활동에 억눌린 일부 학생들은 종종 기하학과 대수학을 공부했다. 나는 학생들이 숙제를 하면 같이 내용을 검토하고 조언해 주었다. 한편에서는 실질적인 도움이 전혀 필요하지 않았다. 이렇게 학생 간에 차이가 있었지만 그럼에도 공통점이 하나 있었다. 그것은 바로 부모가 이곳에 학비를 내는 이유가 학생들을 봐주는 어른이 있기 때문이라는 것이었다.

내가 했던 강의는 수학 관련 웹사이트나 칸 아카데미 무료 영상으로 구할 수 있었다. 이렇게 기술이 완벽하게 지원되고 학생 대 선생님의 비율이 9대 1인 아주 여유로운 학교였지만, 부모가 원했던 것은 어른이 아이를 더 봐주고 가르쳐 주는 것이었다. 풍족하게 살고 있는 레이크사이드 학교 학생들도 이럴진대, 하물며 소외 계층 아이들은 어떻겠는가?

'헤라클레스의 열두 가지 고행'을 표현할 만한 것이 있다면 그것은 아마도 현 시대의 교육일 것이다. 고교 과정이 끝날 때쯤이면 학생들은 보통 6만 개 단어를 알게 되고, 《앵무새 죽이기》 정도는 읽고, 피타고라스의 정리를 배우며, 세계사를 받아들이고, 현미경을 들여다볼 줄 알게 된다. 상급 학생들은 그리스 비극을 공연하고, 미적분학의 원리를 재발견하고, 링컨의 게티즈버그 연설을 외우며, 중력을 측정하게 될 것이다. 12년이라는 시간 동안 학생들은 세상에서 가장 심오한 사상, 즉 역사 속 위대한 인물들이 수세기에 걸쳐 이루어 낸 발견을 재구성하게 되는 것이다.

이것은 단순한 놀이가 아니므로 동기부여가 될 수 있게 도와줄 필요가 있다. 아이들이 스스로 열심히 공부하지 않으면, 현란한 그래픽으로 가르치는 것 자체는 그리 중요하지 않다. 아이들이 끊임없이 노력할 수 있도록 수업 시간 내내, 1년에 최소 9개월씩 12년에 걸친 지속적인 지도와 격려가 필요하다. 여기에 기술을 더하면 쉽게 목적을 이루지 못하며, 설상가상으로 화려한 보상과 똑똑하다는 달콤한 말로 학생들의 주의를 흩뜨려 놓는다. 질 높은 교육을 위해서 어른들은 아이를 배려하는 마음을 갖고 지속적으로 관심을 기울여야 한다.

스스로 이해 못할 일을 한다는 것

하지만 기술이 교육하는 데 도움이 안 된다고 결코 말할 수는 없다. 앞서 우리 팀이 멀티포인트를 사전에 검증하면서 발견한 내용을 봐도 그렇고, 공식 테스트를 통해 기술 가치를 증명한 것으로도 그렇다. 또, 기술 혜택을 받는 학생이 그렇지 않은 학생보다 무언가를 더 얻게 된다는 믿을 만한 연구들도 많다.

사실 네그로폰테에게 설득력이 있는 것은 그가 확고한 신념을 갖고 말하기 때문이다. 네그로폰테는 자신의 주장을 철저하게 믿고 있다. 그는 과거 캄보디아의 농촌 마을에서 충동적으로 스무 명의 아이들에게 노트북컴퓨터를 나누어 주었는데, 학생과 가족 모두가 컴퓨터를 혁신적으로 사용하는 것을 보고 '어린이에게 노트북컴퓨터를'이라는 프로젝트를 생각해 냈다고 한다.[34] 그리고 기술에 이상주의적이지 않은 바르샤바 교수는 일대일 노트북컴퓨터 프로그램을 운영하는 일부 미국 학교에서 학생이 글을 더 잘 쓰게 되었다는 사실을 발견했다. 그곳의 학생은 다른 학교보다 작문과 교정을 많이 하고, 교사에게 피드백도 자주 받았다.[35]

그렇다면 눈앞에 있는 증거는 무엇이란 말인가? 내가 연구과학자로서 공부하면서 느낀 기술의 가치는 무엇인가? 나는 인터넷 덕분에 도서관에 가지 않고도 논문을 찾아볼 수 있고 이메일 덕분에 세계 저편에 있는 동료와 계속 연락할 수 있다. 또한 온라인 백과사전 위키피디아Wikipedia를 통해 한동안 잊고 있었거나 배운 적이 없는 지식을 공부할 수 있다.

기술은 농업, 의료 서비스, 정부 제도, 기업 운영에 도움이 될 수 있지만, 큰 사회문제를 해결하는 데 필요한 일관성이 부족하다. 또한 혁신을 개발하는 것은 쉽지만 한편으로 이런 혁신이 있다고 해서 크게 혜택 받을 것은 없다. 어떻게 이럴 수 있을까? 이는 매우 역설적이었다. 그동안 나는 컴퓨터가 사회에 기여하는지 아닌지 그 이유를 제대로 이해하지 못하고 있었다.

현대사회의 교육에는 기술이 사회에 미치는 영향을 생각할 만한 체계가 부족하다. 우리는 어릴 적 생물 수업 시간에 우리 몸이 어떻게 움직이는지를 배우고, 윤리 수업 시간에는 정부가 어떻게 일하는지를 배운다. 하지만 컴퓨터 수업 때에는 컴퓨터를 어떻게 쓰는지만 배우지 컴퓨터가 우리에게 어떤 영향을 미치는지는 배우지 않는다. 우리는 지금 아랍의 봄Arab Spring [36]의 페이스북 혁명과 최신 아이폰을 사기 위해 선 긴 행렬, 그리고 미국 국가안보국의 이메일 감시에 관한 뉴스가 넘쳐 나는 세상에 살고 있다. 기술 발전이 과연 우리에게 좋은 결과를 가져오는지에 대한 의견은 여전히 분분하다.

인도 생활 5년이 다 되어 갈 무렵, 나는 어렴풋이나마 알 것 같았다. 기술의 성공이 고립된 채 다른 곳으로 쉽게 이어지지 못하는지 말이다. 하지만 소프트웨어로 먹고사는 회사에서 근무하다 보니 기술이 사람들에게 도움을 주는 결과를 언제나 원했다. 그런 나에게 기술의 가치를 의심하는 행위란 불손한 일이나 다름없었다. 업턴 싱클레어Upton Sinclair [37]는 "자기가 이해하지 못하는 것에 먹고사는 것이 달려 있다면 그걸 이해하는 것만큼 어려운 일도 없다"고 말한 바 있다.[38] 잠시 일과 떨어져 있을 시간이 필요했다. 결국 2010년 초, 마이크로소프트를 떠나 UC버클리의 정보대학원에 들어갔다. 애너리 색스니언AnnaLee Saxenian 학장은 나에게 전임연구원 자리를 마련해 주었다. 대학원에서 기술을 개발하기도 했지만, 기술이 사회에 어떤 영향을 미치는지도 함께 연구했다. 기술이 사회에 미치는 영향은 복잡하지만, 나는 어떤 기술이 언제 좋고 언제 나쁜지, 그것을 먼저 알 수 있는지 쉽게 이해하는 법을 배우고 싶었다.

2장

기술의
증폭효과

인터넷 카페와 인도 소녀들

나칼반데Nakkalbande는 벵갈루루 시 남쪽에 위치한 작은 빈민가이다. 이곳은 자냐냐가Jayanagar라는 중상류층 거주지 내 한편에 숨겨진 듯 자리하고 있는데, 무차별 도로 건설에서 살아남은 오래된 나무의 나뭇가지들이 골목길 하나를 쭉 따라가며 지붕인 양 우거져 있다. 도로가 포장되지 않은 골목에는 플라스틱 잔재와 이따금씩 죽은 쥐들이 널브러져 있었다. 또한 방수포와 나뭇가지를 이용해 임시로 만든 주거지를 곳곳에서 볼 수 있었다. 나칼반데에 있는 집들은 대부분 한두 개짜리의 방으로 되어 있으며 콘크리트 블록으로 세워졌다. 주민들은 그곳에서 수십 년을 살아왔다.

2004년 말 인도에 온 후로 토요일은 이곳 나칼반데에서 보냈다. 나는 스트리트 자그루티 사미티Stree Jagruti Samiti, 즉 '여성인권사회'라는 비영리단체에 자원했는데, 그 단체는 지타 메논Geeta Menon이라는 중년 여성이 수장을 맡고 있었다. 메논은 피곤한 기색에도 표정에는 장난기가 넘쳤고 두 눈은 반짝거렸다. 그녀는 15년 넘게 사회운동가로 일해 오면서 여러 빈민가의 성인 여성과 소녀를 조직화하는 일을 해왔다. 또한 메논과 몇몇 여성들이 함께 경찰서에 난입했던 적이 있었는데, 당시 배급 식량 중개인의 비리에 조치를 취해 달라고 요청하기 위해서였다. (인도의 식량 배급소는 빈곤선 이하에 해당하는 가정에 정부 보조 식량과 등유를 공급하도록 판매 허가를 받은 곳이지만 종종 소매상에게 재고를 판매해 이득을 취하기도 한다.)

나는 메논에 제안에 따라 소녀들을 대상으로 컴퓨터 교육을 실시했다.

아이들은 힌디어, 칸나다어, 타밀어를 사용했기에 나를 도와 통역해 줄 대학생 한 명을 조수로 채용했다. 첫날 파스텔 색상의 살와르 카미즈salwar kameez[1]를 입은 10대 소녀 여덟아홉 명이 창문이 없는 작은 건물로 모여들었다. 나는 노트북컴퓨터를 가져와 플루트를 불고 있는 파란 피부의 크리슈나신 그림 액자 밑에 설치했다. 소녀들에게 이제부터 컴퓨터를 쓰는 법을 배울 것이라고 이야기하자 아이들은 놀란 눈을 하더니 이내 기뻐하며 소리를 질렀다. 몇 주에 걸쳐 문서 편집, 파워포인트, 스프레드시트, 기타 소프트웨어의 기본 사용법을 가르쳐 주었다. 처음에 커서를 움직여 화면을 클릭하는 단순한 것에도 넋을 잃고 보던 소녀들은 이내 컴퓨터에 친숙해졌다. 소녀들은 그림 그리는 프로그램으로 다음에 누가 그림을 그릴지를 놓고 다투고 있었다. 컴퓨터 초보자는 어딜 가도 늘 그렇듯 글자를 여러 색깔이나 글씨체로 바꿔 보면서 기뻐했다. 아이들의 열정은 전염되기에 나는 그 수업이 어떻게 전개될지 기대되었다.

하지만 세 번째인가 네 번째 수업을 진행하며 한계에 부딪혔다. 아이들 모두 칸나다어뿐만 아니라 영어로 자기 이름을 입력할 수 있었지만 이름 말고 다른 것을 쓰는 데에는 관심이 없었다. 아이들에게 파워포인트란 예쁜 3D문자를 만들어 주는 소프트웨어에 지나지 않았고, 스프레드시트는 완전히 지루한 존재였다. 스프레드시트의 경우에는 두 명의 소녀만이 많은 숫자를 자동으로 계산한다는 게 정말 대단한 기능이라는 걸 알아차렸다. 우리는 어떻게든 수업을 놀이와 교육 모두에 접목하고자 하였지만, 놀이 수준을 넘기는 무리였다.

나는 소녀들의 일상생활을 파악하면서 이럴 수밖에 없는 이유를 이해하였다. 아이들은 하루 종일 수업과 집안일로 시간이 없었다. 아이들은 시간제로 중산층 집에서 일했는데, 어른처럼 일해야 할 책임이 있었기에 컴퓨터 수업 시간을 일종의 휴식으로 여겼던 것이다. 어떤 아이들은 자유를 만끽하고자 수업 후에도 남아서 나에게 전통놀이를 가르쳐 주고는 하였다. 그렇지만 어느 아이도 진짜 취미가 무엇인지 말하지 않았고, 미래에 대해 생각하는 것이라고는 누가 자신의 남편이 될지 궁금해하는 것뿐이었다. 메논이 최선을 다했지만 소녀들이 열넷이나 열다섯 살에 결혼하는 일은 비일비재했다. 소녀들은 빨리 주부가 되기를 바랐고 8학년이나 9학년 이후에 학업을 이어가는 경우는 거의 없었다.

당초 나와 메논은 컴퓨터 수업을 하면 하인 같은 일이 아닌 다른 일을 하지 않을까 하는 막연한 기대를 가졌었다. 하지만 고용주들은 기초 업무를 할 사람을 뽑을 때조차 교육을 받았는지는 물론 사무직 종사자가 갖추어야 할 의사소통 능력과 컴퓨터 활용 능력을 보았다. 물론 소녀들의 부모가 허락할 리도 만무하지만, 일주일에 한 번 수업으로 프로그래밍이나 자료 입력 같이 취업 가능성이 높은 기술을 가르친다는 것은 불가능했다.

교육 과정이 모두 끝날 무렵, 우리는 소녀들을 동네 인터넷 카페에 데리고 갔지만, 결과적으로 얻은 것은 별로 없었다. 도심에 있는 많은 인터넷 카페와 마찬가지로 이곳 역시 우중충한 장소에 두세 대의 낡은 데스크톱 컴퓨터를 설치해 놓고 시대에 뒤떨어진 윈도우를 탑재했다. (2013년인데도 인도의 인터넷 카페에는 윈도우-98이 설치된 컴퓨터가 가장 많았다.) 한 10루피(약 25원) 정도면 인터넷이 연결된 컴퓨터를 한 시간 동안 사용할 수 있지만 대가는 치러야 한다. 예를 들어 썰렁하기 그지없는 구글 홈페이지를 띄우는 데에도 30초 정도가 걸렸다. 연구팀 일원인 님미 랑가스와미Nimmi Rangaswamy는 후에 발표한 공식 연구를 통해 인터넷 카페의 단골손님으로 채팅과 비디오게임을 하거나 음란물을 보는 젊은 사람이 주를 이루며, 많은 카페 주인들은 그런 사람들을 위해 개인용 부스를 설치한다고 밝혔다.[2] 결과적으로 인도 사람들은 인터넷 카페를 천박한 곳으로 바라보고 있었다. 때문에 일반적으로 성인 여성과 소녀들이 그곳에 가는 걸 권장하지 않았다.

하지만 기대하지 못했던 효과도 있었다. 앞서 스프레드시트에 반해 버린 소녀 두 명은 부모에게 집안일을 하라는 압박을 받았지만 자신들이 할 수 있는 한 학교에 남겠다고 했다. 소녀들은 컴퓨터를 제대로 쓰려면 더 많이 배워야 한다는 걸 깨달은 것이다. 하지만 몇 주 뒤 한 소녀가 도중에 그만두게 되었다. 그 소녀는 나에게 와서 부모님이 여자가 너무 많이 배우면 신부 지참금이 오르기 때문에 수업을 받지 않았으면 한다는 이야기를 전해 주었다. 아들이 있는 가정은 신부 지참금을 여자를 부양하는 비용에 대한 일종의 계약금이라고 여긴다. 교육을 더 받은 신부는 기대치가 높아서 생활비를 더 많이 요구할 것이라는 우려에서 이런 현상이 빚어지고 있다. (가부장적 사상은 논외로 치더라도 이런 전통에서는 교육을 받은 여자가 스스로 소득을 얻을 가능성은 염두에 두지 않는다.)

나는 컴퓨터 교육 과정을 공식 연구 프로젝트로 생각하지 않았기에 그 성과를 자세히 기록하지는 않았다. 하지만 돌이켜보면 그 컴퓨터 수업은 내가 연구하면서 발견하게 될 내용의 전조였다. 그것은 바로 기술을 둘러싼 초기의 낙관주의와 현실에 부딪힐 때 드는 의구심, 결과의 복잡성, 그리고 불가피한 사회 영향력 등이었다.

기술과 사회의 격전지

기술은 강력하다. 하지만 인도에 머물면서 사회문제를 도구로 해결하려는 것은 효과적이지 않다는 생각이 명확해졌다. 그 이유를 미국에 돌아가서 파악하려고 했다.

나는 컴퓨터공학자로서 수학과 과학은 많이 배웠지만 이 분야의 역사나 철학에 관해서는 거의 배우지 못했다. 이는 대다수의 과학과 공학 교과과정이 가진 커다란 문제다. 우리는 오늘날 위용을 떨치고 있는 기술과 미래에 펼쳐질 기술에 집착하지만 그전에 있던 기술은 거의 알지 못한다. 그래서 나는 UC버클리에 가서 기술과 사회의 여러 관점을 연구한 수십 명의 교수를 만나 보았다. 또한 캠퍼스 도서관 서가에서 먼지 쌓인 합본을 뒤지며 시간을 보냈다. 그리고 내가 알아낸 사실을 이 책에 정리했다.

미세한 차이는 있지만 기술을 보는 이론가는 대략 네 진영으로 나뉜다. 즉, 기술이상주의, 기술회의주의, 맥락주의, 사회결정주의이다. 이 용어는 뒤에서 정의하겠지만, 한 가지 분명한 사실은 학자들이 복수의 여신처럼 싸웠다는 것이다. 예를 들어 경제역사학자 로버트 하일브로너Robert Heilbroner는 "기계는 어떤 면에서 역사에 남을 일을 한다. 이는 말할 것도 없이 명확하다"라고 썼다.[3] 이러한 관점은 기술이 사회의 성과를 결정한다고 보기 때문에 기술결정주의라고 부른다. 그러나 그것이 명확해 보인다 해도 비평가에게는 웃음거리일 뿐이다. 철학자 앤드류 핀버그Andrew Feenberg는 "결정주의가 암시하는 바는 너무나 명확해서 그 전제를 세심히 따져 볼 필요조차 없다"며 비꼬듯 공감을 표했다.[4]

하지만 이러한 논란에도 각자 동의하는 부분도 많다. 이상주의자는 기술이 부정적인 결과를 초래할 수 있음을 받아들이며 회의주의자는 기술로 인한 혜택을 인정한다. 네 진영을 확실히 구분하는 건 그들이 주장이 아니라 기질의 차이에서다.

기술 유토피아

영화 〈스타트렉Star Trek〉에 나오는 미래에서는 적어도 기술의 발달로 전쟁, 기근, 질병, 그리고 사람 간 갈등이 존재하지 않는다. 물질 복제기와 '딜리시엄 크리스털dilithium crystal'[5] 덕분에 음식과 에너지는 모두 공짜로 얻는다. 싸우지 않고도 평화와 평등주의가 세상을 지배한다. (이것이 스타트렉 시리즈에 외계인이 많이 나오는 이유다. 그래야 이야기가 전개된다.) 영화 〈스타트렉: 퍼스트 콘택트Star Trek: First Contact〉에서 피카드 선장은 "부는 더 이상 우리 삶의 원동력이 아니다"라고 이야기한다.[6] 즉, 몇 세기가 지나 기술이 발달하면 경제 자체가 필요 없어진다는 것이다. 대신 사람들은 자유롭게 자신과 인류를 위해 더 나은 삶을 만들겠다는 보다 원대한 목표에 집중하게 된다.

스타트렉은 비록 픽션이지만 여기서 보여 주는 기술이상주의는 가히 현실적이다. 네그로폰테는 이 내용에 완전히 공감하며 구글 회장인 에릭

슈미트Eric Schmidt 역시 마찬가지다. 제러드 코헨Jared Cohen은 슈미트와 같이 쓴 《새로운 디지털 시대The New Digital Age》에서 "삶의 질을 향상시킬 수 있는 가장 좋은 방법은 사회를 연결하고 기술의 기회를 확보해 나가는 것"이라고 말했다.[7] 또한 클레이 셔키Clay Shirky 같은 기술 옹호자는 '기술은 어떻게 소비자를 협업하게 하는가How Technology Makes Consumers into Collaborators'라는 부제가 붙은 책[8]에서 디지털 집단에게 응원의 메시지를 보내고 있다.[9] 많은 엔지니어와 컴퓨터공학자들도 이런 관점을 갖고 있다. 한 세대 전 청년들은 세상을 바꾸거나 세상에 영향력을 발휘하고자 할 때면 평화봉사단에 합류했지만, 지금은 실리콘밸리로 향한다. 청년들은 피가드 선장이 말한, 욕심 없는 미래가 만들어지는 모습을 상상한다.

이상주의자들은 기술이란 본래 긍정적인 영향력이 있고 문명을 이루게 하며 대부분 좋은 것이라고 믿는다. 게다가 이를 반박할 수 없는 증거도 있다. 현대 의학, 에어컨, 저렴한 교통수단, 실시간 커뮤니케이션의 발전으로 오늘날 중산층 사람들은 한 세기 전에 왕이 누리지 못했던 삶의 질을 누리고 있다. 이상주의자의 주장처럼 역사의 각 시대가 청동기 시대, 철기 시대, 산업화 시대, 정보화 시대처럼 기술에 따라 명명된 것과 인쇄기가 발명된 이후 문명이 번성했던 데에는 다 이유가 있다.

하지만 이상주의자가 어떻게 표현하든 간에 그들을 한데 모으는 힘은 바로 기술에 대한 자세이다. 이상주의자는 기술을 사랑하며 기술을 더 많이 원한다. 또한 대다수의 이상주의자는 모든 문제는 어떤 기술을 발명하면 해결될 수 있으며, 그 시점이 눈앞에 거의 이르렀다고 믿고 있다. 가난이 문제든, 낮은 수준의 정부 제도와 구조가 문제든, 기후변화가 문제든 이상주의자는 "사람이 가진 재능에는 한계가 없다. 기술의 관점에서 볼 때 부족한 자원은 거의 없다"고 말할 것이다.[10] 기술이상주의자는 도구에 심취한 나머지, 정부, 시민사회, 회사와 같은 사회 기관들을 보고 이들은 업무 속도가 느리고, 가격이 비싸며, 시대에 뒤떨어진다거나 또는 전부 다 해당한다고 말하며 불쌍하다는 듯이 비웃는다.

나 역시 그랬기에 이상주의자의 말에 공감하는 면이 있다. 나칼반데에서 컴퓨터 수업을 시작했을 당시, 나는 기술로 그들의 삶이 향상될 것이라는 기대가 있었다. 그리고 연구를 통해 빈곤 퇴치를 위한 기술 이용법을 찾고자 했다.

인터넷 정보에 압도된 민주주의

그러나 시간이 지날수록 기술만으로는 결코 무언가를 이루어 낼 수 없다는 사실을 깨달았다. 기술이 인도의 멀티포인트이든 미국의 노트북컴퓨터이든 간에 새로운 장치를 발명하고 보급한다고 해서 사회가 나아지지는 않았다.

기술회의주의자는 스타트렉에 나오는 미래 모습이 이미 우리 곁에 와 있다며 지적하고는 한다. 미국은 농업기술 덕분에 전 인구가 먹고도 남을 만큼의 식량을 생산하고 있으며 가격 또한 저렴하다. 하지만 미국 내 500만 명의 아이들이 매년 식량 부족으로 고통 받고 있다.[11] 세계 모든 사람들이 먹을 수 있을 만큼 식량이 충분한데도 배고픈 사람들이 있는 것이다. 대략 여덟 명 중 한 명이 영양 결핍 상태이다. 약 8억4000만 명의 인구가 필요한 만큼 먹지 못한다는 것이다.[12] 이로 알 수 있는 명백한 사실은 기술적으로 풍요롭다고 해서 모두 풍요로운 건 아니라는 점이다.

회의주의자는 기술이 과대 포장되어 있고 때로는 파괴적이라고 믿는다. 《생각하지 않는 사람들The Shallows》의 저자인 니콜라스 카Nicholas Carr는 인터넷은 우리로 하여금 깊이 생각하는 능력을 떨어뜨릴 뿐만 아니라 세이렌 Siren [13]처럼 우리를 유혹에 빠뜨린다고 말한다. 그는 "우리는 기술이 우리에게 해주는 걸 경계해야 할지 모른다. 유감스러운 것은 우리가 지금 그 어느 때보다 기술 도구를 많이 사용하고 있다는 점이다"라고 덧붙인다. 에브게니 모로조프Evgeny Morozov는 자신이 쓴 《인터넷 환상The Net Delusion》에서 인터넷으로 압제 정권의 영향력을 제한하는 게 아니라 오히려 키우게 되는 많은 사례를 보여 주고 있다. 중국의 경우 소셜 미디어는 공산당의 선전 도구이다. 아제르바이잔에서는 투표소에 설치된 웹캠[14] 때문에 시민들은 정부가 원하는 인물에 투표할 수밖에 없다.[15] 이란의 경우, 국가 경찰의 수장이 시위 진압에서 신기술로 가담자를 찾을 수 있다고 인정했다.

한편 기술회의주의자는 의도하지 않은 결과를 놓고 지적하기를 좋아한다. 사회학자 자크 엘륄Jacques Ellul은 1965년에 이미 정보 과잉의 위험을 경고했다. 그는 자신의 책에서 "데이터가 과도하면 사람들이 깨우치는 게 아니라, 오히려 압도된다"라고 썼다.[16] 닐 포스트먼Neil Postman [17]은 방송 매체의 영향으로 그리스 신화에서 로터스의 열매를 먹고 괴로움을 잊은 사람이나 올더스 헉슬리Aldous Huxle의 《멋진 신세계》 속 마약을 먹고 안정감을 찾는 소마라는 인물처럼 '극에 치닫는 문화'가 형성되었다고 본다.[18]

또, 하버드대학교 쉴라 자사노프Sheila Jasanoff 교수는 화석연료 중심의 기술로 인해 일어난 기후변화에 우려를 나타냈다.[19] 말이 나온 김에 덧붙이자면 디지털 기술은 탄소 배출에 있어 엄청난 부분을 차지한다. 한 연구에서는 2007년 기준으로 전자 제품이 세계 탄소 배출량의 3퍼센트를 차지하고, 전체 전기 사용량의 7.2퍼센트를 차지하는 것으로 추정했다.[20] 미국의 경우, 2013년 온라인 콘텐츠를 저장하고 배포하는 데이터센터가 전체 전기 사용량의 약 2퍼센트를 차지했다.[21] 이 수치는 증가할 것으로 예상된다.[22]

비록 회의주의자가 비관적이기는 해도 상당수는 기술로 인해 도덕 및 정치적 가치가 구현된다는 이상주의자의 믿음을 공유하고 있다. 하지만 이상주의자는 자유와 번영의 가능성을 보고, 회의주의자는 어리석음과 부패의 가능성을 본다. 공장의 라인은 효율적이지만 인간성이 결여된 사회를 만들고 최첨단 문화 산업은 모든 것을 시장성으로 평가하게 한다. 또한 우리는 소셜 미디어로 '지속적인 주의력 분산 상태'에 빠진 좀비가 될 수 있다.[23]

하지만 회의주의자는 실제 행동에 있어서 이상주의자보다 결속력이 약하다. 회의주의자는 네오러다이트족Neo-Luddites [24]에서 스마트폰만큼은 포기하지 않는 사람들까지 다양한 형태로 분포한다. 극단적인 예로 작가이자 사회운동가인 데릭 젠슨Derrick Jensen은 이런 글을 썼다.

"나는 매일 아침 눈을 뜰 때마다 나에게 묻는다. '글을 써야 하는가, 아니면 댐을 날려 버려야 하는가'라고."[25]

카는 "컴퓨터 엔지니어와 소프트웨어 프로그래머가 우리 삶의 대본을 쓰는 그런 미래로 조용히 흘러가지는 않을 것이다"라며 마치 저항하는 시인의 외침을 연상시켰다.[26] 한편 엘륄은 "기술은 없앤다고 해결될 문제가 아니라 자유를 행사하며 초월해야 하는 문제다. 그러기 위해서 어떻게 해야 하는가? 나는 아직 잘 모르겠다"며 해결책을 찾지 못했다.[27]

스타트렉과 멋진 신세계

이상주의자와 회의주의자는 각자 귀에 쏙쏙 들어오는 미사여구를 들이대지만 대다수의 사람들이 보기에 현실은 스타트렉도 아니요, 멋진 신세계도 아니다. 어쩌면 이 두 가지가 합쳐진 모습일 수도 있다. 기술역사학자인 멜빈 크란즈버그Melvin Kranzberg는 기술의 명백한 모순을 받아들였다. 1986년 그는 기술은 좋지도 않고 나쁘지도 않고 그 중간도 아니라고 밝혔다.[28] 이런 아리송한 표현은 아마도 오늘날 기술을 연구하는 학자들의 가장 일반적인 관점을 담아 낸 것일지도 모른다. 기술로 인한 결과는 해석하는 맥락에 따라 다르다. 기술은 사람과 복잡한 상호작용을 하기 때문에 긍정적 영향, 부정적 영향을 모두 끼칠 수 있다.

그러나 맥락주의자의 설명은 볼썽사나운 측면도 있다. 사실 맥락에 의존한다 해서 어떠한 것을 시사하지는 않는다. '연구를 더 많이 해야 한다'거나 '경우에 따라 다르다'거나 '미묘한 차이가 있다'는 등 '너무 복잡하므로 일반화할 가치가 없다'는 식의 학자 같은 태도를 보인다. 맥락주의 이론을 지지하는 어떤 사람이 주장했던 대로 '어떤 사실을 서술한다고 해서 반드시 설명한다고 볼 수 없다'는 것처럼 말이다.[29]

결국은 사람이다

그래도 이상주의자, 회의주의자, 맥락주의자의 말에는 어느 정도 일리는 있다. 내가 인도에서 관장했던 약 50개의 기술 프로젝트에서는 다양한 결과가 나왔다. 몇몇 프로젝트는 사람들의 삶을 개선시켰다. 이런 결과에 이상주의자는 신이 났을 것이다. 일부 프로젝트는 시간과 돈만 낭비했다. 아마도 회의주의자는 "그렇게 될 거라고 말하지 않았나"라고 했을 것이다. 대다수의 프로젝트는 연구 프로젝트로서 성공한 수준에 머물렀으며, 그 이상의 혜택은 없었다. 이를 보고 맥락주의자는 동감하며 고개를 끄덕였으리라.

하지만 연구 결과를 다르게 해석하는 방법은 없었던 것일까? 나는 연구 결과의 구조를 찾아가며 실제로 연구가 삶에 미치는 데 필요한 세 가지 요소를 발견하였다.

첫 번째는 연구자가 연구 결과가 아닌 사회 영향에 전념하는 것이다. 관장했던 프로젝트 중에 가장 많은 사람들에게 계속 영향을 미치는 프로젝트가 있었는데, 바로 '디지털 그린Digital Green'이라는 것이었다. 디지털 그린은 농업 개선을 위해 지역 농부가 출연하는 농사 안내 영상을 찍어서 다른 농부의 보조 교재로 사용하는 프로젝트이다. 현재 인도 농촌진흥부는 1만 개 마을에 디지털 그린을 적용하고 있으며, 에티오피아 정부는 디지털 그린 실험을 막 시작했다. 이것은 디지털 그린 프로젝트를 이끈 리킨 간디Rikin Gandhi가 없었다면 할 수 없는 일이었다. 간디는 재능이 많았는데 그중에 소작농을 지원하는 데 한결같은 마음을 가졌다. 그는 골드버

그 장치Rube Goldberg's Invention[30]같은 허울 좋은 전자장치가 아닌, 간단하고 바로 살 수 있는 장치로 프로젝트를 이어 갔다. 그리고 우리가 디지털 그린의 효과를 입증한 이후 간디는 비영리단체를 시작하기 위해 연구원을 그만두었다. 간디의 헌신이 없었더라면 디지털 그린은 하나의 연구 논문에 불과했을 것이다.

두 번째는 협력 단체의 헌신과 역량이다. 우리 연구팀은 우리와 함께 일하는 지역사회와 친밀한 관계를 유지할 협력 단체를 찾고자 했다. 그러나 때로는 단체를 잘못 판단하고 그런 단체 때문에 어려움을 겪기도 했다. 한 프로젝트의 경우, 뭄바이로부터 세 시간 거리의 농촌 지역에서 사탕수수협동조합과 협력 관계를 맺었다. 우리는 낡은 컴퓨터에서는 제 기능도 못하는 네트워크 환경을 저렴한 휴대전화로 대체함으로써 통신 인프라의 수준을 향상시켰다. 새로운 시스템은 효과적이었으며 농부들도 이를 애용했다. 협동조합이 이 시스템을 모든 마을에 적용했다면 매년 수만 달러가 절감되었을 것이다.[31] 하지만 내부의 경쟁자들이 그 시범사업을 확장하지 못하도록 막았다. 기술은 완벽했지만 그것을 적용하려고 할 때 제도 정책이 방해했던 것이다.

세 번째는 수혜 대상자이다. 수혜 대상자는 제공받은 기술을 사용하려고 노력해야 함에도 가끔 그렇지 못한 사람도 있게 마련이다. 우리는 인도에서 기본적인 건강과 위생 관리가 힘든 가난한 사람들을 대상으로 연구했는데, 그 사람들에게 필요한 정보를 적시에 제공하면 도움이 될 것이라 생각했다. 하지만 그들은 아주 간단한 조언을 따르는 것조차 주저했다. 여자들은 쓴맛 때문에 철분제를 안 먹기도 하고, 가정에서는 귀찮다는 이유로 물을 끓이지 않았다. 아버지들은 최소 50루피(약 1달러로 하루 임금에 해당한다)가 드는 병원비에 망설이다가 아기를 작은 병으로 잃기도 했다. 즉, 당연히 그래야 하는 걸 알면서도 마치 우리가 운동이나 제대로 챙겨 먹는 것을 실패하는 것과 마찬가지의 현상을 보인 것이다. 필요한 정보를 문자로 전달하든, 자동 음성으로 전달하든, 재미있는 영상으로 전달하든, 상호작용하는 어플리케이션으로 전달하든 중요하지 않다. 기술로 사회심리의 관성이 저절로 바뀌지 않는다.

이러한 요인을 보면 맥락주의자의 말이 맞는 것처럼 보인다. 맥락은 확실히 중요하다. 그렇지만 세 가지 모두를 고려할 때 무엇보다 중요한 것은 '인간적인' 맥락이다. 다르게 말하면 기술은 그 자체로 결정적인 요소가 될 수 없다. 물론 우수한 설계가 형편없는 설계보다 월등하겠지만 어느 정도의 수준만 넘으면 기술 설계 부분보다 인간적인 요소가 훨씬 더 중요해진다.[32] 적절한 사람이 열악한 기술 환경에서 일할 수는 있겠지만 적절하지 못한 사람은 좋은 기술조차 망쳐 버릴 것이다.

이는 사회결정주의라는 네 번째 기술사회 학문 진영과 일맥상통한다.[33] 사회결정주의는 '기술의 사회적 구성'과 '도구주의적 관점'으로 알려져 있다. 사회결정주의 그리고 이와 관련된 이론에서는 사람들이 기술을 형성하고 지배한다는 사실을 강조한다. 사람들이 기술의 형태와 사용 목적, 그리고 기술로 인한 결과를 결정한다는 것이다. 사회결정주의는 일을 행하고 결정하는 것은 기술이 아닌 사람이라는 명백한 사실에 기초한다.[34]

그러나 사회결정주의가 상식적인 수준인가라고 하면 그렇지는 않다. 왜냐하면 어떤 기술이 발명된 후에 얼마만큼의 변화가 있었는지는 거의 말해 주지 못하기 때문이다. 그래서 나는 사회결정주의에 공감하면서도 여전히 부족하다는 느낌을 지울 수가 없다.

능력에 따른 기술 격차

만일 모르는 언어로 이루어진 웹사이트를 방문한다면 마치 디지털 세계의 문맹이 된 것 같은 느낌이 들 것이다. 그 세상이 가능성으로 가득하다는 것을 알고 있지만 그 어떤 것도 설명하기란 쉽지 않다. 사진 몇 장만 알아봐도 그것에 호기심만 가질 뿐 이런 상황에서는 어영부영 한계에 부딪히며 기분만 언짢아질 것이다.

이것이 바로 우리의 연구 대상이었던 사람들이 겪는 반응이었다. 내가 나칼반데에서 학생들을 가르칠 때, 어떤 어머니들은 비정기 수업 시간에 잠깐 찾아오고는 했는데, 바로 그 어머니들이 그랬다. 그래서 우리의 연구 과제 중 하나는 글을 모르는 사용자를 위한 디지털 인터페이스였다. 2005년 디자이너 인드라니 메디Indrani Medhi를 고용했는데, 그녀는 몇 년 후 우리가 '글자 없는 사용자 인터페이스'라고 칭한 분야에 세계적인 전문가로 떠올랐다.

메디는 연구 중 많은 부분을 나칼반데에서 수행했다. 그녀는 자신의 연구 대상자와 친구가 되고는 했는데, 연구 대상자 대부분은 가난한 가정 출신의 여성으로 임시로 남의 집안일을 해서 한 달에 20에서 40달러를 벌었다. 메디는 여성들을 통해 적어도 이곳에서는 글을 읽지 못하는 것과 셈을 못하는 것은 별개라는 사실을 알았다. 가끔 2와 5를 헷갈려하기는 했지만 많은 여성들은 숫자를 읽을 수 있었다. 메디는 동료인 프라사드와 함께 응답자들이 만화를 가장 잘 이해했으며 단순한 아이콘이나 사진보다는 덜 헷갈려한다는 사실로 알아냈다.[35] 이런 발견은 모두 메디의 디자인에 반영되었다.

메디와 나는 연구를 놓고 자주 토의를 했는데 어떤 특징들은 반복해서 나타났다. 먼저 문맹이라는 건 이분법으로 나뉘는 게 아니라 서로 다르게 나타날 수 있었다. 어떤 사람은 글을 전혀 읽지 못했지만 알파벳은 알았고, 또 다른 사람들은 글자를 소리 내어 읽을 줄 알았지만 신문은 읽지 못했다. 다음은 동일한 인터페이스에도 사용자들의 반응이 상당히 다르게 나타난다는 점이다. 어떤 사람들은 메디의 글자 없는 인터페이스를 단숨에 훑어보며 그 과정을 즐기기까지 했다. 반면에 어떤 사람들은 주저하기도 하고 받아들이는 속도가 느리기도 했으며 이어서 하려면 옆에서 도와주어야 했다.

이러한 특징은 상관관계가 있어 보였다. 즉, 글을 읽을 줄 아는 사람은 글자가 없는 컴퓨터 인터페이스에 더 능숙했다. 심화 연구를 위해 참가자에게 읽기 테스트와 추상적 사고 테스트를 거친 뒤 컴퓨터에서 간단한 일을 해보도록 했다.[36] 그 일이란 메뉴 인터페이스를 돌아다니는 것이었는데, 우리는 어려울 것으로 판단했다. 응답자는 두 가지 방식 중에 한 가지를 이용해 배치된 만화 그림들 사이에서 특정한 생활 물품들을 찾아야 했다. 첫 번째 방식은 물품들이 모두 한 번에 보이도록 무작위로 배치되어 있었다. 두 번째 방식은 컴퓨터 폴더에 파일을 옮기는 것처럼 일련의 계층을 이루어 배치되었다. 예를 들어, 팔찌를 찾기 위해서 먼저 사람이 걸치는 행동을 가리키는 그림을 클릭하고, 그다음에 보석을 클릭하고, 그다음에 손을 클릭하면 된다.

이 연구를 통해 검증된 바에 따르면, 첫째 글을 읽을 수 있는 수준이 추상적 사고 역량에 대한 수치와 상관이 있었다. 둘째, 모든 참가자는 계층 목록보다 무작위로 된 단일 목록에서 물품을 찾는 게 더 빨랐다. 셋째, 무작위 단일 목록과 계층 목록에서 메뉴를 돌아다니는 일의 경우, 읽기 테스트와 추상적 사고 테스트에서 높은 점수를 받은 사람이 낮은 점수를 받은 사람에 비해 우세했다.

따라서 지적 수준과 교육 수준이 어떻든지 간에 그것은 간단한 컴퓨터 업무를 할 수 있는 능력과 관련이 있었다. 더 많이 배우고 인지능력이 뛰어난 사람은 기술을 더 잘 사용한다. 이런 발견만으로 일반화하는 게 경솔할 수도 있지만, 오랫동안 나는 비슷한 결과를 많이 보았다. 관련 연구에서는 글자로 된 힌트가 소리와 그림과 함께 주어지면 인지능력이 있는 사람들이 읽을 수는 있지만 쓰지 못하는 사람에 비해 도움을 더 받았으며, 읽을 줄은 아는 사람들은 글을 아예 모르는 사람에 비해 많은 도움을 받았다. 또 다른 그룹은 휴대전화와 소상공인 여성의 관계를 검토했다. 연구자들은 야심 차고 자신감이 넘치는 여성 대부분은 휴대전화의 혜택을 가장 많이 누린다는 점을 발견했다. 또한 탄자니아의 의료 관련 종사자에 관한 연구를 통해 휴대전화의 문자 알림 서비스로 환자 방문 횟수가 늘었을 뿐만 아니라 감독관도 종사자를 관리하게 되었다는 사실을 알 수 있었다.[37]

즉, 사람이 기술로부터 얻는 것은 기술이 없어도 할 수 있는 것과 하고 싶은 것이 무엇이냐에 따라 다르다. 이는 당연해 보이지만, 그동안 기술사회학 관련 문헌에서는 중요한 주제가 아니었다.[38]

컴퓨터는 지렛대다

이렇게 사회결정주의에서는 기술은 인간의 의도에 따라 사용된다. 동시에 기술이 사회에 영향을 미치는 정도는 사람의 역량에 달려 있다. 즉, 기술이 주로 하는 역할은 사람의 능력을 확장시키는 것이다.[39] 기술은 마치 지렛대처럼 사람이 의도하는 방향으로 사람의 영향력을 확장시킨다. 컴퓨터를 쓰는 사람은 예전보다 빠르고 쉽고 강력한 방법으로 원하는 업무를 할 수 있게 되었다. 그러나 얼마나 빠르고 쉽고 강력할 수 있는지는 사용자의 역량에 어느 정도 비례한다. 또한 현재 우리는 휴대전화로 먼 거리에 있는 사람과 자주 연락을 주고받을 수 있게 되었다. 하지만 누구와 연락하는지, 그 사람에게 무엇을 기대할 수 있는지는 연락하는 사람의 역량에 달려 있다.

나는 이런 생각을 기술을 통한 증폭의 법칙으로 이해하였다. 이 법칙은 나칼반데의 소녀들에게 효과가 있었다. 대부분의 소녀들은 기술을 배우려는 마음이 거의 없었으며, 일찍 결혼해야 한다는 사회 통념으로 인해 관심조차 가지지 않았다. 결과적으로 능력을 키워야 한다는 생각 자체가 거의 없었던 것이다. 그러나 교육의 가치를 알았던 두 소녀는 컴퓨터를 배우며 마음속의 불꽃을 피웠다. 나는 만일 소녀들이 현재 상황을 견뎌 낸다면 전과 다른 기회를 가질 것이라고 생각한다.

연구 과제 중 역설 같았던 문제도 일부는 증폭을 통해 해결했다. 예를 들면 '멀티포인트가 왜 우리가 했던 실험에서는 효과가 있었지만, 다른 학교에서는 효과가 없었을까?' 하는 문제다. 그 이유는 긍정적인 결과가 우리가 만든 특수한 조건에서 이루어졌기 때문이다. 우리는 실험을 위해 역량 있는 교사와 교장이 있는 협력 학교를 신중하게 선정했다. 결과적으로 학생들은 수업에 집중할 수 있었다. 또 하나는 연구자인 우리의 존재였다. 우리는 직접 장치를 구성했고, 수업에서 부족한 점이 발견되면 우리가 대신 채워 주었다. 즉, 기술이 제대로 적용될 수 있도록 모든 조건을 갖추었다. 그렇게 안정적인 기반에서 멀티포인트를 활용했으니 컴퓨터로 공부하는 학생 수가 늘었던 것이다.

반면 멀티포인트 사용을 늘릴 때에는 표준 이하의 학교를 목표로 삼았다. 어쨌든 그런 학교가 가장 많은 도움을 필요로 했고, 또 나중에는 학교 자체적으로 멀티포인트를 운영해야 하기 때문에 우리는 간섭을 줄여 나갔다. 하지만 훌륭한 수업과 우수한 IT 지원이 없는 환경에서는 기술은 별다른 효과가 없었다.

최악의 경우, 기술은 사회에 해가 되기도 한다. 나는 프로젝트를 하다가 한 수업에 유난히 많이 방문했었는데, 그곳은 기술로 인해 무언가 잘못되어 가고 있었다. 교사는 기술 문제를 기술직원 없이 해결하려고 했으며, 이 틈을 탄 아이들은 흐트러지기 일쑤였다. 가끔은 내가 불쑥 끼어들어 도와주기도 했다. 나갔던 전기가 다시 들어오고 컴퓨터가 다시 켜지고 나서야 아이들이 자기 자리에 앉았는데, 이럴 경우 50분 수업의 절반이 획 지나갔다. 오히려 종이와 연필로 수업하는 게 더 나았을지도 모른다.

기술은 좋든 나쁘든 그 중간이든 사회에 영향을 끼친다. 예를 들어 증폭은 큰 규모의 교육공학 연구에서 좀처럼 긍정적인 결과가 못 나오는지 단서를 제공한다. 보통 어떤 학교는 우수하지만 다른 학교는 그렇지 못한 경우가 많다. 우수한 학교는 컴퓨터 도입이 학습에 도움이 될 수 있겠지만 그렇지 않은 학교는 컴퓨터 도입으로 학교의 핵심 목표에서 벗어날 수 있다. 컴퓨터 도입보다 더 큰 문제는 행정 당국이 좀처럼 교과과정을 조정하거나 교사를 훈련하기 위한 충분한 예산을 할애하지 않는다는 데 있다.[40] 교사가 디지털 도구를 적절하게 사용하지 못해 기술이 증폭할 만한 것이 없으니 긍정적인 결과가 나오기 힘든 것이다. 민간 기업이 이윤을 내는 데 실패하면, 첨단 데이터센터와 우수한 소프트웨어와 전 직원을 위한 새 노트북컴퓨터가 있어도 아무도 상황이 호전되리라고 기대하지 않는다. 그럼에도 학교에서는 기술로 학교를 개선시킬 수 있다는 논리가 적용되고 있다.

그렇다면 학교 밖에 있는 컴퓨터는 어떤 역할을 할까? 아이들이 디지털 도구를 혼자 배우도록 내버려 두면 어떤 일이 일어날까? 이때는 아이들의 성향이 기술을 통해 증폭된다. 아이들은 배우고 놀면서 자라고 싶은 욕구를 갖고 있다. 단, 아이들에게는 생산적인 욕구도 있지만 흐트러지고 싶은 자연적인 욕구도 있다. 디지털 기술로 이런 욕구가 모두 증폭되는데, 대체로 어른의 지도가 없는 경우 흐트러지고 싶은 욕구가 더 강해진다. 이는 2013년 가정의 노트북컴퓨터에 관한 로버트 페어리와 조너선 로빈슨의 연구에서 시사하는 내용과 일치한다. 즉, 학습용과 오락용으로 사용할 수 있는 컴퓨터를 아이에게 주면 아이는 오락을 선택한다.[41] 기술 그 자체는 이런 성향을 바꾸지 못한다. 성향을 증폭시킬 뿐이다.

증폭의 힘

일전에 벵갈루루에 있을 때 파드마Padma라는 정치학 교수를 만난 적이 있다. 파드마는 기술과 정부 제도와 구조에 관심이 있었다. 그는 벵갈루루에 머물며 시 예산을 투명하게 공개하는 프로그램을 연구하고 있었다. 한 비영리단체는 시 정부에게 예산이 어떻게 사용되고 있는지 모든 사람이 볼 수 있도록 인터넷 접속이 가능한 시스템을 구축해달라고 설득했다. 이 시스템으로 시민들은 도로에 움푹 패인 곳을 수리하는 데 5천 루피(100달러 이하)의 돈이 지출되거나 나무를 자르는 데 50만 루피(약 1만 달러)가 지출되는 현황을 볼 수 있었다. 비영리단체는 터무니없는 지출이 발견되면 이에 항의하며 때로는 시민 집회를 열기도 했다. 파드마는 기술로써 이 시스템으로 시의 재정이 투명해지고 공무원이 책무를 가질 것으로 내다봤다.

그러나 나중에 파드마에게 그 프로젝트가 어떻게 되었냐고 물었더니, 몇 달 후 정부가 해당 시스템을 내려 버렸다고 전했다. 공무원은 자신의 비리가 공개적으로 조사되는 것을 원치 않았다. 관찰 대상인 공무원 자신이 재정 투명을 위한 컴퓨터 시스템을 해체한다면 기술이 어떻게 책무를 가져다줄 수 있다는 말인가? 기술이 정치를 이긴 것이 아니라 정치가 기술을 이긴 것이다. 처음에는 기술이 비영리단체의 행동을 증폭했지만 단체의 힘은 그 기술을 꺾으려는 관료들의 더 큰 힘에 꺾이고 말았다.

나는 이러한 사례를 되짚어 보면서 증폭의 법칙은 기술이 교육 영역에서 담당했던 것보다 더 많은 걸 설명해 준다는 사실을 깨달았다. 다른 상황에서도 마찬가지다. 2011년에 세계를 떠들썩하게 했던 사건은 우리에게 기술의 특별한 시험대를 제공했다.

페이스북 혁명

지금은 평범한 이야기가 되었지만, 구글 임원 와엘 고님 Wael Ghonim의 도움으로 이집트 사람들은 페이스북을 통해 집회를 열어 호스니 무바라크Hosni Mubarak [42]를 무너뜨렸다. 오늘날 '페이스북 혁명'이라고 불리는 이 사건을 떠올리지 않고는 아랍의 봄을 설명하기 어렵다.

2011년 초반 페이스북의 이용자는 약 6억 명으로 세계 인구의 약 10퍼센트에 달했다. [43] 저널리스트와 블로거들은 시위를 하려는 이집트 사람들의 소식이 들려오자 저마다 페이스북의 역할을 두고 기대감에 들떠 있었다. 2011년 1월 25일 시위 하루 전날 타임지는 이렇게 말했다.

"이집트는 페이스북 혁명을 맞이할 준비가 되어 있는가?"

타임지는 시위에 참가해서 가두 행진을 하겠다고 페이스북에 서약한 사람이 8만5000명이라고 밝혔다. [44] 타흐리르 광장에서 첫 시위가 열린 후 칼럼리스트 로저 코헨Roger Cohen은 뉴욕 타임스에 '페이스북으로 무장한 튀니지와 이집트 청년들이 소셜 미디어의 해방 세력을 보여 주기 위해 일어나고 있다'고 기고했다. [45] 한 이집트 신문은 어떤 남자가 첫딸의 이름을 페이스북이라고 지었다고 보도했다. [46]

2011년 2월 11일 무바라크 정권이 무너진 바로 그날, 고님은 CNN과의 인터뷰에서 다음과 같이 말했다.

"언젠가 마크 주커버그를 만나서 고맙다는 말을 전하고 싶다. 이 혁명은 페이스북에서 시작되었다. 2010년 6월 수많은 이집트 사람들이 페이스북으로 힘을 모으기 시작했다. 우리는 페이스북에 영상을 올리고 몇 시간 내에 6만 명이 자신의 담벼락[페이스북의 월(wall)]에 공유할 수 있도록 했다. 나는 이제껏 사회를 해방시키기를 원하면 그들에게 인터넷을 주면 된다고 말해 왔다."[47]

"사회를 해방시키려거든 그들에게 인터넷을 주면 된다." 이것은 바로 기술이상주의의 전형적인 표현이다. 기술로 굶주림을 끊어 냈던 스타트렉처럼 고님은 인터넷으로 독재정치를 뿌리 뽑을 수 있다고 말하고 있는 것이다. 혁명에 직접 가담한 사람이 그렇게 말을 했는데, 이 말을 반박하면 무례해 보일지도 모른다. 하지만 교육에서 기술을 과대 선전하는 것과 마찬가지로 소셜 미디어가 민주주의적 변화의 주요 원인이라는 주장은 면밀히 살펴보면 맞지 않다.

우선 이집트와 더 일찍이 튀니지에서 소셜 미디어가 독재자를 끌어내리는 데 기여했다는 점을 인정해 보자. 정확히 어떤 것에 기여했는지는 다시 살펴보겠지만, 유튜브 영상과 페이스북 게시글이 제 몫을 다했음에는 의심의 여지가 없다. 그러나 다른 중동 국가에서는 사건이 다르게 전개되었다. 예를 들어 리비아는 2011년 2월 18일 반정부 시위가 시작된 후 며칠 지나지 않아 무아마르 카다피Muammar Gaddafi[48]가 국가 통신망을 약화시켰다.[49] 그럼에도 시위자들은 조직화를 이루어 냈고 계속해서 싸워 나갔다. 이내 시위자들은 카다피 세력을 전복시켰고 카다피를 찾아내어 거리에서 처형하였다.

시리아의 경우, 바샤르 알 아사드Bashar al-Assad 대통령은 카다피로부터 힌트를 얻었다. 시위가 시작되었을 때 그는 전국의 인터넷을 폐쇄하고 전화망은 선별적으로 끊었다.[50] 그래도 시위는 이어져 내전으로 치달았으며 시위자들은 4년이 지난 후에도 포기할 기미를 보이지 않았다. 때문에 시리아에 관한 언론 보도에서 페이스북, 트위터, 유튜브를 언급하지 않은 지 오래이다.

한편 바레인과 사우디아라비아에서는 상당히 다르게 전개되었다. 바레인에서는 몇몇 공개 시위가 진압되었고 서방 언론은 사우디아라비아의 아주 미미한 행동을 거의 알아채지 못했다. 중요한 건 소셜 미디어가 부족하지 않았다는 점이다. 튀니지와 이집트 사람들의 혁명에 힘입어 청원 글이나 영상이 잇따라 페이스북과 트위터를 통해 사우디아라비아에 퍼졌다. 하지만 이슬람 운동 및 중동 시민사회 전문가인 마다위 알 라시드Madawi Al-Rasheed가 보고한 바와 같이 온라인 행동은 오프라인 세력에 의해 진압되었다.[51] 젊은 사회운동가인 무하마드 알 와다니Muhammad al-Wadani는 민주주의를 부르짖으며 유튜브에 영상을 올렸다. 알 와다니는 즉시 체포되었지만 입헌군주제를 요구하는 온라인 청원은 수천 명의 서명을 받았다. 그러나 청원은 무시되었고 스스로를 국민연맹National Coalition과 자유청년운동Free Youth Movement이라고 부르는 단체가 온라인상에서 조직화를 시도했다. 하지만 정권의 방위 세력은 번갈아 가며 웹사이트를 폐쇄했다. 소셜 미디어에서 계획했던 시위는 어느 곳에서도 이루어지지 못했다.

　알 라시드는 사우디아라비아의 군주제가 수십 년 동안 시민사회가 아무것도 하지 못하게 만들었다고 주장했다. 노동조합도 없었고, 정당도 없었으며, 청소년 연맹도 없었고, 여성 단체도 없었다. 시위 자체가 완전히 금지되었고 결과적으로 풀뿌리 단체의 역량은 위축되었다. 이는 이집트의 경우와 정반대이다. 이집트의 경우 노동조합, 비정부 단체, 무슬림 형제단Muslim Brotherhood 모두 무바라크의 탄압에 아랑곳하지 않고 강한 정치 세력이 되어 갔다.[52]

　소셜 미디어가 혁명에서 했던 기능을 정확히 이해하면, 튀니지와 이집트에서 시위가 성공적으로 이루어진 것과 달리 바레인과 사우디아라비아에서는 실패했던 이유를 알 수 있다.

혁명은 어디에서 오는가?

　　　　우리는 튀니지, 이집트, 리비아, 시리아, 바레인, 사우디아라비아에서 얻은 교훈을 토대로 부정할 수 없는 결론에 이르렀다. 즉, 소셜 미디어는 혁명을 위한 필요조건도 아니고 충분조건도 아니라는 것이다. 소셜 미디어 혁명이라는 주장은 상관관계가 곧 인과관계라는 전형적인 오류를 범하고 있다. 아랍의 봄을 페이스북 혁명이라고 말하는 것은 마치 1775년 미국 독립 전쟁을 폴 리비어Paul Revere 때문에 '랜턴 혁명'이라고 부르는 것과 같다. 당시 리비어는 영국군이 육상으로 오면 랜턴 한 개, 해상으로 오면 랜턴 두 개로 침공 소식을 알렸다.

사실 리비어의 이야기는 신화와 같다. 실제로 랜턴 신호는 리비어가 포로로 잡혀 비상경보를 울리지 못할 때를 위한 대비책이었다.[53] 이 이야기를 통해 설명하려는 바는 혁명가는 자기 마음대로 모든 도구를 이용할 줄 아는 비상 대책 기획자라는 것이다. 고님은 이집트에서 시위에 가담한 일을 말하는 인터뷰 자리에서 "무바라크 세력은 페이스북을 폐쇄했지만 나에게는 대안이 있었다. 나는 '구글 그룹'을 이용해서 대량 메일 발송 캠페인을 벌였다"고 언급했다.[54] 아마 이메일마저 차단되었더라면 인터넷에 접속하지 않은 이집트 사람 중 80퍼센트가 전화, 노트, 입에 의지했을지도 모른다. 물론 고님의 경우에는 기술이 큰 역할을 했다. 그가 집집마다 사람을 찾아 조직화했다면 훨씬 어려웠을 것이다. 그렇지만 페이스북이 없다고 해서 고님의 행동이 막히거나 시민들이 침묵하지는 않았을 것이다. 넓게 보면 페이스북은 가능한 채널을 통해 글을 전파하는 편리한 도구였다.

몇몇 사람은 소셜 미디어의 힘에 대한 정체를 폭로하고자 했다. 예를 들어 무바라크 정권이 무너지고 있던 바로 그때 모로조프의 《인터넷 환상》이 출간되었다.[55] 모로조프는 책을 쓰고 있는 동안 이집트의 운명을 알수 없었지만 중동의 시위에서 기술의 역할을 가장 안목 있게 해설했다. 모로조프는 첫 번째 장에서 2009년 이란의 소위 '트위터 혁명'에 대한 과대 선전을 비웃었다. 즉, 당시 힐러리 클린턴이 이끌던 미 국무부는 시위가 최고조에 달해 있는 동안 트위터에 일상적인 점검 작업을 연기해 달라고 요청했다. (트위터는 이 요청을 수락했는데, 셔키는 이를 보고 "엄청난 일이다. 이것은 소셜 미디어에 변혁이 일어난 최초 혁명이다"라고 기록했다.)[56] 하지만 모로조프는 당시

이란에서 실제로 트위터를 사용했던 사람은 적었으며(아마도 총 60명), 이란 인이 시위를 조직화하는 데 있어 트위터가 큰 역할을 하지 않았다고 보았다. 또, 그는 트위터는 효과적인 시위 수단이라기보다 외부로 하여금 해당 사건에 귀 기울이게 하는 방법이라고 주장했다. 그에게 있어 소셜 미디어에 대한 논리는 마치 중동에 있는 사람에게 미국 기업가의 선물이 없었더라면 스스로 저항할 수 없었을 거라는 식으로 자본주의의 기술이 공산주의의 비효율성보다 우세하다는 냉전 시대의 사상과 같았다. 결국 트위터에 어떤 글을 올렸든 이란의 트위터 혁명은 처음부터 존재하지 않았다.

또한 기술회의주의자인 말콤 글래드웰Malcolm Gladwell은 셔키의 소셜 미디어에 대한 의견을 비판했다. 글래드웰은 1980년대 동독의 경우, 전화를 거의 사용하지 못했고 하물며 더더욱 인터넷을 사용하지 않았는데도 조직을 구성하고 시위하여 결국 베를린 장벽을 무너뜨렸다는 점을 지적했다. 글래드웰은 아랍의 봄 혁명을 이렇게 기록했다.

"아랍의 봄에서 가장 흥미롭지 않은 점은 일부 시위자가 다른 사람과 연락하려고 가끔씩 뉴미디어 도구를 활용했을지도 모른다는 점이다(혹은 활용하지 않았을지도 모른다는 점이다)."[57]

비평가의 목소리가 커지자 소셜 미디어 지지자가 반격에 나섰다. 지지자 대다수는 당황스러워했지만, 일부 측면에서 여전히 소셜 미디어가 의미 있다고 주장했다. 한 기자는 CNN에 "맞는 말이다. 물론 기술 하나만으로 혁명을 일궈 낼 수는 없다. 하지만 그렇다고 해서 혁명가가 주저하고 있을 때, 소셜 미디어를 통해 자신에게 필요한 지지와 위안을 얻지 못한다고 볼 수도 없다"고 기고했다.[58]

불만이 없다면 혁명도 없다

        그렇지만 어떤 평론가도 기술의 역할을 이해하는 데 필요한 훌륭한 체계를 갖추지 못했다. 이러한 이유로 증폭의 법칙이 도입되었다. 증폭의 법칙으로 어떤 나라에서는 소셜 미디어가 혁명에 성공적으로 기여했지만 다른 나라에서는 그렇지 않았다는 점, 그리고 소셜 미디어가 주요 동인이 아니라 보조 요소가 된 점을 설명할 수 있다.

  튀니지와 이집트에서는 소셜 미디어가 있기 전부터 시민의 불만도 있었고 조직 단체도 존재했었다. 무바라크는 침체된 경제를 지켜만 보며 거의 30년간 정권을 유지했다. 이에 따라 시민사회단체 내에서 불만이 커져갔고 페이스북을 통해 이를 표출하면서 불만이 증폭된 것이다. 반정부 시위의 주도자는 조직 세력이 소셜 미디어로 인해 커지는 것을 보았을 것이다. 아마도 이러한 점으로 기술이 혁명을 가속화시켰는지도 모른다. 반면 바레인과 사우디아라비아의 경우, 시민사회가 마비되었기 때문에 페이스북 활동이 아무리 많다한들 소용이 없었다. 원래부터 사람의 영향력이 없었는데 기술이 있다고 해서 없던 활동이 증폭되지는 않았다.

  나중에 고님마저도 이를 인정했다.

  "난 영웅이 아니다. 거리로 뛰쳐나왔던 사람들, 진압군과 맞서 싸우다 구타당한 사람들, 체포되어 위험에 처했던 사람들이 바로 영웅이다."[59]

  시민들의 불만이 없다면 시위도 없다. 또한 개인의 안전을 무릅쓰지 않고서도 시위는 없다.

  증폭이라는 사상 자체는 참신함과는 거리가 멀다. 나의 동료이자 개발도상국의 휴대전화 전문가인 조너선 도너Jonathan Donner는 나에게 '지식 격차 가설knowledge gap hypothesis'에 관한 1970년 논문을 내밀었는데, 논문에 따르면 잘살고 더 많이 배운 가정일수록 대중매체를 통한 공공서비스의 정보를 잘 흡수한다고 한다.[60] 20세기 저명한 기술비평가이자 회의주의자면서 맥락주의자인 루이스 멈퍼드Lewis Mumford는 《기계의 신화 The Myth of the Machine》에서 "기술은 사람의 표현 능력을 유지하고 확대할 수 있다"라고 말한다.[61]

또, 컴퓨터공학자 출신의 기술분석가인 필립 아그레Philip Agre는 정치 영역에서의 인터넷에 관해 선경지명이 있는 글을 썼다. 그는 "인터넷만으로는 아무것도 바꿀 수 없다"[62]며 "그렇지만 기존에 있던 능력은 증폭할 수 있다"고 전했다. 하지만 참신한 증폭이 아니면 전혀 인정받지 못한다.

3장

환상이 낳은 신세계

워크맨이 바꾼 인류의 습관

1981년, 열두 살이 되던 해 부모님은 나에게 생일 선물로 소니 워크맨을 주었다. 그 워크맨은 가볍고 매끄러우며 안에 들어가는 카세트테이프보다 작은 2세대 모델이었다. 편안하게 이어폰을 귀에 꽂고 톱니바퀴 모양의 볼륨 버튼을 돌리며 기분 좋은 촉감을 즐겼다. 나는 그날 워크맨을 가진 사람들과 마찬가지로 음악 없이 살 수 없다는 걸 깨달았다. 깨어 있는 동안만큼은 저니Journey와 올리비아 뉴튼 존Olivia Newton John의 노래를 들으며 시간을 보내고 싶었다. 내가 여전히 1980년대 히트곡에 주체할 수 없는 애정을 느끼는 것은 모두 워크맨 때문이다.

어쩌면 워크맨은 증폭의 법칙에서 예외처럼 보인다. 처음으로 인간에게 새로운 욕망을 불러일으킨 기술이 아닐까? 1979년 이전에는 아무도 음악에 빠져 살리라고는 상상하지 못했다. 오늘날 음악은 문명의 영구적인 기능인 듯하다. 새로운 기술이 출현하면 사람의 행동 방식이 변한다는 사실은 부정할 수 없다. 하지만 그렇다고 해서 이 기술이 갑자기 나타났다고 볼 수는 없다. 결혼식에는 결혼행진곡이 있고, 장례식에는 장송곡이 있다. 음악가의 탁월한 기량은 오래전 오르페우스와 하프가 있던 시대부터 찬양받아 왔고, 민속음악학자들은 음악을 금지했던 문화와 더불어 모든 문화 속에서 음악을 발견해 왔다. 일부 이슬람 전통에서는 생활 음악을 금지하지만 무슬림의 기도 시간을 알리는 노래만큼은 들을 수 있다. 사람들은 음악을 쉽게 듣는 것, 특히 자신이 직접 음악을 선택하는 것을 좋아하기 때문에 워크맨이 나온 후 30년이 지났어도 여전히 아이팟과 MP3플레이어가 건재한 것이다. 즉, 워크맨과 워크맨의 대를 이은 제품들은 사람들로 하여금 기존에 한 번도 표현되지 못한 욕구라고 할지라도 원해 왔던 일이라면 그것을 더 많이 할 수 있도록 했다. 이를 잠재욕구라고 한다.

달리 설명하면 워크맨으로 인해 인간의 새로운 행동 양식이 나타난 것이다. 비즈니스 세계에서는 기민한 비즈니스의 사례 연구로 워크맨을 활용한다. 그들은 워크맨이 새로운 시장을 창출했다고 본다.[1] 일부 사회학자는 워크맨이 우리의 환경을 바꿨다고 주장한다. 워크맨은 시공간, 그리고 일상생활과 공적인 일을 재구성했다.[2]

하지만 '워크맨이 카세트테이프의 판매량을 증가시켰다'거나 '워크맨이 휴대용 음악의 혁명을 일으켰다' 같은 표현은 복잡한 과정을 간단하게 표현한 것이다. 즉, 사람은 항상 음악을 즐기며, 원하는 시간에 자신의 취향에 맞는 음악을 듣는다. 소니는 사람들의 이러한 욕구를 알아채고 이를 충족시킬 만한 저비용의 휴대형 기기를 만든 것이다. 소비자는 이 기기를 엄청나게 구매했고 음악 듣는 방식을 이 기기에 맞췄다. 다른 회사도 이 시장에 진입하면서 더 많은 사람들이 휴대용 음악 기기를 사용하게 되었다. 모두 사람이 한 일이다. 워크맨은 그냥 기계 장치일 뿐이다.

앞에서처럼 워크맨의 영향을 함축해서 표현하기보다는 있는 그대로 설명하는 게 중요하다. 그렇지 않으면 올바른 기술에서는 무엇이 옳고 그른지 고려하지 않아도 된다는 잘못된 믿음이 생길 수 있다. 가령, 미국에서처럼 교육 문제를 해결하기 위해 새로운 도구의 가능성에 현혹되기도 한다.

그러나 기술로 인해 모든 행동이 일어나는 것은 아니다. 예를 들어 사람을 가렵게 만드는 최첨단 옷을 고안하는 건 쉬울 것이다. 거친 나노합

성섬유에, 전기장치가 들어 있어 센 정전기로 살에 달라붙는 '근질근질맨' 셔츠를 상상해 보자. 비즈니스를 잘해서 마음껏 수요를 늘리거나 기술을 통해 행동 방식을 바꿀 수 있다면, 똑똑한 기업가가 나타나 세계 시장에 근질근질맨을 판매할 수 있을 것이다.[3] 하지만 오늘날처럼 편안함을 추구하는 시대에 근질근질맨이 인기를 끌 것 같지는 않다. 아마도 우리가 중세 시대처럼 참회를 위해 거친 마로 된 셔츠를 입던 때로 돌아간다면, 마대 패션의 부활을 볼 수 있을지도 모른다.

기술은 가려움을 시원하게 긁어 주기 때문에 주류가 되는 것이지, 원하지도 않는 가려움을 새로 만들어 내면 주류가 되지 못한다.

외로워지는 사람들

우리가 사람들과 유대를 맺기 위해 기술을 활용할 때에도 잠재욕구가 영향을 미친다. 스마트폰 시대에 살고 있는 사람들은 대부분 친구와 만나도 스마트폰만 두드리며 서로의 존재를 무시한다. 30년 간 사람과 장치 간의 관계를 연구해 온 MIT의 사회학자 셰리 터클Sherry Turkle은 이를 가리켜 '외로워지는 사람들alone together'이라고 부른다.[4] 하지만 다시 우정을 추구하고 기술이 이러한 욕구를 증폭해 준다고 해서 어떻게 우리가 기술과 더 멀어질 수 있겠는가?

어떤 사람은 불완전한 기술에 책임을 떠넘긴다. 오늘날의 장치들은 사람들과 소통하기에 기능이 불완전하다는 것이다.[5] 문자 메시지는 140자 (영문 기준) 넘게 보낼 수 없고 영상 통화는 실제로 얼굴을 맞대고 있는 것보다 못하다. 하지만 반드시 기술 때문에 의미 있는 관계가 방해받는 것도 아니다. 많은 할아버지와 할머니가 매주 웹캠으로 가족과 소중한 순간을 함께한다. 또, 2009년 이래 다섯 명 중 한 명꼴로 온라인에서 사랑이 싹텄다.[6] 페이스북 때문에 오랫동안 연락이 끊겼던 친구를 다시 만나기도 했다.

그러므로 기술이 진정한 관계 형성을 가로막는다고 볼 수는 없다. 문제는 기술을 통해 가볍고 부질없는 관계를 만들어 간다는 데 있다. 어렵게 친분을 쌓는 것과 편안하게 친분을 쌓는 것 중에서 아마도 대부분의 사람들은 후자를 선택할 것이다. 일부 사람들이 자기 휴대전화를 쉬지 않고 만지작거리는 이유 중 하나는 FOMO(Fear Of Missing Out), 즉 고립공포증 때문이다.[7] 사람과의 관계에서 고립될까봐 두려운 것이 바로 고립공포증이다.

하지만 다시 생각해 보면 기술이 고립을 일으키지 않는다는 것을 알 수 있다. 기술은 잠재되어 있던 인성을 증폭해 우리를 과장되고 풍자된 모습으로 만든다. 나에게는 만날 때 한 번도 휴대전화를 꺼내지 않은 친구들이 있다. 친구들은 식사를 하게 되면 지갑이나 주머니에 휴대전화를 넣고 전화벨이 울려도 무시한다. 반대로 어떤 사람들과는 몇 마디 말도 못 나누고 중간에 전화벨이 계속 울리기도 했다. 심지어 문자 메시지를 보내지 않을 때도 피를 뽑을 살을 찾아 헤매는 모기마냥 초조해하며 쉴 새 없이 휴대전화를 만지기도 했다. 나는 시간이 지나면서 스마트폰 집착을 일으키는 원인 중 하나가 'FOMO'라는 걸 알게 되었다. 또한 ATUS 무의미한 자극에 대한 중독(Addiction To Useless Stimulation)와 PORM 문자 메시지를 받을 때 느끼는 기쁨(Pleasure Of Receiving Messages)과 SWAP 일을 최우선으로 생각하는 것(Seeing Work As Priority)와 UTSI 중요한 일처럼 느끼게 하는 충동(the Urge To Seem Important)와 같이 기술로 악화되는 잠재적, 정서적 집착 등도 존재했다. 사람들이 똑같은 장치를 갖고 있어도 다양한 행동 방식을 보인다는 사실은, 기술은 이미 있던 것을 증폭할 뿐 모든 사람에게 동일한 반응을 일으키지 않는다는 증거이다.

그동안 평론가들은 워크맨과 아이폰이 성공하게 된 배경에 대해 고찰해 왔다. 하지만 아무도 근질근질맨을 위한 대량 판매 시장이 존재하지 않는 이유는 묻지 않는다. 이렇게 '성공한' 기술에 대해서만 관심을 가지면 전체 그림을 볼 수 없다. 그것은 마치 바레인과 사우디아라비아를 잊고 있던 전문가와 다를 바 없다. 인터넷이 민주주의에 영향력을 지녔다는 주장은 인터넷이 부와 능력과 재능 등 민주적으로 이루지 못한 것이 많다는 사실을 고려하지 못한 것이다.

기술 이론을 평가할 때는 다양한 맥락을 고려해야 한다. 편협한 사례나 개인적 경험으로만 볼 게 아니라 모든 환경과 활용 측면을 봐야 한다. 이 장에서는 전자의무기록에서 기업지식관리까지, 미국 정치에서 중국의 언론 검열까지 사례를 들겠다. 포괄적이지는 않겠지만 이러한 사례 연구를 통해 기술의 어떤 특징이 밝혀질 것이다.

또한 몇 가지 변하지 않는 신화를 뒤집을 예정이다. 일반적으로 기술을 통해 비용을 절감한다거나, 빅 데이터[8]를 통해 투명한 비즈니스를 한다거나, 소셜 미디어로 사람을 한데 모은다거나, 디지털 시스템으로 공평한 경쟁의 장을 만든다고들 한다. 이런 표현을 너무 자주 반복하다 보니 대부분의 사람들이 이것을 의심하지 않는다. 하지만 그 어느 것도 진실일 수 없다.

의료보험 비용이 새고 있다

정보 기술의 가장 큰 혜택 중 하나는 아마도 비용 절감일 것이다. 예를 들어 월마트의 경우 디지털 재고 관리로 유명한데, 데이터베이스를 통해 매대 현황을 파악하고 공급자에게 어느 매장에 재고가 적은지를 자동으로 알려 준다. 이 시스템은 재고를 딱 맞게 유지하여 비용을 줄이는 것이 목적이다. 사람들은 비용 절감이 기술, 즉 데이터베이스, 바코드 판독기, 암호화된 전자태그 운반대 등에서 기인한 것으로 본다.

그렇다면 비용 관리 문제는 IT기술로 어느 정도 해결될 거라고 생각할 수 있다. 미국의 경우, 당면 과제는 바로 의료보험제도이다. 사실 전자의무기록은 정치적 교착 상태에도 당을 초월한 지지를 받고 있다. 버락 오바마Barack Obama 미 대통령은 취임 전부터 효율성과 비용 절감을 언급하며 전자의무기록을 요구해 왔다.[9] 또한 필 깅그레이Phil Gingrey와 팀 머피Tim Murphy 하원의원이 만든 공화당 의사 위원회GOP Doctors Caucus는 "의료 정보 기술은 의료보험 비용을 매년 810억 달러 이상 절감할 수 있는 잠재력을 갖고 있다. 의료 과실의 감소에서부터 행정 간소화에 이르기까지 의료 IT기술은 의료보험체계를 완전히 바꾸어 놓을 것이다"라고 언급했다.[10]

하지만 비용 감소도 증폭의 법칙을 따른다. 미국의 의료보험에서는 소수의 사람만이 비용 절감에 관심을 가진다. 결과적으로 모든 신기술은 돈만 많이 들고 쓸모없는 존재, 즉 계속 돈을 지불해야만 하는 선물이나 마찬가지다. 안타깝지만 우리는 대부분 이런 상황에 익숙하다. 나는 몇 년 전 오른쪽 눈이 조금 안 보이는 문제로 신경안과 전문가를 찾아간 적이 있다. 의사는 나에게 몇 가지 질문을 하더니 "뚜렷한 문제는 없는 것 같고 신경이 손상됐을지도 모르겠네요. 그렇다면 우리가 할 수 있는 건 별로 없지만, 그래도…"라며 음흉한 미소를 지은 채 말을 이어 갔다. 그러고는 "환자 분에게는 좋은 보험이 있으니 MRI를 한번 찍어 봅시다"라며 MRI를 권유했다. 반대할 이유가 없기에 그렇게 하기로 했지만, 외래 진료 청구서를 받아보았을 때 MRI 항목에만 1800달러가 찍혀 있었다. 내가 든 보험이 그 비용을 처리해 준다고 해서 안심하면서도 한편으로 놀랐던 기억이 난다. 그 병원은 후속 조치에 관해 전화조차 없었으며 MRI 결과를 놓고 상담하지도 않았다. 무엇보다 나의 오른쪽 눈은 계속 문제가 있었다.

미국의 의료보험의 경우, 디지털 도구를 통해 비용을 낮추려고 애쓰는 월마트와는 달리, 기술을 통해 비용을 쓰고자 하는 쪽으로 집중되어 있다. 부모의 건강염려증, 의사의 약점, 공급자의 욕심, 정책 입안자의 근시안, 이 모든 것들은 기술이 증폭한 것이다. 심지어 비용을 부담하는 고용주와 정부마저도 자신들이 내는 비용을 직원과 시민에게 주는 혜택이라고 말한다. 그들은 사람들을 신경 쓰지 않는 것처럼 보이는 게 무서워 인색하게 굴지 않는다. 설상가상으로 이와 관련된 측정지표도 없다. 경제학자 우웨 라인하르트Uwe Reinhardt는 "의료보험 비용으로 지출되는 돈은 누군가의 의료보험 수입이 된다"고 말했다.[11] 그 수입은 GDP(국내총생산)으로 반영된다. 우리는 GDP가 오르기 바란다. 그렇지 않은가?

물론 기술은 훌륭한 의료 서비스를 증폭하는 역할도 하기에, 그 비용을 지불할 수 있는 사람에게는 더할 나위 없이 좋다. 하지만 비용을 낮추는 게 목표라면 기술이 더 많다고 해서 확실한 해법이 되지는 않는다. 디지털 기술은 1970년 이래로 40년 동안 병원과 의원마다 적용되었으며, 그동안 미국 의료보험 비용은 다섯 배 올랐다. 이 증가 폭은 다른 선진국보다 훨씬 컸다.[12] 정보 기술이 주요 원인은 아닌 것 같았지만, 그렇다고 해도 형세를 확실히 뒤집기는 어려웠다.

그러므로 비용 절감은 기술 그 자체가 갖고 있는 기능이 아니다. 오히려 디지털 기술은 유지비용이 든다. 예를 들어 2010년 내가 마이크로소프트를 떠났을 당시, 회사는 자사의 IT시스템을 운영하기 위해 4000명이 넘은 정규직을 고용하고 있었다. 이는 회사 전체 직원의 약 5퍼센트에 해당하는 수치이다. (다른 대형 기술 회사에서도 유사한 비율로 고용하고 있다.)[13] 기술 회사, 즉 모든 것을 자동화하는 회사가 IT시스템을 운영하기 위해 전체 직원의 5퍼센트를 투입해야 한다면, 다른 회사에서는 얼마나 더 어려울지 상상해 보라.

특히 미국 의료보험을 볼 때, 디지털 도구는 기존의 회계 업무를 증폭할 뿐이다. 최근 한 보고서에서는 환자가 매번 지나친 비용을 지불한다는 결과가 나왔다. 24달러하는 니아신제 한 정은 약국에 5센트에 공급된다. 333달러하는 가슴 엑스레이 촬영은 원가가 30달러 미만이다. 4만9237달러 하는 신경자극장치는 도매로 1만9000달러이며, 제조사 원가로는 4500달러밖에 안 한다.[14] 병원 관리자들은 이러한 분위기를 틈타 전자의무기록 장치를 설치해서 환자와 납세자에게 비용을 떠넘기려 한다.

어떤 기술도 망가진 시스템을 고치진 못한다

그렇다면 조직의 행동 방식을 개선하면 어떨까? 컴퓨터를 통해 지식 관리를 해결할 수는 없을까? '빅 데이터'를 통해 이전의 의사결정 방식을 사용하지 않을 수는 없을까? 비용 절감과 마찬가지로 정보 기술을 통해 정보 교환과 투명성을 제고할 수는 있지만 저절로 이루어지는 건 아니다. 이상하게도 이견이 있을 것 같았던 사람들이 이 견해에 공감했다. 그들은 내가 말하는 바를 정확하게 이해했다.

그런 사람 중에 조지 페레즈 루나Jorge Perez-Luna가 있었다. 페레즈 루나는 AT&T, 모토롤라, 넥스텔 등 통신회사에서 최고정보관리자CIO(Chief Information Officer)와 IT 부사장을 역임했다. 그는 어떤 회사에 있을 때 최고경영자로부터 브라질의 판매 사무소를 위해 컴퓨터 기반의 주문 추적 시스템을 구현해 달라는 요청을 받았다. 그 사무소는 지속적으로 성과가 나오지 않았고 최고경영자는 그것에 대한 해결책을 원했다. 페레즈 루나는 데이터베이스를 설치해서 판매를 추적하면 문제를 발견할 것이라고 생각했다.

페레즈 루나는 예비 조사를 위해 소규모 팀을 파견했다. 그 팀이 처음 본 것은 한 직원의 책상 서랍이 서명한 계약서로 가득한 모습이었다. 계약서는 대부분 대금회수가 불가능한 외상 매출금, 즉 고객에게 받지 못한 상환 예정 금액이었다. 그 직원만 그랬던 것이 아니라 영업 사원은 계약이 성사되면 보상을 받았지만, 고객에게 후속 조치를 취하지 않았다. 관리자는 신규 계약만 할당하고 회수가 어려운 대금을 처리하는 별도의 절차를 따르지 않았다. 판매 직원은 자신이 가져오는 수입이 얼마인지도 몰랐고, 이를 관리해야 할 이유도 없었다.

페레즈 루나는 최고경영자에게 먼저 관리상의 허점을 보완하지 않고서는 기술로 문제를 해결할 수 없다고 보고했다. 더 많은 관리 감독이 필요하고, 일의 우선순위도 바꿔야 한다고 제안했다. 그는 많은 비용이 드는 기술 해결책을 쓰지 않고 비용을 절감했을 뿐 아니라 문제의 근본적인 원인을 밝혀내는 데 성공했다. 그러고는 "나는 기술자이지만 친한 친구 중에 인류학 공부를 하고 있는 친구가 있다. 그 친구는 기술 이면에 있는 인간의 문제를 바라보는 데 탁월하다"고 말했다.

새로운 노트북컴퓨터가 있다고 해서 직원의 생산성이 반드시 높아지는 것은 아니다. 최첨단 데이터센터가 있다고 해서 더 나은 전략이 나오는 것도 아니다. 또한 지식 관리 시스템이 있다고 해서 서로 정보를 공유하는 훌륭한 부서가 생기는 것도 아니다. 그래도 도처의 최고정보관리자는 기업으로부터 이런 마술 같은 일들을 수행해 달라는 요청을 받는다. 경험이 많은 사람일수록 신중하며 과한 약속을 하지 않는다. 기술은 이미 작용하는 시스템을 향상시킬 수 있지만(일종의 증폭) 망가진 시스템을 고치지는 못한다. 관리하지 않는다면 지식 관리는 존재할 수 없다.

학교, 정부, 회사 같은 큰 단체는 보통 왼손이 한 일을 오른손이 모르게 마련이다. 조직 내 장벽을 허물기 위해서 웹 포털과 소셜 미디어 사이트를 구축하고 싶은 유혹이 생기겠지만, 들여다보면 대부분의 본질적인 문제는 관리, 회사 정치, 사람의 제한적인 관심 때문이었다. 이러한 문제가 해결되지 않으면, 기술이 증폭할 수 있는 기반이 없어진다. 이미 모든 게 디지털화되어 있는 세상에서 지식 관리 시스템과 온라인 정보 센터가 걸림돌이 될 일은 만무하다. 풍부한 기술 시대에 사는 우리에게 조직적인 장애 요인을 제거하기 위한 해법은 바로 효과적인 인간관계를 형성하는 것이다.

사람은 모르는 이에게 손을 내밀지 않는다

관계에 대해 생각해 보면, 일반적으로 사람들은 기술을 통해 관계가 향상된다고 믿는다. 노키아의 구호는 '사람과의 연결Connecting People'이며 AT&T는 예전에 '누군가에게 손을 내밀어 연결해요Reach out and touch someone'라는 구호를 사용했었다. 통신 기술이 사람을 연결해 준다는 사실에는 의심의 여지가 없지만 여기에는 적어도 두 가지 방식이 존재한다. 첫 번째는 더 좋은 도구를 통해 이미 소통하고 있는 사람과 더 잘 소통되도록 돕는 것이다. 두 번째는 더 좋은 도구를 통해 기존에 소통되지 않았던 곳에서 소통이 이루어지도록 하는 것이다.

증폭은 첫 번째에 해당한다. 아무래도 우리는 관계를 맺기 원하는 사람과 보다 더 소통하기 위해 새로운 도구를 이용한다. 이를 입증할 만한 증거는 많다. 예를 들어 미국 여론조사 기관인 퓨 리서치 센터Pew Research Center의 연구에 따르면 평균적으로 페이스북 친구의 약 92퍼센트가 실제로 아는 사람들이며 인터넷으로 만난 사람들이 아니라고 한다.[15] 다른 연구에서는 사람은 실제로 친한 사람과 함께할 때 더 잘 일하게 된다는 결과가 나왔다.[16] 이메일과 트위터가 있더라도 사무실 사이에 계단이 있다면 함께 일하는 것은 쉽지 않다. 즉, 선호하는 관계를 강화시키기 위해, 다른 말로 하면 관계를 증폭시키기 위해 컴퓨터 기반의 의사소통 도구를 활용하는 것이다.

두 번째 방식은 서로 연결을 많이 하면 할수록 '모두' 가까워진다는 잘 못된 믿음으로 발전한다. 한 이상주의자가 언급했듯이 '사람은 더 자유롭게 소통할 것이며 그로 인해 이해도가 높아지고 포용력이 커지면서 궁극적으로 세계 평화가 이루어질 것이다.'[17] 이는 굉장히 천진난만한 소리로 들릴지 모르지만, 이렇게 말한 프랜시스 케언크로스Frances Cairncross는 지적으로 결코 별 볼 일 없는 사람이 아니다. 그녀는 가디언과 이코노미스트지의 저널리스트였으며 영국과학협회뿐만 아니라 영국경제사회이사회의 대표직을 맡아 왔다. 아무리 의사소통 도구가 많아도 아예 관계가 없던 상태에서는 더 나은 관계로 나아갈 수 없다. 미국의 경우, 현재만큼 많은 의사소통 수단을 이전에 가져본 적이 없었다. 1970년대 집에 텔레비전이 있었다는 것은 ABC와 CBS와 NBC와 PBS를 볼 수 있다는 걸 의미했다. 오늘날의 텔레비전은 케이블, 인터넷 스트리밍과 수백 개의 채널을 본다는 것을 의미한다. 1970년대에는 대부분의 가정에 유선전화가 있었고, 도시의 업종별 전화번호부가 있었다. 요즘은 원하는 사람의 전화번호를 바로 찾아 이동하면서 전화할 수 있다. 1970년대에는 오직 컴퓨터를 좋아하는 엘리트만 이메일을 사용했다. 요즘에는 모두 문자를 보내고, 트위터를 하며, 인스타그램에 글을 올린다. 하지만 이러한 부가적인 의사소통 도구 중 그 어느 것도 정치에서 좌우 진영 사이의 큰 격차를 좁혀 주지 못하는 것 같다. 오히려 그 격차는 벌어지고 있다.

일찍이 1996년, 즉 구글이 나오기 2년 전이자 페이스북이 나오기 8년 전이었을 때, MIT 교수인 마셜 반 앨스틴Marshall Van Alstyne과 에릭 브린욜프슨Erik Brynjolfsson은 현재의 현상을 예측했었다. 두 사람은 "인터넷 사용자는 다른 가치를 가진 사람과는 상호작용을 최소화하는 반면, 비슷한 가치와 생각을 가진 사람과는 상호작용을 하려고 한다"고 기록했다.[18] 두 사람은 이러한 현상을 '사이버발칸화cyberbalkanization'[19]라고 불렀고, 심리학자들은 이를 관심이 있는 자극에만 노출되려는 '선택적 노출selective exposure'라고 불렀다.[20] 온라인 한편에서는 백인우월주의자들을 볼 수 있고, 다른 한편에서는 자유연애를 추구하는 히피들을 볼 수 있다. 그리고 그 효과는 인터넷을 초월한다. 미국인 모두가 월터 크롱카이트Walter Cronkite 앵커가 나오는 방송에 채널을 맞추고 똑같은 뉴스를 듣던 시대는 지났다. 사이버발칸화가 위험한 이유는 사람들이 점차 급진적인 성향을 띠면서 인내심이 사라지고 자신의 가치와 결정을 다른 사람에게 맡기지 않으려 한다는 데 있다.[21]

물론 의사소통 도구로 사람들이 더 가까워질 수 있는 건 맞다. 올림픽 방송을 통해 모든 나라가 긍지를 갖고 화합할 수 있고, 나 또한 페이스북에 가입한 지 일주일 만에 초등학교 3학년 이후의 친구들과 연결될 수 있다는 사실에 기뻐했다. 하지만 이것은 사람들이 기존에 원했던 바를 더 많이 하기 위해 기술을 활용하는 것뿐이다.

디지털 격차를 줄이지 못하는 이유

사회에서 해결하려는 목표 중 하나는 불평등, 즉 부와 교육과 정치 참여와 사회적 지위의 불평등이다. 여기에 '디지털 격차digital divide'라는 것이 있다. 이 용어는 1990년대 미국의 빈부 간의 불평등한 기술 접근성을 설명하기 위해 생겨났다. 이후 디지털 격차는 '세계 격차 global disparity'라는 이름으로 빠르게 확대되었으며, 이내 디지털 격차 해소가 하나의 구호가 되었다. 디지털 격차 해소의 한 가지 대응책은 저비용의 기술을 개발하여 부자만 갖고 있었던 것을 모든 사람이 가질 수 있도록 하는 것이었다. 이것이 바로 '어린이에게 노트북컴퓨터를' 프로젝트 이면에 있는 사상이다. 이 프로젝트는 초기에 언론의 인기를 끌었는데 바로 100달러에 컴퓨터가 팔릴 것이라는 예상 때문이었다.[22] 하지만 인도 정부는 '어린이에게 노트북컴퓨터를' 프로젝트를 거부했고 대신에 힌두어로 하늘이라는 뜻을 가진 저가형 태블릿 아카시Aakash를 35달러에 제안 했다.[23]

일찍이 1999년에 미국에서는 무료 컴퓨터가 있었다. 회사는 컴퓨터를 무료로 제공하고 스크린 광고로 돈을 벌었다. 하지만 후에 무료 컴퓨터는 중단되었고, 다른 제품들도 목표를 이루지 못했다. 비즈니스 모델이 본질적인 문제가 아니었다. 문제는 무료 컴퓨터라는 개념에 있었다. 어떤 사람은 저비용으로 기술을 사용하는 것이 민주화의 한 방식이라고 말할 수 있겠지만, 실제 민주주의에서는 한 명당 한 표를 의미한다. 자유시장에서 말하는 1달러당 한 표와는 완전히 다른 것이다. 자유시장에서는 돈이 많을수록 더 많은 기술을 확보할 수 있다. 기존에 있던 것이 더 싸게 만들어지는 동안 새로운 기술이 나오지 않는다면 모르겠지만, 저가의 컴퓨터가 있을 때는 고가의 스마트폰이 존재하기 마련이다. 저가의 스마트폰이 있을 때는 고가의 패블릿phablet[24]이 있고, 저가의 패블릿이 있을 때에는 고가의 디지털 안경이 있을 것이다. 즉, 기술로 남에게 뒤떨어지지 않고 살아가기는 어렵다.

만일 기술을 사람들에게 고르게 배분할 수 있다고 가정해 보자. 그렇다면 어떻게 될까? 이 질문에 답하기 위해 다음과 같은 상황을 고려해야 한다. 먼저 원치 않게 가난해진 사람을 상상해 보라. 어쩌면 도시의 노숙자나 먼 지역에서 온 가난한 외국인 이주 노동자 같은 사람일지도 모른다. 이제 당신과 그 가난한 사람이 자선 모금으로 할 수 있는 한 많이 돈을 모으도록 요청받았다고 해보자. 단, 일주일 동안 이메일만 무제한으로 사용할 수 있는 조건에서 말이다. 과연 누가 더 많이 돈을 모았을까? 대부분의 독자는 자신이라고 생각할 것이다. 왜냐하면 당신에게는 부유한 친구들이 있기 때문이다. 당신은 가난한 사람보다 교육을 더 많이 받았을 것이고, 그래서 더 설득력 있는 이메일을 쓸 수 있었을 것이다. 또한 조직력으로 많은 사람들이 모금에 동참하도록 했을 것이다. 상상했던 가난한 사람은 사람마다 다르겠지만, 글을 읽고 쓰는 데에서는 아마도 당신이 훨씬 앞서 있을지 모른다.

이 사고 실험thought experiment으로 기술은 동일해도 사람마다 갖고 있는 조건이 다르기에 결과 또한 다름을 알 수 있다. 이 차이는 사람으로 인해 벌어졌다. 덧붙이자면 그 조건이 당신을 가난한 사람보다 부유하게 만드는 것이다. 이번에는 가난한 사람이 아닌 빌 클린턴이나 빌 게이츠와 함께 실험을 한다고 생각해 보자. 누가 더 많은 돈을 모금할 수 있을까? 두 빌 중에 한 명이라고 생각한다면 그것은 같은 이유에서다.

저비용 기술이 불평등을 해소하기 위한 효과적인 방법이 아닌 이유는 디지털 격차가 어떤 격차의 원인이 아니라 하나의 증상이기 때문이다.[25] 증폭의 법칙에서 볼 때, 기술은 가교가 아니라 기중기이다. 이미 있던 격차는 기술 때문에 더 벌어지고 있다.[26]

중국이라는 코끼리

하버드대학교의 정치학자 게리 킹Gary King은 중국의 인터넷을 연구했는데, 그는 이를 두고 "사람이 지금까지 표현했던 것을 선택적으로 검열하기 위한 가장 광범위한 활동의 현장"이라고 말했다. 킹은 중국 정부가 자국의 소셜 미디어 플랫폼에서 무엇을 검열하는지 정확히 밝혀냈으며, 킹이 발견한 내용은 디지털 영역을 넘어 예상치 못한 교훈을 남겼다.[27]

킹에 따르면, 중국 인터넷 경찰 세력은 약 30만 명의 공산당원에 협력하는 약 5만 명의 검열관을 고용하고 있다. 게다가 민간 회사는 법에 따라 자사 사이트의 콘텐츠를 검열받게 되어 있다. 킹은 이러한 검열 활동이 너무 방대해서 마치 방을 통과해서 걸어가는 코끼리와 같다고 말했다. 킹은 코끼리의 발자국을 알아내기 위해 동료인 제니퍼 판Jennifer Pan, 마가렛 로버츠Margaret Roberts와 함께 중국이라는 나라에 새로운 통찰을 제시할 두 가지 연구를 수행했다.

첫 번째 연구에서는 컴퓨터 네트워크를 구축하고 1382개의 중국 웹사이트를 감시하며 사이트가 검열되는지 여부와 언제 검열되는지를 알기 위해 새로운 게시물을 모니터링했다. 85개의 화제를 다룬 1100만 개의 게시물을 조사 대상으로 선정했다. 주제는 인기 있는 비디오게임에서부터 반체제 예술가 아이웨이웨이Ai Weiwei에 이르기까지 다양하게 걸쳐 있었다. 또한 현실에서 일어난 일로 시작된 온라인 채팅도 범위에 포함시켰다.[28] 킹의 팀은 두 번째 연구에서 잠복 수사 연구에 들어갔다. 100개 이상의 사이트에 가짜 계정을 만들고 게시물을 올려 어떤 게 검열되는지를 보았다. 심지어 중국에 자신들 소유의 소셜 미디어 회사를 설립했다.[29]

킹의 팀이 얻은 연구 결과는 두 가지 사실에서 두드러졌다. 첫째, 중국의 온라인 검열 체제는 포괄적이며 효율적이라는 점이다. 부적절한 항목은 거의 완벽하게 삭제되며, 보통 게시물이 올라온 지 24시간 내에 삭제된다. 연구자들은 "이는 엄청난 성과며 대규모 병력에 버금가는 정밀도가 필요하다"고 썼다.

둘째, 킹의 팀은 중국 검열관이 좋아하지 않는 대상을 파악했다. 검열관은 사람들의 집단행동을 언급하거나 이를 선동하려는 대상이라면 어떤 것이든지 빠르게 대응했다. 시위와 집회는 물론 정치와 무관한 집단행동에 관한 게시물까지도 순식간에 사라졌다.[30] 그러나 현 정권은 정부에 대한 비판을 비교적 무난하게 받아들인다. 예를 들어 다음과 같은 글은 검열을 통과했다.

중국 공산당은 항일 전쟁 초기에 민주 입헌 정부가 되겠다고 약속했었다. 하지만 60년이 지난 지금까지 그 약속은 지켜지지 않았다. 오늘날 중국 정부가 정직하지 않은 것은 마오쩌둥 때까지 거슬러 올라가 그 책임을 추궁받아야 한다. 현재 지지를 받고 있는 당내 민주주의는 일당 체제를 지속시키기 위한 변명에 불과하다.

반면 다음 게시글의 경우 자신의 집이 강제 철거된 것을 두고 자살 폭탄을 감행했던 남자에 대한 내용이었는데, 이 글은 검열에서 삭제됐다.

첸 밍치가 철거 때문에 개인적으로 많은 손해를 입었다는 내용을 웨이보를 통해 확인할 수 있을지언정 그의 극단적인 대응 방식은 비난을 면할 수 없다. 정부는 건물을 철거할 때 시민의 이익을 보호할 수 있는 수단과 법을 지속적으로 제시하고 있다.

이 글은 중국 정부를 지지하는 내용이었지만, 한 사람이 극단적인 행동을 하게 된 이유를 출처를 통해 언급했기에 검열당한 것이다. 이러한 상황은 전체주의 국가에 관한 기존의 생각에 모순된다. 조지 오웰George Orwell의 소설 《1984년》에 나오는 독재자 빅 브라더Big Brother의 경우, 누군가 정권에 반대 의사를 표하면 어느 것이든 바로 처리했다. 킹의 연구 결과는 "사람들이 국가에 불만을 표시하지 않을 때 그 정권은 붕괴된다"고 주장했던 킹의 동료인 마틴 디미트로프Martin Dimitrov의 연구 결과와 유사하다.[31] 나라의 진정한 위험은 국민이 더 이상 공개적으로 불평하지 않을 때 온다는 것이다.

사실 킹이 언급했듯 어느 수준의 대중의 비판은 공산당의 이익에 부합할지도 모른다. 분노를 드러내고 싶은 시민을 진정시키고 중앙정부에는 주의를 요할 만한 이슈가 있다고 경고해 주기 때문이다. 중국 정부는 끊임없이 전략을 조정하고 있다. 2013년 10월 산시성에 사는 한 남자가 중국판 트위터인 시나 웨이보Sina Weibo에 정부에 비판적인 글을 사람들에게 500회 전달한 협의로 구금되었다.[32] 과연 어느 선까지가 한계인가를 놓고 중국 관료들이 논쟁하는 모습이 상상이 되는가. 얼마나 많이 공유해야 집단행동이 일어날 수 있을까? 250회일까, 500회일까, 1000회일까?

중국 내 소셜 미디어 검열에 관한 킹의 연구는 온라인 언론 탄압 그 이상의 내용을 보여 주고 있다. 이 연구는 공산당의 깊은 우려와 그들의 복잡한 통제 프로그램에 대한 실마리를 제공한다. 중국은 신장과 티베트에서 일어난 반정부 시위에 엄격히 대응했던 것처럼 물리적 시위를 억압하는 데에는 가차 없다. 이러한 태도는 온라인에서도 이어지며, 악의 없는 게시글로 보일지라도 집단행동으로 연결될 여지만 있다면 민감하게 반응한다. 킹은 나와 전화 통화를 하며 이렇게 말했다.

"정치사회운동가는 어느 나라라고 할지라도 목표를 위한 의사소통 수단이라면 무엇이든 사용한다. 기술로 의사소통을 더 빨리 할 수 있다면 기술을 사용할 것이다."

킹은 계속 말을 이어 갔다.

"중국은 어떤 면에서는 미국과 똑같다."

사실상 미국에 있는 대형 기술 회사들은 법적으로 아동 포르노 같은 불법 콘텐츠를 모니터링하고 검열해야 한다. 또한 국가안전보장국에 관해 최근 폭로되는 내용을 보면 정부는 디지털 감시를 목적으로 회사에게 강압적인 방법을 쓰려고 한다. 킹은 "도의적으로 같다고는 못하겠지만 기능으로 보면 중국에서 일어나는 상황과 같다"라고 말한다. 두 나라의 경우, 기술이 렌즈처럼 정부가 어떤 관심사에 어떻게 행동하는지를 확대시켜 보여 주었다. 대규모 기술을 검토하면 거기에 숨겨진 의도를 알아낼 수 있을 것이다.

증폭의 법칙으로 보는 미래

우리는 증폭의 법칙을 통해 어느 정도 예측을 할 수 있다. 어떤 조건에서는 아직 존재하지 않는 기술의 미래를 추정하는 것도 가능하다. 가령, 과학자가 다음과 같은 발명품을 머릿속에 떠올렸다고 상상해 보자. 각각의 쌍에서 어떤 것이 더 인기가 있겠는가?

① 주인의 뒷정리는 물론, 설거지와 빨래를 다 해주는 로봇
② 주인을 졸졸 따라다니며 주인의 실수를 일일이 말로 지적하는 로봇

① 실제 집보다 크고, 비싼 가구가 있고 훌륭하게 꾸며진 집의 환영을 보여 주는 홀로그램 장치
② 실제 집보다 작고, 중고 가구가 있고 대학생이 꾸민 집의 환영을 보여 주는 홀로그램 장치

① 무엇을 먹든, 운동을 얼마만큼 하든 날씬한 몸매를 보장하는 벨트 버클 위에 붙이는 장치

② 무엇을 먹든, 운동을 얼마만큼 하든 뚱뚱한 몸매를 보장하는 벨트 버클 위에 붙이는 장치

이런 장치는 아직 어디에도 없지만 당신이라면 어떤 것이 잘 팔릴지 고민하지 않을 것이다. 이미 대부분의 사람들은 자신이 원하는 바를 잘 알고 있다. 기술의 성공을 예측하는 능력은 인간이 처한 상황, 즉 인간의 조건을 직감적으로 알아차리는 능력에 있다. 기술 설계보다는 사람의 기호가 일관되고 증폭됨으로써 어떤 제품이 성공할지가 결정된다. 즉, 우리 마음에 부합해야 좋은 기술이다.

어쩌면 당신은 자신의 선택이 어떤 결과로 이어질 것인가에 대한 물음에 얼버무릴지도 모른다. 결과는 해당 문화나 역사적 시점에 따라 다르다고 말할지도 모른다. 물론 당신이 맞을 수도 있다. 많은 미국인들이 생각하기에 현재 바람직하지 못한 체중이라고 할지라도 다른 시대에서는 뚱뚱한 몸매가 부와 사회 지위의 상징이었다. 예를 들어 풍만하고 관능적인 여인을 주로 그렸던 피터 폴 루벤스 시대에서는 적어도 그랬을 것이다.[33] 당시에는 세 번째 항목의 두 번째 장치가 첫 번째 장치보다 더 팔렸을 것이다. 이 역시 기술로 결과가 결정되지 않는다는 것을 다시 한 번 입증한 셈이다.

마찬가지로 미래에는 마음대로 통신 기술을 사용하거나 남용하리라 예측해 볼 수 있다. 19세기 반란 세력은 전단지를 돌렸고, 독재자는 인쇄

소를 폐쇄시켰으며, 세계는 한 달 후에 그 내용을 말로 전해 들었다. 21세기인 지금에는 반란 세력이 페이스북에서 조직적인 활동을 하는 반면 독재자는 인터넷을 폐쇄한다. 그리고 세계는 사건의 진상을 유튜브에서 보게 된다. 아마도 23세기에는 반란 세력이 두뇌 간 송신기를 통해 결집하며, 독재자는 신경 신호를 교란할 것이다. 그리고 세계는 그 내용을 미래에 'SPAM'으로 알려질 시냅틱 투영 인식 모듈Synaptically Projected Awareness Modules을 통해 보게 될 것이다. 의심할 여지없이 디지털 세상은 아날로그와 포스트디지털 세상과 다르겠지만, '더 많은 것이 변할수록 더 많은 것이 그대로 남아 있다.'

증폭은 사회 변화에 드는 비용을 아직 개발되지 않은 기술에 투입할지 아니면 다른 곳에 투입할지에 관한 지침을 제공한다는 측면에서 중요하다. 어려움을 겪고 있는 학교가 디지털 기술로 그다지 개선되지 않았지만 기술이상주의자는 올바른 기술이 아직 발명되지 않아서라고 주장할 것이다. 그렇다면 영화 〈매트릭스The Matrix〉에 나오는 강력한 학습용 기계가 있다고 상상해 보자. 그런 기계에 자신을 연결하면 몇 초 이내에 영화 속 키아누 리브스처럼 "난 쿵푸를 안다"고 얘기할 것이다. 그렇다고 교육에서 불평등이 사라질까? 부유하고 사회에 영향력 있는 부모는 자식에게 최고의 기계를 마련해 줄 것이며, 반면에 가난하고 소외된 가정의 아이들은 수리가 필요한 구식 모델에 자신을 연결할 것이다. 부잣집 아이들은 노력하지 않고 양자물리학을 배울 것이며, 가난한 집 아이들은 결국 오리처럼 꽥꽥거리게 될 것이다. 다시 한 번 기술은 사회에 어떤 의도를 증폭할 것이다. 또한 개인에게 맞추어진 전자책과 인공지능 학습 로봇이나 다른 새로운 기술도 마찬가지일 것이다. 따라서 예측 하나를 하자면 이렇다. 당신이 평등한 교육 시스템에 관심이 있다면 새로운 기술로는 소기의 목적을 달성하지 못할 것이다.

교육 이외의 분야에도 이러한 교훈을 적용할 수 있으며 이를 통해 지금껏 살펴보았던 내용을 요약할 수 있다. 정부가 아무리 투명성을 갖춘 새로운 기술을 이용한다고 해도 부패를 근절하겠다는 진정한 동기부여가 없으면 책임감을 느끼지 못할 것이다. 전자의무기록이 있다고 해도 교육을 잘 받은 의사와 간호사가 부족하다면 의학적으로 필요한 사항을 요구하는 것인지 여부를 알 수 없을 것이다. 저비용 신기술을 많이 만들어 내도 사회에 뿌리 깊이 자리한 불평등을 해결하려는 의지가 없는 나라에서는 불평등이 종식되지 못할 것이다. 일반적으로 기술은 긍정적이고 역량 있는 사람의 영향력에 존재해야만 긍정적인 결과를 가져온다.

나는 6장에서 이 모든 것들이 기술을 잘 이용하기 위한 지침이 되는지를 보여 주겠지만, 지금만큼은 이러한 예측이 증폭의 법칙이 가진 장점 중 하나라는 사실만 말해 두겠다. 온라인에서 언론의 자유를 가장 풍족하게 누리는 곳은 아마도 오프라인에서도 자유로운 곳일 것이다. 새로운 기술로 비용을 절감하는 시기가 언제인지 궁금한가? 아마도 경영진이 비용을 줄이는 데 집중하는 시기가 아닐까 한다. 아이들이 아이패드로 효과적으로 공부하는 방법을 알고 싶은가? 아마도 아이들이 어른의 감시에 상관없이 좋은 공부 습관을 가지면 그리될 것이다.

예상 밖의 결과란 없다

어떤 사람은 기술은 근본적으로 의도하지 않은 결과로 인해 예측이 불가능하다고 반론하고는 한다. 어느 정도 맞는 이야기지만 딱 거기까지이다. 나는 지금까지 인간의 역사가 기술을 포함하고 있다 해서 더 예측할 수 있다고 말한 적이 없다. 2010년에 페이스북이 있거나 말거나 상관없이, 중동이 반정부 시위로 변혁의 소용돌이에 있을 거라고 누가 알았겠는가? 사람의 의도는 이처럼 예측하기에 복잡하고 어려우며, 이는 기술의 도움을 얻더라도 변하지 않는 사실이다.

기술의 결과가 의도된 것인지 여부는 일반적으로 보는 사람의 생각에 달렸다. 초창기 인터넷을 지원했던 미 국방부나 국립과학재단의 공무원은 아마도 대규모 전자상거래나 고양이 영상을 전 세계에 확산시킬 의도는 없었을 것이다. 따라서 이러한 결과는 의도되지 않은 것이라고 말할 수 있다. 하지만 웹사이트는 혼자서 만들어지지 않는다. 온라인에 있는 모든 것들은 인터넷을 만든 사람이 그것을 예언하지 않았어도 누군가의 의도가 반영된 것이다. 대개 의도하지 않은 기술의 결과는 누군가 예측하지 못한 것에서 비롯된다. 한 사람의 의도하지 않은 결과는 또 다른 사람이 해야 하는 과제가 된다.

절대로 기술의 결과를 예측할 수 없는 경우는 어떨까? 이에 딱 맞는 사례를 찾기 어려운데, 그 이유는 기술회의주의자들은 어떤 것이든 어떻게 잘못될 것이라고 잘 상상해 내기 때문이다.

그래도 논의를 위해 10대들의 문자 메시지 발송 횟수를 고려해 보자.

문자 메시지 표준을 만들었던 기술자나 집에 휴대전화를 들인 부모 모두, 아이가 한 달에 수천 개의 문자 메시지를 보낼 것이라고는 상상하지도 못했을 것이다. 미국의 10대는 평균적으로 하루에 60개 혹은 깨어 있을 때 시간당 네 개의 문자 메시지를 주고받는다. 캘리포니아에 사는 열세 살 소녀는 한 달에 1만4528개의 문자 메시지를 교환했는데, 이는 하루 24시간에서 3분당 한 개꼴이다.[34] 따라서 강박적인 문자 메시지 이용은 휴대전화 확산에 따른 의도하지 않은 결과라고 볼 수 있다.[35] 하지만 우리는 이제 이것을 알기 때문에 더 이상 예상 밖의 결과가 아니다. 이 결과가 바람직한지 여부를 판단하는 것과 바람직하지 않은 경우 그 문제를 해소하는 것은 모두 부모로서의 어른, 소비자로서의 어른, 투표권자로서 어른, 시민으로서의 어른, 가족으로서의 어른, 공동체로서의 어른에 달려 있다. 아무것도 하지 않으면 수동적으로 의도하는 것이므로 원치 않았던 결과에 잘못이 있는 것이다. 즉, 의도하지 않은 결과란 없다.[36]

기계와 신

증폭의 법칙은 기술이 얼마나 좋고 나쁠 수 있는지와 궁극적으로 기술이 개인과 사회에 어떤 효과를 보일지를 설명해 준다. 이 법칙으로 결론을 내어 우리는 비용 절감, 조직 개선, 불평등 감소 등 기술의 힘에 관한 근거 없는 믿음을 떨쳐 버릴 수 있다. 증폭은 기술이 우리에게 직접 영향을 준 것에 대해 책임감을 부여하기도 한다. 기술이상주의자는 세상을 볼 때, 우리가 기술로 인해 구원받는다고 생각한다. 회의주자는 우리가 만든 창조물이 걷잡을 수 없게 변할 거라고 상상한다. 그리고 맥락주의자는 종종 행운을 바라는 기술 옹호자처럼 이야기한다. 그러나 이 모든 관점에서는 인류의 운명이 운명의 여신이나 자연 그리고 하나님에게 달려 있다고 생각하는 세상 물정 모르는 분위기가 느껴진다. 기술에 대한 과도한 믿음 또는 걷잡을 수 없는 두려움은 인간이 자신의 책임을 부정하며 어린 시절로 돌아가는 것과 같다. 성년기에 있는 우리는 자신의 운명을 스스로 손에 쥘 수 있어야 하지 않겠는가?

사르트르Jean-Paul Sartre의 말을 각색한다면, 기술은 우리가 만들어 놓은 것을 제외하면 아무것도 없다.[37] 또한 사르트르가 언급했듯 책임은 축복이면서 저주이기도 하다. 따라서 우리는 한편으로는 기술을 통해 무엇을 할지 '결정할 수' 있지만, 다른 한편으로는 무엇을 할지 '결정해야만' 한다.

4장

미봉책은 언젠가 터지고 만다

패키지 개입과 증폭의 법칙

　　　　지난 수년간 나는 기술이 사회의 건전한 발전에 주는 영향력이 예상 외로 적다는 주장을 펼쳐 왔다. 기술 옹호자들은 이에 대해 적대감을 갖거나 내키지 않는 듯 체념하는 식의 반응을 보였다. 이들의 이야기에 진절머리가 난 사람은 위로의 말을 전하기도 했다. 내 말에 동의하지만 전자 제품에 관해서는 동의할 수 없다고 말하는 사람도 있었다.

　기술의 증폭에 대한 논의는 보다 폭넓게 적용될 수 있다. 그중에서 디지털 기술을 활용한다는 건 단지 '패키지 개입packaged intervention'이라고 부를 수 있는 것의 극단적인 예일 뿐이다. 패키지 개입이란 사회문제 처리를 위해 기술, 사상, 정책 등에 계속 적용되는 하나의 묶인 해법으로서, 예로 법과 제도 등이 있다.[1] 기술과 마찬가지로 패키지 개입 그 자체도 사회를 크게 바꿀 것 같지만 그렇지는 않다. 그 이유를 이해하면 증폭의 법칙에 대해 더 깊은 안목을 갖게 될 것이다.

소액신용대출의 진실

　　　　패키지 개입의 좋은 예는 소액신용대출microcredit이다. 이는 가난한 사람에게 소규모로 돈을 빌려주는 것으로서 소액대출microlending 또는 소액금융microfinance으로도 불리며, 빈곤 완화와 관련하여 세계 진출에 성공한 몇 가지 아이디어 중 하나다. 저소득 가정의 삶을 바꾼 100달러 대출 이야기에는 끝이 없다. 현대 소액신용대출의 창시자인 무하마드 유누스Muhammad Yunus는 예전에 방글라데시에서 마흔두 명의 마을 주민에게 27달러를 개인 돈으로 빌려준 적이 있었다. 일부 주민은 대나무 의자를 만들 재료를 사기 위해 아주 작은 돈이라도 필요했는데, 그들은 빌려준 돈을 갚은 뒤 계속해서 돈을 벌 수 있었다. 유누스는 "나는 여태 껏 '22센트'가 없어서 고생하는 사람을 본 적이 없다"고 말했다.[2] 그때가 1976년이었다.

그로부터 수십 년이 지나고 소액신용대출은 사회 프로그램의 거물이 되었다. 소액신용대출은 지지자의 지칠 줄 모르는 전도에 힘을 얻었다. 유누스는 "소액신용대출의 목적은 가장 단시간 내에 가난을 타파하는 것이다"라고 말했다.[3] 지지자들에 따르면, 대출을 통해 가정은 기존의 기술을 소규모 비즈니스, 즉 영세 기업을 세우는 데 사용할 수 있으며 스스로 가난에서 해방될 수 있다. 즉, 소액신용대출은 소득을 늘리고 여성 인권을 강화하며 아이들의 건강과 교육 수준을 향상시킨다고 한다. 사람들은 소액신용대출이 세계적인 빈곤 퇴치 활동에 혁명을 일으켰다고 말한다.[4] 오늘날 전 세계에 1억8000만 명의 소액신용대출자가 있으며[5] 국제연합은 2005년을 세계 소액신용대출의 해로 선언했다. 그리고 2006년에 유누스가 노벨평화상을 받았다.

하지만 지지자가 인정하는 것처럼 이런 형태의 대출이 만병통치약은 아니다. 어떤 소액신용대출 단체는 성장과 수익을 우선시한다. 거기서부터 남용의 나락으로 빠지게 되는 것이다. 가장 논란의 여지가 있는 대출 업체 중 한 곳은 멕시코에 있는 콤파르타모스 방코Compartamos Banco인데, 이 은행은 비영리로 시작했지만 상업 자본을 끌어모으기 위해 영리

목적의 은행으로 재개편하였다. 2007년에는 7년에 걸쳐 평균 수익률 53 퍼센트라는 놀라운 수치를 올린 후, 기업공개 때 4억6700만 달러의 자금을 끌어모았다.[6] 높은 수익률을 얻기 위해 콤파르타모스는 대출자에게 훨씬 더 높은 이자율을 부과했다. 대출 연이율이 대부분 100퍼센트를 넘었는데, 이는 미국 주의 이자제한법에서 허용하는 것보다 훨씬 높고 30퍼센트를 좀처럼 넘지 않는 미국 신용카드 회사의 이자율보다도 훨씬 더 높은 수치이다.

기업공개 후 8개월이 지난 시점에 블룸버그 비즈니스위크지는 에바 야넷 에르난데스 카바예로라는 여인을 추적 보도했는데, 에르난데스는 콤파르타모스의 홍보에 대출의 성공 사례로 나오는 인물이었다. 2001년, 에르난데스는 양말 편직업 재료를 사기 위해 연이율 105퍼센트로 1800달러까지 대출했다. 하지만 에르난데스가 고객으로부터 받아야 할 돈이 밀리게 되자, 그녀 역시 대출금을 갚지 못하게 되었다. 에르난데스는 대출팀에서 쫓겨났고 추가 대출을 받을 자격마저 박탈당했다. 그녀는 자신의 사진이 은행 홍보에 쓰이는 그 순간에도 자신의 가족은 근근이 살아가고 있다고 말했다. 콤파르타모스는 비용 충당과 투자자 모집을 위해 이자율이 올라야 한다고 주장한다. 하지만 에르난데스 같은 사람이 힘겹게 살아가는 동안, 은행 투자자들은 수억 달러의 돈을 손쉽게 가져갔다. 그들이야말로 수익만 쫓는 사람들이다.[7] 뉴욕 타임스 논평 기사에서 유누스는 콤파르타모스를 거세게 비난하며 "상업화는 소액신용대출이 절대로 가서는 안 되는 끔찍한 방향이었다. 빈곤은 근절되어야 하는 것이지 돈 버는 기회로 봐서는 안 된다"라고 말했다. 참고로 유누스의 그라민은행Grameen

Bank은 20퍼센트의 이자만 부과하며, 대출자가 돈을 상환하지 못할 경우 유리한 조건으로 재융자해 주고 있다.[8]

대출자가 대출금을 투자해 어떤 이익을 얻고 있다면 은행의 수익은 충분히 이해할 수 있다. 그런데 현실이 그렇지 않다. 최근 한 연구에서는 소액신용대출이 이미 많은 이들이 활용하는 수많은 신용 상품 중 하나일 뿐이라고 밝힌다. 방글라데시, 인도, 남아프리카 가정의 가계부에 기반을 둔 일련의 연구에서는 가난한 가족이 비제도권의 금융 대출, 저축, 보험으로도 가정을 잘 꾸려 가는 것을 보여 준다.[9] 또한 일반적인 주장과는 달리 대출자가 모두 창업하는 것은 아니며 오히려 다른 부채를 갚거나 돈으로 인한 고통을 줄이기 위해 대출금을 사용하는 경우가 많았다.

개발경제학자들 역시 빈곤에서 벗어나는 방법으로 소액신용대출이 적절한지 의문을 제기한다.[10] 그중 한 명은 나의 친구 딘 칼런Dean Karlan으로 그는 연구를 목적으로 세계 곳곳을 누비고 있다. 칼런과 그의 동료 조너선 진먼Jonathan Zinman은 남아프리카와 필리핀의 소액 대출과 관련하여 서로 엇갈리는 연구 결과를 내놓았다. 긍정적인 측면에서는 남아프리카의 경우, 하루에 6달러로 생활하는 성인 대출자는 직업을 잘 구해서 가족에게 배고픔을 겪지 않게 할 가능성이 크다.[11] 여기까지는 좋다. 하지만 필리핀의 경우, 현재 영업 중인 영세기업가가 대출을 받더라도 비즈니스와 소득과 주관적인 행복감 측면에서 혜택을 받지 못했으며, 오히려 위험관리로 인해 비즈니스 규모나 주관적인 행복감이 더 낮아졌다고 한다.[12] 그는 동료인 마누엘라 안젤루치Manuela Angelucci와 수행한 콤파르타모스 방코에 관한 연구에서 '평균적으로 볼 때, 소득이 더 오르는 건 아니지만 사람들이 자산을 팔지 않고도 부채를 더 잘 관리할 수 있게 되고, 여자들은 가정에서 더 많은 기회를 갖게 되어 행복감이 커진다'는 결론을 냈다.[13] 즉, 소액신용대출을 통해 얻을 수 있는 혜택은 있겠지만 그것이 빈곤의 만병통치약은 아니라는 것이다.

이 연구 결과로 소액신용대출업계에는 일대 소란이 있었다. 연구 결과는 소액신용대출이 혁명으로서 삶을 바꾼다는 주장에 의의를 제기하며 대체로 소액신용대출에 미온적인 자세를 보였다. 비슷한 결과를 내놓은 다른 연구자들은 논문 제목에 '소액신용대출의 기적?'[14]이라며 도발적으로 의구심을 표시했다. 업계는 일단 방어 자세를 취했고 소액 대출 지지자들은 실제로 가난뱅이에서 중산층이 된 사람의 이야기를 들먹이며 연구자들이 너무 단기적인 영향만 관찰했다고 비난했다. 어쨌든 지금은 당분간 휴전하는 분위기이다. 양측 모두 소액신용대출이 도움이 될 수 있고 극단적으로 주장하는 것은 도가 지나치니 더 많은 연구가 필요하다는 데에 입을 모으고 있다.

좋은 신용이라는 것이 존재할까?

당신이 세계 어디에 있든 신용이라는 것은 좋을 수도 나쁠 수도 있다. 2006년 미국의 경우, 1인당 두 장의 신용카드가 있었고 카드당 평균 부채가 4800달러였다.[15] 평균 가계 부채는 약 7만 달러였고, 개인 저축률은 마이너스 1.1퍼센트에 달했는데, 마이너스는 수입보다 지출이 많다는 것을 의미한다.[16] 부채 중 대부분은 주택담보대출이었다. 은행은 주택 구매자에게 감당할 수 있는 부채라며 공격적으로 마케팅을 펼쳤고, 투자자에게는 이를 높은 이자의 채권으로 재포장했다. 담보대출에 따른 대규모 채무 불이행 사태는 2007~2008년 금융 위기의 원인으로 꼽히며 이로 인해 세계 경제는 아직까지 휘청거리고 있다.[17] 이처럼 신용은 강력하면서도 위험한 도구라고 할 수 있다. 즉, 신용을 쉽게 이용한다고 해서 항상 좋은 결과로 이어지지는 않는다.

좋은 신용에는 최소한 두 가지 조건이 있다. 바로 기관의 대출 관리와 대출자의 경제력이다. 이는 모든 대출에 적용된다. 그라민은행은 대출을 엄청나게 관리하는 것으로 알려져 있다. 의심할 여지없이 많은 대출자들이 그로 인한 혜택을 보고 있다. 하지만 어떤 혜택인가? 경제학자들의 자료를 유심히 살펴보면 특정 소집단에게 긍정적인 효과가 나타나는 경향이 있음을 알 수 있다. 소액신용대출은 부유하고 교육받은 사람, 기존에 사업을 하고 있는 사람, 기업가의 능력을 갖추고 있는 사람, 그리고 어떤 지역사회에서는 사회문화적으로 장점을 가진 남성이 여성보다 유리하다고 한다.[18] 어쨌든 소액신용대출 역시 디지털 기술과 마찬가지로 사람의 영향력에 따라 증폭된다고 할 수 있다.

그러나 소액신용대출은 하드웨어나 소프트웨어처럼 구체적이지 않다. 그렇다면 무엇을 증폭하는 것일까? 소액신용대출은 본래 대출을 위한 규정된 절차이다. 전형적인 방식의 소액신용대출은 금융 담보가 아니라 사회적 보장을 제공하는 집단에게 대출하는 것에 기반을 둔다. 제도권 은행이 전체 집단을 대상으로 대출을 수행하며, 일반적으로 소액신용대출기관이 중재를 선다. 그러면 해당 집단은 대출금을 소규모로 나누어 개인

회원에게 준다. 대출자들은 대출금을 상환할 때 서로를 지원하고, 또 상환하도록 동료를 압박하기도 한다.

소규모 대출 실행 방법을 표준 패키지로 묶으면서 소액신용대출은 일종의 기술이 되었다.[19] 소액신용대출은 패키지 개입의 형태로 곳곳으로 퍼졌다. 그러나 그 영향력은 긍정적인 효과를 넘어섰다. 소액신용대출 그 자체가 목적이 되면 선구자적인 프로그램의 본질은 종종 잊힌다. 우리가 기술로 사회문제를 해결한다고 말할 때도 이 같은 요소가 무시되는 것과 같다.

우물 안 민주주의

패키지 개입은 모양과 크기에 상관이 없다. 아이들의 학습을 위해 제공된 아이패드, 에이즈(HIV/AIDS) 확산을 막기 위한 콘돔도 마찬가지다. 또한 당신은 옥스팜Oxfam과 헤퍼 인터내셔널Heifer International과 같은 단체로부터 염소를 기부하라는 광고를 본 적이 있을지도 모른다. 가난한 농장 가족에게는 음식과 비료를 위한 기초 자원으로 염소만큼 좋은 게 없다. 어떤 형태든 가능하다. 추상적인 사상일 수도 있고 제도일수도 있으며 학교 바우처voucher[20]나 차터 스쿨charter school[21], 주택담보대출, 선거 등이 될 수도 있다.

특히 선거는 민주주의를 달성을 위한 수단으로 묘사되는데, 특히 미국 외교정책에서는 다른 나라의 선거에 집착하는 것 같다. 한 나라의 최초 선거처럼 언론의 열광적인 관심을 불러일으킬 만한 사건이 거의 없기 때문으로 보인다. 그러나 중동과 아프가니스탄의 최근 사건을 통해 투표 그 자체만으로는 어떠한 성과가 없다는 것을 깨달을 수 있다. 튀니지와 이집트, 리비아의 경우, 독재자를 타도하고 새로운 리더를 뽑기 위해 선거를 했지만 민주주의로 이어질지는 전혀 알 수 없다. 예를 들어 이집트는 2011년 혁명 이후 첫 선거에서 모하메드 무르시Mohamed Morsi를 선출했지만 무르시는 나중에 군사 쿠데타로 축출되었다. 리비아는 지역 민병대가 통제하는 지배 세력으로 분리되었다. 한편 미국이 이라크와 아프가니스탄에서 그랬듯 세계에서 가장 강력한 군사력이 폭군을 몰아내고 선거를 지지했을 때에도 결과는 부패와 폭력뿐이었다.[22]

대부분의 정치학자와 외교정책 담당자는 선거에서 말만 잘하는 사람의 공약에 진저리친다. 그들은 민주주의가 투표 그 이상의 것을 필요로 한다고 지적한다. 즉, 법규, 자유로운 언론, 광범위한 교육, 강력한 제도, 정부에 대한 대중의 요구, 군대의 시민 통제, 적절한 수준의 부유함 등이다.[23] 이것들은 일괄적으로 묶기는 쉽지 않은데, 이는 사회규범과 리더의 인성, 그리고 여타 인간적인 요소에 따라 다르기 때문이다.

이런 맥락에서 주목할 만한 논평이 있는데, 바로《모든 것이 산산이 부서지다Things Fall Apart》를 쓴 나이지리아의 저명한 작가 치누아 아체베 Chinua Achebe의 논평이다. 아체베는 서구 사회의 우월감을 싫어하는 것으로 알려져 있지만 진정한 나이지리아 민주주의를 위해서는 여전히 갈 길이 멀다는 점을 인정한다.[24] 2011년 아체베는 "식민지 독립 후 아프리카에 나타난 기질은 충분한 준비 없이 세상을 받아들이면서 사람들이 스스로 통제하는 습관을 잃어버리고 기존의 사고방식을 잊게 되면서 얻은 결과이다"라고 기록했다. 그는 또한 "민주주의 체제만 복원한다고 해서 하루 아침에 성공할 수는 없을 것이다. 우리는 인내가 필요하며 순식간에 기적 이 일어나기를 바랄 수 없다는 것도 알아야 한다"고 밝혔다.[25]

같은 나이지리아 사람이자 퓰리처상 수상자인 델레 올로제데Dele Olojede 는 한 걸음 나아가 "시민 대다수가 국가라는 개념조차 아직 완전히 이해 하지 못하고, 교육을 받지 못했으며, 매일 살아남기 위해 안간힘을 쓰며 5 달러짜리 뇌물에 현혹되기 쉽다면, 민주주의는 종종 가짜처럼 보인다"고 말했다. 올로제데는 심지어 모든 성인에게 투표권을 주는 것을 의아해하 며, '합리적으로 성공한 민주주의'는 결코 보통선거로 시작하지 않는다고 말했다.[26]

이처럼 선거는 정치적 자유와 책임성 있는 정부 구조와 국가의 안정과 시민의 행복을 보장하지 않는다. 다른 패키지 개입과 마찬가지로 투표용 지함 역시 만들기는 쉽지만 건강한 민주주의를 이루기 위해서는 훨씬 더 많은 것이 필요하다.

인도판 '로미오와 줄리엣'

어떠한 집단은 자신이 태어난 나라에서 사회적, 정치적, 경제적 차별을 경험하기도 한다. 그 집단에 속한 사람들은 취업 기회를 제한받고, 차별 대우를 겪으며, 삶의 선입견으로 인한 한계를 경험한다. 바로 그때 화려한 팡파르와 함께 이 모든 편견을 종식시킬 법안이 통과된 다. 그러나 법이 아무리 강력하다한들 편견과 사회적 불평등은 수세대에 걸쳐 지속된다.

이것은 바로 인종평등과 남녀평등을 추구해 온 미국의 이야기이다. 1960년대 초반, 미국은 동일임금법과 민권법을 통과시켰다. 전자는 성차별에 따른 임금 격차를 불법으로 규정했고, 후자는 인종, 종교 신념, 성, 민족, 출신 국가에 기반을 둔 다양한 차별 행위를 금지했다. 그러나 그로부터 반세기가 넘는 동안 노골적인 여성 혐오는 줄어든 반면 성차별에 따른 임금 격차는 좁혀지지 않았다.[27] 게다가 흑인 대통령이 당선되었음에도 인종차별은 없어지지 않았다.

인도에서도 편견은 여전하다. 내가 방문했던 많은 시골 마을은 카스트로 인해 작은 부락으로 나누어져 있었다. 어떤 마을에서는 엄격한 규범으로 사람 간의 신체 접촉을 통제하고 있었다. 계급이 없는 불가촉천민의 경우, 주민과 접촉하는 것뿐만 아니라 우물에서 물을 마시는 것, 심지어 자신의 그림자가 상위 카스트 주민에 드리워지는 것까지 금지되어 있었다. 이를 위반하는 경우에는 사람들에게 구타를 당하고 브라만 계급 사람에게 정결의식을 받아야 했다.

오늘날 인도의 도시에 사는 사람들은 일반적으로 사람을 배척하는 일에 개입하지 않지만 상대적인 의미에서 그렇다는 의미이다. 나는 슬럼가에 사는 여인에게서 대다수의 중상류층 가정들이 특정한 카스트에 있는 사람만 요리사로 고용한다는 말을 들었다. 선거에는 이런 말까지 있다. '사람들은 사람에 투표하지 않는다. 자신의 카스트에 투표한다.' 또, 내가 사무실에 있을 때 사람들의 이야기를 들어보면, 경쟁 관계에 있는 카스트에서 로미오와 줄리엣 같은 진부한 드라마가 반복되고 있다고 한다.

인도의 카스트 차별은 점차 약화되고 있는데, 이런 변화에는 법의 영향도 어느 정도 있다. 하지만 인도 헌법에서 적어도 1950년부터 차별을 금지해 왔다는 것을 고려하면 카스트를 옹호하는 관행은 지독하게도 없어지지 않았다. 아직도 인도의 많은 곳에서는 카스트 관행이 남아 있는데, 특히 농촌 지역은 변한 게 거의 없다. 즉, 법과 정책이 국가 수준의 규모로 계속 수행되는 일종의 패키지 개입이라고 해도 그것만으로 목표를 달성하기란 불가능하다.

백신이 있어도 사람을 구하지 못하는 이유

패키지 개입 중에 최고를 꼽으라면 아마도 백신일 것이다. 백신은 사람의 목숨을 구한다. 또한 효과가 빠르며 별도의 후속 조치가 필요 없다. 백신이야말로 백신을 필요로 하는 사람에게 성공적으로 전달되기만 한다면 일종의 의학 마술인 셈이다. 부유한 나라에서는 이미 소아마비가 퇴치되었지만 아프가니스탄, 파키스탄, 나이지리아에서는 소아마비가 여전히 풍토병이며 다른 수십 개의 아프리카 국가에도 여전히 고통을 주고 있다. 홍역은 아시아와 아프리카에서 대규모로 발생하고 있으며, 개발도상국의 경우 1년에 10만 명이 넘은 생명이 홍역으로 목숨을 잃고 있다. 이렇게 백신이 이상적인데도 왜 많은 사람을 구하지 못하는 것일까?

백신 기술의 부족이 문제일까? 확실히 아니다. 소아마비와 홍역을 위한 백신은 수십 년간 존재해 왔다. 기술이 너무 비싸서 그런 것일까? 이러한 질병과 싸우는 나라들은 선진국만큼 의료보험에 많은 비용을 지불할 형편이 못 되는 건 사실이다. 하지만 구강용 백신 같은 경우, 1회 복용량이 20센트밖에 안한다. 가난한 나라도 감당할 수 있는 비용이다. 소아마비가 풍토병인 나라에 살고 있는 3억5000만명의 사람들을 위해 3회 권장 복용량을 제공하는 데 2억1000만 달러면 충분하다. 물론 작은 금액은 아니지만, 세계보건기구와 파트너십으로 운영되는 국제소아마비박멸기구Global Polio Eradication Initiative의 2011년 예산인 약 10억 달러에는 한참 못 미친다. 분명 백신 이외의 것에 비용을 지불하고 있을 것이다.[28]

아니면 인프라가 부족해서 그런 것일까? 백신 배송은 안정적인 냉동 상태로 전달되어야 하여 '저온 유통 체계'가 중요하다. 형편없는 도로, 낡은 트럭, 불안한 전력, 냉동 저장고 확보가 곤란한 환경에서는 훌륭한 저온 유통 체계를 유지하기 힘들다. 하지만 세계 각 나라들은 오늘날보다 아스팔트, 자동차, 냉동장치가 훨씬 드물던 시대에도 천연두를 박멸했다.[29]

물론 기술과 돈과 인프라는 필요하다. 하지만 이런 것들이 있어도 원하는 효과가 실현되지 못하는 경우가 종종 있다. 의료 서비스 체계가 제대로 갖추어지지 않은 나라의 경우, 막을 수 있는 질병이 적정 수준보다 더 많이 발생하는 것을 볼 수 있는데, 이는 우연의 일치가 아니다. 백신으로 예방 가능한 질병이 아직까지도 개발도상국을 괴롭히고 있다는 사실은 기술의 패키지 개입을 믿는 사람이 할 말을 잃게 만든다.

패키지 개입에서의 역할 분담

대규모 효과를 위해 패키지 개입을 고려하더라도, 패키지 개입 자체는 다른 것에 의존한다. 개입을 위해서는 개인과 조직의 좋은 의도와 훌륭한 능력이 필요하다. 그런데 이 기질은 어떠한 사회문제가 계속되면 위축되게 마련이다. 그렇다면 이렇듯 중요한 기질을 형성하는 '사람'에는 어떤 것이 있을까? 우리 팀이 수행한 교육공학 프로젝트 결과, 기술을 개발했던 연구자와 기술을 적용했던 교사, 그리고 기술을 사용했던 학생이 중요한 사람임을 알 수 있었다. 이 세 집단은 리더, 실행자, 수혜자라고 정의할 수 있다.

리더는 패키지 개입에 대한 권한을 갖고 있는 사람이다. 즉, 어떤 형태로 패키지 개입을 적용할지 여부와 그 방법에 대한 권한을 가진다. 리더는 정부의 장관이나 비영리단체의 대표 같은 명목상의 리더일 수도 있고 기술을 개발하고 정책을 창안하며 자금을 공급하거나 개입 방안에 영향을 미치는 사람일 수도 있다.

리더십의 역할이 중요하다는 사실에 이의를 제기하는 사람은 거의 없다. 소액대출금융의 경우, 권한을 갖고 있는 사람, 즉 소액대출금융기관의 수장, 정책 입안자, 투자자가 저소득층 대출 지원에 헌신하는지 여부는 상당히 중요하다. 그들이 헌신하지 않고 탐욕을 부리거나 혹은 더 많은 사람들에게 서비스하려는 욕심이 지나치면 그 결과는 좋을 리 없다. 유누스가 언급했듯, 소액대출금융의 주요 목표가 '성장'이 되는 순간 은행은 이자율을 높이고 공격적인 마케팅과 대출 모집에 집중한다. 기존에 은행이 비영리적이었을 때 대출자에게 보여 주었던 일종의 공감대는 모두 사라진다.[30]

안타깝게도 공감은 하나로 묶을 수 없으며 개입 규모가 커져도 함께 커지지 않는다. 유누스가 이익만 추구하는 소액신용대출기관을 비난하더라도 그들은 아랑곳하지 않고 성장한다. 콤파르타모스가 대출자가 곤경에 처한 상황을 못 본 체하는 그 순간에도 은행은 계속 성장한다. 앞서 에르난데스의 이야기도 콤파르타모스의 공동 창립자이자 부사장인 카를로스 다니얼Carlos Danel의 마음을 흔들지 못한다. 그는 "많은 사람들이 금융 포용financial inclusion[31]이 빈곤을 완화할 수 있는 도구라고 제안해 왔다. 하지만 우리는 그것을 증명하려고 있는 게 아니다"라고 말했다.[32]

실행자는 두 번째로 중요한 집단이다. 다시 소액신용대출을 보자. 이 방법은 오류의 여지가 거의 없지만 가난한 대출자에게 소액을 대출하는 것은 그리 쉽지 않다. 그들에게는 공식적인 담보도 없으며 그들이 속한 집단도 고려해야 하기 때문이다. 대출 담당 직원은 멀리 떨어진 마을로 출장을 가기도 하고 대출 결정도 공식 문서가 불충분한 상태에서 내려야 한다. 또한 은행과 다른 자본 관련 기관에 잘 보여야 한다. 그 지역의 법과 관습도 지켜야 한다. 무엇보다 이 모든 활동은 비용에서 수지가 맞아야 한다. 사실 이것들은 소액신용대출이 가진 틈새시장이라고 볼 수 있는데, 제도권 은행이 이런 절차를 수행하려면 비용이 너무 많이 들기 때문이다. 제도권 은행은 매우 가난한 대출자를 대상으로 직접 영업을 하지 않으므로 손실도 보지 않는다. 소액신용대출은 대출자에 대한 열정과 함께 아주 정교한 절차를 통해 이루어진다.

실행자는 패키지 개입을 실행하는 개인과 기관이다. 실행자는 기술을 설치하고 운영한다. 또한 제도를 구축하고 운영하며, 정책을 변경하고 발표하며 집행한다. 그리고 시스템을 구축하고 통제하며 관리한다. 실행자가 필수이기는 하지만 사람들은 실행자의 진가를 좀처럼 알아보지 못한다. 그라민은행 직원보다는 유누스 같은 리더만 인정받거나, 천연두 백신을 투여하는 의료계 종사자보다는 백신을 발견한 에드워드 제너Edward Jenner가 인정받거나, 타흐리르 광장에 있던 이름 모를 시위자보다 페이스북 페이지를 개설한 와엘 고님이 인정받는다. 당사자들을 모두 호명해야 한다면 개입에 관한 이야기는 거의 할 수 없겠지만, 실행자를 간과하면 훌륭한 개입마저 당연하게 받아들일 수 있다. 이 또한 하나로 묶을 수 없는 또 다른 특성이다.

수혜자는 세 번째 집단을 형성하는데, 이들에게는 당장이라도 참여하기를 원하는 태도가 필요하다. 하지만 리더와 실행자는 종종 수혜자의 욕구와 능력을 과대평가한다. 예를 들어 유누스는 가난한 가정에 대해서 "그들에게 필요한 건 바로 금융자본이다"라고 말했다.[33] 아마도 유누스는 가난한 가정을 존중하는 마음에서 그들을 가르쳐야 한다는 어떠한 필요성도 일축한 듯하다. 그는 "가난한 사람이 살아 있다는 사실은 그들의 능력에 대한 명백한 증거이다. 그들은 우리가 자신들에게 생존법을 알려 줄 필요가 없다고 생각한다"고 덧붙였다. 또한 교육 프로그램은 비생산적이라고까지 했다.[34] 그러나 몇몇 연구 결과에서는 소액신용대출 자격이 되는 가정 중에 4분의 1만이 실제로 대출을 받는 것으로 나타났다. 가난한 사람은 스스로 무언가가 더 필요하다는 사실을 알고 있다.[35] 아비지트 바네르지Abhijit Banerjee와 동료는 비즈니스 확대에 따라 대출을 받는 사람은 주로 대출 경험이 있는 기업가라는 사실을 발견했다.[36] 또한 인도 소액신용대출기관 베이식스Basix의 최고경영자인 비제이 마하잔Vijay Mahajan

은 대출은 극빈자에게 도움이 되는 게 아니라 오히려 해가 될 수도 있다며 경고했다.[37]

사람들은 만성적인 불평등에 익숙해진다. 게다가 빈곤한 사람들은 삶이 고되어 살아가는 데 자신의 에너지를 다 소모한다. 따라서 이들이 다른 사람과 마찬가지로 동기부여와 능력이 있다고 생각하면 오산이다. 때로는 가난한 사람들도 개발될 필요가 있다. 사람은 모두 오래 살고 싶어 하지만, 소파에 앉아 TV만 보며 지내는 사람은 운동하는 것을 힘들어한다. 대부분의 사람은 교육이 가치 있다고 생각하지만, 매일 수시간씩 스스로 계속 공부할 수 있는 사람은 거의 없다. 모든 사람은 자유를 원하지만 모두가 목숨을 걸고 시위에 나서는 것은 아니다. 주사를 맞으면 거의 효과가 있는 백신마저도 수혜자가 원하지 않으면 아무런 효과가 없다. 실제로 개발도상국 중 일부 지역의 사람들은 백신 접종 캠페인이 자신들을 불임시키려는 것이라며 두려워한다. 그리고 선진국 일부 지역에서는 백신이 자폐증이나 다른 문제를 일으킨다는 잘못된 두려움 때문에 백신을 멀리한다.[38]

패키지 개입에서 놓칠 수 있는 것

리더와 실행자와 수혜자. 이 삼위일체가 패키지 개입의 성공을 결정짓지만 지극히 중요한 특성들은 하나로 묶일 수 없다. 어떠한 기술도 리더에게 필요한 공감과 안목을 포함하지는 않는다. 어떠한 법도 훌륭한 실행을 포함할 수 없다. 어떠한 시스템도 좋다고 해서 수혜자가 그것을 원한다는 보장은 없다.

과학기술전문가와 기술중심주의자는 이 말에 의구심을 보인다. 그들은 탁월함으로 극복될 수 없는 구조적 장애물의 존재를 인정하고 싶어 하지 않는다. 종종 젊은 핵티비스트hacktivist[39]가 나에게 자신의 프로젝트에 대한 피드백을 요청할 때가 있다. 핵티비스트들은 가령 의료 서비스를 받아본 적이 없는 가난한 가족에게 건강 자문을 대량 전송할 수 있는 문자 메시지 시스템을 설명한다. 그러면 나는 가난한 사람이 스팸으로 골치 아픈 건 당신이나 나나 다를 바 없다고 말한다. 어쨌든 가난한 사람들이 문자 메시지를 읽을 수 있다고 가정하면, 아마도 모르는 곳에서 온 메시지는 무시할 것이다. 가난한 사람들이 친구나 친척이나 마을 성직자의 자문도 아닌, 원하지도 않은 자문을 무엇하러 받아들이겠는가? 이 같은 프로젝트는 모두 어느 정도의 신뢰가 바탕이 되어야 효과가 있다.

마찬가지로 기술적으로든 아니든 교육 수준을 향상시키는 해법은 모두 부모, 학생, 교사, 교장에 달려 있다. 또한 농업을 증진시키는 것은 모두 공급자, 농부, 농촌지도공무원, 농산물 구매자에 달려 있다. 그리고 정부 제도를 향상시키는 것은 모두 관료, 행정가, 리더, 시민에게 달려 있다. 이런 인적 요소에 집중하지 못하면 의료 장비 고장이나 관련 사무실 폐쇄 또는 사회적 대의명분에 오점을 남길 만한 민주주의의 붕괴가 일어나게 된다.[40]

패키지 개입에 일종의 저주가 있다는 건 과장된 표현이 아니다. 아이러니한 것은 패키지 개입을 위해서는 인간의 의지와 능력이 필요한데, 이러한 노력이 없는 곳에는 극단적인 사회문제가 존재한다는 사실이다. 보통 수준 이하의 학교를 컴퓨터로 개선하려고 해도 기술을 사용할 수 있는 교사, 교장, 기술직원이 부족하다. 제 기능을 못하는 정부를 선거로 바꾸려고 해도 민주주의를 떠받치는 제도, 시민사회, 군사력이 부족하다. 또한 삐죽삐죽한 사회의 틈새를 법으로 막아 보려 해도 대인관계의 신뢰나 상호 존중이 부족하여 불가능하다.

사회 프로그램에 대한 철칙

피터 헨리 로시Peter Henry Rossi는 20세기 중반에 가장 영향력 있는 사회학자였다. 로시는 의회에 자주 나와 발언했으며 미국 정치에 영향을 끼쳤다. 동료들은 그를 사회적 대의명분에 헌신하며 구체적인 증거를 중시하는 사람이라고 표현했다. 로시는 일전에 대중과의 토론에서 동료를 노려보며 "내 자료가 당신 자료보다 더 좋다"고 말한 바 있다.[41]

로시는 범죄, 빈곤, 노숙 방지를 위해 마련된 프로그램을 공부한 후에 1987년 〈평가의 철칙과 기타 금속의 법칙The Iron Law of Evaluation and Other Metallic Rules〉이라는 색다른 논문을 발표했다.[42] 로시는 이 논문에서 깜짝 놀랄 만한 주장을 펼쳤다. 제목에 있는 철칙은 '어떠한 대규모 사회 프로그램이라도 순수 영향도 평가의 기대치는 제로이다'라는 뜻이다. 즉, 평균적으로 볼 때 대규모 사회 프로그램이 전혀 효과가 없다는 것이다. 로시는 논문의 많은 부분을 할애해서 이런 맥 빠지는 결론을 내렸으며 분석을 통해 패키지 개입의 문제점을 예측했다. 로시는 사회 프로그램이 확대될 때 실패하는 이유를 세 가지로 들었다.[43]

로시가 언급한 첫 번째와 두 번째 이유는 잘못된 프로그램 설계와 관련이 있다. 개입 이론에 관한 문제도 존재하지만, 그 이론이 실행되는 방법에도 문제가 있다는 것이다. 이러한 이슈는 리더십의 문제라고 볼 수 있다. 즉, 패키지 개입에 영향력을 가진 사람이 무언가를 잘못한 것이다.

세 번째 이유는 잘못된 구현이다. 한 문장으로 로시는 사람들이 오늘날 소위 '예비시험 열병pilotitis'으로 불리는 이유를 정확히 집어내고 있다. 이것은 사회 프로그램이 예비시험 단계에서 잘되는 것처럼 보여도 대규모로 확대되면 실패한다는 것을 뜻한다. 로시는 "기량이 뛰어나고 헌신적인 사람이 소규모로 프로그램을 운영하는 것과 YOAAYour Ordinary American Agency(일반 미국 기관, 로시가 만든 신조어)를 평상시처럼 덜 뛰어난 사람과 덜 헌신적인 사람에게 일을 시켜 운영하는 것에는 큰 차이가 있다"고 썼다. 즉, 예비시험은 보통 막대한 재능과 동기부여로 성공하게 마련이다. 하지만 프로그램이 무관심한 관료에게 넘어가면 그것은 실패하게 된다. 즉, 사회 프로그램의 성패는 프로그램 설계가 아니라 실행자에 달려 있다.

빛이 좋아도 개살구이듯

그렇다면 패키지 개입이 아닌 것에는 어떤 것이 있을까? 학생을 돌보는 교사, 시위행진에 참가하는 시민, 잘 관리된 의료 서비스 체계에 따라 백신 프로그램을 원활히 수행하는 사람들, 특정한 이익집단의 압력에 굴하지 않고 옳은 일을 하고자 하는 리더 등이 있다. 이 같은 인간의 미덕은 하나로 묶일 수 없다.

공공 정책에서 중요한 의사결정은 이런저런 패키지 개입을 기반으로 이루어진다. 학자들은 한 패키지 개입이 다른 패키지 개입에 비해 우세하다고 주장하는 논문을 쓴다. 재단들은 특정한 패키지 개입을 위해 예산을 할당한다. 저널리스트는 새로운 패키지 개입을 미화하고, 사회운동가들은 마치 마약 밀매상이 마약을 밀어붙이듯 패키지 개입을 몰아붙인다. 왜 이러는 것일까? 대부분 생각보다 덜 고상하기 때문이다. 어떤 사람은 이익을 추구하며 또 어떤 사람은 명예를 추구한다. 또 다른 어떤 사람은 자존심 싸움에서 그냥 이기고 싶어 할 뿐이다.

헌신적인 사람마저 자신의 패키지 개입에 마술 같은 힘이 있다고 주장한다. 유누스는 평생 동안 가난에 맞서 싸우며 헌신하였고 존경할 수밖에 없는 사람이지만, 그 또한 가난한 사람에게 필요한 건 오직 대출뿐이라고 주장한다. 그는 "가난한 사람에게 신용을 허락하면 그 사람은 기존에 알고 있던 기술을 바로 이용하게 될 것이다"라고 하면서 가난한 사람에게 정말 기술이 충분한가에 대한 우려를 일축한다.[44] 그리고는 "그라민 은행 대출자는 단 한 명도 특별한 교육이 필요 없다. 대출자가 원하는 건 금융자본일 뿐이다"라고 말한다.[45]

유누스만 그런 것이 아니다. 국제지역사회지원재단Foundation for International Community Assistance이라는 비영리단체의 창립자 존 해치John Hatch 역시 신용대출에 대한 자신의 철학을 이렇게 말했다.

"가난한 지역사회에 기회를 준 다음에는 자리를 비켜 주어라!"[46]

개인이 자금 대출을 도울 수 있는 포털 사이트 Kiva(www.kiva.org)에서는 "저소득층 사람에게 금융 서비스만 지원된다면 그들은 가난에서 벗어날 수 있다"고 주장한다.[47] 또 다른 대형 소액신용대출기관인 오퍼튜니티 인터내셔널Opportunity International은 소액신용대출은 '세계 빈곤에 대한 해결책'이라고 간단히 말한다.[48]

그러나 이러한 주장은 공식 발표 내용과 모순된다. 내가 유누스를 만났을 때 그는 그라민은행을 성장시키려면 초인적인 노력이 필요하다고 말했다. 즉, 역량 있는 대출자가 취업하도록 돕고, 여성이 취업할 수 있도록 새로운 길을 찾고, 가사에 얽매인 주부가 사회생활을 하도록 격려하는 일 등이 필요하다. 유누스가 대출자들의 손을 잡고 함께 산 넘어 산을 올랐다는 사실은 분명하다. 하지만 그가 가난한 사람에게 교육이 필요 없다고 말한 것은 그 자체로 그라민은행의 고유문화를 설명한 것이나 다름없었다. 예를 들어 대출자들은 매번 모일 때마다 '우리는 땅에 구멍을 내어 간이 변소를 만들고 그것을 이용할 것이다'에서부터 '누군가 어려움에 빠지면 도울 것이다'에 이르는 '열여섯 가지 결의문'을 암송한다.[49] 유누스는 이것을 교육이 아니라고 할지 모르지만 대출 비즈니스 그 이상인 것은 분명하다. 아마도 콤파르타모스 대출자들은 다른 대출자들이 곤경에 처했을 때 돕겠다는 서약문을 매일 암송하지는 않았을 것이다.

유누스는 이러한 복잡한 상황을 명확히 이해하고 있다. 하지만 무언가에 이끌리듯 단순화되고 불완전한 해결책을 제시하고 있다. 이 점에서 유누스는 디지털 기술의 옹호자와 다를 바 없다. "사회를 해방시키려거든 그들에게 인터넷을 주면 된다"고 했던 고님의 말을 떠올려 보라.

패키지 개입에 대한 이 같은 찬가는 사회적 대의명분을 위한 예산에 영향을 미친다. 개입에 투입되는 전 세계 비용은 추적하기 어렵지만 개략적인 수치만 봐도 깜짝 놀랄 정도다. 전 세계 소액신용대출기관으로부터 금융 자료를 수집하는 소액신용대출 정보거래소Microfinance Information exchange에 따르면, 2012년 1161개의 소액신용대출 참여 기관의 총 대출 자산 규모는 940억 달러로, 중하위 소득 국가의 9200만 명 이상에게 대출을 실행했다.[50] 이것은 낮은 추정치이다. 미국의 여러 기관은 에너지 효율형 스토브 보급을 위한 국제연맹Global Alliance for Clean Cookstoves에 1억 2500만 달러를 지출했는데, 이 연맹은 전 세계의 가난한 가정에서 임시 변통으로 만든 스토브를 공해가 덜 발생하는 제품으로 교체하도록 돕고 있다. 상원에서 도입한 초당적 법안은 이런 활동을 지지하고 있다. 맨체스터대학교 교수이자 국제 개발을 위한 정보 기술 연구의 선구자인 리처드 힉스Richard Heeks는 개발도상국에 투자된 IT 추정 비용은 어떤 것을 계산에 포함하는가에 따라 20억에서 8400억에 이른다고 말한다.[51] 힉스는 "특히 개발도상국의 경우, 단 한 번의 IT프로젝트에 수억 달러가 지출되고, IT 인프라 구축 비용에는 1년에 수백억 달러가 지출된다"고 결론 내렸다. 이 수치는 2012년 교육에 투입된 전 세계의 총 대외 원조가 120억 달러였다는 것을 감안하면 큰 지출이다.[52] 이처럼 패키지 개입은 사회 변화에 영향을 주는 활동을 좌우한다.

그러나 우리는 철저한 연구를 통해 소액신용대출과 학교 안의 컴퓨터 그 어느 것도 단독으로는 효과적이지 않음을 알 수 있었다. 잘사는 미국에서도 인터넷이 널리 사용된다고 해서 가난과 불평등이 없어지지 않는다. 수십 년 동안 효과가 떨어지고 잘 사용하지 않는 스토브만 만들어 냈을 뿐이다.[53] 차터 스쿨에 관한 연구에서는 특히 비슷한 환경에 있는 학생을 대상으로 그 효과를 비교하면, 평균적으로 공립학교 대비 개선된 점이 거의 없다. 이 모든 사실은 패키지 개입이 어떤 기회를 제공하든지 간에 그 자체만으로는 긍정적인 사회 변화를 보장하지 않는다는 것을 반복해서 보여 주고 있다.

그렇지만 개입을 리본으로 묶어 깔끔하게 포장하면 비밀 소스인 양, 또는 특효약인 양, 또는 처음과 끝이 되는 양 현혹된다. 대출을 통해 사람들이 직업을 얻고 또는 그들에게 취업이 될 만한 기술을 가르친다면, 신용이 가난을 종식시킨다고 볼 수 있다. 네그로폰테가 백신에 비유한 이야기는 노트북컴퓨터가 몇 년 동안 교육을 보장한다면 적절한 비유가 될 것이다. 선거를 통해 훌륭한 제도가 나온다면 이집트는 민주주의의 오아시스가 될 것이다.

물론 기술은 삶을 풍요롭게 할 수 있다. 예컨대 투표로 시민의 권리를 강화할 수 있고, 소액신용대출로 생계를 넉넉하게 꾸릴 수도 있다. 하지만 '할 수 있다'가 항상 '그렇게 될 것이다'는 아니다. 현대사회는 기술 중심의 장치에 집착하고 있지만, 작동 스위치 위에는 사람의 손가락이 있으며, 조종부에는 사람의 손이 있다. 그런데 우리는 왜 압축 포장된 미봉책에 쉽게 반할까? 이유를 알면서도 왜 그것을 진정한 해법이라고 내세울까? 이러한 원인은 심오하며 오랫동안 논의가 계속되어 왔다.

5장

기술만능주의

과연 출판업계는 위기일까?

1987년, 나는 하버드대학교에 입학하기 위해 매사추세츠 캠브리지 캠퍼스로 갔다. 그곳에서는 파티가 열렸는데, 흥청망청 마셔 대는 파티가 나와 맞지 않았던 탓에 주말 저녁에는 시간이 많았다. 벽이 울릴 정도로 쿵쿵거리는 시끄러운 음악 소리가 들릴 때면 기숙사 방에 혼자 있는 게 좀 그래서 시내를 돌아다녔다. 그러다가 나와 딱 맞는 것을 발견했는데, 바로 책이었다.

당시 하버드 광장에는 몇 블록 내에 서점이 서른 개나 있었다. 관광 가이드는 평방 마일 당 서점 수가 여기보다 많은 곳은 지구 어디에도 없다고 자랑했다. 나는 매킨타이어앤무어McIntyre & Moore 서점에서 케케묵은 냄새를 맡으며 무언가를 골똘히 생각하고는 했다. 또, 토머스 모어 서점 Thomas More Bookshop에서 깨달음을 얻고, 사이언스 판타지 서점Science Fantasy Books에서 맘껏 즐거워하고, 맨드레이크Mandrake 서점에서 가죽 제본으로 된 플라톤 책을 훑어보고, 벅어북Buck-a-Book 서점에서 책을 싼 값에 샀었다.

지금 이 서점들은 하나도 남아 있지 않다. 기껏해야 일고여덟 개 서점만 남아 있는 하버드 광장은 예전처럼 책을 사랑한다는 자랑거리를 잃어버린 지 오래이다. 더 안 좋은 사실은 서점이 일고여덟 개밖에 없는데도 이곳이 여전히 세계 서점의 중심지라는 점이다. 세계 모든 곳의 오프라인 서점들은 온라인 서점에 제압되고 있다.

아마존은 1995년 7월 처음으로 온라인에서 책을 판매했다. 이 회사는

2013년에 이르러 미국 도서 판매량의 3분의 1과 전체 전자책 판매량의 60퍼센트를 차지했다.[1] 출판업계는 아마존을 위한 공간과 아마존의 고객 그리고 몇몇 베스트셀러 작가만 남을 것이라는 공포에 휩싸여 있다. 겸손한 작가와 안목 있는 출판사는 사라질 것이며 순수문학은 《그레이의 50가지 그림자》만 남고 사라질 것이다. 시내 중심가에서 책을 고르며 뜻밖의 발견을 하던 공간은 더 이상 보지 못할 것이다.

하지만 대부분의 소비자는 이런 문제를 간과한 채 살아간다. 소비자는 향수에 젖어 동네 서점을 떠올릴 수는 있지만 9.99달러에 전자책을 구매하고 손가락 하나로 모든 책을 바로 읽을 수 있는 사실도 행복하기만 하다. 정말로 출판업계가 위기일까? 어쩌면 전통적인 출판사들이 새로운 전략을 배우지 못한 것일 수도 있다. 당신이 아마존을 어떻게 생각하는지 잘 모르겠지만, 아마도 디지털이 이런 변화를 일으켰다고 생각할 가능성이 높다. 하지만 혼자서 전자책 시장을 일군 23년 된 젊은 인터넷 서점이 있다. 더 이상 어떤 설명이 더 필요한가?

그동안 출판사들은 많은 우려 속에서 비용을 절감해 왔고 베스트셀러 작가들에게 잘 보이려고 수십 년간 노력해 왔다. 1935년에 펭귄북스 Penguin Books가 종이 표지로 된 책을 대량 판매하기 시작한 후, 조지 오웰은 "독자 입장에서 나는 펭귄북스에게 박수를 보낸다. 하지만 작가 입장에서는 절대 반대다"라고 기록했다.[2] 1970년대에 들어서는 반스앤노블 Barnes & Noble 서점의 일대 전환이 있었다. 블록을 걸친 대형 매장과 더불어 공격적인 할인과 통신 판매를 통해 성공을 거두며 대형 서점의 한 축인 B. 달튼B. Dalton과 월든북스Waldenbooks를 인수 합병했다.[3] 그리고 출판사는 인터넷 시대가 있기 오래전부터 블록버스터를 좇아가고 있었다. 《문화의 상인들Merchants of Culture》라는 책에서 사회학자인 존 B. 톰슨 John B. Thompson은 더 적은 출판물로 더 많은 매출을 기대하는 업계의 변화를 강조한다.[4] 톰슨은 이러한 추세를 1960년대까지 거슬러 올라가 논의했는데, 이때는 출판사들이 빠르게 통합되기 시작한 시기였다. 2013년, 랜덤하우스Random House와 펭귄북스의 대형 합병이 일어났지만, 사실 랜덤하우스도 합병의 산물이었다. 이 회사는 알파벳순으로 발렌타인Ballantine, 반탐Bantam, 크라운Crown, 델Dell, 더블데이Doubleday, 포셋Fawcett, 포도스Fodor's, 놉Knop 등을 삼켰다.

한마디로 요약하면, 아마존의 행보는 디지털 이전 방식을 연장한 증폭으로 볼 수 있다. 한편에서는 훨씬 다양한 종류의 책들이 출판되었으며 작가는 늘어났고 출판 시장은 상업화되었다.[5] 다른 한편으로는 널리 주목받은 책과 베스트셀러 목록에 안착한 책이 전체 도서 판매량에서 차지하는 비율이 줄고 있다. 첫 번째 추세는 종종 '롱테일 법칙'[6]으로 불리고, 두 번째 추세는 '승자 독식' 경제를 나타낸다.[7] 평론가들을 이러한 현상 중에서 어느 하나를 강조하는 경향이 있지만 실제로 둘은 동시에 일어나고 있다. 출판업계의 이러한 현상은 쉽게 복제가 가능하고 값싸게 배포할 수 있는 모든 산업, 즉 음악, 영화, 제조 분야에서 중간 계층이 위축되는 특성으로 발전한다. 실제로 작가들이 글쓰기를 통해서 생계를 이어갈 수 있는 기회가 점점 줄어들고 있다는 게 출판업계가 당면한 현실이다. 하지만 이러한 압박은 디지털 도구가 있기 오래전부터 시작되었다.

아마존의 사례를 통해 우리는 증폭의 법칙이 중요하다는 것을 알 수 있다. 기술의 추세가 항상 기술만의 추세인 것은 아니다. 기술의 추세는 일반적으로 디지털 시대 이전의 역사를 갖고 있다. 아마존은 유형의 가치 대신 냉혹한 효율성을 지향하는 대형 출판 산업의 연장선상에 있다. 디지털 기술과 혼합된 아마존 같은 존재는 언젠가 나타나게 되어 있었다. (설령 아마존이 없어진다고 해도 아마존 같은 존재는 다시 올 것이다.)

아마존을 제대로 이해하기 위해서는 아마존의 전술을 아는 것만으로는 불충분하다. 종이 표지 책의 역사도 알아야 하고, 반스앤노블의 광범위한 공략도 알아야 하며, 아마존이 위협을 가하는 그 순간조차 기존 방식만 고수하던 오래된 유통사나 출판사들의 성향도 알아야 한다. 그리고 온라인이라는 범위를 넘어선 여러 맥락을 살펴봐야 한다.

이와 마찬가지로 기술에 집착하는 현상을 이해하기 위해서는 사회적, 역사적 맥락을 인식하는 게 중요하다. 나는 패키지 개입을 둘러싼 과대 선전에 의심이 들면서 새로운 대안에 대해 고민했다. 어쩌면 사회 변화에 대한 다른 접근 방법이 있었을지도 모른다. 그래서 나는 점점 지지를 얻고 있는 세 가지 아이디어를 활용했다. 즉, '무작위 대조군 실험RCT(Randomized Controlled Trials)', '사회적 기업social enterprises', '목적으로서의 행복happiness as a goal'이다. 이 아이디어들은 대체로 서로 연관이 없지만 모두 훌륭한 장점과 전문성을 갖고 있다는 점에서 호평받고 있다. 또한, 이들이 각각 패키지 개입의 저주를 몰아내는 데 효과적이라는 점에서 희망적이다.

무작위 대조군 실험의 혁명

2011년 7월, 나는 인도 라자스탄 남부의 작은 마을인 코트라Kotra에 있는 학교를 방문했다. 이 학교는 작은 오두막집으로 흰색 회벽에 초가지붕이었다. 약 스무 명의 아이들이 밝은 파란색 유니폼을 입고 두 개의 원 모양으로 바닥에 앉아 있었다. 원 하나는 남자 교사가 지도했고 다른 원은 조용히 산수 문제를 풀고 있었다. 나는 몇몇 학생 옆에 무릎을 꿇고 앉아 학생들이 슬레이트로 만든 칠판에 분필로 끄적거리는 모습을 지켜보았다. 아이들은 세 자릿수 뺄셈 연습을 하고 있었다. 몇몇 학생은 옆의 숫자에서 1을 빌려오는 게 서툴러 보였지만, 대부분 산수를 잘 하고 있었다. 학생들은 수업에 집중했으며, 교사도 수업에 관심을 기울였다.

이 학교는 세바 만디르Seva Mandir라고 하는 비영리단체가 운영하고 있었는데, 이 단체는 40년 넘게 라자스탄의 두 지구에서 농촌 지역사회를 육성해 왔다. 나는 연구 논문에서 읽었던 프로젝트 현장을 방문하기 위해 와 있던 상태였다.[8] 논문의 제1저자는 교사의 결석 문제를 해결하는 혁신적인 아이디어를 내놓았고, 세바 만디르의 학교에서 그 아이디어를 시험했다. 교사에게 수업이 있는 날, 업무 시작과 종료 시에 교사 사진과 수업하는 사진을 찍도록 했다. 그러면 교사 급여는 사진을 보낸 해당 월마다 일수로 계산되는 방식이었다. 연구자는 교사가 속이지 못하도록 부정 방지용 디지털 카메라를 고안했다.

이것은 물론 흥미로운 아이디어였지만, 그날 내가 라자스탄을 찾은 것은 디지털 기술의 사용 그 자체 때문이 아니었다. 그때까지 나는 이미 수많은 기술 프로젝트를 봐왔다. 이 프로젝트가 특별해진 것은 세계적으로 유명한 연구자들이 증폭의 법칙에 모순되는 무언가를 밝히기 위해 철저한 방법을 사용했기 때문이다. 이 연구팀은 에스더 듀플로Esther Duflo라고 하는 명석한 MIT 경제학자가 이끌었는데, 그녀는 맥아더 지니어스 그랜트 상MacArthur Genius Grant[9]과 미국의 '예비 노벨상'으로 불리는 존 베이츠 클라크 메달John Bates Clark Medal[10]을 받은 바 있다. 듀플로는 압둘 라티프 자밀 빈곤퇴치연구소JPAL(Abdul Lateef Jameel Poverty Action Lab)의 초창기 회원으로서 빈곤 퇴치 프로그램의 가치를 검증하기 위한 무작위 대조군 실험을 열렬히 옹호했다. 이 실험법은 임상의학에서 사용되는 방법인데, 여기서는 대조군의 치료 효과를 비교할 수 있도록 기준선을 세운다. 자연과학의 엄격한 기준을 사회문제에 적용한다는 측면에서 듀플로와 그녀의 동료는 혁명가나 다름없다. 경쟁자들과 지지자들은 그들을 가리켜 '무작위 대조군 실험 예찬론자randomistas'라고 불렀다.

듀플로 팀은 이러한 활동을 기술한 논문에서 인상적인 결과를 발표했다. 예상대로 출석률은 카메라로 기록되었으며 교사들은 수업에 자주 모습을 드러냈다. 또한 교사들이 일관되게 출석하자 학생들도 그런 모습을 보였다. 하루에 두 장씩 사진을 찍음으로서 결석 문제가 해결된 것이다.

하지만 최종 목표는 결석을 줄이는 게 아니라, 더 좋은 교육 환경을 만드는 것이다. 이 실험에는 훨씬 더 인상적인 결과가 있었다. 카메라가 모니터링하는 교실의 학생이 대조군에 있는 학생에 비해 수학, 읽기, 쓰기 시험에서 더 좋은 성적을 거두었다. 교사는 사진을 찍으러 수업에 남아야 했지만 결과적으로 교사의 수업은 효율적이었다. 이 결과에 주목해야 하는 이유는 듀플로 자신의 연구를 포함해 개발도상국 학교에서 수행한 다른 연구에서 교실에 앉아 있다고 해서 항상 학습에 효과가 있는 건 아니라고 밝혀 왔기 때문이다.[11]

코트라는 나에게 새로운 희망을 주었다. 어떤 환경에서는 기술만 있어도 효과가 바로 나타날 수도 있었던 것이다. 이 사례에서는 카메라로 인해 교사에게 특별한 관심을 주지 않고도 교육의 효과가 강력하게 나타난 것으로 보인다. 어쩌면 내가 패키지 개입의 무용론을 너무 조급하게 선언한 것은 아니었을까. 나는 부정 방지용 카메라와 프로젝트 전체가 이루어 낸 것이 무엇인지 궁금했다.

카메라 너머의 비밀

코트라의 학교에서 수업이 끝난 후 나는 교사에게 수업 사진을 어떻게 찍었는지 보여 달라고 부탁했다. 그는 캐비닛에서 카메라를 꺼내어 화면에 있는 사진들을 보여 주며 휙휙 넘겼다. 각 사진에는 세 줄로 유니폼을 입고 앉은 학생들 옆에서 차렷 자세를 취하고 있는 교사의 모습이 있었다. 교사가 나에게 카메라를 건넸을 때 나는 '부정 방지용 카메라'가 기대와 달리 품질이 좋지 않은 카메라인 걸 보고 적잖이 실망했다. 그것은 조작부 위를 셀로판테이프로 감싼 싸구려 카메라였다. 그래도 테이프가 새것 그대로인 걸 보니 부정 방지 역할은 확실히 한 것 같았다.

그러나 새로 알게 된 다른 이유는 나를 더 실망시켰다. 논문의 저자는

"연구 결과에 따르면 비제도권 학교의 경우, 출석에 따른 인센티브를 주는 것이 학습 수준을 향상시킬 수 있었다"고 적었다.[12] 그 논문은 개인의 노력에 대한 능력 보상제를 믿는 사람에게 확실히 좋을 것이다. 논문 제목은 〈인센티브 효과Incentives Work〉였으며, 교육 효과가 높은 이유는 사진으로 출석을 증명하는 교사에게 차별적으로 지급되는 급여 때문이라고 밝혔다. 그 논문만 본다면, 교사 결석률이 높은 곳은 사진 검증을 통한 출석률로 인센티브 급여 방식을 적용해야 충분한 학습 효과가 있을 것이다. JPAL의 웹사이트에서 언급한 바와 같이 '교사 출석률이 개선되면 이는 시험 점수 향상으로 이어져야 한다.'[13]

그러나 결과적으로 이 연구 결과는 코트라에서조차 유효해 보이지 않았으며, 하물며 저소득 마을 같은 곳에서는 더욱 그럴 것 같았다. 연구자들은 프로젝트의 전체 맥락을 무시했다. 나는 그 학교에 방문한 이후에 세바 만디르 직원들과 우다이푸르에 있는 사무실에서 함께 몇 시간을 보냈다. 나는 카메라 모니터링 프로그램은 증폭의 법칙에 대한 반증이 아니라, 이 자체가 오히려 또 하나의 사례였던 건 아니었는지 궁금했다. 어쩌면 그 결과는 카메라 프로그램 단독으로서가 아니라, 수준 높은 교육을 추구했던 단체가 구현한 카메라 프로그램이어서 이루어진 것인지도 모른다.[14]

세바 만디르 직원들과 대화를 나누다 보니 나의 예감이 맞았다. 그 연구가 있기 수년 전 세바 만디르가 코트라 학교와 같이 일하기 시작했을 때, 교사들은 경험이 없었고 그들이 가르치는 수업은 형편없었다. 시골에 있다 보니, 부모들은 교사나 학생의 결석에 그다지 신경 쓰지 않았다. 세바 만디르는 몇 년간 학교, 교사, 부모와 함께 교육 방법을 개선하고, 매일 출석하는 것이 얼마나 중요한지 알려 주고자 노력했다.

카메라 모니터링 프로그램이 자리를 잡아 가고 있을 무렵 교사들은 처음 시작했을 때보다 동기부여가 되어 있었다. 교사들은 인도의 시골에서는 보기 드문 헌신과 실력으로 수업을 운영하고 있었다. 내가 코트라에서 만난 교사는 공립학교에서 봤던 교사보다 훨씬 뛰어났다. 학생들은 그 교사의 수업을 잘 받아들였고, 서로 간에 올바른 상호작용이 이루어졌다.[15] 따라서 카메라 모니터링 기간 동안 출석에 기반을 둔 급여 방식은 확실히 효과가 있었다.

논문에는 이런 내용이 빠져 있다. 그 논문은 세바 만디르가 실험에 앞서 준비했던 내용은 단 한 구절만 언급하고, 교사의 능력이나 지역사회의 발전 가능성을 향상시키기 위한 고된 과정보다는 교사 출석만 집중 조명했다. 결과적으로 논문은 학교의 학습 효과 개선을 위해 카메라 모니터링 프로그램만 구현하면 된다는 인상을 남겨 주었다.[16]

처음에 나는 무작위 대조군 실험에서 패키지 개입의 한계를 뛰어넘을 수 있다는 희망을 보았다. 듀플로와 다른 무작위 대조군 실험 예찬론자는 사회 변화를 이끄는 광범위한 이론에는 반기를 든다. 대신 그들은 무엇이 효과적인지 보기 위해 실험을 하는 것에는 찬성한다.[17] 이는 합리적이며 데이터 중심의 접근 방법이기 때문에 무작위 대조군 실험에 대한 관심이 무척 높아지고 있다. 오늘날 경제학자뿐만 아니라 정치학자와 사회학자들은 더 많은 무작위 대조군 실험을 하는 중이다. 하지만 비평가들은 모든 것을 무작위 대조군 실험으로 확인할 수 있는 건 아니라고 말한다.[18] 어떤 문제는 본질적으로 기술로 풀어 가기가 더 어렵다. 무작위 대조군 실험 방법은 상호 간에 패키지 개입을 비교함에 있어서 탁월하다. 만일 학생들이 시험에서 더 좋은 점수를 얻는 데 카메라 기반 모니터링 프로그램이 도움이 되는지 또는 점심이 도움이 되는지 알고 싶다면 무작위 대조군 실험을 쓰는 게 좋다. 하지만 한 특징으로 묶을 수 없는 대안과 패키지 개입을 비교하는 건 어렵다.

그 이유는 다음과 같다. 효과적인 무작위 대조군 실험을 위해 연구자들은 많은 조건을 신중히 확보해야 한다. 실험군은 편견이 없도록(이런 이유로 무작위라 함) 선정되어야 한다. 대조군은 실험에 영향 받지 않아야 한다. 또한 개입은 정확히 정의된 대로 이루어져야 하며 데이터는 반드시 수집해야 한다. 그리고 이 모든 것을 엄격한 표준에 맞춰 실행해야 한다. 이러한 요구 조건을 보장하기 위해서 연구자들은 세바 만디르와 같은 유능한 단체와 파트너십을 맺고 무작위 대조군 실험을 수행하기를 선호한다. 세바 만디르 같은 단체는 아주 힘든 지시도 따를 수 있는 능력이 있다. 하지만 유능한 실행자와 함께 일함으로써 다른 곳에서는 흔히 볼 수 없는 특별한 조건에서 실험이 이루어질 수밖에 없다.

실험의 결과가 직면한 상황에서 벗어나 일반화될 수 없는 경우, 학자들은 이를 가리켜 '외적 타당도external validity'의 문제라고 부른다. 듀플로와 무작위 대조군 실험 예찬론자들은 외적 타당도는 다른 상황에서 연구를 반복함으로써 확보될 수 있다고 말한다. 기술적으로 맞는 말이지만, 좋은 결과를 얻기 위해 그렇게 하기란 쉽지 않다. 훌륭한 대조군 실험을 위해서는 유능한 구현이 필요한데, 실험의 한 측면을 보기 위해 유능한 구현 그 자체를 중지해야만 한다.[19] 이것이 바로 무작위 대조군 실험의 치명적인 부분이다.

우리는 여기서 로시가 '평가의 철칙'에서 했던 말을 상기해 볼 수 있다. 로시는 "기량이 뛰어나고 헌신적인 사람이 소규모로 프로그램을 운영하는 것과 덜 뛰어난 사람과 덜 헌신적인 사람에게 일을 시켜 운영하는 것에는 큰 차이가 있다"고 썼다.[20] 증폭의 법칙도 여기에 효과를 발휘한다. 즉, 패키지 개입은 그것에 투입된 역량에 비례하여 효과가 나타난다. 만일 제도적 역량을 당연하게 여기는 환경에서 실험을 한다면, 그 역량이 나타나지 않는 환경에서는 어떤 식으로 개입이 이루어질지 알 수 없다.

확실히 말하지만 나는 무작위 대조군 실험 그 자체를 반대하는 게 아니다. 나의 실험도 무작위 대조군 실험 방법을 적용했었다. 나는 패키지 개입을 무작위 대조군 실험으로 더 자주 검증해야 한다고 본다. 나는 JPAL의 자매단체이자 비영리단체인 빈곤퇴치혁신기구Innovations for Poverty Action 의 이사회에 있다. 이 단체도 무작위 대조군 실험을 운영하는데, 나는 이 단체가 하는 일을 마음속 깊이 존중하고 지지한다.

하지만 무작위 대조군 실험이 사회정책을 위한 중요한 의사결정 도구가 된다면 더 큰 개념 체계 안에 자리할 필요가 있다. 듀플로 같이 세계적으로 저명한 경제학자와 세심한 실험주의자가 패키지 개입의 병폐를 피할 수 없다면, 무작위 대조군 실험을 수행하는 다른 연구자 역시 피한다는 보장이 없다. 사회 변화를 위해 무엇이 옳은지 결정하기 위해 단 하나의 방법이 유일한 패러다임일 수는 없다. 문제는 무작위 대조군 실험 그 자체가 아니라 그 결과에 대한 경솔한 해석이다.[21] 무작위 대조군 실험은 프로그램 평가 도구 상자에 있는 훌륭한 도구일 뿐이다. 훌륭한 도구도 중요하지만, 설계자와 장인이 각각의 의사결정 과제를 위해 올바른 방법으로 도구를 결합해 사용하는 게 훨씬 중요하다.

빈곤을 퇴치하면서 이윤도 얻는다?

또 한 가지 유행하는 연구 추세는 사회적 대의명분에 이윤 추구식 사업 접근 방법을 적용하는 것이다. 미시간대학교 경영학 교수인 C. K. 프라할라드C. K. Prahalad는 이와 관련된 아이디어를 제안하여 관심을 끌었다. 2004년 프라할라드는 자신의 책《저소득층 시장을 공략하라The Fortune at the Bottom of the Pyramid》에서 하루 2달러 미만으로 생계를 이어 가는 세계 40억 명의 사람들이 비즈니스 기회로 인식될 때, 그들이 풍요로워질 수 있다고 언급했다.[22] 프라할라드의 모토는 이 책의 부제 '이윤을 통한 빈곤 퇴치Eradicating Poverty Through Profits'에 담겨 있다.

프라할라드는 정부와 비영리단체들이 상황을 잘못 풀어 나가고 있으며, 특히 빈곤 문제에 있어서 더욱 그렇다고 이야기한다. 그들은 비즈니스 측면에서 두 가지 잘못을 저지른다. 첫째, 그들은 자신들이 비용을 감당하지 않는다. 둘째, 그들은 많은 사람에게 혜택을 주지 못한다. 프라할라드는 "자선이라고 하면 훈훈하게 생각할지 모르겠지만, 확장 가능한 지속적인 방법으로는 문제를 해결하지 못한다"고 말했다.[23] 그는 가난한 사람들이 '소비할 수 있는 능력'을 키우도록 저가의 제품과 서비스를 판매하자고 제안한다. 가난한 사람들은 '가치를 중시하는 소비자'이므로, 그들에게 선택권을 부여하고 자존감을 키워 줌으로써 감당할 수 있는 소비 기회를 제공하자는 것이었다.[24] 프라할라드의 화려한 표현은 개인의 선택, 시장의 자유, 정치가 배제된 빈곤 완화 등, 주류경제학에서 흔히 말하는 주제와 거의 유사하다. 프라할라드는 "가난한 사람이 적극적으로 개입하는 곳에 지속 가능한 상생의 시나리오가 있으며 동시에 가난한 사람에게 제품과 서비스를 제공하는 기업이 이윤을 얻게 된다"고 단언했다.[25]

이게 사실이라고 믿어지지 않는다면 아마도 이것이 너무 좋아서 사실이라고 할 수 없기 때문일 것이다. 프라할라드의 책은 사례 연구로 가득 메워져 있지만, 가난한 고객의 삶을 향상시키면서 이윤을 키운 회사의 예는 전혀 보여 주지 못한다. 미시간대학교 교수인 아닐 카나니Aneel Karnani는 프라할라드의 아홉 가지 사례 연구를 날카롭게 분석했는데, 그중 네 곳의 회사는 주로 중간 계층 소비자와 영합하였고, 두 곳은 공적 자금으로 일부 유지되었으며, 두 곳은 전혀 이익이 없었다. 오직 한 곳만 가난한 소비자에게 제품을 팔고 수익을 내는 영리회사였다.[26]

마지막 회사는 검토할 만한 가치가 있는데, 프라할라드의 이론에 잘 맞는 것처럼 보이기 때문이다. 하지만 이 회사 역시 부족한 면이 보인다. 이 회사는 유니레버Unilever의 자회사인 힌두스탄 레버 리미티드HLL (Hindustan Lever Limited)란 회사로 판매하는 제품은 프라할라드가 사례로 가장 많이 언급하는 비누였다. 인도의 경우, 설사는 아이들에게 매우 치명적이지만 보통은 손 씻기를 통해 예방될 수 있다. 그래서 HLL은 최하층 소비자도 살 수 있도록 비누를 작은 봉지에 담아 구명 비누로 팔았다.

그렇지만 비누를 파는 것과 질병을 옮기는 세균에 대해 한 번도 들어 보지 못한 사람들에게 손 씻는 습관을 몸에 배도록 하는 건 또 다른 문제였다. HLL은 두 가지 접근 방법을 시도했다. 하나는 매디슨 가의 거물인 광고대행사 오길비앤매더Ogilvy & Mather에서 마케팅 캠페인을 벌이는 것이었고, 다른 하나는 인도 정부와 정부-민간 협력 관계를 체결하는 것이었다. HLL은 정부와 함께 수백만 달러 규모의 캠페인을 통해 사람들이 손 씻기에 동참하도록 유도했다. 어떤 것이 더 효과가 좋았을까? 기업의 마케팅 전략이었을까? 아니면 정부-민간 합작이었을까? 프라할라드도 인정했듯이, 확장성 측면에서는 정부-민간 합작이 더 좋아 보였지만 회사 매출 측면에서는 마케팅 활동이 더 효과가 있는 것으로 판단되었다. 즉, 이윤 같은 경우 기업 캠페인을 통해 잘 확보할 수 있었던 반면, 보다 중요한 위생의 효과는 세금으로 자금을 마련한 소셜 마케팅을 통해 얻게 되었다.[27]

결과적으로 프라할라드가 '이윤을 통한 빈곤 퇴치'의 모범 사례로 주장했던 아홉 가지는 실제로 모두 모범 사례가 아니었던 것이다. 이 사례들에서는 가난한 사람들을 돕지도 못했고, 이윤도 많이 내지 못했다. 이는 놀라운 일이 아니다. 우리는 이미 민간 단독으로 가난한 계층에게 서비스를 제공하는 게 얼마나 어려운지 알고 있다. 결의에 찬 기업가들이 많은 실험을 했지만, 적어도 공공 단체의 일부 지원 없이 보편적인 의료보험이나 교육을 제공하는 시스템은 전 세계적으로 찾아볼 수 없다. 민간의 활동은 충분한 수익을 지속적으로 발생시키지 못하면, 풍부한 기회가 있는 곳을 힘겹게 찾아가야 한다.

프라할라드의 논리에 있어 가장 왜곡된 내용은 바로 가난한 사람이 빈곤에서 벗어나기 위해 어느 정도 소비를 한다는 의견이다. 마치 가난이

'벌 수 있다'가 아닌, '살 수 있다'와 상관있는 것처럼 말이다. 카나니는 가난한 사람을 지원하는 가장 좋은 방법은 그들이 소비자가 아니라 돈을 더 많이 버는 사람이 되게 하는 것이라고 강하게 주장했다.[28] 사람은 높은 보수를 받는 직업을 가질 때 더 풍요로워진다. 유누스도 비슷한 결론에 도달했었고, 사회운동가에게 자신이 '사회적 비즈니스social business'라고 부르는 사업을 시작하라고 촉구했다.[29] 이는 저소득 근로자들에게 제품만 판매하는 게 아니라 그들을 고용한다는 점에서 프라할라드의 제안과 다르다.

반사회적인 사회적 기업

프라할라드는 '사회적 기업'으로 재계에 영향을 주었는데, 사회적 기업은 프라할라드의 제안이 변형된 것이었다. 경영대학원, 기술 부서, 그리고 벤처캐피털 회사에서 사회적 기업, 다시 말해서 실행 가능한 비즈니스를 통해 사회적 선을 실현하려는 스타트업 비즈니스가 매우 유행하고 있다. 사회적 기업에서는 애플의 스티브 잡스Steve Jobs와 페이스북의 마크 주커버그를 본보기로 삼는다. 그들이 성공한 것이 실패할 염려가 없는 미다스의 손을 갖고 있어서가 아니라, 고객을 신중하게 선택한 덕분이라는 걸 인식하지 못한 채 말이다. 애플은 타사 대비 성능이 월등한 제품을 고안할 뿐만 아니라 세계에서 가장 부유한 사람들을 시장 목표로 두기 때문에 수익성이 높다. 만일 1년에 400달러를 못 버는 사람에게 400달러짜리 아이폰을 팔아야 한다면 애플은 좀처럼 살아남기 힘들 것이다. 심지어 광고를 기반으로 한 비즈니스 모델은 광고주가 광고 비용을 지불하려 할 때만 효과적이다. 만일 광고를 보는 사람들이 돈이 없다면 광고 효과는 없을 것이다.

탐스 슈즈Toms Shoes는 이 문제의 해결 방법을 찾아냈다. 탐스 슈즈의 창업자 블레이크 마이코스키Blake Mycoskie는 사회적 기업의 선구자로 여겨진다. 탐스는 '일대일one for one'이라는 마케팅 전략을 자사 웹사이트 맨상단에 굵은 글씨체로 홍보하고 있다. 그렇게 탐스는 신발 한 켤레를 팔때마다 가난한 사람에게 신발 한 켤레를 기부한다.[30] 이러한 전략으로 회사는 날이 갈수록 폭발적인 성공을 거두었다. 2006년 설립 이후 탐스는 1000만 개가 넘는 신발을 기부했고, 이는 누적금액으로 약 5억 달러에 달한다. 최근에는 안경을 통한 일대일 마케팅으로 확대되었다. 일전에 빌 클린턴은 마이코스키를 '자신이 만나 본 세상에서 가장 흥미로운 기업가'로 소개한 바 있다.[31]

탐스는 어느 정도 성과가 있었지만 혹독한 비평도 받았다. 어떤 사람은 가난한 지역사회에 신발을 기부하면 지역경제가 방해받고 의존적인 문화가 지속된다고 말했다. 또 어떤 사람은 탐스가 짚으로 만든 캔버스화보다 훨씬 튼튼한 신발로 기부할 수 있었다고 언급하였다. 탐스의 선물을 제작하고 수송하는 데 5달러만 필요하다고 해도 그것은 더 좋은 곳에 쓰일 수 있는 5000만 달러의 가치와 다름없다. 어떤 사람들은 탐스가 여전히 노동력을 착취하는 기업일 뿐이며, 두둑한 이윤을 남기기 위해 중국의 값싼 노동력과 맨발의 아이들 사진을 이용한다고 말한다.[32]

탐스는 자사가 '신발 없이 자라는 아이들이 겪어야 할 고난'을 해결하기 위해 헌신하고 있다고 자랑스럽게 알리지만, 실제로 고객이 무엇에 돈을 지불하는지에 매우 비공개적인 태도를 보인다. 탐스는 자사의 재무제표를 공개하지 않는다. 우리가 알고 있는 것이라고는 최근 마이코스키가 자기 지분의 50퍼센트를 베인 캐피탈에게 팔기로 합의함에 따라 지금껏 유일한 소유자이자 최고경영자로서 자신이 지급받은 급여 외에 추가로 3억 달러를 더 받을 것이라는 내용이다.[33]

만일 당신이 비영리단체에 50달러를 기부했는데, 그중 10달러가 본래 목적에 쓰이고 10달러는 당신에게 감사의 표시로 되돌려주며 나머지 30달러는 해당 단체의 사무총장이 받을 수백만 달러의 상여금으로 쓰인다고 생각하면 아마도 화가 날 것이다. 하지만 이것이 탐스의 비즈니스 모델이다. 창업자는 이 모델을 통해 충분한 수익도 확보하고, 이상해 보이지만 사회운동가의 영웅으로 묘사된다. 뭔가 석연치 않아 보이지만 베인 캐피탈 회장이 했던 말에서 그 단서를 찾을 수 있다. [베인 캐피탈은 미트 롬니(Mitt Romney)의 대통령 선거운동에 어두운 그림자를 드리웠던 회사다.]

"우리는 탐스 브랜드의 토대가 일대일 약속이라고 믿는다."[34]

즉, 탐스는 싸게 만든 신발 두 켤레를 사서 하나는 기부함으로써 슬랙티비스트slacktivist[35] 소비자의 입맛에 맞는 마케팅으로 성공했다고 볼 수 있다.

어쨌든 탐스는 사회적 책임을 갖춘 신발 회사다. 물론 마이코스키는 통찰력 있는 기업가이며, 자신의 재산의 일부를 자선단체에 기부한 것은 칭찬받아 마땅하다. 그러나 그렇게라도 하지 않으면 탐스가 나이키와 다르다고 할 만한 게 없다. 왜냐하면 두 회사 모두 신발의 원래 가치보다 비싼 가격표를 붙여 브랜드에 민감한 소비자에게 팔고, 개발도상국의 값싼 노동력을 이용해 회사 임원에게 많은 보수를 주고, 수익의 일부를 자선 목적에 사용하기 때문이다(나이키의 경우, 비영리단체인 나이키 재단에 기부한다).

그러나 탐스는 한술 더 떠서 사람들로 하여금 마치 회사의 주목적이 자선인 것처럼 오해하게 하여 사람들의 선의를 다른 방향으로 흐르게 할 수 있다. 사람들은 아주 작은 것일지라도 자신이 과거에 좋은 일을 했다고 생각함으로써 미래의 무관심을 정당화하려는 성향이 있는데, 심리학자들은 이를 두고 '도덕적 자기 허용moral self-licensing'이라 부른다.[36] 따라서 탐스의 많은 고객들은 보다 가치 있는 활동을 아껴서 행할 수 있는 기회를 얻는다. 이는 나이키에서 신발을 샀다면 할 수 없는 일이다. 나이키도 자사의 사회적 책임 기구를 운영하지만 자화자찬하는 경우는 그리 많지 않다. 무엇보다 더 위험한 것은 사회적 자기 허용이 광범위해지는 것이다. 탐스와 같이 자신의 활동을 크게 선전하다 보면, 우리 사회가 계몽된 소비주의로써 세계 문제를 해결할 수 있다는 잘못된 믿음에 빠질 수 있다.

이것은 일반적으로 사회적 기업을 과장해서 강조할 때 발생하는 문제다. 이렇게 소문이 요란하면 정부와 비영리단체가 사회적 대의명분에 효과적으로 접근하려 해도 집중하기가 쉽지 않다.[37] 국제개발처USAID (United States Agency for International Development)와 포트 재단Ford Foundation 같은 대형 원조단체는 비영리단체를 위해 막대한 자금을 지원한다. 조녀선 프랜즌Jonathan Franzen이 자신의 소설《인생 수정The Corrections》에서 언급했듯이 '확실히 풍자적인 약속을 할수록 미국의 자

본 유입이 더 활발히 이루어진다.'[38]

그렇지만 비영리단체의 모델이 규모 면에서 볼 때 지속 가능한 효과를 가질 수 없다는 건 사실이 아니다. 대부분의 선진국에는 정부가 보조하는 보편적인 의료보험 체계가 있다.[39] 심지어 르완다조차 국가의료보험이 있으며, 2010년 기준으로 인구의 92퍼센트가 보험에 가입되어 있다.[40] 2011년에는 전 세계 학령기 아동의 91퍼센트가 초등교육기관에 등록됐고, 이곳의 대부분은 정부가 보조하는 학교였다.[41] 국제적십자위원회International Committee of the Red Cross는 지난 150년에 걸쳐 세계 곳곳의 전쟁과 무장 폭력의 희생자를 도왔다. 이 단체는 1년에 10억 달러 이상을 모금하는데, 대부분이 개인 기부를 통해서 마련된다.[42] CARE, 굿윌Goodwill, 휴먼라이츠워치Human Rights Watch, 옥스팜, 유나이티드 웨이United Way 같은 비영리단체도 비슷한 규모 면에서 효과적으로 운영된다. 많은 정부와 비영리단체들이 예산 낭비로 비판을 받지만, 수장에게 3억 달러의 상여금을 만들어 주고 그것이 선의를 위한 것인 양 하는 단체는 단 한 곳도 없다.

사회적 기업으로 진정한 사회 변화를 달성하는 것은 비영리단체보다 결코 쉽지 않다. 그러나 사회적 기업의 과대 선전으로 인해 사람들은 비즈니스의 성공과 사회에 미치는 영향력을 혼동하고 있다.

모든 가치는 행복으로 이어진다

사회적 대의명분은 경제 번영과 사회 정의, 그리고 인간

존엄과 자유 신장을 추구하며, 패키지 개입도 이러한 목표를 향해 나아가 간다. 그러나 이런 목표 자체가 잘못 인식되면 어떤 일이 벌어질까?

1972년 부탄의 왕인 지미 싱게 왕축Jigme Singye Wangchuk은 발전에 관한 측정지표의 대안을 제시했다. 왕축 왕은 부탄에서는 국민총생산 대신 자체적으로 국민총행복도Gross National Happiness로 국가 발전을 판단할 것이라고 선언했다. 먼 곳에 있는 작은 나라의 한 젊은 왕이 가졌던 이상주의를 비웃기 전에 토머스 제퍼슨Thomas Jefferson 역시 삶과 자유에 있어 아무도 빼앗을 수 없는 평등한 권리로 '행복 추구the pursuit of happiness'를 소중히 여겼다는 점은 기억할 만하다.

제퍼슨과 부탄 왕은 자신들이 무엇을 중요하게 생각하는지 알고 있었다. 철학자들은 적어도 석가모니와 아리스토텔레스 이래로 최고선과 인간 활동의 궁극적인 목적은 행복이라고 제안해 왔다. 이천년이 지난 후, 제레미 벤담Jeremy Bentham과 존 스튜어트 밀John Stuart Mill은 그 개념을 사회 전체로 확장했다. 그들이 주장하는 공리주의 철학의 목표는 최대 다수의 최대 행복이다.

놀라운 사실은 지난 10여 년 사이에 경제학자마저 행복을 본격적으로 받아들이기 시작했다는 점이다. 리처드 데이비슨Richard Davidson 같은 신경과학자는 특정한 두뇌 활동은 행복에 대한 자기보고self-reports와 상관이 있다고 밝혔다. 두뇌 활동은 '기능성 자기공명영상fMRI'으로 측정이 가능하다.[43] 저명한 영국의 경제학자인 리처드 라야드Richard Layard는 이 결과를 넌지시 언급하며, "이제 우리는 사람들이 어떻게 느끼는지 말하는 게 두뇌의 여러 영역에서 발생하는 실제 활동과 밀접한 관련이 있다는 걸 알고 있으며, 그 수준은 일반적인 과학기술로 측정할 수 있다"고 말했다. 행복은 실제로 존재한다고 확신했던 라야드는 책 한 권 전체에 걸쳐 공공 정책의 토대가 되어야 하는 것은 부가 아니라 행복이라고 주장했다.[44]

이 모든 내용들은 현재 사용하는 국가 발전 측정지표가 불충분하다고 주장하는 학자와 정책 입안자, 그리고 사회운동가의 주장을 뒷받침한다. 1995년에 아틀란틱지는 "GDP가 오르는데 미국 경제는 왜 침체되는가?"라고 물었다.[45] 2009년 미국에서는 이런 질문이 반복되었다. 경기 침체로부터 GDP는 회복되었지만, 고용은 회복되지 않았다. 좋은 측정지표란 한 나라의 행복과 상관관계가 있어야 한다. 많은 사람들이 비참해지는 와중에 올라가는 측정지표가 무슨 의미가 있겠는가?

왕축 왕은 시대를 앞선 사람이었다. 부나 사회 변화는 그것이 위대한 행복에 이르지 않으면 아무런 소용이 없다. 전쟁, 질병, 기아, 물 부족, 빈곤, 억압, 무시, 실업, 무력감 등은 행복에 이르는 데 장애물이므로 큰 문제가 된다. 번영은 행복을 위한 물질적인 요구 조건이 된다. 정의는 행복을 위한 도덕 조건을 추구한다. 그리고 자유는 노벨상 수상자이자 경제학자인 아마르티아 센Amartya Sen이 썼던 바와 같이 사람들로 하여금 가치를 소중히 여기는 삶, 즉 자신이 행복한 삶을 살도록 한다.[46] 만약 가난하고 무지하고 소외되어도 항상 행복한 사람들이 있다면 그들을 도울 마음이 생기지 않을 것이다. 또한 그런 사람들은 어떤 경우라도 우리의 도움이 필요하지 않을 것이다.

이러한 인식과 더불어 대중도 개인의 행복에 관심을 갖기 시작했다. 제목에 행복이라는 단어를 붙인 책들은 우리가 개인으로서 어떻게 하면 더 행복해질 수 있는지를 조언하며 경쟁적으로 빠르게 퍼져 나갔다. 세계적인 리더들 역시 행복과 행복에 연관된 개념에 관심을 가지기 시작했다. 2009년 프랑스의 니콜라 사르코지Nicholas Sarkozy 대통령은 다섯 명의 노벨상 수상자로 이루어진 조직을 만들어 진정한 삶의 질을 담아낸 측정지표를 만들어 달라고 위임했다.[47] 2010년에는 영국의 데이비드 캐머런David Cameron 총리가 영국 정부에 행복 측정을 시작하라고 재촉했다.[48] 또한 미국의 오바마 대통령은 2013년 자신의 두 번째 취임식에서 제퍼슨의 말을 인용하며 "이 시대를 사는 우리에게 주어진 과제는 모든 미국인이 삶과 자유, 그리고 행복 추구를 실현하도록 하는 것이다"라고 말했다.[49]

개미와 배짱이

만일 앞서 말한 국민총행복도라는 말에 웃음을 참아야 했거나 애써 참지 않았다고 해도 이상한 것은 아니다. 행복은 부드러운 핑크빛 솜사탕처럼 보이는 게 사실이다. 행복은 마치 다른 사람들은 삶을 진지하게 보고 있는데, 초원에서 보란 듯이 뛰어다니며 즐거워하는 젊은 사티로스satyr[50]의 모습을 떠올리게 한다. 학자들은 이것을 '주관적 행복subjective well-being'이라고 부르며 행복을 보다 품위 있게 보이려고 노력한다.

그렇다면 행복에 오점을 남기는 것은 무엇일까? 이솝우화 개미와 베짱이를 통해 행복의 한 가지 문제점을 볼 수 있다. 개미가 여름내 겨울 준비로 애쓰는 동안 베짱이는 노래하며 즐겁게 뛰논다. 겨울이 오자 개미는 집에서 편안히 먹고 쉬지만 베짱이는 추위에 벌벌 떤다. 원작인 그리스

우화에서는 베짱이가 개미의 집 대문을 두드리자 개미는 베짱이에게 춤이나 추러 가라며 면전에서 박대한다.[51] 현대판에서는 개미가 베짱이를 자신의 집으로 들이고 베짱이는 이에 감사해하며 자신의 잘못을 깨달으면서 불행한 결말이 없어졌다.

베짱이가 명쾌하게 행복을 추구하는 것처럼 보이지만, 대다수의 사람들은 궁극적으로 개미가 더 행복하다는 데 동의할 것이다. 다시 말해서 대개 단기간의 즐거움은 장기간의 불만족으로 이어진다. 이런 생각은 심리학자들이 쾌락주의와 어떤 행동에서 보상을 받는 것을 구별하기 위한 밑바탕이 된다. 순간의 쾌락을 추구하는 쾌락주의는 문제가 있어도 긴 시간에 걸쳐 어떤 행동에서 보상을 받는 행위에서는 삶에 대한 만족도가 좋을지도 모른다.

하지만 이것으로 충분할까? 정책 입안자들은 점점 행복에 대한 현대 심리 테스트에 의존하는데, 여기서는 현재 기분과 지금까지 살아온 삶의 만족도에 관해 질문한다. 이 측정법에 따르면 과거와 현재가 행복에 영향을 미친다.[52] 그러나 미래는 잠재적인 행복이 존재하는 곳이다. 만일 행복이 현재의 기분과 만족도라면, 우리는 행복감을 높이기 위해 베짱이처럼 내일이 아닌 오늘에만 집중해야 할 것이다. 이것이 바로 행복을 다루는 많은 문헌에서 권장하는 내용이다.

예를 들어, 선도적인 긍정심리학자 소냐 류보머스키Sonja Lyubomirsky는 《행복도 연습이 필요하다The How of Happiness》에서 행복을 불러오는 열두 가지 행복 연습과 지속 가능한 행복 추구를 위한 다섯 가지 비결을 소개하고 있다. 후자 다섯 가지 비결에는 긍정적인 감정, 적절한 타이밍과 변화,

사회적 지원, 동기·노력·헌신, 그리고 습관이 있다. 첫 번째와 두 번째는 명확하게 현재에 집중되어 있다. 동기·노력·헌신의 경우, 베짱이보다 개미의 특징으로 보이지만 류보머스키는 '너무 바쁘게 살면 어떻게 될까?'라는 질문에는 겨우 4페이지만 할애했다. 그녀가 제시한 답은 별도의 시간이 필요하지 않는 간단한 일을 하라는 것이다. 예로 새롭고 낙관적인 마음으로 자신의 일과 가족을 바라보거나, 배우자에게 다정하게 말하거나, 자신이 무언가에 빠져 있다는 걸 깨달았을 때 머리를 식힌다거나, 식사 전에 짧은 기도를 한다거나, 출퇴근길에 만나는 낯선 사람에게 미소를 보인다거나, 자신에게 상처를 줬던 사람의 마음을 이해하는 그런 일이다.[53] 이 책 어디에서도 동기·노력·헌신을 위해 동기부여와 노력, 그리고 헌신이 반드시 필요하다고 언급한 부분은 없다. 많은 긍정심리학에서처럼 류보머스키가 권고하는 건 모두 현재의 기분을 좋게 하기 위해 잠깐만 시도하면 되는 것들이다.[54] 미래의 행복을 키워 주는 용기와 근면함, 그리고 진실함이 몸에 배게끔 연습해야 한다는 이야기는 없다. 류보머스키는 우리가 친절하면 다른 사람을 더 행복하게 할 수 있다는 내용으로 총 350페이지 중 10페이지만 할애했다. 심지어 그 내용조차 우리가 친절할 때 다른 사람이 아닌 우리 자신이 어떻게 더 행복해지는지에 집중했다.

우리가 살펴본 세계 최고의 행복 전문가에 따르면, 행복이란 내일의 행복이나 다른 사람의 행복을 위해 오늘 노력하는 게 아니라, 팝 뮤지션 바비 맥퍼린Bobby McFerrin이 노래한 대로 '걱정하지 말고 행복해지세요Don't worry, be happy'처럼 사는 것이다.

행복은 인간의 모든 활동이 의도하는 바일 수 있지만, 아리스토텔레스가 오래전에 깨달은 것처럼 행복은 다른 활동의 부산물이기도 하다. 오늘 베짱이마냥 행복해할 수는 있어도 그것은 겨우내 행복을 지키려는 세심한 준비가 있을 때 가능한 일이다. 맥퍼린은 틀렸다. 집주인한테 집세가 밀렸다는 말을 듣고도 걱정하지 않는다는 건 말이 안 된다.[55] 친척이 있는 곳으로 옮기든가, 더 빠듯하게 살든가, 또 다른 일을 하든가, 기술을 향상시키든가, 공공부조에 지원하든가 해서 미래를 위한 씨를 뿌려 나중에 걱정하지 않도록 해야 한다.[56]

일리아드의 가치

언뜻 보기에는 무작위 대조군 실험, 사회적 기업, 행복 이 세 가지는 목표하는 바에 공통점이 없어 보인다. 첫 번째는 연구 방법이고, 두 번째는 단체 유형이고, 마지막은 정책 목표다. 그러나 이 세 가지 개념은 모두 기술과 패키지 개입의 문제점을 상기시키는 특성이 있다.

우선 이 개념들은 모두 측정을 맹목적으로 숭배한다. 무작위 대조군 실험 예찬론자는 계량화된 실험을 통해 나온 지식이 아니면 무시한다. 사회적 기업은 기업 효과를 숫자로 보여 주라는 압박을 받는다. 행복은 사회과학자가 행복을 위한 측정지표를 개발했을 때만 통용되었다. 따라서 백신 주입이든, 노트북 지급이든, 대출금 지급이든, 투표든지 간에 패키지 개입이 인기 있는 한 가지 이유는 바로 측정하기 쉽다는 것이다.

물론 측정은 발전 정도를 검증하는 데 도움이 된다. 그렇지만 다른 중요한 가치를 보지 못하고 측정 가능한 것만 우선시하게 될 위험이 있다.

우리는 휴대전화 가입자 수는 알아도 휴대전화로 얼마나 유익한 통화를 하는지는 모른다. 우리는 투표자 수는 알아도 부당함에 항의하기 위해 얼마나 많은 시민들이 위험을 무릅쓸지는 모른다. 언젠가 이런 무형의 것들도 계량화될지는 모르나, 그때 가서도 측정할 수 없는 것들은 많이 있을 것이다. 격언에도 있듯이 '측정 가능한 것이라고 해서 모두 중요하지는 않다. 그리고 중요하다고 해서 모두 측정할 수 있는 것은 아니다.'[57]

기술중심주의자들은 "측정할 수 없다면 관리할 수 없다"고 말하기 좋아하지만, 그것은 틀린 이야기이다. 대부분의 사람들의 친구와 가족 간의 관계를 측정하지 않고 맺어 가고 있다. 많은 나라가 국민계정체계system of national accounts[58]를 갖기 전에 이미 획기적인 경제성장을 경험했다.[59] 호메로스는 자신의 작품 〈일리아드〉가 운율을 갖춘 15693행짜리 시의 가치를 훨씬 넘어섰다고 생각한 것은 분명하다. 중요한 사실은 측정할 수 있든 없든 먼저 의미 있는 목표를 세우는 것이다. 직접적인 측정치가 없다면 간접적인 방법이 있을지도 모른다. 또, 간접적인 대안이 없다면 측정할 수 있는 요소와 측정할 수 없는 요소를 합당하게 가늠할 수 있는 방법이 필요하다. 측정할 수 있는데 측정지표를 무시하는 일은 바보 같은 짓이다. 그러나 측정 가능한 것만 의미 있다고 생각하는 것 역시 순전히 궤변일 뿐이다.

기술 십계명

측정에 대한 집착은 집착이 문제이지, 측정이 문제는 아니다. 저비용의 도서를 추진하는 것은 베스트셀러를 제외하고는 모두를 힘들게 한다. 무작위 실험 대조군만 추구하면 보완적인 접근 방법이 설 자리를 잃는다. 사회적 기업은 사람들이 자선 활동을 하는 데 집중하지 못하게 한다. 단기적인 행복은 우리로 하여금 장기적이 아닌 다른 곳에 주의를 돌리게 한다. 기술을 좁은 시야로 바라보면 비기술적인 본질에 대한 관심이 사라진다. 이렇게 기술 중심적 접근을 둘러싸고 과대한 선전을 하면 특정한 편견들이 계속해서 나타난다. 이는 기술과 우리가 사는 기술 중심주의시대에 대한 왜곡이다. 이를 '기술 십계명'이라고 한다.

① **의미보다 측정을 중시하라:** 측정할 수 있는 것만 가치가 있다.

② **질보다 양을 중시하라:** 수많은 사람에게 영향을 미치는 일만 하라.

③ **근본적인 원인보다 궁극적인 목표를 중시하라:** 성공을 보장하는 최종 목표에만 집중하라.

④ **과정보다 목적을 중시하라:** 역사와 맥락을 무시하고 한 번에 목적지로 가는 방법을 택하라.

⑤ **내적 요인보다 외적 요인을 중시하라:** 사람이 바뀌기를 기대하지 말고 오직 그들의 외부 환경에 집중하라.

⑥ **확신보다 혁신을 중시하라:** 전에 했던 것은 절대로 하지 마라. 최소한 새로운 브랜드가 없다면 시도하지 마라.

⑦ **지혜보다 지성을 중시하라:** 평범한 노력보다 총명함과 독창성을 최대한 끌어올려라. 오만, 이기심, 미숙함과 서열주의의 타당성을 보여 주기 위해 지성과 재능을 이용하라.

⑧ **가치참여보다 가치중립을 중시하라:** 가치중립적인 체하며 가치와 도덕성을 피하라.

⑨ **집단주의보다 개인주의를 중시하라:** 경쟁을 통해 효율성을 확보하고 협력을 피하라. 협력은 나태와 부패를 불러온다. 공익을 위한 타협은 물론, 개인의 표현을 금지하는 것은 억압과 다를 바 없다.

⑩ **책임보다 자유를 중시하라:** 더 많은 선택권을 주고, 선택할 때는 통찰력을 자제하라. 자유를 억제하는 것은 물론, 책임을 강요하는 것은 독재와 다를 바 없다.

이 기술 십계명은 물론 과장된 부분이 있지만, 극단적이지만도 않다. 나는 지금껏 학자, 기업가, 비영리단체 직원, 사회 프로그램 담당 공무원, 정부 장관들과 세계 빈곤 문제를 놓고 수백 번의 토론에 참여해 왔다. 예상한 대로 누군가는 자신이 관심을 기울인 개입이 효과가 확실할 것이라며 우쭐하고, 해당 개입을 정당화하기 위해 위와 같은 내용을 들먹일 것이다. 기술을 중시하는 사람들은 자신의 관점이 인정되는 것만으로는 만족하지 않는다. 그들은 사람들을 압도하기를 원한다. 이러한 면에서 오라클의 창업자이자 최고경영자인 래리 앨리슨Larry Ellison을 떠올린다. 앨리슨은 일전에 칭기즈 칸을 비즈니스 전략의 본보기로 삼는다면서 "성공하는 것만으로는 부족하다. 다른 사람이 실패해야 한다"고 말한 바 있다.[60]

기술 십계명에 대한 믿음은 과학기술 분야 전문가, 패키지 개입 수행자, 무작위 대조군 실험 예찬론자, 사회적 기업, 행복에만 국한되지 않는다. 어떤 한 집단에만 국한되는 이야기도 아니다.[61] 이 믿음은 정치 좌우 진영, 민간 및 공공 영역 그리고 비종교적 자선가 및 종교적 자선단체가 지닌 사회적 대의명분으로 서서히 자리 잡는다. 또한 기술 십계명은 반대한다고 해서 균형을 잡기 어려운데, 그 이유는 일부의 진실을 포함하고 있기 때문이다. 측정지표, 혁신, 자유 그 자체에 반대 의견을 보이는 건 무의미하고 위험할 수도 있다. 하지만 아폴론 신전의 신탁이 조언했듯이 무엇이든 지나치지 않아야 한다. 균형이 가장 중요하다.

시험만을 위한 수업

기술 십계명이 가진 불균형은 우리 체계에 조금씩 영향을 미친다. 그러나 시간이 지나면 눈덩이처럼 커져 큰 위기로 발전될 수 있다.

이런 경향을 보여 주는 사례로 시험 준비를 위한 수업이 있다. 학습 성과에 고전을 면치 못하는 학교는 목표를 좁혀 나간다. 결국 읽기, 쓰기, 수학에만 중점을 두는데, 이 과목들은 충분히 합리적으로 보이는데다 논쟁을 불러오지 않을 것 같기 때문이다. 그다음에는 학습 성과를 대규모로 측정하기 위한 벤치마크로 표준 시험을 치른다. 얼마 지나지 않아 점수 향상이 유일한 목표가 된다. 학교는 점수를 올려야 한다는 압박감에 임시 해결책에 눈을 돌린다. 즉, 시험 문제에서 학생들의 오답을 줄이는 훈련과 거기에 필요한 기술, 방법이 임시 해결책이 될 것이다. 이렇게 되면 호기심 많고 생산적이며 유식하고 정서적으로 안정된 시민을 양성하지 못하고 학생들을 아무 생각 없이 훈련시킴으로써 무언가를 배우고자 하는 동기부여를 약화시킨다.

한편 이런 변화 때문에 돈 있는 부모들은 아이들을 사립학교나 차터 스쿨 같이 공립학교와 다른 곳에 보낸다. 이렇게 대응하면 본래 문제를 악화시키기만 하는 2계층 체계가 제도화된다. 지나치게 기술 중심적인 측면을 강조하다 보면 어려운 학교 체계를 구하려고 시작한 일은 그 기반이 흔들리고 만다.

이런 패턴이 교육 분야를 넘어 일반화되고 있다. 공공 부문의 경우, 고군분투를 하다 보니 목표를 좁혀 의료보험, 교육, 경제 성과에만 중점을 두게 되는데, 이 또한 합리적으로 보이는데다 논쟁을 불러오지 않을 것 같기 때문이다. 그다음에는 성과지표를 대규모로 측정하기 위해 벤치마크로 사망자 수, 평균 교육년수, 소득, GDP가 사용된다. 얼마 지나지 않아 성과지표를 올리는 것이 유일한 목표가 된다. 정부와 기부자와 시민사회는 지표 점수를 올려야 한다는 압박감에 임시 해결책에 눈을 돌린다. 아마도 점수를 올리는 데 필요한 기술과 방법이 임시 해결책이 될 것이다. 그러나 독립적이고 생산적이고 친절한 시민을 양성하지 못하고 외부의 패키지 개입으로 인해 해당 지역사회의 자체 역량은 악화될 것이다.

한편 지역사회의 상류층은 자신들이 유포하는 패키지 개입이 지닌 불편한 진실을 무시한다. 이러한 대응으로 본래 문제를 악화시키기만 하는 2계층 체계가 제도화된다. 교육 분야와 마찬가지로 지나치게 기술 중심적인 측면을 강조하다 보면 긍정적인 사회 변화를 일으킬 목적으로 시작한 일은 그 기반이 흔들리고 만다.

계몽주의의 진실

　　　여기서 나는 기술 중심적인 목표 자체를 공격하는 게 아니라는 점은 확실히 하고 싶다. 기술 중심적인 사고는 일정 부분 인류의 문명을 매우 긍정적인 방향으로 바꿨고, 이 때문에 사회에 광범위하게 자리 잡았다.

　기술 발명과 대규모 사회 변화의 역사를 되짚어 볼 때, 대부분 17, 18세기 유럽과 계몽주의시대 혹은 이성의 시대라고 알려진 시대로 거슬러 올라간다. 계몽주의시대에는 지적 활동이 폭발적으로 일어났고 산업혁명의 기반이 만들어졌다. 증기기관에서 항해용 시계, 망원경에서 기압계에 이르기까지 많은 것들이 이 시기에 출현했다. 하지만 계몽주의는 폭발적인 기술 발전을 넘어서 또 다른 의미가 있다. 그 시대에 관한 책들은 아마도 도서관 전체를 채울 정도로 많을 것이다. 계몽주의는 학문 측면에서 미신과 교리를 넘어 과학과 이성의 체계로 안내했다. 문화 측면에서는 재산권과 국가 경제성장을 지지했다. 또한 정부 측면에서는 독재를 타도하고 민주주의를 탄생시켰다.

　이러한 것은 독재, 제국주의, 미신, 편견, 그리고 경기 침체라는 당시 만연해 있던 어리석음에 대한 반작용이었다. 계몽주의 사상은 배우지 못하고 권력이 없는 대중 뒤에서 영화를 누렸던 독단적인 사회 절차와 군주제에 대해 반작용으로서 작용했다. 계몽주의 학자들은 이 시기에 인류를 위한 바람직하며 체계적인 외적 발전이 이루어졌다는 판에 박힌 이야기를 한다.[62] 이것은 유럽 안팎에 계몽주의가 있기 전의 세계와 대조적이다.

계몽주의가 있기 전은 내적 발전에 인간의 능력이 집중되는 경향이 있다고 일반화해도 무리가 없었던 시기였다. 고대 그리스 철학자와 유대교 및 크리스트교의 교리는 개인의 미덕에 대해 깊은 고민을 했다. 유교의 원리는 사회 화합과 위계 존중을 강조했다. 인도의 종교는 업보가 지닌 힘과 정신적 성숙을 강조했다.

계몽주의시대 이전, 남극을 제외한 전 대륙에서 주요 문명이 탄생했다가 사라지기를 반복했다. 하지만 그 어떤 문명에서도 현대의 밑바탕이 된 풍부한 지식 체계가 만들어진 적이 없었다.[63] 역사적으로 우여곡절은 있지만 계몽주의시대의 사상에서 현 시대의 사상에 이르기까지 직접적인 연관성을 확인할 수 있다. 아이작 뉴턴은 운동법칙과 전자기학을 탐구하며 과학기술의 토대를 닦았다. 바뤼흐 스피노자와 장 자크 루소는 현대 민주주의 철학의 초석을 놓았다. 존 로크의 재산권에 대한 주장과 애덤 스미스의 시장 분석은 현대 자본주의를 뒷받침한다.

이런 토대 덕분에 일부 국가에서는 그전에 있던 어떤 문명보다 더 많은 번영, 정의, 존엄, 자유, 행복, 그리고 평화를 얻었다. 2006년 세계 GDP는 총 50조 달러였으며, 이 엄청난 규모의 4분의 3은 부유한 OECD(경제협력개발기구) 국가가 차지했다. 대부분의 선진국 시민들은 기본 욕구가 충족되었다. 음식이나 주거에 대한 문제를 겪는 사람은 거의 없다. 대부분의 OECD 국가는 법치와 더불어 기본적으로 인권 보호가 되는 민주주의 국가이다. 일부 국가는 국외에서 전쟁에 개입하는 중에도 국내에서는 평화를 유지했다. 세계 가치관 조사World Values Survey에서는 부유한 나라 사람들이 가난한 나라 사람들보다 지속적으로 더 행복해했다고 밝혔다.[64]

그러나 바로 몇 년이 지났는데 상황은 훨씬 암울해 보인다. 현재 우리는 우리의 정신과 실적 모두 끌어내리고 있는 경제 슬럼프에 빠져 있다. 2013년 세계는 330억 배럴의 석유를 소비했고, 2070억 리터의 탄산음료를 들이켰으며, 아마존 우림 중 약 5만7000 제곱킬로미터의 나무를 베어 냈다. 이 모든 일들은 전 세계적으로 공해와 기후변화, 자원 부족 사태는 물론, 건강 악화에 지대한 영향을 미치고 있다.[65]

게다가 이 문제는 세계에서 가장 부유하고 자유롭고 행복한 사람의 책임이 가장 크다. 1인당 기준으로 미국인은 개발도상국들이 사용하는 천연자원의 서른다섯 배를 소비한다.[66] 세계 재정난은 신격화된 통치자처럼 살면서 정의마저 매수한 월가의 과도한 욕심이 원인일지 모른다. 번영, 정의, 존엄, 자유, 그리고 평화가 영원히 또는 모든 사람을 보장해 줄 일은 없다. 바람직해 보이는 것들은 우리가 성공할수록 오히려 우리 이웃과 우리 미래에 대한 권리를 점점 침해하고 있다.

어떻게 좋은 것이 이렇게 나빠질 수 있을까?

우리는 근본적으로 계몽주의가 지닌 진보적 사상을 받아들여 그것을 기술 중심적인 견고한 통설로 만들었다. 또한 우리는 기술 중심, 자본가, 자유민주주의에 대한 다른 대안을 고려할 수 없었기에 이를 궁극적인 구원이라고 단언했다. 하지만 애덤 스미스의 보이지 않는 손이 경제성장을 유도한다고 해도 그 또한 대중의 호주머니에서 돈을 훔치는 것과 다를 바 없다. 도덕적 상대주의는 다양한 미덕을 허용하지만 다양한 악덕도 허용한다. 실력주의는 재능과 근면을 보상하지만 모든 사람의 재능과 근면을 키워 주어야 할 집단의 책임은 무시한다. 우리는 실력주의로 인해 발생하는 문제를 못 본 척하며, 실력주의가 공공선에 이르게 한다는 이유로 우리의 믿음을 합리화한다.

이러한 결함들은 나중에 비극적 운명으로 이어진다. 다원주의가 군주제의 억압보다 낫지만, 공익을 보장하기에는 여전히 충분하지 않다. 월가의 은행가와 세계적인 광산회사는 억압받는 것 없이 자유롭게 교역한다. 하지만 그들이 일상에서 공익을 보호하는 것과 자신의 은행계좌를 불리는 것 중에 하나를 선택할 때, 정말로 선을 위해 선택한다고 믿는가? 만일 믿지 못한다면 우리가 이토록 그들을 지지하는 이유는 무엇인가? 또한 초고속 전자상거래 같은 혁신에 흥분하는 이유는 무엇인가? 그들의 탐욕만 커지고 부당 이익만 커질 뿐 실제로 거의 하는 게 없는데도 말이다.

2009년 프랑스의 사르코지 대통령이 삶의 질 위원회quality-of-life commission를 발족했을 때 그는 "우리 모두 확신이 사라진 시대에 살고 있다. 모든 걸 재조명하고 재건해야만 한다. 개발 방식과 사회 모델과 더불어 우리가 원하는 문명을 선택하는 것이 중요한 문제다"라고 말했다.[67] 사르코지는 현대사회가 처해 있는 심각한 진퇴양난의 상황을 명확히 지적했다. 우리에게는 발전에 대한 정의와 방향성에 대한 보다 훌륭한 이야깃거리가 필요하다. 계몽주의는 본래 목적을 달성했고, 기술 중심적인 가치 또한 훌륭하다. 하지만 오늘날 우리는 계속해서 이것들에 집착하고 있다.

사르코지의 삶의 질 위원회는 안타깝게도 스물다섯 명 모두 경제학자로 구성되었다. 그들은 노벨상 수상자인 조셉 스티글리츠Joseph Stiglitz와 아마르티아 센이 이끄는 저명한 경제학자들이 틀림없다.[68] 하지만 경제학을 인간 행복으로 해석할 수 있다고 해도 오늘날의 경제학은 합리적 작용제, 선형 효용 함수, 지나치게 단순화된 회귀분석, 달러 기반 측정지표, 측정 가능성을 지닌 의미의 결합, 자유시장에 대한 불가피한 지지 등 난제 뿐이다. 또한 경제학의 많은 수장들은 자신들의 주장이 꾸준히 실패하는데도 계속해서 주장을 내세운다.

다시 말하지만 기술, 패키지 개입, 무작위 대조군 실험, 사회적 기업, 행복, 확장성, 측정 가능성, 기술 중심적 사고는 그 자체로 나쁘지 않다. 오히려 문제는 지나친 기술 숭배와 불균형이다. 의료보험 체계에 기금이 원활하게 유지만 된다면 새로운 백신은 좋은 것이다. 좋은 교사와 제도적 뒷받침이 부족하지만 않다면 교육공학은 도움이 될 수 있다. 사회규범과 제도가 민주주의를 지원한다면 선거는 위대한 것이다. 기술 중심적인 방법이 해법에 어느 정도 도움이 될 수는 있으나 기술 부분에만 집중하면 다른 부분에서는 누가 일한단 말인가?

균형이 최우선이다. 하지만 균형은 극단적이며 핵심만 담긴 말로 나누어진 세계에서는 꺼내기조차 어렵다. 개인주의자를 위한, 그리고 참신하고 측정 가능하며 동시에 가치중립적이고 시장 지향적인 대규모 패키지 개입은 우리의 관념을 지배해 왔다. 이런 믿음은 지금까지 수혜를 받았던 우리에게는 아주 좋았다. 하지만 세계의 지속적인 문제와 직면한 위기를 보면 지금의 우리를 있게 한 믿음이 오히려 우리를 앞으로 나아가지 못하게 할 수 있다. 이제 인류를 위해 발전에 관한 보다 훌륭한 이야기가 필요하다.

2부

기술과
우리의 미래

6장

훌륭한 교육은 기술이 아니다

실패에서 얻은 교훈

나는 2006년에 리킨 간디를 처음 만났다. 당시 그는 소프트웨어 엔지니어였으며, 디지털 그린은 아직 우리의 마음속에만 있을 때였다.

우주비행사가 되고 싶었던 간디는 우주에 갔다 온 비행사들이 쓴 자서전을 읽었다. 처음 만났을 때, 그는 MIT에서 항공공학 석사 학위를 막 마치고 미 공군 사관학교에 입소하기를 기다리며 오라클에서 근무하고 있었다. 하지만 기다림은 길었고 간디는 기다리는 동안 우주비행사 자서전의 주제에 주목했다. 간디는 나에게 "우주비행사는 우리 세상을 작은 푸른색 구슬로 볼 수 있어요. 그리고 인류와 지구 그 자체를 새롭게 사랑하는 마음으로 돌아오죠"라고 말했다. 닐 암스트롱-Neil Armstrong[1]의 한 친구는 이렇게 말했다고 한다.

"인간은 봄과 가을에 나타나는 모기처럼 짧은 시간의 현상이라는 것을 이해하게 된다. 그리고 자신을 바라보는 관점을 갖게 되며, 세상의 기본으로 다시 되돌아간다."[2]

간디는 부모의 고향인 인도에서 우주비행사 같이 지구와 인간을 사랑하는 마음으로 가난한 농부를 위해 활동하기로 결심했다. 그리고 사회적 대의를 지지하는 엔지니어처럼 기술을 적용할 계획을 세웠다. 간디는 '농촌 텔레센터telecenter', 즉 가난한 지역사회를 위한 인터넷 카페 같은 시설을 운영하고 싶었다. 세계의 마을과 슬럼가가 일단 인터넷에 연결만 되면 원격의료로 더 나은 의료 서비스를, 원격교육으로 더 나은 교육을, 온라인 검색으로 더 나은 농업을 지원받을 것으로 상상했다.

당시 인도에서는 텔레센터가 만병통치약처럼 받아들여졌다. 기업가, 학자, 정책 입안자들은 텔레센터를 통해 기술의 성공을 수많은 농촌 사람들에게 확산시킬 수 있을 것이라 여겼다. 인도의 녹색 혁명Green Revolution의 아버지라 불리는 M. S. 스와미나단M. S. Swaminathan은 인도의 60만 개 마을에 각각 '마을 지식정보 센터Village Knowledge Centers'를 세우기 원했다.[3] 인도 정부도 나라 전체에 '공동 서비스 센터Common Service Centers'를 세우기 위해 자체 프로젝트를 시작했다.[4] 인도 총리 산하 과학자문위원회 회원인 아쇼크 준준왈라Ashok Jhunjhunwala 교수는 농촌 텔레센터가 외딴 마을에 있는 가정의 소득을 두 배로 늘려 줄 것이라고 주장했다.[5] 하지만 어떤 사람들은 누구나 인터넷에 접근할 수 있어야 하며 때문에 인권이 고려되어야 한다고 주장했다.[6]

간디는 처음 텔레센터를 떠올리고 흥분에 사로잡혔지만 디지털 기술로 삶을 개선하는 게 쉽지 않을 것으로 내다봤다. 그는 직접 디지털 기술을 경험했던 사람들과 이야기를 나누고 싶었다. 그러다 나와 나의 동료인 라제시 비라라가반Rajesh Veeraraghavan이 함께 쓴 텔레센터 관련 보고서를 통해서 나의 존재를 알게 되었고, 우리 셋은 그렇게 만났다.[7]

안타깝게도 나와 비라라가반이 했던 연구에서는 텔레센터가 비즈니스나 사회 효과의 목표치를 거의 달성하지 못했다는 결론이 나왔다. 나는 남아시아와 아프리카에 있는 50개의 텔레센터를 방문했었는데, 대부분 고객이 거의 없었다. 텔레센터 운영자 대다수는 서비스 판매에 필요한 마케팅 기술을 갖고 있지 않았고, 예비 고객마저 인간미 없는 의료 서비스,

교사 없는 교육, 농업에 대한 학술 논문에서 자신에게 필요한 것을 찾지 못했다.

이런 문제에 부닥치자 텔레센터 지지자들은 한 걸음 더 나아가 기술적 조치를 제안했다. 텔레센터 운영자의 기술이 부족한 경우, 온라인 커뮤니티를 구성해서 운영자들이 성공 사례를 공유하도록 했다. 농촌의 환자가 진짜 의사를 보고 싶어 하는 경우, 화상전화가 답이었다. 언어에 장벽이 있는 경우, 지역별 요구에 맞고 사용자에게 보다 친근한 컨텐츠가 필요했다. 콘텐츠는 해당 지역의 언어로 번역되거나 읽을 필요가 없는 영상으로 만들어졌다.

그러나 이런 방법은 문제를 거의 해결하지 못했다. 텔레센터 지지자들이 도우려 했던 사람은 저소득층이면서 교육을 거의 받지 못한 사람들인데, 이들은 혼자의 힘으로 곤경에서 벗어날 만한 능력이 없었다. 심지어 고등교육을 받은 사람들조차 형식적인 체계를 갖춘 수업을 선호하고, 의사와 대면 진료를 원하며, 온기가 느껴지는 조언자에게 전문적인 자문을 얻기를 바랐다. 텔레센터는 이 모든 것이 부족했다.[8]

몇몇 텔레센터는 완전히 실패하지는 않는데, 이들은 세 가지 범주로 나뉘었다. 첫 번째는 인터넷 카페로 이름을 바꿔 사회적 대의명분을 포기하고 비즈니스로 성공했다.[9] 두 번째는 컴퓨터 활용 능력 인증시험에 대한 요구와 더불어 상대적으로 부유한 사람들의 입맛에 맞춘 IT 교육학교로 탈바꿈했다. 세 번째의 경우, 해당 시설을 자선 활동의 일환으로 본 비영리단체의 지원을 받았다. 텔레센터는 운영자의 능력을 증폭했지만, 그 자체만으로 심각한 사회문제를 해결할 수는 없었다.

나와 비라라가반이 이 같은 교훈을 전하자 간디는 어깨가 축 처졌다. 그는 자신의 프로젝트에 많은 희망을 가졌던 터라 의기소침해졌다. 하지만 포기하지 않았다. 그는 계속 우리와 연락했고, 한동안 비라라가반은 매달 간디와 자신이 나눈 대화 내용을 전해 주었다. 두 사람이 논의했던 많은 내용은 이렇게 요약된다.

"텔레센터 같은 붕어빵식 개입으로 사회적 대의명분을 해결할 수 없다면 도대체 어떻게 해결해야 할까?"

디지털 그린의 탄생

몇 달 후, 비라라가반은 나에게 와서 이렇게 말했다.

"간디를 고용해야 할 것 같아요. 간디는 소규모 자작농을 지지해 왔고 기술적인 능력도 뛰어난데다 끈기까지 있어요. 우리와 함께 일한다면 간디가 능력을 발휘할 만한 일이 있어요."

마침내 우리는 간디를 합류시켰고 그와 함께 농부의 교육에 비디오를 활용하는 방법을 마련하기로 했다. 간디는 디지털 그린이라는 것을 생각해 냈고, 연구실에서 가장 효과적인 프로젝트로 발전시켰다.[10] 결과적으로 디지털 그린은 농업의 기술적인 증폭에 엄청난 도움이 되었고, 패키지 개입에 대한 나의 생각에 영향을 주었다.

간디가 디지털 그린을 막 시작했을 때 우리는 녹색 재단Green Foundation이라 불리는 작은 비영리단체와 연락을 주선했다. 녹색 재단은 벵갈루루 남쪽으로 두 시간 떨어진 마을에서 농부 교육 등 농촌 지도 활동을 하는 단체였다. 그 후 6개월간 나는 간디를 거의 볼 수 없었다. 간디는 일주일 내내 대부분 마을에서 지냈다. 그는 녹색 재단 직원들과 함께 일하며 지역 농부들을 알아 갔고, 간혹 사무실에 들러 여태껏 해온 일과 앞으로 해야 할 일에 관해 나와 이야기를 나누었다. 어느 날은 간디가 나에게 이렇게 말했다.

"이제 녹색 재단의 농촌 프로그램을 이해할 것 같아요. 그래서 녹색 재단의 조언을 영상으로 담는 단계로 넘어가려고 해요."

몇 주 후 간디는 나에게 직원과 농부가 출연하는 사용 안내 영상에 존경받는 지역 주민의 추천사를 포함했던 내용 등 자신이 시도했던 모든 방법들을 이야기해 주었다. 마침내 그는 효과적으로 판단되는 사례들을 정리했다. 핵심은 지역 농부가 출연하는 사용 안내 영상을 매주 정해진 시간에 상영해서 교육 보조재로 활용하는 것이었다. 마을 주민은 비디오 상영 장소에서 토론하고는 했는데, 가끔은 녹색 재단의 농촌지도사가 함께하였다. 간디는 "주민들이 동질감을 느낄 수 있도록 지역 농부들을 비디오에 출연시키는 게 중요하다"고 설명했다. 이어서 "우리 일은 TV 속 농촌 쇼와는 매우 다르다"고 말했다. 농부들은 쇼 프로그램을 보더라도 대부분 무시한다. 반대로 간디의 비디오에 나오는 출연진들은 똑같은 사투리를 사용하고 비슷한 옷을 입고 주민들과 유사한 환경에서 살고 있다. 간디는 "또한 여기에 적극적인 중재가 중요한데, 농부들을 토론에 끌어들일 수 있고, 토론에서 질문에 답할 누군가가 있다면 그들은 더 관심을 갖고 참여하게 된다"라고 말했다. 디지털 그린은 이렇게 탄생했다.

당시 우리는 프로젝트의 효과를 검증하기 위해 대조군 실험을 했다. 실험은 1년 반 동안 이루어졌다. 여덟 명 주민이 디지털 그린으로 실험했고, 또 다른 여덟 명은 '훈련방문지도'로 알려진 일대일 지도 방식으로 실험했다. 그리고 네 명의 주민은 '포스터 그린Poster Green'으로 실험했는데, 이는 디지털 그린 방식이지만 영상이 아닌 포스터 형태로 교육하는 방식이었다.[11] 간디와 녹색 재단 직원은 비디오 상영 때마다 있었던 일을 표로 작성하고, 마을 곳곳을 다니며 마을 사람들이 실무에 적용한 것을 기록했다. 실험 결과, 포스터 그린은 일대일 지도 방식에 비해 조금 더 나은 성과를 보였지만, 5개월이 지나자 장점이 사그라졌다. 일반적으로 농부들은 내용을 기억하기 위해 반복되는 방식을 원했지만, 포스터 방식에 점점 싫증이 난 것이다. 그러나 디지털 그린은 포스터 그린이 아무리 좋아도 그것을 능가했으며, 그 성과가 결코 약화되지 않았다. 농부들은 다른 농부가 출연하는 새로운 비디오가 나올 때까지 동일한 내용이라도 계속 보려고 했다. 디지털 그린은 전통적인 지도 방식보다 일곱 배 더 채택되었으며, 비용 면에서는 열 배 이상의 효과가 있었다. 지도 공무원 한 명이 일일이 마을을 챙겼을 때보다 디지털 그린으로 더 많은 마을을 관장하게 되었다. 비디오를 중심에 내세우면서 많은 농부들과 토론하는 것도 가능해졌다.

우리는 디지털 그린을 통해 증폭의 법칙이 가진 긍정적인 힘을 볼 수 있다. 가난하고 글을 모르는 사람들에게 비디오를 제공하는 건 그 자체로 큰 의미가 없다. 그렇기 때문에 텔레센터를 통해 제공된 농업 콘텐츠가 거의 활용되지 못하고, 인도의 공영 텔레비전에서 방송되는 프로그램이 거의 영향을 주지 못했던 것이다. 그러나 농부들은 자신의 동료와 지도 공무원과 직접적인 상호작용을 하면서 영향을 받았다. 디지털 그린의 영상은 이렇듯 사람과 사람 간의 상호작용을 더 잘 기억하게 하고 동시에 더 많은 부분을 가능하게 하면서 그것들을 증폭시켰다. 비전문가인 조력자라도 일정 부분은 비디오를 이용해 전문가로 대체할 수 있었다.[12]

효과적인 기술 활용을 위한 세 가지

우리는 디지털 그린을 통해 패키지 개입을 잘 활용하려면 기술의 주제가 선별되고 목표가 정해져야 한다는 사실을 알 수 있었다. 이는 세 가지 규칙으로 요약된다.

규칙 1. 목표와 연계된 사람의 영향력을 확인하라. 녹색 재단은 디지털 기술 없이도 농부들을 지원한 역량이 있었다. 패키지 개입이 긍정적인 영향을 미치기 위해서는 긍정적인 사람의 영향력으로 증폭해야 한다.

규칙 2. 사람의 올바른 영향력을 위해 패키지 개입을 사용하라. 간디는 녹색 재단이 이미 하고 있던 것을 관찰한 후 자신의 활동을 증폭하려고 기술을 사용했다. 또한 체계적이지 않았던 사회 추세의 효과를 증폭시키는 것도 가능했다. 케냐의 경우, M-PESA로 불리는 모바일 송금 시스템으로 인해 도시에서 농촌으로 유입되는 자금이 상당히 증가했다. 그것은 도시 이민 근로자들이 고향에 돈을 송금하는 문화 때문이었다.[13]

규칙 3. 패키지 개입의 무차별적인 확산을 피하라. 디지털 그린은 농부들과 친밀하며 능력이 있는 협력 단체하고만 일했다. 또한 어린이 교육 등 다른 영역으로 다각화하지 않았는데, 그것은 협력 단체가 해당 분야에 전문성이 없었기 때문이었다. 기술의 대량 확산 자체에 목적을 두는 건 자원 낭비이며 비생산적이다.

기술 중심의 사회 프로젝트는 대부분 마지막 규칙을 지키지 못한다. 디지털 그린을 지식 확산을 위한 만능 도구로 고려하는 건 사실 솔깃한 일이다. 어떤 기부자와 협력 단체들은 이전에 텔레센터와 현재 휴대전화 플랫폼에서 가능성을 보았듯이 디지털 그린에서 이런 가능성을 본다. 물론 유혹될 만하다. 의료 서비스, 가계, 정부 구조, 비농업 직업훈련 등 모든 것을 한 번에 해결할 수만 있다면 안 좋을 이유가 어디 있겠는가? 그러나 이는 기술이상주의다. 어떤 의도를 갖고 일하는 방법에는 잘못된 방법과 올바른 방법이 존재한다.

잘못된 방법은 패키지 개입 그 자체가 문제를 해결한다고 믿는 것이다. 가령 농업만 전문 기술로 보유하고 있는 X 협력 단체와 협업한다고 생각해 보자. 그러나 X 협력 단체가 같이 일하는 지역사회에 새로운 요구가 생겼다는 것을 알아차린다. 예로 들어 임산부가 임신 기간 동안 조언을 얻고 싶어 한다면 X 협력 단체가 생각하기에 이것은 비디오로 해결하기 쉬워 보이므로, 온라인에서 임산부 건강 정보를 검색해 비디오를 제작할 것이다. 하지만 의학 측면에서 X 협력 단체는 전문 기술이 부족하다. 만일 임산부가 비디오를 시청하고 나서 의문점이 생겨도 X 협력 단체가 그 질문에 답변할 수 없다. 직원은 관련된 지식도 없을뿐더러 웹사이트에는 의견이 상충된 조언이 있다. X 협력 단체는 의도치 않게 잘못된 정보를 전달할 확률이 매우 높아지게 되고, 그러다 보면 비극으로 끝날 수 있다. 이럴 경우 지역사회는 의료 서비스 정보는 물론, X 협력 단체와 함께 본래 수행하던 패키지 개입마저 신뢰하지 않을 것이다.[14]

이러한 문제에 대응하는 방법으로는 의료진을 고용하여 의료 서비스 분야에서 직원을 훈련시키거나 지역 의료 서비스 단체와 협업하는 것도 있었다. 이렇게 선택한 방법은 모두 올바른 방법이다. 디지털 그린은 서서히 의료 서비스 분야로 확장해 나가고 있지만 농업 분야 협력 단체에게 의료 비디오를 맡아 달라고 요청하지는 않는다. 의료 서비스 분야의 전문 협력 단체와 일한다. 이처럼 사회 프로그램은 협력 단체의 전문 기술 영역에서 이루어질 때 가장 효과적이다.

디지털 그린에는 농부 직원이 없다

2008년, 간디는 디지털 그린을 자체 비영리단체로 분리했고, 나와 비라라가반은 그 단체의 이사회로 합류했다. 우리의 목표는 농업 분야에 원래부터 있던 긍정적인 힘을 증폭시키는 것이었다.

이것은 대규모의 관점으로 보면 무엇을 의미할까? 간디가 수년에 걸쳐 농업 지식을 습득했어도 그는 결코 전문가가 아니다. 이사회에 있는 사람들 대부분도 그렇고, 디지털 그린의 고위 지도부에 있는 어느 누구도 전문가가 아니다. 이런 사람들은 비영리단체의 관리, 그리고 기술과 국제 개발에서 장점을 발휘할 수 있다. 어느 누구도 소작농과 특별한 관계가 없는 것이다. 따라서 디지털 그린은 가난한 시골 농부들을 도울 때 좋은 능력을 보였던 협력 단체를 발굴한다. 시간이 지나면서 디지털 그린은 다양한 비영리단체와 정부 기관과 일했다. 디지털 그린은 서른 개 협력 단체를 통해 5000개 마을까지 범위를 확장했다. 또한 인도 아홉 개 주는 물론 에티오피아와 가나에서도 활동했다. 400만 명 이상이 스무 개 언어 중 하나로 만든 비디오 3000개에서 최소 몇 개씩을 시청했다. 일부는 소득이 두 배 이상 늘었다.[15] 우리는 증폭을 통해 이러한 상황을 예측하고 있었다. 협력 단체가 뛰어날수록 사람들이 디지털 그린을 더 이용하게 되며 농부들이 더 큰 영향을 받는다는 것 말이다. 즉, 대규모 관점에서 볼 때, 디지털 그린의 성공은 훌륭한 협력 단체의 출현과 그 활동 범위에 전적으로 달려 있었다.

이러한 사실 이면에는 협력 단체 없이 디지털 그린이 존재할 수 없다는 사실이 숨어 있다. 사람들은 많은 기술 중심 프로젝트가 마치 종합적인 해법이거나 사람들이 조금만 도와줘도 되는 해법인 것처럼 주장한다. 하지만 이와 달리 디지털 그린은 직원과 협력 단체가 농부와의 관계를 구축하고 올바른 농업 실무를 파악하는 등 어려운 일을 한다는 점을 잘 알고 있었다. 잘 구현된 모든 패키지 개입과 마찬가지로 디지털 그린도 변화의 주요 동인인 사람의 영향력에 편승한다.[16]

디지털 그린이 농업 관련 단체가 아예 없거나 제대로 기능하지 못한다고 해서 그것을 대체할 수 있지 않기에, 간디는 농부 모두 비디오를 보게 하려고 노력하지 않았다. 또한 휴대전화나 드론이 배달해 준 아이패드를 통해서 지구 상의 모든 농부들에게 디지털 그린 콘텐츠를 제공하려고 서두르지도 않았다. 농부들이 신뢰하는 단체의 수가 충분해질 때까지 기다렸다. 이처럼 디지털 그린은 기술을 올바른 방법으로 적용하고자 했다. 또한 목표에 연계된 조직과 사회 추세를 확인한 다음, 디지털 그린의 효과를 증폭시킬 만한 패키지 개입을 목표에 두었다.

패키지 개입의 성공을 결정짓는 세 가지

협력 단체는 중요하기 때문에 현명하게 선택해야 한다. 디지털 그린 외의 다양한 프로젝트를 통해 얻은 경험으로, 나는 좋은 협력 단체를 결정짓는 세 가지 자질을 발견했다. 그것은 좋은 의도, 안목, 자기 통제였다. 이러한 자질은 기술이 증폭하는 것들이며, 따라서 세 가지 자질이 빛을 발할 때 패키지 개입도 빛을 발한다.

간디의 경우, 농부를 돕기 원했으며(좋은 의도), 탄탄한 기술로 건설적인 피드백을 추구하였고(안목), 이해관계가 어려움에 처했을 때 인내했다(자기통제). 또한 이 세 가지는 디지털 그린과 일하는 협력 단체에서도 추구하는 바다. 소작농에 대한 한결같은 지지(좋은 의도)와 농업 전문 기술은 물론, 농부들과 친밀한 관계를 만드는 노하우(안목), 그리고 일을 완수하는 데 필요한 끈기(자기통제)이다. 간디는 "협력 단체를 심사할 때 많이 노력했다. 그 이유는 디지털 그린의 성공이 협력 단체에게 달려 있고, 협력 단체가 해당 분야에서 우수한지 여부를 확신하기 위해서였다"라고 말했다. 수혜자도 세 가지가 필요하다. 농부는 자신의 삶을 개선하려는 희망을 갖고 있어야 하며(좋은 의도), 기본적인 농업 지식은 물론 새로운 지식을 선택하는 능력(안목), 그리고 배우기 위해 노력하는 의지(자기통제)가 필요하다.

이 세 가지 자질에 주목할 만한 두 가지 특징이 있다. 첫 번째는 앞서 세 가지 자질로 설명한 이들이 적어도 패키지 개입에 없어서는 안 될 필수 보완재라는 점이다. 백신과 의약품은 패키지 개입이 도달할 수 있는 가장 완벽한 해법에 가깝지만, 적극적인 마음을 지닌 환자, 환자를 보살펴 주는 간호사, 전문성을 갖춘 의사의 생각과 의지가 반드시 필요하다.

두 번째는 세 가지 자질은 패키지 개입의 개발과 제공의 원인이 된다는 점이다. 디지털 그린 방법은 간디의 헌신과 안목, 그리고 자기통제가 없었다면 결코 만들어지지 못했을 것이다. 또한 협력 단체도 이 같은 자질이 없었다면 디지털 그린을 올바로 구현하지 못했을 것이다. 백신도 마찬가지다. 개발자는 생각과 의지가 필요하다. 그리고 정부, 대형 재단, 백신을 보급하는 세계보건기구 같은 국제기구도 마찬가지다.

패키지 개입은 리더, 실행자, 수혜자 모두 프로젝트를 해내려는 생각과 의지를 가질 때 가장 효과가 있다. 하지만 이와는 달리 영향력을 지닌 사람 중 상당수가 기술과 패키지 개입을 무차별적으로 확산하는 게 사회 발전을 이루는 방법인 양 행동한다. 그러나 그렇게 하는 것은 쉬운 부분만 우상시하고 나머지, 즉 올바른 생각과 의지를 발견하고 육성하는 일을 무시하는 것이다.

상충되는 상황에서의 기술 증폭

　　　　　　　　때로는 리더, 실행자, 수혜자의 방향이 일치하지 않을 때도 있다. 그럴 때는 어떻게 해야 할까?

　비라라가반은 디지털 그린을 위해 간디를 채용한 후 자신이 하려 했던 연구를 위해 떠났다. UC버클리의 정보대학원에서 박사 학위를 받기 위해서였다. 그 후 그는 현장 연구를 위해 인도로 돌아왔고 거기서 농촌고용보장법NREGA(National Rural Employment Guarantee Act)에 집중하면서 디지털 기술이 어떻게 민주주의를 지지할 수 있는지를 연구했다. 비라라가반은 '농촌고용보장법은 빈곤선 이하에 있는 사람에게 고정급을 주는 국가 프로그램'이라고 설명했다. 근로자들은 하루에 2달러씩, 1년에 100일까지 일을 할 수 있는데, 보통 지방정부가 선정한 도로 건설 같은 허드렛일을 한다. 이 법은 지역 인프라 구축과 동시에 인도의 빈곤층에게 일정 분량의 일거리를 보장하기 위한 것이었다. 하지만 다른 민주주의의 프로그램과 마찬가지로 현장에서 일어나는 일은 정책 입안자가 의도했던 바와 종종 달랐다. 마을과 구역 단위의 리더들은 종종 조작된 근로 기록을 제출하고 지급금을 착복했다. 대상 수혜자는 돈을 못 받을 뿐더러 지역 인프라도 구축되지 않았다.

　그럼에도 불구하고 남부 안드라프라데시 주 정부 관계자들은 농촌고용보장법을 적용하기로 결정했다. 비라라가반은 "그들은 자신의 행정 당국에서 일어나는 부패를 알았다. 따라서 이를 해결하기 위해 두 가지를 진행했다. 첫째로 농촌고용보장법 법규의 일부인 '사회감사'라는 개념을 도입했다"고 말했다. 사회감사는 노동자 농민의 힘이라는 뜻의 사머즈도어 키산 샤크티 상가탄MKSS(Mazdoor Kisan Shakti Sangathan)이라는 비영리 단체가 지지했는데, 이 단체는 저소득 노동 계층의 시민권을 위해 오랫동안 일해 왔다. 비라라가반은 "사회감사란 정부 프로젝트가 부정부패 없이 잘 수행되고 있는지 확인하기 위해 지역 시민들이 공개적으로 정부 회계 장부를 검토하는 절차다"라고 말했다.[17] MKSS의 본거지인 라자스탄 주의 경우, 지역 시민들은 철두철미하게 감사 과정을 진행한다. 전체 마을 회의와 철저한 검증, 그리고 정부와의 후속 조치 등을 통해 부적절한 행위가 개선되었는지 확인한다. 그러나 MKSS는 장부 공개를 반대하는 지역 공무원에게는 관례대로 처리했다. 둘째로 대차대조표에 글씨를 갈겨 써 알아보기 힘든 경우도 있었다. 비라라가반에 따르면 안드라프라데시 주의 경우, 정부가 온라인 시스템을 구축하여 농촌고용보장법의 모든 활동이 기록되게 했다. 공개 조사를 위해 데이터를 확인할 수 있을 뿐만 아니라 부패가 감소할 것으로 예상했다.

그러나 비라라가반은 디지털화의 효과에 대해 상반된 결과를 발견했다. 어떤 경우에는 사회감사와 디지털 기록 보관으로 인해 부패가 집중 조명되어 부패가 획기적으로 감소했다. 그러나 또 어떤 경우에는 부패와 비효율적인 업무는 계속되었고 심지어 기술로 인해 악화되기까지 했다. 예를 들어 GPS로 하위 직급 공무원을 모니터링하려던 계획은 상위 관리층에서 규정 불이행을 처벌하지 않으려 하면서 무산되었다. 한 관리자는 "전부 부정을 저지르면, 내가 과연 몇 명의 공무원을 정직시켜야 하는가?"라고 물었다.[18] 하위 직급 공무원은 종종 주민에게 "컴퓨터가 자신에게 업무를 할당하지 못했다"고 말하면서 부패에 대한 책임을 전가하려 할 것이다. 비라라가반은 "때로는 주민이 공무원으로부터 정확한 예산 사용처를 보고받지 못했을 뿐 아니라 시스템을 속이려고 공무원과 결탁하기도 했다. 아무도 일을 하지 않았지만 돈을 받을 목적으로 허위 서류를 작성하는 데 모두 동의했다"고 언급했다.

증폭은 상충하는 정책에서도 다시 한 번 그 효과가 입증된다. 비라라가반은 정부 관계자가 기술로 부패를 억제하려는 의도를 증폭했다고 말했다. 하지만 기술은 다시 지역 공무원과 주민이 자신들에게 유리하게 시스템을 이용하려는 의도를 증폭했다. 전반적으로 예산 누수가 많이 줄기는 했지만, 완전한 책임에는 도달하지 못했다.

브로콜리 같은 교육, 유혹하는 게임

내가 돌아서자마자 음악 소리가 다시 들리기 시작했다. 지난주 내내 들어 많이 익숙해진 게임 '엑시트 패스 2Exit Path 2'에서 나오는 합성 음악 소리였다. 이런, 빈센트였다. 항상 야구 모자챙을 돌려 쓰고는 했던 빈센트는 발랄하고 활기찬 성격의 아홉 살 아이였는데, 그 아이가 노트북컴퓨터에서 게임을 다시 켠 것이다.[19] 빈센트는 방금 전에도 게임을 한다고 나에게 혼이 났었다. 원래는 프로그래밍 기초를 배우기 위해 '스크래치Scratch'라는 교육 소프트웨어를 켜고 있어야 했다.

빈센트는 시애틀에 있는 기술접근재단TAF(Technology Access Foundation)의 학생이었다. 나는 2012년 봄에 인도에서 돌아와 거기서 방과 후 학습을 지도했다. 그 당시 나는 새로운 기술의 발명과 확산이 해결책이 아니라면, 사회적 대의명분을 위해 무엇을 할 수 있을지 궁금했다. 나는 기술접근재단에서 나의 예감을 검증하고 싶었다. 즉, 기술을 가르치는 일은 새로운 기술을 제공하는 것과 근본적으로 다르다는 것이었는데, 이 예감이 결국 적중했지만 진짜 교훈은 완전히 다른 것이었다.

기술접근재단의 창립자이자 최고경영자인 트리시 밀리네스 디지코Trish Millines Dziko는 1970년대에 컴퓨터공학 학위를 가진 몇 안 되는 흑인이었다. 그는 1980년대 중반 마이크로소프트에 합류하면서 소수 인종이 첨단 산업에서 상당히 관심받지 못한다는 사실을 직접 목격했다. 따라서 기술접근재단의 미션은 STEM(과학, 기술, 공학, 수학)의 힘을 통해 유색 인종 학생들이 성공할 수 있도록 도와주는 것이다. 나는 월요일과 수요일에 두 개 수업을 맡았고, 각 수업은 3학년에서 5학년에 이르는 열두 명으로 구성되었다. 모든 학생에게 노트북컴퓨터가 지급되었고 컴퓨터 프로그래밍, 오디오 편집, 로봇공학을 배우기 위한 실습 교과과정이 준비되어 있었다. 자금 부족을 겪는 공립학교에서는 볼 수 없는 과목들이었다. 나와 기술접근재단 직원은 참여 위주의 재미있는 활동을 열심히 연구했다. 학생들은 유튜브 영상을 직접 만들고 상호작용하는 애니메이션을 프로그래밍하며 레고 로봇도 만들었다. 하지만 학생들에게는 비디오게임이 큰 유혹이었다.

아이들은 어른 몰래 게임을 즐기려는 본능이 있다. 또, 아이들은 교육 콘텐츠에 대한 직감도 있어서 브로콜리 싫어하듯 그것을 싫어한다. 내가 맡은 반 학생들은 2차원 게임을 선호했는데, 대부분 다채로운 색깔의 캐

릭터들을 걷거나 뛰어넘게 하여 만화 세상을 통과하는 게임이었다. 이런 게임들은 무해하지만 열정적으로 비디오게임을 지지하는 사람들, 예를 들면 《누구나 게임을 한다Reality Is Broken》의 작가인 제인 맥고니걸Jane McGonigal마저 게임이 아이들에게 좋은 점이 뭐냐고 물으면 곤란해한다. 고작 눈과 손이 같이 움직인다는 부수적인 장점만 있을 뿐이다.

아무리 교육 소프트웨어가 매력적이라고 해도 엑시트 패스 2의 유혹에 비할 바 아니었다.[20] 그래서 내가 거기에 있었던 것이고 나는 아이들이 기술을 이해해 주기를 바랐지만, 기술 그 자체가 오히려 걸림돌이 된 셈이었다. 기술접근재단에서 내가 처했던 상황은 세계 도처의 부모와 학교 시스템이 직면하는 문제다. 즉, 기술이 풍족한 세상에서 기술 자체의 유해성에 노출되지 않고 아이들을 어떻게 가르치는 게 좋을지에 관한 문제다. 다시 한 번 말하지만 가장 먼저 해야 할 일은 사람의 영향력과 기술의 방향을 맞추는 것이다.

테일러 선생님의 노하우

기술접근재단에 있을 당시 나의 상사는 프로그램 관리자인 토이아 테일러Toyia Taylor였다. 테일러는 나보다 최소한 열 살은 어렸지만, 나와 다른 교육 방식으로 아이들로부터 존경을 받았다. 테일러는 교실에 들어갈 때마다 허리를 곧게 세웠다.

테일러의 책상은 내 방에서 아주 가까웠는데, 기술접근재단에서 이틀째 되는 날 테일러는 나를 불러 조용히 말했다. 그녀는 내가 학생을 좀 더 엄격하게 가르치기를 원하는 것 같았다. 아마 벽을 통해 우리 반의 소란함을 느꼈던 것 같다. 나는 여덟 살에서 열한 살의 아이들을 가르치는 게 처음이라 현실과 동떨어진 개념을 갖고 있었다. 바로 아이들이 스스로 배우고 싶은 걸 발견하도록 놔두는 것이었다. 하지만 아이들이 발견한 것은 수업 시간에 자기 마음대로 행동할 수 있다는 것이었다.

테일러는 나에게 구체적인 방법을 알려 주었다. 아이들의 주의를 환기시키려면 손뼉으로 박수를 치고, 수업 중 떠드는 아이는 5분간 학생들과 격리하며, 그래도 소란하다면 테일러와 면담하게 하는 규칙이었다. 이 규칙을 도입하자 예상대로 아이들은 자연스레 저항했다. 연달아 소란스러운 통에 몇 명은 테일러에게 보내야만 했다. 나는 이 일을 유감스럽게 생각했지만 아이들에게 반사적으로 생기는 연민을 극복해야 한다는 사실을 깨달았다. 다행히 5학년 학생들은 아무리 소란스러워도 어른의 말에 잘 따랐다. 테일러에게 한번 보내졌던 아이들은 다시는 가고 싶어 하지 않았다. 일주일이 채 안 되어 학생들의 행동은 바로잡혔고 테일러는 더 이상 나의 교육 방식을 걱정하지 않았다. 이처럼 수업에 집중하는 환경을 만드는 게 기술접근재단에서 가장 어려웠지만, 교육을 위해 필요한 일이었다.

내가 도입한 규칙은 사실 별다른 게 없다. 경험 많은 교사는 자신만의 방식이 따로 있었다. 그렇다고 하더라도 주목할 만한 것은 컴퓨터 수업에서 제일 먼저 필요했던 것이 사람의 변화라는 점이다. 즉, 아이들이 올바르게 행동하고 배우려는 의지가 있어야 한다. 기술이 사람의 영향력을 증폭할 때 결과가 좋지 않다면 사람이 준비되어 있지 않았기 때문이다. 아무리 좋은 기술이라도 사람이 문제가 된다면 그 기술은 100퍼센트 실패한다.

경쟁의 기회가 공평할 수 있을까?

미국이 교육에 있어서 가장 괴로워하는 것이 무엇인지 궁금해하는 건 판도라의 상자를 여는 일과 같다. 그것은 유아기 때 가난이 문제일 수도 있고, 충분하지 않은 자금으로 운영되는 학군이 문제일 수도 있다. 어쩌면 사립학교에 있는 교사나 엘리트 학생에 대해 엉성하게 설계된 보상 제도가 문제일지도 모른다. 확실한 것은 컴퓨터가 부족해서 오는 문제가 아니라는 것이다. 기술 장치가 많을수록 도움이 된다고 주장하는 사람들마저 미국 교육의 쇠퇴 원인이 기술의 쇠퇴 때문이라고 말하지 않는다.

미국 교육을 다른 나라와 비교하면 적잖이 당혹스럽다. 2012년 국제학업성취도평가에서 미국 학생은 수학에서 27위, 읽기에서 17위를 기록했다.[21] 미국 전체에서는 경쟁력이 약화된 것으로 보이지만, 유능한 학생들의 경쟁력은 떨어지지 않았다. 매년 열리는 국제 수학 올림피아드International Math Olympiad의 경우, 여섯 명의 우수한 학생들이 미국의 대학입학자격시험 문제보다 훨씬 어려운 문제를 푸는데, 보통 상위 3개국에 오른다.[22]

그러나 국제학업성취도평가 자료에서 보이듯 높은 점수를 받는 나라들은 엘리트뿐 아니라 학생 모두를 위한 고품질 교육을 강조한다. 미국은 안타깝게도 이 부분에서 다른 부유한 44개국에 비해 뒤처져 있다. 미국은 15년간 세 번째로 낮은 취학률(82퍼센트)을 보이고 있으며, 교육 편차는 잘사는 집 학생과 못사는 집 학생의 점수 차이가 특히 심한데, 이는 OECD 국가 중에서 아홉 번째로 열악하다.[23] 우리는 학교들의 균형이 맞지 않는다는 점을 알고 있다. 하지만 사람들은 이런 불균형이 국제적으로 경쟁력이 부족해서 그렇다는 것을 인식하지 못한다.

교육 불균형이 주요 이슈라면 아무리 디지털 기술이 많아도 상황을 호전시킬 수 없을 것이다. 아른 던컨 미 교육부 장관은 "기술은 집에 노트북컴퓨터와 아이폰이 없는 저소득층, 소수민족, 농촌 학생 모두에게 공평한 경쟁 기회를 제공할 수 있다"라고 말한 바 있다.[24] 이러한 생각은 오해의 소지가 있다. 부와 학습 성과 측면에서 보면 기술은 기존에 있던 차이를 증폭한다. 더 많은 단어를 아는 아이는 위키피디아에서 더 많은 내용을 알게 된다. 비디오게임으로 행동장애가 있는 학생의 증상이 악화될 수도 있다. 또, 잘사는 부모는 자녀를 위해 개인 교사를 두고 웬만한 아이들은 좀처럼 사용하지 못하는 디지털 장치를 배우게 할 수도 있다. 이처럼 기술은 학교에서 공평한 경쟁 기회를 제공하지만, 기술 그 자체는 가진 자와 가지지 못한 자 간의 격차를 늘릴 뿐이다.[25] 마크 바르샤바는 '정보통신 기술이 학교에 도입되면서 기존에 존재했던 불균형이 증폭되었다'고 확신한다.[26]

미국 교육 체계에서 무엇보다 필요한 건 더 많은 기술이 아니라, 좋은 역량을 갖춘 어른들을 잘 배치해서 도움이 필요한 아이들을 감독할 수 있게 하는 것이다. 세부적인 내용은 어렵고 복잡하지만 중요한 것은 기술이 교육 문제를 해결할 수 없다는 점이다.[27]

판도라의 상자를 여는 법

정보 기술을 이용할 때는 주의해야 한다. 그 위력이 상당하기 때문이다. 내가 기술접근재단에서 교사들을 관찰할 당시 그들은 자신만의 고유한 규칙들이 있었고, 교실은 구성주의 학습constructive learning[28]으로 운영되었다. 다른 교사들의 반 학생들은 노트북컴퓨터를 열어 공부를 시작한 반면, 내 반 학생들은 노트북컴퓨터를 열고 유튜브 영상을 봤다.

문제는 수업 시작 전에 일어났다. 학생들은 도착하면 캐비닛에서 노트북컴퓨터를 꺼내서 책상에 올려놓았다. 나는 일찍 도착한 아이들이 하고 싶은 걸 하도록 놔두었다. 어쨌든 아이들은 컴퓨터에 익숙해지려고 이곳에 있는 게 아닌가? 기술과 함께하는 시간을 최대한 확보해 주는 게 합리적이라고 생각했다. 하지만 결과적으로 아이들을 조용히 시키는 데 수업 초반 10분을 써야 했다.

다른 교사들은 대부분 이를 허락하지 않았다. 그들은 컴퓨터를 하는 시간을 신중하게 관리했다. 나는 교사의 조언을 들은 후, 합리적인 규칙 몇 가지를 선정했다.

- 선생님이 설명하는 시간에는 노트북컴퓨터를 닫는다.
- 교실에 먼저 도착해도 수업 전에 노트북컴퓨터를 사용할 수 없다.
- 수업 중에 노트북컴퓨터는 수업 활동에만 사용한다.
- 이 규칙을 하루에 두 번 어기면 테일러 선생님을 만나야 한다.

중요한 점은 교육 목적을 위해 컴퓨터 사용을 제한한다는 사실이다. 물론 컴퓨터 수업이었지만 컴퓨터 화면을 보는 시간을 늘리는 게 아니라 컴퓨터를 통한 학습을 늘리는 게 목적이었다. 어떻게 해야 아이들이 잘 배울 수 있는지에 관해서는 수많은 이론이 있지만, 뮤직 비디오를 보는 게 프로그래밍을 개발하는 데 도움이 안 되는 건 확실하다.

베테랑 교사는 매 학년 초 적극적인 수업 분위기 확립을 위해 교실 안에 규칙을 도입했을 것이다. 나는 베테랑 교사가 아니었으므로 학생들에게 이미 익숙해진 권리를 회수해야 했다. 그것은 쉽지 않았다. 하지만 아이들은 내가 정한 규칙에 적응한 후에는 대부분 몰래 게임하던 걸 멈추고 수업에 집중하기 시작했다. 아이들이 게임에서 벗어나 '스크래치'에 관해 질문하기 시작하자 매우 기뻤다.

기술접근재단은 나에게 컴퓨터를 사용할 때에는 신중하고 목적의식이 있어야 한다고 가르쳐 주었다. 전략적으로 기술을 잘 사용하고 기술이 학습에 도움이 되지 않는다고 판단되면 생략하는 것이 중요했다. 스티브 잡스마저 이렇게 인정한 바 있다.

"우리는 아이들이 집에서 기술을 얼마만큼 활용할 것인지 사전에 제한한다."[29]

한 번에 20, 30 혹은 40명의 아이를 다루어야 하는 교사도 그럴 필요가 있다. 이 조언은 고학년 학생에게도 적용될 수 있다. 나를 포함해 대학교수들이 점차 강의실에서 기기 사용을 금지하고 있다. 클레이 셔키는 "나는 인터넷 검열과는 가장 동떨어진 사람이지만, 가을 세미나에 참석하는 학생들에게 수업 중에 노트북컴퓨터와 태블릿, 휴대전화 사용을 삼

가달라고 요청했다"고 전했다.[30]

학교에 무선 인터넷이 필요할까?

2013년에는 한 친구가 시애틀에 있는 사립학교인 노스웨
스트 스쿨Northwest School의 이사회에서 기술 전략을 고민하고 있으니 나
보고 도와달라고 요청했다. 이 학교는 예술, 국제학생, 지역사회 봉사에
중점을 두는 것으로 알려졌지만, 이사회 의장의 말로는 이사회가 디지털
장치에는 보수적이라고 했다. 나는 이사회 모임 자리에 가서 이 책에서
내가 다루었던 내용을 일부 설명하고 학교의 세부적인 문제로 넘어갔다.

토론은 개방적이었고 활기찼다. 일부 이사회 회원은 컴퓨터 기술에 크
게 열광하며 학교 아이들이 뒤떨어지는 것을 염려했다. 또 어떤 사람은
주의산만해질 수 있는 가능성을 염려하며 학교가 지닌 인간 위주의 성향
이 좋다고 했다. 이것은 바로 우리가 사회에서 기술에 관해 토론할 때 얻
는 느낌과 동일하다. 그렇지만 감정은 전략을 수립하기에 너무 무딘 수단
이었다. 그래서 그들은 불가피하게 대부분 '예 또는 아니오'식의 질문을 했
다. 이를 테면, "모든 교실에 스마트보드가 있어야 하나, 없어야 하나?" "무
선 인터넷이 있어야 하나, 없어야 하나?" "모든 학생에게 노트북컴퓨터가
있어야 하나, 없어야 하나?" 등이었다.

그렇지만 진정한 문제는 보다 세심한 태도를 요하며 그것을 알아내는
가장 좋은 방법은 물어보는 것이다. "어떤 긍정적인 결과가 증폭되어야
하는가?(그리고 어떤 부정적인 결과가 증폭되면 안 되는가?)" 나는 주위를 환기시켜

구체적인 교육 목표와 어떻게 하면 기술을 통해 그 목표를 달성할 수 있을지를 주제로 토론을 이끌었다. 일례로 이 학교에는 활기 넘치는 영화 프로그램이 있었는데, 이 프로그램은 훌륭한 비디오 제작 도구가 있어서 가능했다. 또한 학교가 고유한 강의 형식을 장려한다는 내용과 어떤 교사들은 스마트보드를 원한다는 내용도 나왔다. 필요한 경우 스마트보드를 설치하되 모든 교실에 그 장비가 필요하지 않다는 공감대가 형성되었다. 어떤 교직원은 자신의 강의를 영상으로 찍어 공개하기를 원했다. 그런 건 막으면 안 된다고 모두 동의했지만, 학교의 관심은 학교에서 공부하는 학생에게 있었다. 온라인에 강의 영상을 올리기 위해 노력할 필요가 없어 보였다. 그다음에는 캠퍼스 내 무선 인터넷 접속이라는 불가피한 문제가 있었다. 교육 목표에 부합할지 논의하다 보니 무선 인터넷이 그다지 필요해 보이지 않았다. 학생 대부분은 스마트폰을 갖고 다녔고 집에 컴퓨터가 있었다. 학교에서 인터넷을 하지 못한다고 불평하는 학생은 없었다.

가장 큰 문제는 학교에서 해본 적이 없는 컴퓨터 프로그래밍 수업의 제공 여부였다. 한 학부모는 모든 직업에서 컴퓨터를 사용할 뿐만 아니라 컴퓨터 프로그래밍 지식을 통해 점점 더 혜택을 받는다고 주장했다. 또 한 사람은 학교의 일은 광범위해야 한다는 생각을 넌지시 내비치고는 직업교육을 드러내 놓고 반대하였다. 토론은 오락가락했다. 프로그래밍을 선택과목으로 할 수 있었지만, 교직원, 학생, 그리고 학급의 일정이 꽉 짜여 있어서 어떤 과목을 빼야만 했는데, 그 과목을 정하는 게 합의되지 않았다. 회의가 끝날 무렵 그 문제는 해결되지 않은 채로 남았다. 그러나 나는 그들이 어떻게 결정하든지 간에 자신들에게 올바른 결정을 할 것임을 알

왔다.

학교야말로 강한 학습 분위기를 유지하기 위해 노력하고, 교직원과 학부모는 중요한 의사 결정에 함께하며 기술에 관련된 결정을 내릴 때 교육 목표를 염두에 두어야 한다. 더불어 학교는 기술을 최적으로 증폭시킬 만한 강력한 생각과 의지를 가져야 한다.

7장

새로운
업그레이드가
필요할 때

벽 구멍 컴퓨터 프로젝트의 재해석

'벽 구멍 컴퓨터 프로젝트'를 돌이켜 생각해 보자. 가난한 가정의 아이들에게 컴퓨터를 자유롭게 쓸 수 있도록 했더니 아이들은 어른 도움 없이도 컴퓨터를 쓸 수 있게 되었다. 하지만 아이들은 비디오게임 외에는 다른 것을 거의 할 줄 몰랐다. 그러나 그게 아이들이다. 그것이 바로 벽 구멍 컴퓨터 프로젝트에 영감을 받아 나의 동료 숀 블라그즈벳Sean Blagsvedt, 우다이 싱 파와르, 그리고 아시와르야 라탄Aishwarya Ratan이 '켈사 플러스Kelsa+' 프로젝트를 진행한 이유였다('켈사'는 칸나다어로 '일'을 뜻한다). 세 사람은 컴퓨터로 일하지 않는 성인들이 무료로 사용할 수 있는 컴퓨터가 있을 때 어떤 일을 할지 궁금했다.

켈사 플러스 팀은 벵갈루루에 있는 우리 사무실 지하에 컴퓨터를 설치하고 인터넷을 연결했다. 그리고 우리 사무실 관리 직원, 보안 요원, 기술자와 함께 회의를 했다. 우리는 마흔 명가량의 직원에게 법과 사무실 규칙만 지키면 마음대로 컴퓨터를 사용할 수 있다는 이야기를 전했고 소프트웨어가 모든 활동을 기록한다는 내용도 전했다. 사람들은 그 컴퓨터를 자주 사용했다. 몇 달 후, 하드드라이브는 데이터로 꽉 찼다. 연구자들은 데이터를 분석해서 벽 구멍 컴퓨터 프로젝트와 텔레센터에서 얻은 교훈과 결합했다. 벽 구멍 프로젝트에서처럼 대부분의 직원들, 특히 남자들은 컴퓨터 기본 사용법을 빨리 배워 나갔다. 직원들은 이미 컴퓨터에 어느 정도 익숙한 기술자와 보안 요원에게 컴퓨터 사용법을 배웠다. 직원들은 인터넷을 돌아다니며 서로에게 간단히 이메일을 보내거나 유튜브 영상을 시청했다. 컴퓨터 배경화면을 웹캠으로 찍은 본인 사진으로 바꾸기도 했다. 직원들은 연구 조사에서 이 프로젝트에 대해 열심히 이야기했는데, 그 중 한 사람은 이렇게 말했다.

"회의를 했던 그날, 너무 기뻤어요. 컴퓨터를 처음 만져 보았는데 실수 없이 많은 것을 할 수 있었습니다."

그의 동료는 "컴퓨터가 생긴 후, 깨달은 바가 있다. 매일 컴퓨터를 할 수 있으니까 컴퓨터를 배우려는 욕심이 커졌다"라고 언급했다. 또 어떤 사람은 "그동안 다녔던 직장 중 여기가 가장 좋다"라고 말했다.[1]

하지만 막상 직원들의 컴퓨터 사용에서 생산적인 결과라고 할 만한 건 거의 없었다. 그들이 가장 많이 한 것은 영화를 보고 음악을 듣는 일이었다.[2] 그리고 컴퓨터 사용에 있어서 이해 수준이 낮았다. 예를 들어, 직원들에게는 한 가지 재밌는 습관이 있었는데 바로 인터넷에서 무언가를 검색할 때마다 '.com'을 붙이는 것이었다. 만약 인도 영화 '포키리Pokiri'를 검색한다면, 무슨 마법의 주문처럼 'movie Pokiri.com'을 검색엔진에 입력하고는 했다. 가정이나 직장에 도움이 될 만한 기능을 배운 사람은 거의 없었다.

개입 대 교육

세 명의 연구자가 지하실 컴퓨터 프로젝트를 시작했는데, 그중에 라탄이 프로젝트에 가장 오래 남았다. 라탄은 사무실에 있는 다른 연구자와는 다르게 노동직 직원들의 이름을 다 알고 있었다. 그래서 라탄이 매우 젊었음에도 직원 모두 그녀를 존경했다.

라탄은 컴퓨터 활용 능력에서의 작은 소득에 만족하지 않았다. 그래서 그녀는 직원들에게 컴퓨터로 배우고 싶은 게 무엇인지 물었다. 가장 많은 대답은 영어였다. 라탄은 영어 교육 CD를 이용해 켈사 플러스를 업그레이드했다. 그리고 업그레이드 전과 업그레이드하고 3개월이 지난 후에 영어 시험을 주관했다. 결과는 예상대로였다. 한 사람만 영어 교육 소프트웨어와 많은 시간을 보냈고 대부분은 컴퓨터를 가볍게 즐겼다. 그동안 일곱 명의 직원들이 두 번의 영어 시험을 치렀는데, 평균 영어 능력에서 눈에 띌 만한 발전은 없었다.

하지만 라탄이 흐뭇해할 일이 있었다. 바로 켈사 플러스에 영감을 받은 한 보안 요원이 사설 교육센터의 데이터 입력 과정에 등록한 것이다. 그 보안 요원은 교대가 끝나면, 자기가 배운 걸 연습하기 위해 매일 켈사 플러스 컴퓨터를 사용했다. 몇 주가 지나자 보안 요원은 사직서를 제출했고, 데이터 입력 업무를 할 만한 자격을 갖추었다. 처음에는 급여가 적을지도 모른다. 하지만 언젠가는 자신이 보안 업무로 받았던 급여가 적어 보일 만한 사무직 관리자의 급여를 받을지도 모른다.[3] 그러나 보안 요원은 눈에 보이지 않는 가치를 가장 기뻐했다. 그것은 사회적 지위였다. 그는 "이제 아버지와 친구들 앞에서 나는 경비원이 아니라, 컴퓨터 업무를 하고 있다고 당당히 말할 수 있다"고 말했다.[4]

켈사 플러스는 패키지 개입 그 자체로는 효과가 거의 없지만, 그 개입이 교육과 함께 짝을 이룬다면 사회적 목표가 달성될 수 있음을 보여 준다. 국제 개발 사회에서는 사람들이 패키지 개입을 잘 사용하도록 '손잡

아주기handholding' 활동이나 조직적인 개발을 지원하기 위한 '역량 구축 capacity building'에 관해 종종 말하고는 한다. 예를 들어 소액신용대출은 금융 교육과 결합될 수 있다.[5] 새로운 씨앗은 올바른 농업 지도가 있을 때 판매가 이루어질 수 있다. 백신은 교육을 잘 받은 의료 종사자가 잘 투여할 수 있다. 염소 기부는 염소를 잘 돌볼 수 있는 조언과 함께 이루어진다면 더 유용할 수 있다.[6]

그렇지만 패키지 개입과 패키지 개입을 위한 훈련은 매우 다르다. 이는 마치 피아노를 갖고 있는 것과 피아노를 칠 줄 아는 것과 같다. 교육을 위해 수업 보조재로서 물리적인 대상이 필요할 수도 있지만, 수업은 숙련된 사람의 노력과 참여가 필요하며 이런 것들은 하나로 묶일 수 없다. 교육에 높은 비용이 든다는 건 인정한다. 하지만 패키지 개입만 놓고 비교하면 교육이 훨씬 더 효과가 있다. 마흔 명의 사람이 사무실에 있는 켈사 플러스 컴퓨터에 접속할 수 있었지만, 그들은 컴퓨터를 가치 있게 사용하지 못했다. 소득 능력, 사회적 지위, 그리고 삶의 만족도에서 획기적인 업그레이드를 경험한 사람은 단 한 명뿐이었다.

현장 경험이 많은 동료들의 말에 따르면 기술이 문제 해결에서 차지하는 비율은 10퍼센트밖에 안 된다고 한다. 사실상 기술 기부로 시작한 많은 프로젝트들이 교육 프로그램으로 발전했다. 세계적으로 남아 있는 텔레센터 중에 많은 수가 컴퓨터 교육 학교로 탈바꿈하여 살아남았다. 심지어 벽 구멍 컴퓨터 프로젝트의 지지자인 수가타 마르타마저 개방형 컴퓨터가 교사 관리 하에 있을 때 더 효과적이었다고 인정했다.[7]

아셰시대학교의 기적

켈사 플러스로 인해 내가 인도에 갔을 때 겪었던 일이 떠올랐다. 2001년 경, 친구인 니나 마리니Nina Marini는 나에게 신나는 모험거리가 있다고 말한 적이 있었다. 마리니는 최근에 UC버클리 경영대학원을 졸업했는데, 거기서 가나 최초로 인문대학을 설립한 패트릭 아우아Patrick Awuah를 만난 것이다. 마리니는 아우아의 통찰에 영감을 받고 아셰시대학교Ashesi University의 창립 부총장으로 일하게 되었다. 나는 그 대학에서 언젠가 강의하겠노라 말했다. 그날은 생각보다 빨리 왔다. 2002년 아셰시대학교는 최초로 학생을 모집하였고 첫 학기 미적분학을 가르칠 사람을 급하게 구하고 있었다. 마리니는 나에게 한 학기 동안 그 일을 해줄 수 없는지 물었고 나는 그렇게 하겠다고 했다.

당시 아셰시대학교에는 놀라운 사실 두 가지가 있었다. 첫 번째는 내가 맡은 반은 미적분학에 완전히 준비가 안 되어 있었다는 점이다. 진단 테스트 결과 스물다섯 명 학생 중 3분의 2가 기초 대수학을 마치지 못했다. 그중에 몇 명만 그래프에 직선의 방정식을 그릴 수 있었다. 나는 약속을 이행하고 싶었으나 나에게 할당된 3개월이라는 시간에서 몇 년 치에 해당하는 수학보충수업 시간을 짜낼 여력이 없었다. 때문에 처음부터 간소화된 교과과정을 개발하기로 결정했다. 대수학에서부터 기초 미적분학에 이르기까지 학생들을 끌어가야 했지만 일단은 일변수 다항식 위주로 중점을 두었다.

두 번째로 놀라운 사실은 학생들이 상당히 열정적이었으며 동기부여가 되어 있었다는 점이다. 학생에게는 교사의 꿈이 실현된 것이나 다름 없었다. 처음에 나는 기초가 잡힌 소그룹에게 삼각법과 지수함수를 가르쳐 주고자 보충학습 과정을 마련했다. 그런데 나의 사무실 문 앞에 긴 행렬이 늘어섰다. 학생들은 한 명씩 차례로 들어와서 보충학습 과정에 참여할 수 있게 해달라고 애원했다. 나는 그렇게 하라고 했다. 그런 열정을 거절하는 건 옳지 않아 보였다.

학생들은 열심히 공부했다. 나는 매일 밤 몇 시간 분량의 숙제를 냈는데, 학생들은 다른 수업도 있었지만 도전 의식으로 불타올랐다. 학생들은 그동안 지식에 굶주린 것처럼 놀라운 속도로 수업 내용을 흡수했다. 학기가 끝날 무렵, 모든 학생이 미분과 적분을 이해했고 다항식에서 미적분을 할 수 있었다. 또한 대다수가 사인과 코사인과 거듭제곱도 마쳤다. 기말 시험 성적은 모두 A와 B였는데, 한 명만 용감하게 B-를 받았다(이 내용에 대해서는 조금 있다 언급하겠다). 나는 학생들의 교육에 조금이나마 도움이 되었다는 만족감을 안고 집으로 돌아갔다.

현재 이 학생들은 프로그래머와 기업가, 그리고 다양한 분야의 전문가가 되었다. 학생들은 분명 자신들이 신청한 컴퓨터 프로그래밍과 경영학을 배웠다. 그러나 훨씬 더 많은 것을 배웠다. 아셰시대학교 학생들은 단지 기술만 능숙하게 사용하는 사람이 아니었다. 그들은 기술과 기업 창출의 리더가 되었다. 켈사 플러스가 약간의 교육이라도 가치 있다는 것을 보여 주었다면, 아셰시대학교의 사례는 사람에 대한 투자가 훨씬 더 소중한 가치가 있다는 것을 보여 주었다.

운명의 돌파구

2012년, 나는 아셰시대학교에서 가르쳤던 학생들과 가나의 아크라몰에서 친목 모임을 가졌다. 그들과 추억을 나누고 사는 얘기를 들으며 이제 아셰시대학교 졸업생들도 세계적인 엘리트 집단이 되었구나 하는 생각이 들었다. 각자 사정은 있지만 그래도 졸업생 대부분은 세계 곳곳의 중상류층 사람들과 동일한 기회를 누리게 되었다. 그 기회는 인도 텔레센터의 고객이나 기술접근재단의 일부 노동직 학부모, 그 밖에 개발도상국의 농촌과 도시 슬럼가에서 만난 수많은 사람들이 가졌던 기회와는 확연히 달랐다.

그들에게는 나의 수업에서 배웠던 수학보다 생각과 의지로 이룬 성장이 훨씬 더 중요했다. 졸업생에게 아셰시대학교에서 가장 많이 배운 게 무엇인지 물었을 때, 미분 계산법이라고 말한 사람은 아무도 없었다. 그중 아이작 터건Isaac Tuggun은 "공부하는 게 힘들 거라고 생각했지만 지금까지 살아오면서 가장 훌륭한 결정이었다"라고 말했다. 터건은 앞서 말한 용감하게 B-를 받은 학생이었다.

터건은 다른 학생보다 열 살 정도 많았고 상대적으로 소외된 계층에서 자랐다. 터건은 "중등학교에 다닐 때 부모님이 돌아가셨다"라고 격식 차린 영어로 유창하게 말했다. 그는 이어 "어린 남동생들과 여동생들은 의지할 곳도 없고 할 수 있는 것도 없었다. 돈도 없어서 음식을 구하는 것도 문제였다. 나는 학생 때 설탕 조각, 담배 등을 조금씩 팔면서 돼지와 토끼 몇 마리와 닭이나 오리 같은 것을 키웠다"고 말했다. 터건은 이러한 역경 외에도 어렸을 때 사고로 다리에 영구적인 손상을 입고 이후 제대로 된 치료를 받지 못해 목발에 의지하고 있다.

터건은 동생들이 어느 정도 독립할 수 있겠다고 확신한 후에 부르키나파소의 수도인 와가두구에서 일자리를 찾기 위해 많은 시간을 보냈다. 그는 돈을 벌기 위해 기업가, 공무원과 정부 기관의 통역 일을 했다. 하지만 그 일이 자신의 삶을 바꾸지 못했고, 2000년 다시 가나로 돌아와 취직과 동시에 공부할 기회를 찾던 중 아셰시대학교에 입학하게 되었다고 했다.

터건은 학교에서 알아주는 전설적인 인물이었다. 아셰시대학교 직원들은 터건이 자격 요건도 거의 갖추지 않은 채 입학 사무소에 나타났던 날을 기억한다. 터건은 처음에 거절당해 되돌아갔지만 학교를 설득하기 위해 계속 찾아왔다. 마침내 대담함과 끈기로 입학이 허락되었고 터건은 장학금까지 받았다.

터건은 나의 진단 테스트에서 가장 낮은 점수를 받았고, 이후 매 시험마다 그랬다. 하지만 그는 열심히 공부했다. 학생들이 집에 돌아간 후에도 종종 도서관에 혼자 남아 부지런히 숙제를 했다. 그는 도움이 필요할 때면 나의 사무실을 찾았다. 모든 수학 개념을 이해하려고 고군분투했으며, 대부분 시간이 없어서 숙제를 다 끝내지 못하고 제출했다. 터건은 그렇게 B-를 받았던 것이다.

나는 몇 년 동안 터건과 이메일로 계속 연락을 했다. 그러다 갑자기 그의 소식을 들을 수가 없었다. 터건은 한 7, 8년간 모습을 보이지 않았다. 아셰시대학교 사람들은 터건이 학위를 마치지 못했다는 사실에 안타까워했다. 그러다 같은 반 졸업생 한 명이 우연히 터건을 만났고 나와도 다시 연락이 되었다. 나는 저녁 식사에서 터건의 약혼녀를 만났고, 약혼녀는 타말레에서 터건을 만날 수 있도록 주선했다. 타말레는 라스베이거스의 카지노처럼 비영리단체들이 급증하고 있는 지역이다. 우리는 때마침 둘 다 그곳에서 회의가 있었다. 약속한 그날, 야외 식당에서 그를 기다리는데, 유엔에서 좋아할 만한 튼튼해 보이는 픽업트럭 한 대가 다가왔다. 조수석 문이 열리자 목발 한 쌍이 보였고 뒤이어 다름 아닌 터건이 모습을 드러냈다.

이야기를 들어보니 터건은 가나장애인연맹Ghana Federation of the Disabled이라고 불리는 단체에서 자신의 길을 차근차근 밟아 올라가고 있었다. 터건은 "나는 간사로 일을 시작했고 관리자의 자리까지 올라갔다. 그다음에는 가나장애인인권운동 국가옹호담당관까지 올라갔다"고 말했다. 타말레에서 만났을 때 그는 덴마크국제개발처DANIDA와 함께하는 합작 프로젝트를 관리하고 있었다.

지혜의 세 기둥

어떻게 터건은 일자리를 전전하던 통역가에서 대외 원조 분야로 리무진을 타는 자리까지 올라갈 수 있었을까? 그는 자발적으로 행동하는 사람 대부분은 당연하게 생각하지만, 본의 아니게 가난해진 사람에게는 보기 힘든 몇 가지 특징이 있었다. 이러한 특징은 일부 훌륭한 교육에 기인한다. 하지만 사람들은 교육을 단순히 읽고 쓰고 계산하는 능력으로만 생각하는 경향이 있다. 효과적인 교육은 학문적인 것보다 훨썬 더 많은 것을 포함한다. 많은 사람들은 과학이나 역사를 알지 못해도 자신의 능력을 통해 만족스러운 삶을 산다. 즉, 교육은 자신의 능력과 연관된 특성을 확보하기 위한 수단이기는 하지만, 일반적으로 교과서가 아닌 정규교육을 받을 때 일어나는 일이다.

터건이 성공할 수 있었던 건 바로 패키지 개입이 효과적으로 작용할 때와 동일한 생각과 의지 덕분이다. 터건은 좋은 의도와 안목과 자기통제를 갖추었고, 이러한 특성은 리킨 간디가 디지털 그린을 이끌 때 갖추었던 것과 디지털 그린이 협력 단체에서 추구했던 것과 비슷하다.

좋은 의도

터건은 다른 무엇보다도 사람들을 위해 더 나은 삶을 만들려는 확고한 '의도'가 있었다. 그것은 그가 바라는 자신의 미래이기도 했다. 모두 더 나은 삶을 바라지만 역경을 맞으면, 대부분 무력감에 몸을 맡기게 된다. 학습된 무력감으로 인해 열망은 억눌려지고 사람들은 미래보다 현재를 중시하는 억압된 환경에 내몰린다.[8] 그러나 터건은 그러지 않았다. 그는 "부모님은 인생에서 성공하지 못했지만 나는 가난의 굴레를 벗어나려는 마음이 확고했다"라고 이야기했다. 터건은 자신이 처한 환경을 넘어서려는 강한 의도가 있었다. 그는 살아남기 위해 필요한 일을 했지만 동시에 더 나은 삶을 바라고 있었다. 한 사람이 자신의 미래를 위해 힘쓰는 건 의도의 한 단계에 불과하다. 이제 터건은 자국에서 다른 장애인의 권리를 위해 투쟁한다.

현재만 지향하는 좁은 시야를 가진 사람이 미래를 지향하기 시작하면

이는 사회에 좋게 작용한다. 한 사람을 보살피는 것은 좋은 일이며, 가족과 지역사회를 보살피는 것은 더 좋은 일이며, 국가를 보살피는 것은 훨씬 더 좋은 일이며, 인류 전체를 보살피는 것은 가장 좋은 일이다.[9] 보통 독재자와 범죄자의 악은 아주 작은 범위의 관심이다. 왜냐하면 그들은 현재의 자신과 어쩌면 미래의 자신을 위한 의도가 있겠지만 그 관심이 다른 사람에게 확장되지 않는다. 다른 극단적인 예로 성자는 넓은 범위의 의도를 갖고 있다. 우리는 범죄자와 성자 사이 어딘가에 해당된다. 의도를 바꾸는 일은 어렵다. 하지만 그 일은 사회 발전의 핵심이라 할 수 있다. 노예제도에서 노예해방, 인종차별에서 인간평등, 일상적인 복지에서 일상적인 평화, 그리고 재산으로 인정되었던 여성에서 남녀평등에 이르기까지 세상에서 가장 의미 있는 사회 변화는 사람의 의도에서 이루어졌다.

안목

터건이 성공하게 된 또 다른 배경에는 훌륭한 안목이 있다. 지식은 안목을 위한 하나의 요구 조건이며 나는 그 가치를 여기서 논하지 않겠다. 하지만 안목은 책을 통해 얻는 해박한 지식을 넘어 사람과 기회를 신속하게 판단하는 능력을 요한다.

터건은 자신의 상황을 명확하게 평가하여 매 순간마다 적절한 선택을 했다. 그는 훌륭한 교육이 가치 있다는 사실을 깨달았다. 그는 "아셰시대학교에서 공부하기 위해 부분 장학금을 받기로 결심한 건 나의 인생에서 가장 잘한 판단이었다"라고 말했다. 또한 관찰을 통해 일종의 '문화 자본 cultural capital'인 도시 중산층을 어느 정도 알게 되었다.[10] 그리고 현대 심리학의 정교함 같은 건 없더라도 자신의 처한 상황을 배움의 기회로 바라보는 것이 결과를 골몰히 생각하는 것보다 훨씬 가치 있는 일임을 직감했다. 그는 "불쾌하고 달갑지 않은 결과가 나올 수 있지만 다 배우는 과정이다. 삶은 끊임없는 학습의 장이다"라고 말했다.[11]

대부분의 독자는 이런 감각이 당연하다고 생각할 수도 있지만 소외된 지역사회에서 자라 온 사람들의 경우, 이런 감각을 접할 기회가 적기 때문에 언제나 배울 수 있는 게 아니다.[12] 이렇게 안목이란 것은 대부분 처한 환경에 의존하기 때문에 세 가지 기둥 중에서 가장 확정하기 어렵다. 뒤이은 결과를 모른 채 최적의 결정인지 여부를 판단하는 건 불가능하다. 터건이 대학교를 중간에 그만둔 게 옳았을까? 결과적으로 그에게 좋았지만 다른 상황에 있는 사람들의 경우 그렇지 않을 수도 있다. 안목을 비롯하여 신중함, 판단력, 삶의 지혜, 그리고 그리스의 프로네시스phronesis[13] 등은 가르치거나 구체적으로 말하기 어렵지만, 우리들은 누가 현명한 의사 결정자인지 이미 알고 있다.[14]

자기통제

마지막으로 터건은 믿기 어려울 정도로 놀라운 자기통제를 보여 주었다. 나는 터건이 단호한 사람이라고 생각했지만 얼마만큼 단호했는지는 나중에서야 알았다. 터건은 아셰시대학교에서 공부하는 동안 노숙 생활을 했다고 한다. 그는 "나는 대형 트럭 전용 공용 주차장에 있는 천막 밑 벤치에서 잠을 잤다. 그 천막은 완전히 보호되지 않았는데, 문이 없었기 때문이다. 그곳 사업소가 밤 11시에 업무를 마치고 문 닫을 때가 되어서야 벤치로 갈 수 있었다. 그리고 승객들을 위한 공용 욕실에서 목욕을 했다. 캠퍼스까지 8킬로미터를 걸어 다녔고 대부분 굶으면서 공부했다"고 말했다.

자기통제는 우리가 의도하거나 최선의 행동으로 선택한 것을 완수하도록 해준다.[15] 저축으로 안도감을 얻으려는 것과 저축하려는 의지는 별개다. 직업훈련의 필요성을 깨닫는 것과 취업을 위해 시간과 노력을 투자하는 것은 별개다. 또한 집단행동으로 탄압을 극복할 수 있음을 아는 것과 조직을 결성하려고 구금까지 불사하는 것은 별개다.

그렇다면 터건은 자기통제를 어떻게 개발했을까? 그것은 의지력에 관한 일반적인 생각과 그리 다르지 않아 보인다. 즉, '쓰지 않으면 잃는다'라든가 '고통 없이 얻는 것은 없다'는 격언과 같다. 심리학자인 로이 바우마이스터Roy Baumeister는 자기통제는 마치 근육과 같다고 말한다. 단기간에 근육을 집중적으로 쓰면 소모되지만, 꾸준히 근육을 단련하면 장기적으로 근육이 강해질 수 있다. 터건은 어린 시절 부모에게 배운 습관을 생활화하고, 부모의 죽음 이후 어린 동생들을 보살폈다. 그리고 신체의 장애를 극복하고 아세시대학교에서 공부하면서 자기통제를 가졌을 것이다.

죽은 현자의 살아 있는 가르침

좋은 의도와 안목과 자기통제에 관한 역량을 합치면 미덕, 인격, 원숙, 정서 지능, 소피아 또는 지혜라고 부를 수 있다.[16] 안타깝게도 이런 용어들은 모두 한쪽으로 치우쳐 있다. 이 용어들은 순수한 편의

pure expedience와 도덕적 정의moral righteousness를 구별하지 못하는 종교적, 정치적, 철학적 교리로 가득 차 있다.

이 책의 나머지 부분에서 내가 다루고자 하는 내용은 생각과 의지가 실용적인 이유로 종교 교리와 문화, 그리고 정치를 초월하여 어떻게 사회 변화의 핵심 요소가 되는가이다. 그러기 위해서는 나에게 부담 없는 단어가 필요하다. 시간이 지나면 오명을 얻을지도 모르지만, 일단 좋은 의도와 안목과 자기통제에서의 발전을 설명하기 위해 '내면적 성장intrinsic growth'라는 용어를 사용하겠다. 내면적 성장은 외부적이고 기술 중심적인 패키지 개입과는 달리 개인이나 사회 내부에서 성장한다. 또한 외부의 보상이나 처벌로 일어나기보다는 사람이 내부로부터 느끼는 동기부여인 '내면적 동기부여'와 다음 장에서 우리가 살펴볼 '내면적 학습'과 상호 협력한다.

나는 때때로 내면적 성장에서 '지혜wisdom'와 '미덕virtue'이라는 단어를 혼용해서 사용하겠지만 이 단어들이 이상적이지 않은 이유는 백발의 노인이나 얌전한 젊은 처녀를 떠올리게 하기 때문이다. 내면적 성장은 나이나 성에 관한 것이 아니라, 좋은 의도와 안목과 자기통제를 향상시키는 것이다. 즉, 개인을 전문가로 바꾸는 것이 아니라, 차츰 위대한 내면적 성장을 이루도록 하는 것이다.[17]

우리는 1부에서 교육공학이 아무리 많이 적용되어도 집중하는 학생, 보살필 줄 아는 부모, 좋은 교사와 유능한 학교 당국이 없다면 그것을 보완하기 어렵다는 사실을 알았다. 그렇다면 이 중에서 무엇이 중요할까? 집중하는 학생은 배우려는 의도가 있다. 감시하는 어른들의 말을 골라 듣는 안목이 있으며, 공부하려는 자기통제가 있다. 아이를 보살필 줄 아는 부모는 자립적인 아이를 키우고, 훌륭한 학교교육이 무엇인지를 알고 교육자가 책임감을 느끼도록 충분히 개입한다. 훌륭한 교사는 매일 학생들의 학습 능력을 향상시키기 위해 수많은 판단을 하고 교실에서 냉정함을 잃지 않는다. 또한 유능한 교장은 학교를 잘 운영하려는 의도와 안목과 행동을 보인다.

우리는 또한 1부에서 민주주의가 페이스북 혁명과 투표함보다 더 많은 걸 필요로 하는지를 살펴보았다. 민주주의에서는 적극적인 시민과 유능한 공무원과 깨어 있는 리더가 필요하다. 기후변화를 예로 들자면, 기후를 안정시키거나 되돌리는 데에는 많은 사람들의 내면적 성장이 필요하다. 개인으로서 우리는 후손에게 지속 가능한 세상을 물려주려는 의도와 상황의 시급함을 깨닫는 안목과 에너지 소비를 억제하는 자기통제를 갖고 있다. 한편 기업에서는 단기적인 수익보다 장기적인 가치를 먼저 고려하는 의도와 안목과 자기통제가 필요하다. 정치 지도자 역시 특정한 이해관계와 출세제일주의에 저항하는 의도와 안목과 자기통제가 필요하다.

이들 모두 하나로 묶기 쉽지 않으며, 전부 내면적 성장을 필요로 한다. 하지만 나는 내면적 성장이 사회 발전의 전부라고 말하고 싶은 의도는 없다. 법, 백신, 학교, 노트북컴퓨터, 시장, 농업, 제조 기술, 청정에너지, 투표, 경제 정책, 교통 인프라, 정부 제도 이 모든 것은 퍼즐을 이루는 조각들이다. 이런 패키지 개입을 잘 구현하면 긍정적인 효과를 얻을 것이다.

하지만 '잘 구현한다'는 것이 문제다. 아마도 오해를 가장 많이 하는 것이 올바른 붕어빵 틀이 중요하다는 생각일 것이다. 올바른 틀이 무엇인지 알아낼 수만 있다면 대량으로 만들어 붕어빵이 필요한 곳이면 어디서든지 반죽을 잘라낼 수 있을지 모른다. 하지만 어떤 붕어빵 틀이 다른 것보다 좋은지는 몰라도 더 맛있는 붕어빵을 만드는 것은 아니다. 중요한 것은 요리사의 생각과 의지다. 마찬가지로 텔레비전은 훌륭한 교육의 일환이 될 수 있지만, 현명한 교사가 텔레비전 사용을 통제할 때만 그렇다.[18] 소액신용대출은 빈곤을 완화시킬 수 있지만, 현명한 제도가 있을 때 가능하다.[19] 선거는 정부가 관심을 갖게 할 수 있지만, 현명한 시민들의 견제와 균형이 필요하다.

긍정적인 사회 변화가 일어나는 이유는 내면적 성장이 기초가 되기 때문이다. 패키지 개입이 중요하지 않다는 말이 아니라, 내면적 성장이 궁극적으로 통제 가능한 원인이 된다는 말이다. 우리가 내면적 성장에 중점을 두면 나머지는 다 알아서 따라온다. 내면적 성장은 새로운 개념이 아니다. 새로운 관점에서 바라보는 오래된 개념이다. 모든 전통적인 미덕은 좋은 의도, 안목, 자기통제 이 세 가지 기둥의 관점에서 설명할 수 있다. 용기란 다른 사람을 위해 적절한 순간에 두려움을 극복하는 것이다. 절제란 단기적 보상을 분간해 내고 장기적 이익을 위해 자기통제를 발휘하는 것이다. 정의와 열정은 다른 사람을 위해 좋은 의도를 표현하는 것이다. 신중함은 통찰력 있게 자기통제를 발휘하는 것이다. 겸손은 자신감이 지나치지 않도록 주의하며 자만심을 확실히 통제하는 것이다. 투지와 회복력처럼 최근 유행하는 미덕은 생각과 의지를 비슷하게 재조합한 것이다. 다문화적 분석에서 이런 미덕은 강조하는 정도가 상대적으로 다를지라도 전 세계적으로 귀중한 가치로 평가된다는 것을 의미한다.[20]

문명의 시대를 통틀어 가장 현명한 사람이 누구인지 물어본다면 사람들은 아마도 소크라테스, 마하트마 간디, 마더 테레사, 벤자민 프랭클린, 넬슨 만델라, 아웅산 수치 같은 사람이라고 답할 것이다.[21] 특히 이런 사람 중에는 특정 분야에서 현명했을지도 모르는 모차르트나 스티브 잡스 같은 사람들은 없다. 좋은 안목을 위한 지능 지수가 어느 정도일지는 몰라도 지성과 재능과 탁월함은 생각과 의지와는 다르다. 간디는 영국에서 인도를 해방시키기 위해 단식투쟁을 이어갔고, 만델라는 27년간의 수감 생활 이후 자신을 투옥한 정부와 화해를 모색하고자 했다. 지성을 넘어서는 이 같은 행동에는 성자와 같은 의도와 비범한 자기통제가 필요하다.

그렇다면 왜 하필 기둥이 세 개일까?[22] 그것은 인간의 모든 긍정적 행동에서 최소한의 구성 요소이기 때문이다. 장기적인 건강을 위해 필요한 지혜를 예로 들어보자. 최상의 건강을 유지하려면 일단 본인이 건강을 원해야 하고(좋은 의도), 영양과 육체 활동에서 오는 장점을 이해하고(안목), 먹을 때 잘 먹고 운동하는 것이 필요하다(자기통제). 이 세 가지 중에 어느 하나라도 놓치면 건강이 좋아진다고 보기 어렵다. 예를 들어 일중독에 빠진 한 영양과학자는 좋은 다이어트가 무엇인지 알고 있고(안목), 대단한 의지력이 있지만(자기통제), 연구에 너무 몰두한 나머지 자신의 건강에는 여전히 무신경하다(나쁜 의도). 또, 건강에 관한 미신에 빠진 사람들은 건강하기를 바라며(안목), 건강을 위해 자신이 믿고 있는 바를 행하지만(자기통제), 부적절한 의료 자문으로 그릇된 방향으로 갈 수 있다(그릇된 안목). 그리고 똑똑하면서 건강에 관심이 있으나 소파에 앉아 TV만 보는 사람은 추상적으로 건강을 원하며(의도), 어떤 게 건강에 좋은지 잘 알고 있지만(안목), 여전히 너무 게을러서 소파에서 나올 줄 모른다(낮은 자기통제).[23]

집단에서의 내면적 성장

           내면적 성장의 교훈은 개인만이 아니라 집단에게도 적용된다. 공중보건이 좋은 예다. 공중보건은 다른 사회적 대의보다 기술과 내면적 성장의 균형을 놓고 활발한 토론이 있어 왔다. 현대 의료 서비스의 경우, 놀라운 기술로 의료 서비스가 계속 발전하는 것은 축하해야 마땅하다. 하지만 공중보건은 생명뿐만 아니라 다수의 건강을 위한 사회 기반도 중요하기 때문에 많은 전문가들은 의료 서비스를 제공하는 인적 제도를 강조한다. 우리는 이를 가리켜 '의료 체계health system'라고 부른다.[24] 결과적으로 공중보건 종사자들은 기술이 중심이 되는 다른 영역보다 조직과 사회의 내면적 성장을 끌어내고자 노력한다.

    워싱턴대학교 국가건강교육훈련센터International Training and Education Center for Health 또는 I-TECH로 불리는 이곳은 세계 곳곳에 '숙련된 의료 종사자와 정비된 국가 의료 서비스 체계 개발'을 지원한다.[25] I-TECH의 창립 이사는 세계 보건 전문가인 앤 다우너Ann Downer이다.

    I-TECH는 2002년에 설립되었지만 다우너는 I-TECH의 부흥이 PEPFAR, 즉 에이즈퇴치긴급프로그램President's Emergency Plan For AIDS Relief에 기인한다고 말한다. 또, 그녀는 공중보건 분야 사람들에게 놀라운 기쁨을 선사한 PEPFAR의 전략은 창립 이사인 마크 다이블Mark Dybul의 공이 크다고 말한다. 다이블은 전염병 전문가로서, 에이즈가 창궐하는 나라에 항레트로바이러스 약제를 다량으로 저렴하게 공급해도 큰 효과가 없을 거라는 걸 이해하고 있다. 전염병의 영향권에 있는 국가는 의료 서비

스 역량을 구축할 필요가 있었다. PEPFAR는 정부의 보건 부처가 에이즈를 퇴치하는 데 있어 충분한 역량을 갖출 수 있도록 돕고자 했다. 그리고 I-TECH는 의료 체계를 강화하는 데 중점을 두는 것으로 자금 지원을 받았다.

I-TECH는 다양한 수준의 의료 체계에서 운영되지만 모든 활동은 훈련과 조직 개발이 주를 이룬다. I-TECH는 최전선에 있는 의료 서비스 제공자를 교육하고, 연구실 종사자에게는 품질 관리를 가르친다. 또한 보건 부처 공무원에게는 리더십 교육을 제공하며, 의료 서비스 교육 프로그램을 위한 표준 교육과정을 개발하고, 각 지역의 강사들을 통해 이 모든 것을 자체적으로 수행할 수 있도록 훈련시킨다. 다우너는 "최전선에 있는 의료 종사자의 경우, 예전보다 교육은 덜 받고 있다. 하지만 우리의 목표는 환자가 혜택을 볼 수 있도록 최전선이든 고위 관리자이든 관계없이 효과적이고 스스로 지속 가능한 의료 체계를 만들어 가는 것이다"라고 말했다.

I-TECH의 활동에서 눈부실 만한 성과는 없다. 다우너는 탄자니아에서 교육했던 내용에 관해 내가 물었을 때 솔직하게 대답했다.

"여기 미국에서는 많은 것을 당연시하는 것 같습니다. 우리는 훌륭한 교사가 가지는 놀라운 효과를 평가 절하합니다. 훌륭한 교사들은 고급 기술은 아니어도 반복 가능한 교수법을 사용합니다. 또한 토론과 사례 연구 등을 통해 학습자가 지식 체계를 개발하고 비판적 사고력을 함양할 수 있도록 하죠. 첨단 기술이 유혹하는 시대이지만 기본 교육을 시키려고 애쓰는 나라에 이 방법을 적용하면 학습 효과가 매우 클 수 있습니다.

그것은 '기본으로 돌아가라'라는 새로운 의미를 부여해요."

I-TECH는 설립 이후 10년간 의료 서비스 전문가 18만 명 이상을 양성함으로써 PEPFAR가 처음 4년 동안 약 1200만 명의 생명을 구하는 데 기여했다.[26] 물론 살아난 사람들은 가족과 경제에 지속적인 영향을 미칠 것이다. 그러나 이 숫자들은 여전히 에이즈 치료 효과를 넘어 강력한 의료 서비스 체계에 따른 궁극적인 효과를 과소평가한다.[27] 연구자들은 PEPFAR로 인해 종합 의료 체계가 개선되었고 혈액이 보다 신뢰 있게 공급되었으며 식수를 관리하는 가정이 더 많아졌다고 말한다.[28]

세부적인 혜택을 일일이 집계하는 건 불가능하다. I-TECH 교육과정에서 배운 간호사의 제안으로 집에서 물을 끓여 먹기 시작한 증조부모가 있다고 가정하자. 그들로 인해 얼마나 많은 증손주가 건강하게 살지 누가 알겠는가? 더불어 집계가 불가능하다는 사실을 인정하는 게 중요하다. 그러면 우리는 단순한 비용 중심의 분석에서 벗어나 측정하기 어려워도 꼭 필요한 사항을 포함해 판단할 수 있다. 즉, '패키지 개입을 가능한 한 많이 제공하기만 하면 되는가?' 혹은 '자체적으로 패키지 개입을 위한 제도를 육성해야 하는가?' 등을 고려해야 한다.

I-TECH 같은 조직이 하는 일은 국가 의료 서비스 체계를 구축하는 일에 상응한다.[29] 이처럼 내면적 성장의 개념은 단지 개인이 아닌 집단과 사회에도 적용된다. 물론 집단의 경우, 개인과 비교할 때 이런 특성이 형성되고 표현되는 방식이 다르다. 집단의 생각과 의지는 조직 구조와 정치를 통해, 개인의 의도와 안목과 자기통제가 결합된 결과다. 신뢰 같은 사회 특성은 한 개인에게는 실질적인 의미가 없지만, 집단의 상호작용을 중재

할 때는 중요하게 여겨진다. 그럼에도 불구하고 집단은 의도가 있으며, 여러 선택사항을 식별하며, 그것을 조정한다. 즉, 집단의 내면적 성장은 복잡한 사회 요소가 혼합되고 개인의 내면적 성장이 합쳐진 복합체다.[30]

아셰시대학교도 마찬가지다. 학교가 이룬 업적도 있지만, 동문들이 이룬 업적을 놓고 학교가 모든 인정을 다 받을 수는 없다. 다른 유수의 대학교와 마찬가지로 아셰시대학교도 입학생들을 선별한다. 그것은 강한 생각과 의지를 가진 학생들이 많이 들어온다는 의미이다. 따라서 I-TECH와 아셰시대학교는 우리로 하여금 몇 가지 질문을 던지게 한다. I-TECH와 아셰시대학교로부터 혜택을 받기 위해 어떤 토대가 필요한가? 그리고 냉혹한 환경에서 그런 토대를 세우는 것이 가능한가? 샨티 바반Shanti Bhavan이라는 기적이 이 질문에 답해 줄 것이다.

평화와 배움의 천국, 샨티 바반

타라 스리니바사Tara Sreenivasa는 11학년 때 수학과 컴퓨터를 좋아했다고 했다. 훌륭한 교사 덕분에 특히 회계 과목을 좋아했다. 또한 기타 교습도 받고 오후에는 친구들과 배드민턴이나 농구를 하기도 했다. 그녀는 자신의 장래 계획을 자신 있게 설명했다. "사업에 뛰어들어 돈을 많이 벌고 싶다. 언젠가 회사를 차려 할머니를 기념하는 요양원을 열고 싶다. 할머니는 나에게 독립하는 법을 가르쳐 주셨기 때문이다"라고 말이다. 2009년 스리니바사는 국가표준중등학교시험을 통과하여 대학에 진학했다. 그리고 대학을 졸업하고 회계사가 되었다.

스리니바사는 평범해 보이지만 그녀의 배경을 생각하면 비범하기만 하다. 그녀는 인도 남부의 극빈한 소작 마을인 쿤두코테Kundhukotte 출신이다. 인도 정부는 스리니바사의 가족을 '후진 계급Backward Class'로 분류하였는데, 이는 공식적으로 '사회적, 교육적으로 뒤떨어진' 것으로 간주되는 카스트에 붙여진 명칭이다.[31] 스리니바사의 어머니는 정식 교육을 받지 못하여 읽기와 쓰기를 하지 못했다. 그녀는 공립학교에서 요리사로 일하고는 했는데, 1년에 120달러를 벌었다. 스리니바사의 아버지는 실업 상태였고 대부분 집에 없었다. 스리니바사가 할머니에게 독립심을 배웠다고 한 이유는 최근에 아프기 전까지 할머니가 다른 사람의 농장에서 일을 하며 하루에 40센트를 받아 스스로를 부양했기 때문이다.

반면 쿤두코테에서 두 시간 가량 떨어진 마을에 사는 스리니바사 또래 여자아이 카비타의 이야기는 스리니바사가 샨티 바반이 아니면 어떤 삶을 살았을지 짐작하게 한다. 카비타는 스리니바사와 매우 비슷한 삶을 살았지만 8학년 때 학교를 그만두었다. 카비타는 집안일을 해야 했고, 4킬로미터 떨어진 중등학교를 다니기에는 시간이 너무 많이 걸렸다. 어쨌든 초등학교 과정이 끝나갈 무렵에는 거의 배우지 못하고 있었다. 카비타의 학교에서는 학생의 이해도와는 관계없이 융통성 없는 교과과정을 고집했다. 5학년이 되자 카비타와 반 친구들은 속수무책으로 뒤처지게 되었다. 열네 살 때 카비타는 열다섯 살 많은 아저씨와 결혼했는데, 어려서부터 혼인을 약속한 사람이었다. 남편은 몇몇 지방정부 사무소에서 조경 관리를 하는데, 1년에 200달러가량 버는 일정한 직업이지만 전망은 없었다. 남편은 카비타가 음식을 살 때 빼고는 집 밖을 나서면 안 된다고 생각했다.

2009년 내가 카비타를 만났을 때 그녀는 열여덟 살이었고 둘째 아이를 임신하고 있었다.

스리니바사에게는 샨티 바반 덕분에 더 밝은 미래가 있었다. 기숙학교인 이곳은 기부금으로 운영되며, 저소득층이면서 카스트 하층 계급인 인도 가정의 아이들이 일류 수준의 교육을 받을 수 있었다. 스리니바사는 부모의 동의와 격려 속에 네 살 때 학교에 들어갔다.[32]

샨티 바반은 타밀나두 주의 농경지 한 구역 가운데 약 4000제곱미터를 차지하고 있다. 근처에는 작게 나누어진 논밭 외에 아무것도 보이지 않는다. 샨티 바반의 창립자이자 주요 후원자인 에이브러햄 조지Abraham George는 샨티 바반을 '평화의 안식처Haven of Peace'라고 번역했다. 조지는 하층 계급의 학생이 중상류층 학생이 생활하는 것과 동등한 시설을 가져야 한다고 생각했다.[33] 샨티 바반 운동장은 다른 인도 학교 운동장 표면처럼 단단하고 깨끗하며, 잘 가꾼 잔디가 심어져 있다. 또한 정성스럽게 가꾼 나무와 꽃이 보도를 따라 늘어서 있다. 5월이 되면 '숲의 불꽃'이라 불리는 굴모하르나무의 오렌지빛 꽃들이 마치 불꽃놀이마냥 차도를 환하게 밝혀 준다. 학교는 2층으로 된 파스텔풍의 분홍색 건물이고, 안쪽에는 모든 교실에서 볼 수 있는 큰 마당이 자리하고 있다.

라리타 로Lalitha Law는 샨티 바반 개교부터 12년간 교장으로 있었다. 그녀는 나에게 "우리는 중산층 학교에서 당연하게 생각하는 기본부터 시작해야 한다"고 이야기했다. 샨티 바반에서는 몇몇 학생들만 입학하기 전에 책을 본 적이 있고, 어떤 언어든 알파벳을 알고 들어온 학생은 없었다. 또한 그녀는 "이곳에서는 몇 명의 아이만이 위생 습관을 갖고 있다. 일부 아이들은 규칙적으로 목욕하지 않고 대부분은 양치하는 습관이 없었다"고 말했다. 그리고는 아이들 대부분이 학교 잔디밭 위에서 용변을 본다고 넌지시 알려 주었다.

그래서 샨티 바반은 '아줌마 도우미'를 고용해서 갓 들어온 새내기를 아이를 키우듯 돌보게 했다. 스리니바사는 샨티 바반에서의 처음 며칠간의 일을 기억했다.

"나는 숟가락 잡는 법과 신발 닦는 법을 배웠어요. 태어나서 처음으로 화장실이라는 것을 봤고요. 양치는 어떻게 하는지, 옷은 어떻게 입는지, 숟가락을 어떻게 쥐고 밥을 먹는지, 연필과 책을 잡는 요령을 비롯해 많은 것을 배웠습니다."

샨티 바반 아이들은 다섯 살이나 여섯 살 경, 정식으로 1학년에 입학할 때쯤 되면 중산층 아이 수준에는 꽤 미치지 못하지만 그래도 어느 정도 가까워진다.

학생들이 12년 동안 인도 일류 사립학교와 동등한 교육을 받으면서 나머지 격차는 점차 줄어든다. 샨티 바반의 교사는 지원자로 보충되는데, 이들 대부분은 해외에서 온 사람들로 주로 과외활동을 가르친다. 학생들은 피아노를 연주하고 연극을 하며 축구 시합을 하며 친구들과 경쟁한다. (우연히도 이 학교에는 특별한 첨단 기술이 없다. 선택과목으로 컴퓨터 수업을 듣는 교실 한 곳에 컴퓨터가 설치되어 있지만, 이마저도 인터넷이 연결되지 않았다.)

샨티 바반 학생들은 중등학교 무렵이 되면 잘 교육받은 중상류층 가정의 아이들과 별반 차이가 없어진다. 지금까지 샨티 바반 졸업생 모두 명문대에 입학했다. 2012년 샨티 바반의 첫 졸업생이 대학을 졸업했고, 그들은 현재 골드만삭스, 아이게이트, 메르세데스 벤츠 같은 다국적 회사에서 근무하고 있다. 스리니바사는 언스트앤영에서 일한다. 샨티 바반이 없었더라면 아이들은 읽고 쓸 줄 아는 것을 행운이라고 여겼을지도 모른다. 아마도 임금 노동을 하거나, 한계 농지에서 농사일을 하거나, 빈곤선 아래에서 다른 일을 할 운명이었을 것이다.

　나는 인도에서 다른 대안학교를 찾아갔지만 샨티 바반 같은 곳은 단한 군데도 없었다. 학생당 정부 예산의 두세 배를 지출하는 학교는 학습과정을 늘릴 수는 있어도 미래가 급격하게 바뀔 학생은 얼마되지 않을 것이다. 샨티 바반은 학생 전체가 변혁의 대상이다. 일전에 11학년 학생들이 수년의 공개 연설 경험이 있는 나와 나의 동료에게 토론을 도전한 적이 있었다. 학생들은 잘 구성된 논리로 침착하게 우리를 완파했는데, 토론 내내 셰익스피어를 인용하여 우리를 흐뭇하게 했다. 모든 아이들을 기숙학교에 보내는 게 실현 가능한 공공 정책은 아니지만, 샨티 바반의 경우 학문, 과외활동, 인성, 그리고 문화 자본을 강조하면서 다방면 교육의 놀라운 효과를 입증한 하나의 표석이 되었다. 덕분에 샨티 바반의 학생들은 한 세대 만에 가난에서 벗어났다.

정규교육의 가치

　　　　하지만 비용에만 중점을 두면 편협한 기술 중심의 관점을 갖게 된다. 이것은 아셰시대학교와 샨티 바반이 돈으로 인재를 만들어 내는 것으로 보게 한다. 이 학교들의 성공 여부는 대부분 졸업생의 취업 현황에서 볼 수 있다. 세계은행 경제학자인 해리 A. 파트리노Harry A. Patrinos 와 동료인 조지 사카로풀로스George Psacharopoulos는 "교육 투자로 인해 실제 측정 가능한 수인이 있다는 사실은 확증되어 있는 바, 여기에 의심의 여지는 없다"고 언급했다. 그들은 다양한 나라에서 나온 데이터에 입각해 국가 교육 프로그램의 경제 수익률을 약 10퍼센트로 추정했다.[34] 그러나 넬슨 만델라는 일전에 "교육은 세계를 바꾸기 위해 사용할 수 있는 가장 강력한 무기다"라며 분명히 교육의 경제성에 관해서 언급하지 않았다.[35] 사실 교육의 효과는 경제 생산성을 초월한다. 예를 들어 한 소녀의 교육 효과에 관해 파트리노가 기록한 내용은 이렇다.

한 소녀가 1년 동안 학교교육을 받으면 신생아 사망률이 5에서 10퍼센트 감소한다. 5년간 초등교육을 받은 엄마의 아이들이 5세 이상까지 살 수 있는 확률은 40퍼센트다. 중등교육을 받은 엄마의 비율이 두 배가 되면 출산율이 5.3명에서 3.9명으로 감소한다. 추가로 1년의 교육과정을 받은 여성은 급여가 10에서 20퍼센트가량 오른다. 여성이 학교교육을 이수하는 경우가 늘고 영양실조가 43퍼센트 감소하면 농업에서 생산성이 좋아졌다는 증거가 있다. 또, 교육받은 여성은 교육받은 남성보다 자녀의 학교교육에 지대한 영향을 미친다. 브라질에서는 여성 인력이 남성 인력에 비해 아이 건강에 미치는 영향이 스무 배 높다. 중등교육을 이수한 우간다 농촌의 젊은이는 인간 면역 결핍 바이러스(HIV)에서 양성 반응이 나올 가능성이 세 배 적다. 정식 학교교육을 이수한 인도 여성은 폭력에 저항할 가능성이 높다. 교육을 받은 방글라데시 여성은 정치 집회에 참여할 가능성이 세 배 높다.[36]

이러한 통계는 일부 개발 전문가로 하여금 소녀의 교육이 세계 빈곤을 퇴치하는 특효약에 가장 가깝다고 여기게끔 한다.[37] 하지만 이 수치에서는 교육이 넓은 범위에 걸쳐 영향을 미친다는 근거가 명확하지 않다. 파트리노는 교육을 농업과 연관시키지만 과연 학교교육이 농업과 관련이 있을까? 최신 교과과정에서는 농업을 가르치지 않는다. 왜 소녀가 이수한 초등교육이 훗날 자신의 아이 생존율에 영향을 미칠까? 소녀는 3학년 때 신생아 간호를 배우지 않는데 말이다. 이처럼 교육이 높은 평가를 받더라도[38] 항상 타당한 이유로 평가받는 건 아니다. 문법과 구구단, 이름과 날짜와 인지능력을 배우는 것을 교육이라고 생각하면 문제가 있는 것이다. 생산적인 삶을 위해 지식이 필수라면 우리에게는 훨씬 더 많은 지식이 필요하다.

우리는 훌륭한 교육이 생각과 의지에 보다 깊은 변혁을 일으킨다는 사실을 간과한다. 앞서 스리니바사의 이야기는 스리니바사가 카비타보다 단지 지식이 많고 교육을 잘 받았다는 걸 의미하는 게 아니다. 스리니바사에게는 포부로 가득한 인생관, 자신과 학습 능력에 대한 믿음, 다양한 관심거리를 향한 내면적 동기부여, 그리고 자신의 한계를 넘어 사회에 도움이 되고자 하는 소망이 있다는 것이다. 이 모든 특성은 교육 정책에서 대부분 무시된다.

다행스럽게도 그동안 보이지 않던 교육의 가치에 관한 구체적인 증거가 서서히 드러나고 있다. 경제학자 파멜라 자키에라Pamela Jakiela, 테드 미구엘Ted Miguel, 베라 테 벨트Vera te Veld는 연구를 통해 단 2년 동안 정식 학교교육을 받은 케냐의 10대 소녀들의 태도에 놀라운 변화가 있었음을 발견했다.

먼저 1800명이 넘은 소녀들로 구성된 한 그룹에서 무작위로 절반에게 장학금을 주고 이 그룹을 두 그룹으로 나누었다. 자키에라와 동료는 행동경제학자의 방식으로 두 그룹이 게임을 하도록 했다. 구체적으로 말하면, 독재자 게임의 변형이었다.

독재자 게임의 원래 규칙은 독재자로 두 명의 참가자가 필요하고, 그중 한 명에게는 일정한 액수의 현금을 준다. 게임에서는 그 사람이 원하는 대로 돈을 주거나 아예 주지 않을 수도 있다. 게임이 단순하고 어디에서나 할 수 있기 때문에, 독재자 게임은 행동경제학의 기본 게임 같은 존재이다. 반복된 실험에서 독재자 역할을 맡은 사람들은 대부분 자신이 많은 돈을 갖기 원하면서도 여전히 다른 참가자에게 일정한 돈을 주었다. 즉, 대부분의 사람은 자기 자신을 희생하는 성인은 아니지만 완전한 구두쇠도 아니었다. 문제는 독재자가 얼마나 돈을 갖고 있는가이다.

주요 결과를 보면 학교에 다니는 소녀들은 독재자일 때 최선을 다하여 돈을 많이 가졌다. 또한 다른 참가자가 최선을 다할 때에는 돈을 더 많이 줌으로써 그들의 노력을 존중했다. 이러한 현상은 앞서 2년 동안 성적이 올랐던 학생들에게서 두드러졌다. 연구자들은 학생들이 학교에서 노력하여 보상받았던 경험을 내면화하였고, 그 가치 체계가 삶의 다른 부분에 영향을 미치는 것으로 보았다. 2년간의 정식 학교교육만으로도 행운 대신에 노력의 가치를 건전하게 평가하려는 생각이 학생들에게 서서히 주입된 것으로 보인다.

행운 대신에 노력을 가치 있게 평가하는 것은 좋은 의도와 안목을 모두 보여 준다. 이는 목표를 달성하고자 하는 개인의 역량을 지지할 뿐만 아니라, 개인의 노력을 보상하는 사회규범을 강화한다. 대체로 사람은 많은 노력이 필요하다고 믿을 때 목표에 이를 가능성이 높고, 사회는 개인의 노력을 보상할 때 번영할 가능성이 높다. 하지만 현실에서의 성과는 행운에 의한 것이든 노력에 의한 것이든 중요하지 않게 본다. 그럼에도 원인의 1퍼센트라도 노력은 여전히 좋은 것이다. 행운은 성과의 평균을 넘기겠지만, 1퍼센트 효과는 시간이 지남에 따라 복리처럼 쌓일 것이다.[39] 일찍이 1966년에 사회학자인 제임스 콜맨James Coleman은 미국 정부가 위임한 연구에서 사회 편차의 원인을 제시했다. 미국 내 다양한 사회·경제 계층의 아이들 간에 주요한 차이는 아이들이 행운이나 노력을 믿는 정도에 기인했다.[40] 교육을 받은 부유한 부모의 아이들은 노력의 가치를 높게 평가했다.

자키에라와 동료가 수행한 연구에서는 교육이 지식 전달보다 훨씬 더 중요하다는 사실을 보여 주고 있다. 교육도 생각과 의지를 만들어 준다. 학교교육을 통한 가르침은 가령 논이나 노동력 착취 현장에서 열두 시간씩 아무 생각 없이 하찮은 일을 하는 것보다 내면적 성장에 도움이 된다. 논이나 공장이 교육적이지 않다는 게 아니다. 일부 대안 교육은 농장이나 작업장을 교실로 사용한다.[41] 하지만 이런 환경은 아무래도 미성년 노동이나 아동 방치의 현장이 되기 쉽다. 설령 친절한 곳이라도 아이들에게 지속적인 배움의 기회를 주는 곳은 거의 없다.

이에 반해 효과적인 교육에서는 반복해서 배울 수 있는 기회가 존재한다. '나는 할 수 있다!' 이것은 주입식 교육 같이 상당히 좋지 않은 교육 방식에도 해당된다. 일본의 경우, 국가 교육 체계가 대부분 듣고, 공부하고, 시험 보고, 통과하는 주기에 기초하고 있지만, 일본 교육 체계가 실패했다고 주장하는 사람은 거의 없을 것이다.[42] 이 나라는 글을 아는 사람들의 비율이 매우 높고, 기대수명도 높으며, 장기 불황을 겪었음에도 불구하고 세계 세 번째 규모의 경제 대국이다. 마찬가지로 중국과 인도 출신의 엘리트 학생이 주입식 교육 환경에서 자랐지만 미국 평균 학생보다 우수하다.

그렇다고 주입식 교육이 핵심이라는 이야기는 아니다. 훌륭한 교육은 기술중심주의자가 그 원인을 수량화하는 것이 불가능하지만 존재한다고 인정하는 몇 안 되는 것 중 하나다. 사소한 것이 중요할 수도 있으며 상당수는 비용을 줄이거나 성과를 표준화하는 활동에 없다. 예를 들어, 우수한 학교는 학생에게 다양한 직업 세계를 보여 주기 위해 외부 강사를 초빙하고는 한다. 이렇게 한다고 해서 시험 점수가 오르지는 않지만 학생들로 하여금 인생의 목표를 개발하는 데 도움을 줄 수 있다. 샨티 바반은 이렇게 많은 사람을 초대한다. 학생들은 의사, 기술자, 과학자, 저널리스트, 환경 운동가, 브로드웨이 가수에 대한 꿈을 갖게 된다. 샨티 바반에는 우주비행사가 되겠다는 아이들이 많은데, 이는 미 항공우주국의 우주비행사인 샌드라 매그너스Sandra Magnus가 뜻 깊은 방문을 한 덕분이었다. 반면에 인도 공립학교 아이들의 꿈은 주로 공직에 한정되었는데, 이는 아이들이 들어본 직업 중에 유일하게 안정적이기 때문이었다.[43] 플루타르코스가 말했듯이 '생각은 무언가를 채우는 그릇이 아니라 불을 지피는 나무와 같다.'[44]

지속 가능한 교육이란

홀륭한 교육이 효과적이기는 해도 빠르지도 않고 비용이 적게 드는 것도 아니다. 조지는 15년간 샨티 바반에 기부하느라 자신의 재산을 모두 썼으며, 최근 이 학교는 자체 기금 모금을 구축하면서 재적 학생수를 줄여야 했다. 그리고 샨티 바반이 스스로 버틴다 해도 이렇게 훌륭한 학교에 다니지 않는 다른 2억5000만 명의 인도 아이들은 어떻게 할 것인가? 그 아이들을 돕기 위해 조지 같은 사람이 수없이 생길 가능성은 낮다. 그렇다면 샨티 바반의 교육 모델은 일반화할 수 없는 일회성인 것일까? 아니면 지속 가능한 것일까?

정책 입안자와 대형 재단은 종종 어느 정도 자금이 투입되면 교육 변혁이 일어날 것으로 이야기한다. 그들은 마치 사회 변화가 누군가 와서 첫 번째 블록을 쓰러뜨리기만을 바라고 있는 도미노 게임인 것처럼 이야기한다. 그들은 일회성 기부로 지속 가능한 교육을 이루어 자신의 명예로 삼고 싶은 것이다. 일반적으로 교육에 비용을 지출하여 역량을 키우는 것은 높은 비용이 들고 매년 누군가 비용을 지불해야 하므로 지속 불가능하다고 여겨진다. (여기서 다시 C. K. 프라할라드의 말을 빌리자면, '자선이라고 하면 훈훈하게 생각할지 모르겠지만, 확장 가능한 지속적인 방법으로는 문제를 해결하지 못한다'라고 할 수 있다.)[45]

그러나 이는 지속 가능성에 대한 비생산적인 관점이다. 예를 들어 샨티 바반의 경우, 프라할라드의 기준에 의하면 명확하게 지속 불가능하다. 이 학교는 학생당 연간 약 1500달러의 비용이 들며, 이는 학부모가 충당할 수 없는 금액이다. 적어도 인도의 경우 샨티 바반 같은 교육 모델은 어떤 대규모 정부 프로그램이라도 가능해 보이지 않는다. 연간 1500달러의 비용은 인도 정부가 각 공립학교 학생에게 지원하는 연간 250달러 미만의 비용보다 훨씬 높다.[46] 그렇다면 샨티 바반의 운명은 자선에 달려 있다. 하지만 샨타 바반이 지속 불가능하다고 볼 수는 없다.

스리니바사야말로 지속 가능성을 보여 주는 기념비나 다름없다. 스리니바사는 샨티 바반 졸업생으로서, 크라이스트 칼리지Christ College의 동문으로서, 언스트앤영의 직원으로서 인도 중상류층에 확실히 자리 잡았다. 그녀가 1년에 5000달러 이상을 벌지 못한다고 해도 1년에 몇백 달러로 생활하는 수억 명의 인도인에 비하면 경이로운 생활수준을 유지할 수 있을 것이다. 상태를 악화시킬 만한 실패만 없다면 스리니바사는 1년에 수입이 1500달러를 넘기 힘든 카비타 집의 고충은 전혀 모를 것이다. 따라서 스리니바사의 이야기는 샨티 바반이 설령 내일 문을 닫는다고 해도 성공한 이야기가 될 것이다.

이외에도 효과가 더 있다. 스리니바사는 자신의 가족을 위해 좋은 의료 서비스를 제공할 수 있을 것이다. 반면에 카비타는 운이 좋아야 유능한 농촌 의료 서비스를 받을 것이다. 스리니바사는 나중에 아이들을 우수한 학교에 보낼 수 있겠지만, 카비타는 직원이 부족한 공립학교나 조금 더 나은 사립학교(한 달 드는 비용이 1~2달러 정도이다)에 보내는 것으로 만족해야 할 것이다. 스리니바사는 세금을 내고 학부모의 복지에 도움을 줄 테지만, 카비타는 건기에 살아남기 위해 이웃에게 구걸해야 할지도 모른다. 물론 카비타가 지역 자립단체에 참여하여 지역사회 리더가 될 수도 있다.

혹은 부자 친척으로부터 땅을 물려받을지도 모른다. 그리고 스리니바사의 경우, 회사에서 해고되거나 주식시장 붕괴로 돈을 잃을지도 모른다. 두여자 모두 삶에서 우여곡절을 겪을 수 있다. 하지만 스리니바사와 카비타에게 발생할 수 있는 일의 범위는 제한적이다. 스리니바사가 넉넉하게 살면서 자손의 행복에 기여할 수 있는 좀 더 나은 위치에 있다.

한편 샨티 바반을 비판하는 사람들은 자녀 중 한 명만 더 나은 세계로 보낼 때 가족 내에 발생하는 균열을 제기한다. 나 또한 일전에 이런 우려를 나타낸 바 있다.[47] 그러나 샨티 바반 교정을 방문해서 그곳 학생들을 만나자 그런 의구심은 사라졌다. 이 학교는 세심한 상담과 1년에 두 번 고향 방문으로 아이들이 가족과 좋은 관계를 유지할 수 있도록 무척이나 신경 쓰고 있었다. 일부 아이들은 집에서 성적 학대 같은 복잡한 상황을 겪으며 살아왔다.[48] 아이들 대부분 자신과 가족들 사이에 크게 벌어진 사회적, 문화적, 언어적 차이를 인정하고 있으며 그런 차이를 조정하는 데 익숙했다. 학생들은 그런 문제가 있더라도 잘 적응했으며, 가족들은 아이가 발전하는 모습에 기쁨을 감추지 못했다. 학생들은 집에 돌아가면 마치 연예인이라도 된 듯한 대접을 받곤 했으며 이웃에게는 여력이 되는 한 아이에게 훌륭한 학교교육을 받게 하도록 생각을 불어넣었다.[49] 스리니바사의 어머니는 샨티 바반이 딸에게 미치는 효과를 봤기 때문에, 스리니바사의 여동생인 가야트리를 학교에서 공부시키려고 최선을 다했다. 가야트리는 지금 정부 공립대학교에 다니고 있다.

최근 스리니바사는 학교 재정에 도움을 주기 위해 재정 일부를 부담하고 있다. 2013년에 나는 스리니바사와 그녀의 친구들을 데리고 점심을 먹으러 나갔다. 그들 모두 샨티 바반 초창기 때 수업을 듣고 가장 먼저 일을 시작한 학생들이었다. 이들은 직장을 다닌 지 몇 달밖에 되지 않았는데도 이미 자신들의 월급에서 일부를 샨티 바반에 기부하고 있었다. 더 많은 학생이 졸업하면 전체 학생을 지원할 수 있을 때까지 후원은 계속될 것이다. 이 모든 것은 샨티 바반 창립자인 조지나 기타 후원자의 추가 지원 없이 이루어지고 있다. 이것이야말로 샨티 바반의 대단한 지속 가능성이지 않을까?

희망이 오는 곳

아셰시대학교는 샨티 바반과는 달리 이미 재정적으로 독립이 가능했는데, 이는 높은 수업료로 운영비용이 충당되었기 때문이다. (기부자들은 장학금, 자본 캠페인, 기부금 등의 형태로 기부한다.) 하지만 아셰시대학교 역시 대규모의 효과가 엿보인다. 대학교 총장인 아우아는 각 연령대에서 5퍼센트에 불과한 오늘날 아프리카 대졸자가 아프리카의 미래를 위해 일한다면, 20년 후에 이 5퍼센트에 불과한 사람이 리더십을 맡게 될 때면 이 대륙에 변혁이 일어날 것이라고 주장한다.[50]

20년이 길게 느껴질 수도 있다. 세계적으로 수천 명의 부패 정치인과 수백만 명의 굶주리는 아이들, 그리고 수억 명의 최저 생계 노동자를 걱정하는 사람들은 이렇게 힘든 마당에 사람을 양성한다고 20년을 기다릴 수 없다고 말할지도 모른다. 그러나 그것은 뭔가 해보려는 주장이라기보다는 어쩔 수 없이 헌신을 받아들여야 한다는 통탄에 불과하다.

이러한 고충을 해결하는 가장 좋은 예방 수단은 자국이 직접 교육을 개발하는 것이다. 하지만 하루에 1달러를 버는 국민의 나라가 미국의 1인 가정의 빈곤선인 연간 1만1678달러 소득이 되기 위해서는 계속 연간 10퍼센트라는 급격한 성장률을 유지하더라도 40년이 걸린다.[51] 이에 반해 새로운 세대를 키우는 데에는 20년이면 된다. 또한 속도는 상대적이다. 중국과 동아시아 호랑이들은 수십 년에 걸쳐 위상을 높여 왔으며 이는 상당 부분 교육의 질적 향상을 위해 국가가 폭넓게 투자했기 때문이다. 때문에 아우아는 아셰시대학교와 함께 아프리카의 새로운 교육 토대를 만드는 데 일조하고 있다.

발전을 당연한 것으로 생각할 수는 없다. 하지만 내면적 성장을 위한 작은 노력도 스스로 지속되며 영향을 미친다. 따라서 스리니바사를 성장시킨 큰 노력이야말로 진정한 변혁이라고 할 수 있다.

8장

**구원자의
진짜 얼굴**

그녀가 회사를 그만둔 사정

2012년 3월 1일, 가나에 위치한 피델리티은행에서 소프트웨어 엔지니어로 일하던 레지나 아기아레Regina Agyare는 여느 날과 다름없이 하루를 시작했다. 그녀는 잠에서 깨어나 옷을 입고 아침을 먹었다. 그리고 일터로 가서 자신의 컴퓨터에 로그인을 하고 메일을 확인했다. 그러나 그날은 다른 날 같지 않았다. 그녀는 그날 회사를 그만두었다.

아기아레는 예전에도 한번 그만두려고 했었다. 그러나 회사는 그녀를 계속 잡아 두려고 했다. 그녀는 나에게 "회사가 승진과 급여 인상과 기타 인센티브를 제안했다"고 말했다. 그 당시 그녀는 남아 있기로 결정했지만, 3월 1일은 그렇지 않았다. 회사는 그날도 아기아레에게 남아달라고 설득했다. 그녀의 매니저는 이달 말에 은행에서 직원에게 상여금을 줄 거니까 그때까지 남으라고 제안했다고 한다. 그 제안은 솔깃했기에 그녀는 다시 한 번 생각했다. 하지만 그리 길지 않았다. 아기아레의 마음은 이제 그만둘 때가 되었다고 느끼고 있었다. 오후가 되자 그녀는 사무실 짐을 싸서 영원히 떠났다.

아기아레는 "나는 마련해 둔 일자리도 없었고, 원대한 계획도 갖고 있지 않았다"라고 말했다. 하지만 그녀는 자신이 원하고 있는 바를 알고 있었다. 2주 후, 그녀는 소론코Soronko를 시작했다. 소론코는 가나의 트위어로 '고유한'이란 뜻이며, 그 이름에 맞게 운영되고 있다. 소론코는 소론코 솔루션이라는 영리회사와 소론코 재단이라는 비영리단체, 즉 두 개의 독립체로 구성되어 있다. 소론코 솔루션은 숫자는 많지만 취약한 가나의 중

소기업에 소프트웨어 개발 서비스를 제공한다. 그리고 아기아레는 소론코 솔루션으로 버는 수익의 80퍼센트를 소론코 재단에 사용한다. 소론코 재단은 가나의 젊은이에게 기술교육을 가르친다. 이 재단의 '성장 STEM' 프로그램을 통해 농촌 아이들은 추가로 과학과 기술 수업을 들을 수 있다. 아기아레는 "우리는 최근에 '테크 니즈 걸즈Tech Needs Girls'라고 불리는 프로그램을 가동했다. 또한, 도시 슬럼가에서 온 소녀에게 컴퓨터 프로그래밍과 기업가 정신을 가르치기 위해 여성 엔지니어를 구성했다"라고 말했다.

아기아레의 성과는 주목받지 않을 수 없었다. 그녀는 세계경제재단 World Economic Foundation, 아스펜 인스티튜트Aspen Institute, 힐러리 클린턴의 바이탈 보이스 펠로우십Vital Voices Fellowship에서 주는 영예로운 상을 받았다. 페이스북 임원인 셰릴 샌드버그Sheryl Sandberg는 《린 인: 졸업생을 위해Lean In: for Graduate》이라는 책에서 아기아레에 대해 언급했다.[1] 그리고 2014년, 아기아레는 오바마 미 대통령의 '아프리카 청년 리더 이니셔티브Young African Leaders Initiative'에 선정되었다.

나는 앞 장에서 패키지 개입에서의 내면적 성장에 자양분을 제공하는 최선의 방법을 논의했다. 하지만 사회적 대의명분에는 그보다 더 많은 것이 필요하다. 사회적 대의명분을 이끌거나 따르면서 다른 사람을 위해 자신의 시간과 자원을 투입할 사람도 필요하다. 아기아레는 불과 몇 년 전만 해도 수억 명의 세계 중상류층과 다를 바 없었다. 자신에게는 잘하고 있었지만, 사람들에게는 영향을 미치지 못했다. 그녀는 회사를 그만둠으로써 변화의 계기를 마련했다.

보이지 않는 티핑 포인트

유능한 사회운동가를 다른 사람들과 구별하는 것은 무엇일까? 그리고 무엇이 그 차이를 만드는 것일까?

나는 아기아레를 잘 알고 있는데, 아기아레가 아셰시대학교에 있을 때 나의 미적분학 수업에서 우등생이었기 때문이다. 그때나 지금이나 그녀는 자신감이 넘쳤으며 우아했다. 그 당시 아기아레는 회사를 창업한다거나 가나 소녀를 돕는 것에는 거의 관심이 없었다. 그녀는 자신의 미래에만 집중했다. 그녀는 나에게 "아셰시대학교에서 받은 수업 중 하나가 기업가 정신에 관한 것이었는데, 강사에게 아무리 봐도 나는 회사를 창업하지 않을 것 같다고 이야기했다. 그때는 믿을 만한 일을 원했다"라고 말했다. 아기아레는 컴퓨터공학을 공부했고 당시 프로그래머가 될 거라고 생각했다.

아셰시대학교에 기술 관련 전공이 있지만 학교의 목표는 범위가 훨씬 넓었다. 학교의 구호는 '학식', '리더십', '시민정신'이었다. 아기아레는 아셰시대학교가 학생이 기업, 학계, 정계 등 어디를 가든 새로운 세대의 윤리적인 리더가 되기를 바랐던 것 같다고 했다. 학교 행정 당국은 뇌물을 주지 않는다는 정책을 통해 이것을 본보기로 만들려고 노력했다. 설령 이로 인해 지역 관료의 부패 천국에서 달팽이가 기어가듯 학교 발전이 늦어지더라도 말이다. 학교는 정규 과목 이외의 봉사 활동을 장려했다. 내가 가르쳤던 해에는 학생들이 앞을 보지 못하는 아이들을 돕는 지역 자선단체를 위해 기금을 모금했었다. 또한 명예 헌장을 통해 학생들이 정직할 수 있도록 했다. 가나 정부는 아셰시대학교 인가 과정에서 '학생이 스스로를 단속할 수 있다고 신뢰하는가?'라는 의문을 제기하며 엄격한 관리 감독을 권장했다. 학생들은 호소를 통해 반발하며 "학생인 우리가 정직하지 못하다면 훗날 이 나라의 리더가 되었을 때 정직하리라 기대할 수 있겠는가?"라고 주장했다.

이렇게 아셰시대학교가 학생들에게 뿌린 씨앗은 아기아레라는 꽃을 피웠다. 아기아레는 우리는 세상을 바꿀 수 있다고 배웠다며, 자신도 부분적으로 그 역할을 하고 싶어 했다. 그러나 그녀는 "내가 졸업할 때, 친한 친구가 바로 사업을 시작했다. 그러나 나는 그런 일을 할 수 있을지 확신이 서지 않았다. 나는 자본도 없고, 경험도 없고, 인맥도 없었다"고 말했다. 그래서 아기아레는 7년 동안 회사에서 일을 하며 자신이 준비될 때가 오기만을 기다렸다.

내가 아기아레에게 피델리티은행을 떠나게 된 결정적인 이유가 무엇인지 물었을 때 그녀는 많은 이유를 말해 주었다. 그녀는 "나의 첫 번째 매니저는 훌륭했다. 그는 기술을 이해했고, 내가 한 일을 인정했으며, 내가 주요 일정을 스스로 잡도록 했다. 그러나 매니저가 떠나자 새로 온 매니저는 그렇지 못했다"고 말했다. 회사에서도 구조조정이 있었고, 그 결과 아기아레 곁에는 시시한 동료만 남게 되었다고 말했다. 결정적으로 은행이 외국 회사로부터 기술 프로젝트 부분에 아웃소싱을 시작한 게 컸다고 했다. 그녀는 "은행에 처음 들어왔을 때는 가나 사람이 운영하는 국내 은행이여서 좋았다"고 말했다. 그 후 그녀는 독립하려는 열망을 점점 키워 갔다. 천천히 경험과 자신감, 그리고 협력망을 쌓아 갔다. 아기아레는 3월 1일을 이렇게 회상했다. "아침에 깨어났을 때조차, 내가 회사를 그만두리라고는 생각하지 못했다."

아기아레는 회사를 그만두기 전까지는 안정된 삶을 원했다. 그녀는 자신의 미래에 좋은 의도를 갖고 있었다. 그리고 좋은 직업을 구할 수 있는 견고한 지식과 안목을 갖고 있었다. 또한 자신의 목표를 끝까지 달성하는 자기통제를 갖고 있었다. 간단히 말해서 아기아레는 개인의 행복과 성공을 보장받는 데 충분한 생각과 의지를 갖고 있었다. 하지만 소론코를 시작할 무렵 그녀의 의도는 확대되었다. 그녀는 더 이상 자신과 자신의 고용주를 위해 일하는 것에 만족하지 않았다. 자신의 장점을 필요로 하는 아이들에게 도움을 주고 싶었다. 그러면서 그녀는 보다 위대한 안목과 자기통제를 갖게 되었다. 그녀는 "나는 그저 조금 더 자신감이 생겼고 조금 더 경험했을 뿐이다. 기술과 열정을 갖추었고, 또한 아셰시대학교에서 내가 리더십 역할을 맡아 했던 것을 기억해 냈다. 회사를 떠날 때가 되어서야 스스로 무언가를 할 수 있다는 것을 알았다"고 말했다.

아기아레의 이야기를 통해 우리는 더 많은 생각과 의지를 갖고 내면적 성장을 이루어 나가면 일종의 티핑 포인트tipping point[2]에 도달한다는 것을 알 수 있다. 내면적 성장은 사회문제로 고통 받는 사람이 문제를 극복하기 위한 기반이면서 자신의 행복을 보장받는 사람이 다른 사람을 돕는 이유가 된다. 내면적 성장의 차이는 정도의 차이다. 즉, 더 넓은 범위의 의도, 더 예리한 안목, 더 위대한 자기통제다. 보다 내면적인 성장은 가난하든 넉넉하든, 억압받든 억압하든, 무력하든 강력하든 모든 긍정적인 사회 변화를 통제할 수 있는 주요 원인이다.

돈을 따지지 않는 경제학자

　　　　　기술중심주의자, 특히 그중에서 경제학자는 사람이 인센티브에 반응한다고 말한다. 여기서 인센티브는 보통 돈을 의미한다. 경제학에서 말하는 '합리적 선택 모형rational choice model'에서는 사람들은 모두 자신의 행복을 극대화하기 위해 이기적으로 일한다고 주장한다. 여기서 행복은 주로 측정 가능한 것, 다시 말하면 돈을 이야기한다.[3]

　물론 많은 사람들에게 돈이 유일한 인센티브는 아니다. 심지어 주요한 인센티브가 아닌 경우도 많다. 경제학자가 그 반증이다. 그들은 돈에 대해 세계적인 전문가이며 합리적인 사람이다. 만일 이 사람들의 주된 목표가 금전적인 행복을 극대화하는 것이라면 모두 월가에서 돈 버는 일만 쫓아다닐 것이다. 어떤 경제학자는 정말 그렇게 하기도 하지만, 대부분은 돈만 목표로 하지 않고 교수, 정책 입안자, 저널리스트가 된다. 게다가 이전에 은행 등 금융권에서 일하다가 그만둔 경제학자도 있었다. 나는 그런 사람을 몇 명 만났었다. 그들이 전업한 이유는 이랬다. "비록 돈을 잘 벌기는 했지만 치열한 경쟁에 염증이 났다.""지적으로 보상받는 일을 하고 싶었다.""가족과 함께하는 시간이 더 중요해졌다.""내 사업을 하고 싶었다.""조금 더 의미 있는 것을 하고 싶었다."

　이러한 대답들은 전반적인 경제학과 두 가지 중대한 차이점이 있다. 첫째는 돈을 더 많이 벌 목적으로 전직한 사람은 아무도 없었다. 가족을 위해서, 자유롭고 싶어서, 인정받고 싶어서, 지적인 보상을 얻고 싶어서, 사회에 영향을 미치고 싶어서 등이었다. 물론 여전히 돈은 중요하기에 돈을 받지 않고 일할 사람은 거의 없었으며 대부분은 여유 있게 금전적인 대비책을 갖추어 놓았다. 중요한 것은 부를 향한 욕구가 일정 수준에서 만족되었고, 다른 욕구가 더 커진 것이다.

둘째는 사람이 바뀌었다. 인간의 본성은 고정되어 있지 않다. 따라서 한 사람의 동기부여는 시간이 지나면서 바뀔 수 있다. 돈을 잘 버는 직장을 떠난 사람 중 일부는 급여가 줄어들거나 급여를 포기하기도 했다. 심지어 몇몇 사람들은 자신이 축적한 부를 기부하기 시작했다. 이러한 변화는 경제학자에게만 생기는 것이 아니다. 눈에 띄는 경우이기는 하지만 알다시피 아기아레 또한 그랬다.

오랜 잠에서 깨어나야 할 때

경제학자든, 엔지니어든, 농부든, 공장 노동자든 간에 삶을 자발적으로 바꾸는 원인은 열망이 바뀌었기 때문이다. 아기아레의 경우, 탄탄한 직장을 원했다가 사회에 헌신하는 목표를 가지고 삶을 바꾸었다. 열망은 잠재적인 힘이므로 열망을 장려하는 것은 진부하기까지 하다. 그러나 모든 졸업식에서는 학생을 격려하기 위해 기본 틀을 갖추고 열망에 대해 연설한다. 사실 이렇게 열망이 의미 있다고 하는 데는 최소한 네 가지 이유가 있다.

첫째, 열망은 사람의 도전 의식을 북돋아서 옥스퍼드영어사전에 나온 것처럼 더 좋은 것, '그 이상의 것'을 추구하도록 한다.[4] 아기아레의 경우, 성년이 된 이후 열망해 온 것은 자신의 미래와 다른 사람의 행복이었다.

얼마 전부터 나는 사람들을 만나면 향후 5년 동안 자신이나 자신의 삶에서 바꾸고 싶은 것이 무엇인지 물어보았다. 케냐에서 2000명의 응답자에게 간단한 설문을 할 때는 그 질문을 추가했다. 응답은 수십 개의 범주로 나뉘었는데, 사람들은 대부분 기본적인 욕구 충족, 즉 더 높은 소득, 가족 부양, 개인적인 성장 또는 영적인 삶을 원하고 있었다. 설문 결과가 사람들이 열망을 모호하게 표현할 가능성이 있다고 해도 범죄나 부패 자체를 열망하는 사람은 아무도 없었다.[5] 이처럼 열망은 우리로 하여금 현실에 안주하지 않고 인간 탐구에 앞장서게 한다.

둘째, 열망은 외부 요인에 의해 영향을 받더라도 본질은 그대로이다. 아기아레는 기술 산업의 황금수갑golden handcuff[6]에 구속받지 않았다. 그녀는 더 이상 마음속에서 울려 퍼지는 외침을 무시하지 못하고 회사를 떠났다. 심리학자인 에드워드 데시Edward Deci와 리처드 라이언Richard Ryan은 내적 동기와 연관된 이러한 개념을 '자기 결정의 원형적 형태the prototypical form of self-determination'로 정의했다. 즉, 완전한 의미의 선택과 함께 자신이 원하는 것을 했던 경험을 바탕으로 강요받거나 억지로 하는 느낌이 들지 않으면 사람은 자발적으로 흥미 있는 활동에 참여한다는 것이다.[7] 강요받거나 요청받아서 하는 것은 열망이 아니다. 열망은 마음속에서 우러나온다.

셋째, 열망은 서서히 끈기 있게 일어나 오랫동안 유지된다. 내면적 성장은 하루아침에 일어나지 않기에 열정을 불어넣기 위해서는 계속 충분하게 공을 들여야 한다. 아기아레는 학생에서 기업가와 사회운동가로 길을 정하는 데 11년이 걸렸고, 그동안 끊임없는 노력을 했다. 어떤 힘이 그녀로 하여금 아셰시대학교에서 힘들게 학점을 이수하게 하고, 직장에서 일하면서도 단지 돈만 버는 게 아니라 성장하게 한 것이 틀림없다. 물론 그 시간 동안 욕구, 공포, 욕망, 그리고 비이성적 충동 같은 다른 힘이 그녀의 목표에 대한 근거가 되었을 수도 있다. 하지만 이들은 그녀의 주된 열망의 흡인력에 비하면 순식간에 사라지는 것들이다. 심리학자인 케논 셸던Kennon Sheldon은 많은 시간을 내면적 동기부여나 스스로 조화를 이루는 목표의 가치를 연구하는 데 보냈다. 셸던과 동료는 '개인은 스스로 조화를 이루는 목표가 있을 때 능력을 더 발휘하는데, 그 이유는 그 목표를 향해 계속 많은 노력을 기울이기 때문이다'라는 사실을 발견했다.[8] 긴 안목으로 시시각각 변하는 감정의 파도를 바라볼 때 남는 것은 주기적으로 서서히 솟아오르는 열망뿐이다.

넷째, 열망은 아기아레에게 중요한 내면적 성장을 겪게 했다. 아기아레는 소론코를 더 일찍 시작하기 원했더라도 자신이 준비되지 않았을 것이라고 인정했다. 회사 창업은 쉬운 일이 아니다. 그리고 영리회사와 비영리단체에서 동시에 성공하는 것은 완전히 별개의 문제다. 그녀로 하여금 필요한 기술과 능력을 갖추게 한 것은 무엇일까? 그녀는 이전에 가졌던 열망으로 나중에 생긴 열망을 발전시켰다. 먼저 첫 번째 열망을 통해 지식과 전문적인 안목을 습득했다. 새로운 단체를 구성하는 일에는 뛰어난 사업 감각과 관리 역량 그리고 리더십이 필요한데, 그녀는 직장 생활을 통해 이것들을 배웠다. 또한 몇 년간 학문을 배우고 일을 배우면서 자기통제를 길렀다. 아기아레는 열망의 뒤를 이어 더 예리한 생각과 위대한 의지를 갖게 되었다.[9]

노력 없이 이루어지는 열망은 지혜를 얻을 수 없다. '과분한' 명예나 재산은 내부의 변화가 따라오지 않기에 반드시 성장했다고 볼 수 없다. 물려받은 재산이 많은 아이들이 버릇이 없으면, 특히 현명하지 못한 경우가 많다. 원유와 광물 같은 자원이 리더로 하여금 부패하게 만들고 다른 산업의 성장을 방해할 때, 국가 차원에서도 동일한 문제가 발생한다.[10] 안정적인 국가는 '네덜란드병Dutch disease'[11]의 경향이 있는데, 이 경우 목발을 지나치게 사용하면 근위축이 일어나듯 자원을 계속 사용하다 보면 다른 생산적 역량이 없어진다.[12] 예외들은 이 규칙을 확인해 줄 뿐이다. 신탁기금의 혜택을 받는 아이들은 호화로운 삶을 사는 것 이상에 중점을 두고 있다. 또한 노르웨이의 경우 북해 원유에서 뜻밖의 횡재를 얻었지만, 그것을 신중하게 투자하여 수익의 일부를 세계 최대의 대외 원조 프로그램에 기부했다.[13]

열망을 추구할 때 더 위대한 생각과 의지를 얻는다는 사실은 놀라운 일이 아니다. 의도적인 노력은 배움에 이른다. 아기아레의 내면적 성장에서 가장 주목할 만한 것은 마음의 변화다. 아기아레의 의도에는 변화가 있었다. 그녀는 회사 일을 통해 주로 자신의 경제적, 지적, 감성적 욕구를 충족시키는 데 초점을 두다가 점점 다른 사람의 욕구를 충족시켜 나갔다. 그녀는 "꿈과 희망을 가지면 마음에 알람시계가 울린다는 것을 깨달을 때까지 4년이라는 시간 동안 수많은 나날을 뒤척이며 보내야 했다. 잠을 더 자고 싶어서 일시중지 버튼을 눌러도 먹히지 않았다. 곧바로 알람이 다시 울릴 것이고 결국 깨어나야만 했다"고 말했다.[14]

새로운 시작

　　　　아기아레가 아셰시대학교에서 첫 출발을 시작하기 전, 아니 그보다 더 앞서 아셰시대학교가 설립되기 전, 패트릭 아우아는 고국인 가나에 다시 돌아오지 않겠다고 다짐했다. 1990년, 아우아는 가나를 방문했는데, 당시의 정치 부패와 경기 침체 그리고 낙후된 사회에 넌더리가 났다. 그는 부모의 현명한 자녀 교육과 함께 훌륭한 학업 성취를 보인 몇 안 되는 행운아로 5년 전 미국 스워스모어대학교에서 전액 장학금을 받았다. 그 당시 아우아의 꿈은 엔지니어가 되어 어머니를 위해 새 집을 마련하는 것이었다. 그는 전기공학과 경제학을 전공하고 졸업 후 마이크로소프트에 취업하여 프로그램 매니저로 근무했다. 아우아는 10년간 그 회사에 있으면서 한 계단씩 승진해 나갔다.[15]

　당시 10년의 시간은 마이크로소프트의 황금기였다. 그때는 모든 책상마다 컴퓨터를 놓겠다는 회사 목표를 완수하기 위해 아우라를 비롯한 동료들이 밤낮없이 일하던 시기였다. 시장 반응이 좋아 해당 산업은 호황을 누렸고 오늘날까지 그 여운이 남아 있다. 회사는 주식과 옵션을 통해 직원들과 치솟는 이익을 함께 나누었다. 최초로 마이크로소프트 백만장자라는 말까지 생겼다.

　아우아는 1995년까지 그런 분위기에서 편안하게 지냈다. 그는 10년 전 자신의 꿈을 이루고 그 꿈을 넘어섰지만, 스스로에게 기술로 이룬 업적과 가족이 금전적으로 편안한 것이 인생의 전부인지 묻기 시작했다. 그는 자신이 믿기지 않을 만큼 축복받았다고 느끼며 자신의 행운을 공유하고 싶었다. 또한 자신의 삶을 되돌아봤을 때 중요했던 게 바로 스워스모어대학교에서 받은 교육이라고 느꼈다. 학교의 강력한 인문학 프로그램은 그가 고등학교 친구들과 다른 길을 가도록 하였다. 그는 이러한 신념을 바탕으로 아내의 격려에 힘입어 가나에 인문대학을 세우기로 결심했다. 그리고 1998년 마이크로소프트를 그만두었다.

아우아는 UC버클리의 하스 경영대학원에 등록하고, 대학교를 어떻게 세워야 하는지에 대한 질문을 놓고 모든 수업 프로젝트에 초점을 맞췄다. 그리고 괴테의 "꿈을 품고 무언가 할 수 있다면 그것을 시작하라. 새로운 일을 시작하는 용기 속에 당신의 천재성과 능력과 기적이 모두 숨어 있다"는 말에 자극받아,[16] 2002년 가나의 수도인 아크라에 아셰시대학교를 설립했다. 그는 이전에 고국에 돌아가지 않겠다던 다짐은 잊고 가족과 함께 곧장 고국으로 돌아왔다.

'아셰시'는 아우아 선조의 언어인 판티어로 '시작'이라는 뜻으로, 그 이름이 좋고 복된 의미라는 게 입증되었다. 이 학교는 임대 공간에서 스물다섯 명과 한 첫 수업을 시작으로 지금은 아름다운 캠퍼스와 함께 학생 600명의 규모로 성장했다. 가나뿐만 아니라 서아프리카 지역의 재능 있는 학생들도 아셰시로 몰려들었다. 국제 개발 전문가는 이 학교야말로 자국민이 무엇을 성취할 수 있는지 보여 주는 예라고 언급했다.[17] 아프리카에는 아셰시대학교의 뒤를 이어 다른 사립 대학교들이 설립되었다.

아셰시대학교는 성공적인 사회 변화를 보여 주는 완벽한 이야기이다. 아우아의 직장 생활은 컴퓨터공학과 깊은 관련이 있었지만, 그가 얻은 삶의 교훈은 자신이 사용했던 기술과 아무런 관련이 없었다. 중요한 점은 해외에 나가 공부하고 싶어 했던 한 젊은 청년이 대기업의 프로그램 매니저를 거쳐, 아프리카를 바꾸는 일에 자신의 재산과 땀과 영혼을 투자하게 되었다는 것이다. 다시 말하면, 이것은 패키지 개입이 아니다.

깨달음의 숨겨진 힘

용감한 노력으로 열망을 이루면 어떠한 일이 일어난다. 어떤 이들은 꿈이 실현될 때 자신이 성장했음을 발견한다. 아우아는 마이크로소프트에서 보낸 후반기에 이렇게 이야기했다.

"내가 갖고 있던 절박감을 잃어버렸습니다. 일이 덜 중요하게 느껴져요."

사람들은 자신의 삶에서 잃어버린 것과 더 바라고 있는 것과 미루어 왔을지도 모르는 것과 결코 상상해 본 적 없는 것에 관해 이야기한다. 그리고 내면의 변화를 느낀다. 이것은 새로운 지식을 습득하는 게 아니다. 어쨌든 지금 우리는 좇고 있는 게 무엇이든지 간에 삶에 더 중요한 것이 있음을 알고 있지 않은가? 그렇다. 사람들은 마음속 깊이 느껴지는 다른 열망에 다가가고 있다. 아우아는 어느 순간부터인가 자신이 수년간 바랐던 10퍼센트의 추가 소득과 성과에 대한 인정과 업적에 더 이상 끌리지 않았다. 그는 더 큰 목적이 있는 일을 원했다.

이런 종류의 이야기는 뉴스에 주로 나올 법한 소재지만, 정책 입안자들은 이런 내용을 거의 논의하지 않는다. 미국 정부, 세계은행, 빌앤멀린다 게이츠 재단에 있는 사람 중에 '큰 변화를 이끄는 깨달음으로 사람들을 도울 수 있는 방법은 무엇인가?'라고 묻는 사람은 없다.

이것은 어느 정도 문제가 있다. 기술중심주의자 대부분이 무형 자산으로 보이는 것을 우습게 본다는 점과 마음의 변화를 고려하는 영역으로부터 정책이 단절되어 있다는 점, 그리고 예전에 이것을 고려해 본 적이 있는 영역에서 사람들에게 질문하기를 멈추었다는 점에서다. 오늘날 행동과학은 대부분 측정이 용이한 단기적인 현상에 중점을 두고 장기적인 인간의 변화는 간과한다. 공중전화부스에 남겨진 10센트짜리 동전을 발견하면 일시적으로 사람들을 도울 가능성이 많다는 흥밋거리에 초점을 맞춘다.[18] 결과적으로 오늘날의 사회정책은 동전을 전략적으로 놓아두는 것에 상응하는 정책에 집착한다. 이것은 '행동 변화behavior change'를 장려하기 위한 속임수 또는 '부드러운 유도nudge'와 다를 바 없다.[19] 닥치는 대로 기술을 확산하는 것보다 행동 변화가 더 의미 있을지 모르지만 그것은 일시적일 뿐이다. 또한 사람들을 자기 스스로 옳은 일을 한다고 믿지 않고 조정이 필요한 대상으로 여기게 한다.

대안은 묻는 것이어야 한다. 공공선을 위해 사람에게 동기 부여하는 것은 무엇일까? 패트릭 아우아나 레지나 아기아레 같은 사람들을 나서게 했던 것은 무엇일까? 오늘날 많은 양의 데이터를 갖고 분석하는 학문에서는 이런 질문에 답하지 못한다. 그러나 발달심리학에 그 질문에 대한 답이 있다. 심리학자들은 지그문트 프로이트Sigmund Freud에 회귀하여 인간의 성숙을 '인성과 성격이나 생명 주기 발달의 단계적 과정'으로 설명하려고 시도했다.[20] 다른 사람들도 프로이트로 합류했다. 에릭 에릭슨Erik Erikson, 장 피아제Jean Piaget, 로렌스 콜버그Lawrence Kohlberg 같은 사상가들은 장기적 인간 발달에 대한 관점을 세우고자 노력했다.[21] 그들이 주장한 내용은 현대 심리학에서 볼 때 신빙성이 떨어지는 부분이 일부 있었지만, 전 생애에 걸쳐 내면의 힘에 따른 성장 가능성을 인정하고 있다는 점에서 오늘날 빠른 정책 결정의 대안을 제시하고 있다.

아우아의 변화도 이것으로 더 잘 설명할 수 있다. 그의 행보는 열망의 연속적인 과정으로 정의된다. 그는 "가나에서 성장하면서 읽었던 기술 진보에 관한 내용은 항상 해외에서 일어나고 있었던 일이었다. 그러나 나는 내 직업에서 중심부에 있었다. 컴퓨터 네트워킹이 주류가 되어가고 있을 때 바로 그 분야에서 일했다. 나는 어떤 아이들이 우리가 일하고 생각하고 있는 내용을 읽게 되리라는 걸 알았다. 그건 굉장한 일이었다"라고 말했다. 그래서 기술이 어렵고 업무 강도가 힘들어도 자신의 일을 사랑하게 되었다고 한다.

그러고 나서 그 일을 한 지 10년 정도 지나자, 버튼 하나로 무엇을 할지 어떤 기능을 빼야 할지 결정하는 회의 자리가 그다지 중요해 보이지 않았다. 무슨 일이 있었던 걸까? 우리는 이미 회사를 그만두고 독립한 레지나 아기아레를 만났다. 마찬가지로 리킨 간디는 오라클의 소프트웨어 엔지니어 일을 접고 디지털 그린을 설립했다. 에이브러햄 조지는 미국에서 기업가로 성공한 후, 샨티 바반을 설립하고자 인도로 돌아왔다. 트리시 밀리네스 디지코의 경우, 기술접근재단을 시작하기 전에는 마이크로소프트 직원이었다. 빌 게이츠는 세상에서 재산이 가장 많은 사람에서 그 재산을 세계 자선 활동에 기부하는 사람이 되었다. 그리고 내가 벵갈루루에서 연구 그룹을 운영하고 있을 때, 매주 전문가들로부터 함께 일하고 싶다는 문의를 받았다. 전문가들은 "그동안 나 자신을 위해서는 잘해 왔는

데 이제는 사회에 나의 능력을 어떻게 환원할지를 알고 싶다"라고 말하고 는 했다.

사람들은 모두 인류라는 자갈 해변의 보석과도 다름없기에, 한 사람의 고유성을 해치지 않으면 하나의 패턴이 작용한다.[22] 그것은 인간의 성숙에 관한 패턴이요, 내면적 성장에 관한 패턴이며 생각과 의지를 확장하는 패턴이다.

매슬로의 욕구 단계 이론

발달심리학에는 이러한 패턴을 설명할 수 있는 많은 이론이 있다. 내가 본 것 중 제일 잘 맞는 이론은 심리학자인 에이브러햄 매슬로Abraham Maslow가 개발한 욕구 단계 이론이다. 세계의 저명한 심리학자들 사이에서 매슬로의 이름은 절대 빠지지 않으며, 그의 사상은 심리학 밖의 영역까지 확실히 뿌리내렸다.[23] 그러나 매슬로의 욕구 이론은 유명인의 밈meme[24] 현상이 약간 보이며, 그 인기 때문에 곤란한 경우가 있다. 즉, 사람들이 오해하고 있는 부분이 많다는 뜻이다. 많은 사람들이 이 욕구 단계를 들어봤는데, 일부 내용은 맞지만 부정확한 유언비어가 함께 뒤섞여 있는 경우도 있다. 예를 들어 그 이론을 설명할 때 대부분이 무지개색 피라미드를 보여 주는데, 실제로 매슬로는 그것을 사용한 적이 없다.

매슬로의 욕구 단계는 사람의 동기부여를 다섯 개 범주로 구성했다. 배고픔, 갈증, 잠과 관련된 생리적 욕구는 사람으로 하여금 음식과 물과 안식처를 찾도록 동기를 부여한다. 안전의 욕구는 사람에게 육체적, 심리적 안정을 향해 나아가도록 한다. 여기에는 공포와 근심으로부터 벗어나거나 사회구조나 질서에 대한 욕망을 추구하는 것 등이 있다. 애정 및 소속의 욕구는 사회적 수용과 지역사회 및 동료애를 통해 이룰 수 있다. 자아존중의 욕구는 다른 사람의 인정, 사회에서의 지위, 성과의 성취와 능력을 필요로 한다. 그리고 자아실현의 욕구를 통해 사람은 자신의 고유한 재능과 기호를 표현할 수 있다. 예를 들어 록밴드에서 연주를 하든지, 기업의 한 부문을 관리하든지, 좋은 부모가 되든지 등 개인에게 딱 맞는 일을 하는 것이다.[25]

매슬로는 이러한 욕구들은 모든 사람에게 해당되며, 절박한 순서대로 정렬되었다고 밝혔다. 사람이 빵만 있으면 살 수 있다는 것은 맞는 말이다. 물론 빵이 없을 때다. 하지만 빵이 풍족하게 제공되고 계속 빵으로 배를 채울 수 있다면 사람들의 욕망에 어떤 변화가 생길까? 즉시 다른 (그리고 더 높은 수준의) 욕구가 나타나며, 생리적인 배고픔을 넘어선 욕구가 유기체를 지배한다. 그리고 차례로 이 욕구가 충족되면 다시 새로운 (그리고 훨씬 높은 수준의) 욕구가 나타나게 된다.[26] 즉, 배고픔이 해소되면 사람들은 안전을 더 추구하게 되고, 안전이 충족되면 자아존중이 중요해진다. 그리고 자아존중 욕구가 충족되면 자아실현이 더 강력한 동기부여가 되는 것이다.

하지만 "사람은 동시다발로 동기부여가 되고 행동은 동시다발로 결정된다"는 매슬로의 주장은 거의 알려지지 않았다. 사람에게는 욕구 하나가 지배적이더라도 여러 욕구가 동시에 존재한다. 한 사람의 개별 욕구는 정도를 달리하여 언제라도 충족될 수 있다. 마치 도시 사람들은 평균적으로 생리적 욕구에서 85퍼센트를, 안전의 욕구에서 70퍼센트를, 애정 및 소속의 욕구에서 50퍼센트를, 자아존중의 욕구에서 40퍼센트를, 자아실현의 욕구에서 10퍼센트를 만족한다고 하는 것처럼 말이다.[27] 그리고 어떤 단일 행위라도 다수의 여러 욕구에 의해 동기부여가 될 수도 있다. 우리가 직장에서 열심히 일하는 이유는 우리가 받는 급여와 복지가 생리적인 욕구, 안전의 욕구, 일을 인정받으면서 자아존중의 욕구를 충족시키고, 하고 있는 일이 자신에게 흥미로운 일이라면 그것이 바로 자아실현이 되기 때문이다. 이러한 개별 욕구의 비중은 일의 본질, 보상, 그리고 사람의 태도에 따라 다르다.

매슬로 다시 보기

매슬로에게는 비평가들이 많았다. 비평가들은 욕구 단계 이론의 단계 수, 내용, 순서 등 모든 것과 성 및 문화에 대한 매슬로의 편견을 놓고 이의를 제기했다.[28] (개인적으로 나는 매슬로의 '소속의 욕구'가 다른 욕구와 병행해서 일어나는 일련의 욕구처럼 단일한 욕구 단계로 보지 않는다.) 이런 비평은 일부 타당하지만 대부분 매슬로를 제대로 이해하지 못했다.[29]

흔한 오해 가운데, 자아실현을 최상위 계층으로 보는 것이 있다.[30] 매슬로는 살아가며 욕구 단계를 계속 수정했다. 예를 들어, 매슬로는 자아존중을 두 계층으로 쪼갤 수 없는지 의문을 가졌다. 즉, 하나는 대중의 인정이며 다른 하나는 개인의 업적이나 통달이다.[31] 그리고 그는 자아실현이 충분하지 않다고 느꼈다. 그러고는 '자기초월'이라고 불릴 수 있는 추가적인 계층을 선보였다.[32] 자기초월은 '다른 사람에 선을 베푸는' 경향, 즉 이기적이지 않고 이타적인 경향을 보인다. 자기초월은 아우아의 인생을 설명하려면 꼭 필요한데, 이는 그가 자아실현에서 멈추지 않았기 때문이다. 그는 르완다 대량 학살과 소말리아 내전을 언급하며, '아들의 탄생과 아프리카에서 일어난 사건들'이 자신의 변화를 촉진시켰다고 말했다. 그는 이를 통해 자기초월을 확실히 견인할 수 있었다.

매슬로의 이론 중에 또 오해하는 것은 어떤 사람이 불의에 맞서 저항하기 위해 단식투쟁을 하는 경우, 생리적 욕구가 다른 동기부여를 압도하지 못하므로, 욕구 단계 이론이 잘못되었다는 것이다.[33] 하지만 사실상 이 예시는 다른 증거를 제시한다. 매슬로는 사람의 행동에 내적이면서 외적인 원인이 있다는 점을 알았으며, 사람마다 하위 단계의 욕구가 지닌 견인력이 다르다고 말했다. 단식투쟁을 하는 사람은 항상 특정한 욕구가 충족되었으며 미래에 그 욕구가 박탈되어도 견디도록 준비된 사람이라는 것이다.[34]

매슬로의 욕구 단계는 사실상 두 단계이다. 하나는 외적 요인이 행동에 미치는 영향에 관한 것인데, 사람들 대부분은 사흘간 물 없이 견디는 것보다 자아실현적인 일을 하지 않고 사흘을 견디는 걸 선호한다. 이것은 일반적으로 이해할 수 있는 욕구 단계이다. 나머지 계층은 내면적 동기부여에 관한 것인데, 이는 어떤 사람이 높은 단계의 욕구를 이루기 위해 낮은 단계의 욕구를 희생하는 것을 말한다. 단식투쟁의 경우, 생존 욕구보다 자기초월 욕구를 우선시한다. 이는 위대한 열망을 이루기 위해 절박한 욕구를 억누르는 일종의 성숙이다. 나는 내적 변화와 외적 욕구 단계를 구별하기 위해 이를 '열망의 계층hierarchy of aspiration'이라 부를 것이다.[35]

매슬로는 내면적 성장을 좋게 보았다. 그는 이를 가리켜 '성격 학습 character learning' 또는 '내면적 학습intrinsic learning'으로 불렀으며, 바로 내면적 성장의 핵심이 되는 부분이다.[36] 의도와 안목과 자기통제가 향상 되면, 사람들은 급박하고 자기중심인 단기적 욕구만 추구하는 게 아니라 다른 사람의 행복을 위해 장기적인 결과를 보고 행동한다. 가장 낮은 단계인 생리적 욕구는 편협하고 자기중심적이며 현재와 물질 중심적이다. 주로 이 단계에 있는 사람은 세상을 생존을 위한 싸움터로 바라본다. 이러한 관점은 안전의 단계로 확장되지만 이곳도 여전히 자기중심적인데다 미래의 계획과 협조를 어느 정도 필요로 한다. 다음에 오는 것이 자아존중과 성취인데, 이 단계에서부터 비물질적 욕구는 물론 장기적 관점과 추진력이 심어지기 시작한다.[37] 그러나 이런 열망은 기본적으로 이기적이며, 이기심은 자기실현 과정 내내 지속된다. 사실 자아실현은 이기심이 최고로 발현된 것으로 볼 수 있다. 자아실현의 단계에서는 사람들은 자신의 장기적 행복, 즉 물질적으로나 지성적으로나 감성적으로 행복을 보장하는 데 관심이 많다. [이것은 다양한 연구에서 오늘날의 창조 계급(creative class)이 여느 때보다 자아도취에 빠진 것처럼 보이게 하는 이유가 될 수 있다.][38] 그러나 자아실현의 이기심은 잔인한 생존경쟁을 위한 이기심과는 다르다. 그 자체는 현명한 이기심으로 표현할 수 있는데, 자아실현을 열망하는 사람은 대체로 보편적인 자유를 보호하는 데 목소리를 높이면서도, 또한 자기표현에 대한 권리를 보장받고자 하는 욕망을 갖고 있기 때문이다. 마지막으로 자기초월 욕구는 다른 사람을 위한 진심 어린 이타심에 자리를 내어 준다. 매슬로의 욕구 단계를 통해 사람들이 점점 미래 지향적이고, 보다 타인 지향적이며, 보다 큰 집단의 사람을 향한다는 점을 알 수 있다.

아우아가 좋은 예다. 그는 자신을 만족시키는 일에서 앞서 나갈 수 있다는 자신감을 가지면서 내면의 변화가 일어났다. 매슬로는 이런 변화란 욕구가 '항상 충족되었을 때' 일어난다고 밝혔다. 그러나 더 완고하게 설명하자면 사람이 자신의 능력이나 사회의 공급을 통해 욕구를 충족시킬 수 있는 환경에서 완전한 자신감을 느낄 때 그런 변화가 일어난다.[39] 물론 더 높은 수준의 욕구에 의해서만 그런 건 아니다. 아우아는 대학교를 설립하기 위해 고소득 직업을 버렸을 뿐만 아니라 자신의 재산을 상당 부분 사용했다. 그리고 가장 눈에 띄는 점은, 그가 "거짓말하지 않겠다. 마이크로소프트를 떠나는 건 힘들었다"라고 말한 점이다. 하지만 마이크로소프트는 아우아의 새로운 열망에 걸림돌이 되지 않았다.[40]

반대로 생존이나 안전을 주로 열망하는 사람은 아우아처럼 어느 것을 얻으려면 반드시 다른 것을 희생해야 하는 경제 관계가 부담스러울 것이다. 세계 노예제도 전문가이자 '프리 더 슬레이브Free the Slaves'라는 비영리단체의 의장인 케빈 베일즈Kevin Bales는 놀라운 사연을 들려주었다. 빚 때문에 노예 계약에 묶여 있던 한 인도 부부가 집안의 빚을 다 갚고 자유를 얻을 만한 유산을 상속받게 되었다. 그러나 남편은 이렇게 이야기했다. "이제 빚을 다 갚고, 자유의 몸이 되었지만 우리는 내내 걱정했다. '아이가 하나라도 아프면 어쩌지?' '농작물을 망치면 어쩌지?' '정부가 세금을 내라고 하면 어쩌지?' 더 이상 지주에게 속하지 않았기에 예전처럼 매일 음식을 구할 수가 없었다. 결국 지주에게 가서 나를 다시 받아 달라고 부탁했다. 돈을 빌릴 필요는 없었지만 그는 다시 나를 노예 계약 농부로 받아

주기로 했다."[41]

부부는 자유를 얻었지만 음식과 안전을 확보하기 위해 자발적으로 노예 상태로 되돌아갔다. 이는 매슬로의 생리적 욕구와 안전의 욕구가 모두 신체에 위협이 될 때, 그 욕구들이 가진 강력한 흡인력을 증명하는 것이다.[42] 자아실현과 자기초월은 고사하고 성취나 자아존중을 향한 열망은 어디에도 볼 수 없다. 어떤 사람들은 만족감을 주는 일 대신 높은 소득을 추구한다. 어떤 사람은 창작열이 충족된다면 낮은 급여는 신경 쓰지 않는다. 어떤 사람은 자신이 인정받을 때만 너그럽다. 또 다른 사람들은 한결같이 관대하며 인정받는 일에 무관심하다. 이러한 차이는 욕구 단계로 설명할 수 있다.

욕구 단계에 관해 한 가지 더 언급하면, 사람들이 정직하지 못한 욕구까지 고려한다는 점이다. 구성원에게 물질적인 재화를 공유하도록 강요하는 어떤 가난한 지역사회가 있다고 가정해 보자. 그런 사회에서는 개인이 부를 축적하기 어렵다. 이는 힘든 상황에서 집단의 생존을 위해서는 타당할 수 있지만, 개인이 노력하고자 하는 의욕을 꺾을 수 있다. 반면에 개인의 재산권을 존중해 주는 사회에서는 개인에게 동기부여를 할 수 있으며 물질적인 성장을 이루도록 한다. 그렇지만 번영이 어떤 수준에 이르면 이기적인 재산 축적으로 사회를 해칠 수 있다. 그러면 공유는 중요해지겠지만 아마도 덜 개인적이거나 집단적인 방법으로 이루어질 것이다. 따라서 내면적 성장은 지그재그로 가파른 고개를 오르는 일과 같을 수 있다. 진보란 공유가 개인의 소유가 되었다가 다시 발전된 공유로 바뀌는 과정을 의미한다. 마찬가지로 사람은 의존에서 독립을 넘어 다시 상호의

존으로, 원치 않은 빈곤에서 번영을 넘어 자족으로, 억압에서 자유를 지나 책임으로, 무력감에서 자신감을 지나 겸손의 상태로 성장한다.

산 오르기에 비유하여 다른 부분을 명확히 할 수 있다. 첫째, 무조건 위단계를 향해 가지 않는다. 후퇴할 수도 있고 정체할 수도 있으며 우물쭈물할 수도 있다. 단계는 기껏해야 하나의 지도일 뿐이다. 지도 자체가 사람들이 어디로 갈지를 결정해 주지 못하며, 사람들이 만날지도 모르는 동식물에 대해서도 거의 알려 주지 못한다. 욕구 단계는 단지 사회적 대의명분에 관련된 인간성의 한 면을 담아낼 뿐이다.

또한 개인은 다양한 높이에서 시작하여 다양한 속도로 산에 오른다. 아우아는 상대적으로 가난하지 않은 부모 밑에서 자랐기 때문에 최소한 먹고사는 문제를 해결할 수 있었다. 이처럼 가난하지 않은 사람들은 자아실현을 당연한 것으로 여긴다. 이들은 곧장 자기초월로 이어질 수 있다. 즉, 기본적인 욕구가 갖추어진 아이들은 더 많은 걸 열망할 수 있다. 미국 2대 대통령 존 애덤스John Adams가 자신의 아내에게 쓴 편지에는 이런 글이 담겨 있었다.

"우리 아이들이 수학과 철학을 맘껏 배울 수 있도록 나는 정치와 전쟁을 공부해야만 하오. 아이들이 수학, 철학, 지리, 자연사, 조선학, 항해술, 상업과 농업을 배워야만 손자와 손녀들이 그림, 시, 음악, 건축, 조각, 태피스트리, 자기를 공부할 수 있을 것이오."[43]

발전은 어렵고 현실적인 것에서 시작하여 건설적이고 탐구적인 것을 넘어 최종으로 예술과 자기표현에까지 이른다.[44] 애덤스는 매슬로보다 한 세기 반 앞서 자신의 후세를 위해 안전에서 성취로, 성취에서 자아실현으로 가는 경로를 그려 냈다.

기술 십계명에 맞서다

나는 가난하고 소외된 지역사회와 함께 일할 때 여러 놀라운 사람들을 만났다. 알코올중독자였다가 의미 있는 일을 시작하고 나서 술을 거의 입에도 대지 않는 사람, 윤간의 희생자였다가 매춘부 구출 단체를 시작한 사람, 서로 적이었다가 병원을 세우기 위해 함께 나선 소수 민족 사람들, 자신이 수십 년간 지원했던 빈곤한 마을에 찾아온 공과대학원생, 그리고 비영리단체의 수혜자였지만 역량을 갖추고 비영리단체 직원이 된 적잖은 수의 사람들이었다. 이러한 개인의 변화는 흔히 있는 일이 아니지만 그렇다고 완전히 드문 것도 아니다. 변화가 일어나면 아기아레나 아우아 같은 진화가 있을 거라는 신호를 보낸다. 그 신호는 내면적 성장이 폭발적으로 쇄도하면서 이루어지며, 다른 사람에게 영감을 불어넣는다. 또한 그 신호는 패키지 개입의 타당성에 반대된다.

오늘날 사회 변화의 주요 패러다임에서 놓치고 있는 것은 인간의 본질적 발전에 관한 개념이다. 터건과 스리니바사의 경우, 어려운 환경에 굴하지 않고 삶을 이끌어 나간 것으로 존경받을지도 모른다. 혹은 사회에 위대한 공헌을 한 아기아레와 아우라를 칭송할지도 모른다. 어떤 방법이든 세상은 더 많은 사람들이 더 나은 모습이 되기를 원한다. 하지만 인간 내면의 향상 없이는 어렵다.

공공 정책에서는 사람들이 모두 동일하고 고정된 기호를 갖고 있는 것으로 치부하는 게 우세한 분위기다.[45] 예를 들어 대부분의 경제학자는 행동에 큰 변화를 일으키기 위해 외부의 인센티브를 어떻게 조정해 나갈지를 고려한다.[46] 시장 체제가 보통 환영받는 이유는 화강암처럼 단단한 인간의 욕심을 조각하여 모두가 행복해지는 구조로 만들기 때문이다. 긴 시간에 걸쳐 개인의 성품이 발전함으로써 사회 변화가 일어날 것이라고 생각하는 사람은 거의 없다.[47]

그러나 문화와 맥락과 복잡성을 강조하는 정성적인 학자이자, 경제학자에게 가장 강경한 비평가조차 개인의 발전에 대한 체계를 제공하지 못한다. 대신 일부 문화인류학자들이 다양한 맥락에서 오는 여러 인간 행동을 널리 알리고 있다. 문화상대주의에서 볼 때, 인간은 지리와 역사와 문화와 힘의 구조에 현명하게 적응하는 존재다. 모든 사람은 동등하게 존중받을 가치가 있고, 개인이나 사회의 발전은 거의 고려하지 않는다.[48]

인간 행동에 관한 경제학 모델과 인류학 모델은 폭넓은 사회과학 영역에서 볼 때 서로 극단에 위치해 있다. 이 영역들은 뱀과 몽구스의 관계처럼 종종 사이가 좋지 않다. 하지만 둘은 공통점이 하나 있다. 그것은 바로 행동이 대부분 외부 맥락에 의존한다고 보는 점이고, 따라서 내면적 성장을 무시한 채 외부 환경을 바꾸는 데 초점을 맞춘다는 점이다.[49]

이는 정치에서도 동일하게 적용된다. 2012년 미국 대선 토론에서 오바마는 좌파가 개인 외부의 영향력을 강조한다는 점을 포착했다. 그는 "연방정부는 기회를 개방하고, 기회의 사다리를 만들어 미국인이 성공할 수 있는 체계를 지원할 수 있는 역량이 있다"고 말했다. 우파를 대변하는 미트 롬니는 "교육은 중앙정부와 지방정부 수준에서 주로 책임지는 게 당연하다. 모든 교육구와 모든 주가 스스로 그 결정을 해야 한다"고 말했다. 좌파는 피해자의 귀책을 두려워한 나머지 개인의 내면적 성장을 경시했고, 우파는 지역사회가 자립할 수 있는 내면적 성장 가능성을 작게 보았다.[50] 어떤 방법이든 내면적 성장이 가장 필요한 곳에서 그것이 무시된 것이다.

이렇게 내면적 성장을 무시하면 기술 십계명을 지키는 꼴이 된다. 우리는 무엇이 사람을 더 훌륭하게 만드는지 토론할 수 있으며 또 그렇게 해야만 한다. 모든 사람은 동등하게 선하다고 주장하거나 미덕을 세우는 정책을 '유모 국가nanny state'[51]라고 묵살하는 행위는 생각과 의지를 함양하려는 시도를 약화시킨다. 마법의 지팡이를 흔들어 지구 상의 모든 사람들의 재산이 갑자기 늘어났다고 상상해 보라. 또, 하루 1달러로 먹고살던 사람의 재산이 열 배가 늘고 반면에 억만장자들은 1퍼센트만 증가했다고 상상해 보라. 그 마법의 주문 하나면 경제적인 성장을 이룰 것이며, 평등하고 위엄을 누리며 자유로워질 것이다. 그러나 궁극에 가서 세상이 더 살기 좋은 곳이 될지는 분명하지 않다. 행복이 사그라지면, 우리는 훨씬 더 소비할 것이며, 가난한 사람들은 빈곤한 상태로 돌아갈 것이다. 반면에 마법의 주문을 통해 다른 것은 변하지 않은 채, 모든 사람들의 생각과 의지가 급격히 향상된다고 상상해 보라. 이것은 자연스럽게 원하는 곳에서 경제적인 성장을 이루도록 할 것이고, 정의와 위엄 그리고 책임과 더불어 더 많은 자유를 얻게 할 것이다. 또한 세계 행복의 영속적인 가능성이 높아질 것이다.

내면적 성장은 외부 변화를 넘어 내적인 성숙함을 강조한다. 내면적 성장은 진정한 진보는 서서히 그리고 조금씩 이루어진다는 점을 받아들인다. 또한 진보를 개인의 자유뿐만 아니라, 개인의 선에 관한 특정한 보편적 가치와 연결 짓는다. 인간 발달의 체계는 기술 십계명에 맞서는 것이다. 진정한 진보란 절대로 현재의 모든 욕망에 만족하는 게 아니다. 우리의 욕망 자체가 발전하는 것이다.

9장

인간의 지혜를 측정하다

개인 성장과 사회 발전의 상관관계

진보는 위험한 생각일 수도 있다. 사람들에게 점수표를 붙여서 그들로 하여금 점수에 많은 의미를 가지게 할 수 있기 때문이다. 그러면 낮은 점수를 받은 사람은 낙담하거나 모욕감이 들고, 높은 점수를 받은 사람에게는 오만함과 자만심이 생기며, 사회 전체가 편견으로 왜곡되어 버린다. 도움이 되는 게 아무것도 없다.[1] 설상가상으로 진보가 생각과 의지 같은 개인의 품성에 좌우된다는 것은 가난과 억압과 편견의 피해자를 귀책하는 것처럼 들린다. 마치 내면적 성장이 부족한 게 피해자의 잘못인 것처럼 말이다.

이는 자극적인 이슈다. 그리고 너무 오랫동안 이를 놓고 지적인 대화를 미루어 왔다고 생각한다. 나는 예전에 지도했던 한 고등학생 이야기를 통해 이 이슈를 알아내고자 했다. 데이비드는 가난한 결손가정에서 태어나 부유한 부모의 수양아들이 되었다. 부유한 부모는 데이비드에게 안정된 가정을 제공하고 고액의 사립학교에 등록시켰고, 데이비드는 거기서 스타급 운동선수로 높이 평가받았다. 하지만 모든 수업에서는 뒤처졌다. 내가 데이비드에게 기하학을 가르칠 때 느낀 점은 그가 기하학에 마음을 둔다면 수학을 잘할 수 있을 거라는 사실이었다. 하지만 어른이 재촉하지 않는 이상 데이비드는 하고자 하는 마음이 없었다. 데이비드는 공부하고자 하는 동기부여가 많지 않았고(의도), 그것을 가치 있게 생각하는 것 같지 않았으며(안목), 어떤 경우에도 숙제에 전념하지 않았다(자기통제).

나는 데이비드가 기하학에서 성적이 낮았거나 심지어 흐리멍덩한 생각과 의지를 보였다고 해서 질책하는 것이 아니다. 어느 누구도 그래서는 안 된다. 데이비드의 원래 가정은 약물 남용, 알코올중독, 노숙, 문맹, 파산, 심리적 동요 또는 불운이나 그릇된 판단으로 시달려 왔을지도 모른다. 끊임없는 고통을 받으면서 좋은 학습 습관을 개발하지 못한다고 아이를 나무랄 수는 없다. 그러나 월터 미셸Walter Mischel의 유명한 '마시멜로 연구'[2]를 통해 4세에서 6세 사이에 나타나는 만족을 지연시키는 능력, 즉 일종의 자기통제가 청소년의 성취와 사회 적응력을 가장 잘 예측한다는 사실을 알 수 있다.[3] 6세 아이에게 성격에 책임이 있다고 간주하는 것은 이치에 맞지 않는다. 이는 아이에게 달린 문제가 아니다. 그러나 미셸의 연구는 나아가 성인의 자기통제 수준에 대한 책임 역시 흑백논리가 아니라는 사실을 암시한다.[4] 개인의 내면적 성장은 전적으로 그 사람 자신만의 문제가 아닌 것이다. 그러나 데이비드가 생각과 의지가 부족한 것에 책임이 없다 하더라도, 그는 더 나은 삶을 위해 더 많은 내면적 성장을 필요로 했다.

한편, 부유하고 능력 있는 사람들도 더 많은 내면적 성장이 필요하다. 그들(혹은 우리)은 안락한 생활에 익숙해지면서 자신에게만 몰두하고, 자기만족에 빠져 생활한다. 최근 연구에서 사회적 지위나 소득이 높은 사람이 사회적 지위가 낮고 소득이 낮은 사람과 비교할 때, 동정심과 윤리적 행동이 적으며, 오히려 가난한 사람에게 덜 베푼다는 결과가 나타났다.[5] 영향력 있는 사람들은 데이비드가 비난받을 이유가 없듯 모든 것에 칭찬받을 이유는 없다. 하지만 내면적 성장은 어떤 것으로든 더 필요하다.

만일 개인이 자신의 내면적 성장을 일으키기 꺼려 하거나 그렇게 할 수 없다면, 어떻게 도와줄 수 있을까? 나는 지금까지 개인의 생각과 의지를 강조해 왔지만 이 책 어디에서도 우리의 삶이 전적으로 우리 자신의 개인적인 통제 범위 내에 있다고 제시한 적이 없다.[6] 외부 상황은 중요하다. 사회구조도 중요하다. 아기아레와 아우아는 자신들의 진취력이 항상 옆에서 힘이 되어 준 부모님 덕분이라고 이야기한다. 스리니바사의 삶은 그녀가 만일 인도 남부의 시골이 아닌 스웨덴이나 구소련 혹은 사우디아라비아에서 태어났더라면 매우 달라졌을 것이다.

그러나 개인이 받아들이는 외부 환경은 일반적으로 사회의 집단행동처럼 사람의 통제 아래 있다. 우리가 누리고 있는 법적 자유와 우리가 내는 세금, 우리와 이웃이 받을 수 있는 공교육, 우리가 몸담고 있는 문화는 모두 스스로 결정해서 얻어진 결과물이 아니지만 어쨌든 이 모두는 사람이 선택한 일이다.[7] 의료 서비스가 향상되면 개인에게 더 좋을까? 교육이 향상된다면 어떨까? 지역사회가 더 강력해진다면 어떨까? 리더가 현명하면 시민에게 더 좋을까? 미래 지향적 정책이 더 좋을까? 재산과 국가가 분리된다면 더 좋을까? 물론 이런 것들은 사회 전체 수준에서 더 나은 의도와 안목과 자기통제를 필요로 한다. 우리는 이를 '사회의 내면적 발전 societal intrinsic development'이라고 부를 수 있다.

물론 사회는 무한히 복잡하고 사회규범은 알다시피 바꾸기 어렵다. 그래도 대규모 사회문제가 아주 다루기 힘든 건 아니다. 변화는 느리고 어려우며 복잡한 이슈에 말려들 수도 있지만, 결국은 일어난다. 우리 대부분 일생 동안 그것을 봐왔고, 이는 우리에게 사회 변화가 요행이 아니라는 희망을 주었다. 우리는 사회의 내면적 발전 사례를 고려함으로써 그 사례가 개인의 내면적 성장과 어떻게 연결되는지를 알 수 있다.

베버가 지금 인도를 찾았다면

윌리엄 블레이크William Blake[8]는 모래 한 알에서 세상을 보았다. 나는 한 택시 운전사를 통해 인도를 보았다. 어느 날 나는 공항으로 가는 콜택시에서 나라시마를 만났다. 나는 5분 늦게 전화해서 10분 더 걸릴 것 같다고 말하는 운전사에게 익숙해져 있었다. 그런데 나라시마는 10분 일찍 나타났다. 그는 다른 벵갈루루 운전기사와 달랐다. 죽을 듯이 달리고 싶은 생각이 없어 보였다. 그는 안전하고 차분하게 운전했다.

우리는 택시 안에서 대화를 시작했고 나의 칸나다어가 한계에 부딪치자 나라시마는 힌두어로 바꿔 말했다. 하지만 그 역시 어렵게 되자 그는 엉터리 영어로 말하기 시작했다. 나는 나라시마가 미혼이며 벵갈루루에서 두세 시간 떨어진 마을 출신이란 걸 알게 되었다. 나라시마의 가족은 농사를 지었지만 자신은 삼촌 소개로 택시 일을 하게 되었다고 했다. 나라시마의 꿈은 자기 차를 갖는 것이었고 차를 사기 위해 필요한 돈을 거의 모았다고 했다. 공항 터미널에 가까워지자 나라시마는 나에게 명함을 내밀며 필요할 때 언제든지 전화하라고 부탁했다. 그에게 직접 전화하면 중개인을 끼지 않을 수 있었다. 그래서 나는 그렇게 했다. 나라시마는 현명하고 열심히 일했다. 가끔 새벽 2시나 아침 6시에 출발하는 비행기 스케줄이 있었는데, 그는 공항까지 30킬로미터의 거리를 결코 거절한 적이 없었다. 가끔 그가 벵갈루루가 아닌 곳에 며칠 여정으로 가는 경우에는 기사 모임의 친한 '형제들'에게 대신해 달라고 전화했다. 그러면 그는 기사를 만나기 전에 그 기사가 오고 있다고 나에게 알려 주고, 내가 택시를 탔는지 확인했다. 하지만 나라시마의 '형제들'은 나라시마처럼 시간을 엄수하거나 안전하거나 믿음직스럽지는 않았다.

어느 날 나라시마는 빛나는 흰색 포드 차를 몰고 왔다. 그 차는 나라시마의 첫 차였고, 그것은 나라시마가 독립했다는 걸 의미했다. 그는 더 이상 택시 회사에서 차를 빌리지 않아도 됐다. 나는 나라시마의 첫 번째 손님이 되었고 내가 축하한다고 하자 그는 활짝 웃었다. 그는 그 차를 애지중지했고 이후 승차할 때마다 차에 새로운 물건이 생겼다. 대시보드용 카펫 커버, 뒷좌석용 스피커, 대시보드의 신상 주변에 반짝이는 LED, 마지막에는 CD플레이어가 있는 스테레오까지 다양한 물건이 등장했다. 나는 그에게 지금 자기 차를 갖고 있는데, 인생에서 더 바라는 게 무엇인지 물었다. 그는 웃돈을 주고 더 큰 차를 갖고 싶다고 말했다. 또한 자신의 여동생에게 적합한 남편을 찾아주고 싶다고 했다. 그러기 위해서 그는 충분한 신부 지참금을 모아야 했다. 이제 나라시마 가족의 다음 세대는 그가 자라 왔던 세대와는 매우 다른 세상에서 자랄 것이다.

나라시마 이야기는 인도의 국가적 변화의 일부다. 나라시마는 가난에서 빠르게 벗어나고 있는 인도 사회의 새로운 계층을 대변한다. 이는 부분적으로 국가의 경제 발전에 의한 것이고, 또 다른 부분으로는 사람들의 내면적 성장이라는 열풍에 의한 것이다. 나라시마는 가난한 시골 가정에서 자랐지만 기본 교육과 동기부여와 경제적 기회가 결합하여 그를 새로운 계층에 있도록 했다. 그는 여태껏 많은 변화를 보지 못했던 상당수의 극빈층과 역사적으로 상류층에 속한 사람들 사이 어딘가에 위치해 있다. 나라시마와 그의 친구들은 저소득의 생존 욕구에서 중산층의 안전 욕구를 향해 일제히 변화하고 있다.

사회학의 고전인《개신교 윤리와 자본주의 정신The Protestant Ethic and the Spirit of Capitalism》에서 막스 베버Max Weber는 기독교 프로테스탄티즘 Protestantism[9]과 그것을 미덕으로 보는 경향이 현대 자본주의의 기폭제가 되었다고 밝혔다. 그러나 만일 베버가 나라시마를 만났더라면, 자신의 이론을 다시 고려해야 했을지도 모른다. 아이러니하게도 예전에 힌두교도의 성장률은 인도 지성인들이 1인당 국민소득에서 연간 1.3퍼센트의 성장률을 보이는 데 따른 불만을 이야기할 때 사용하는 조소의 표현이었다. 1947년 독립한 이후부터 1980년대까지 성장률은 달팽이가 기어가듯 더뎠다. 그러나 1990년대 들어서서 인도 경제는 부상했다. 1992년부터 2010년까지 인도 GDP 성장률은 평균적으로 연간 6퍼센트에서 7퍼센트에 달했고, 심지어 세계 경제 침체기에도 간혹 8에서 9퍼센트에 이르기도 했다. 베버가 만일 100년 후 남동쪽으로 6000킬로미터 떨어진 곳에 태어났더라면, 합리적인 산업의 원인으로 개신교의 금욕주의가 아닌 일할 때 불평하지 않는 힌두교 윤리라고 했을지 모른다. 혹은 현대 중국을 방문했더라면 유교의 가르침을 현대화와 연관 지었을지도 모른다.[10]

중요한 것은 경제성장의 원인이 개신교나 힌두교나 유교 같은 게 아니라는 점이다. 인간 유기체에는 무언가가 있어서 조건이 적합한 경우, 생존 욕구와 안전 욕구를 넘어서 무언가를 열망하도록 강제한다. 사람들은 생산성과 자기표현을 위한 내면적 열망을 갖고 있다. 의심할 여지없이 금전적인 인센티브는 도움이 된다. 하지만 베버가 언급하는 데 조심스러워했던 것처럼, 엄격히 말하면 열망은 경제적 이익에 관한 것은 아니다. 베버는 다른 무언가가 있다고 느꼈다. 베버는 "열망은 어디에 존재하든지 간에 직업적 활동 취지에 대한 의무감이다"라고 말했다.[11]

2009년, 나는 나라시마에게 미국으로 돌아갈 예정이고 다시 돌아오려면 시간이 좀 있어야 한다고 말했다. 공항에 도착했을 때 나는 그에게 택시 요금과 함께 몇 년간 믿음직한 서비스를 해준 데에 감사한 마음으로 사례금을 주려고 했다. 그는 처음에 둘 다 거절했다. 그러고는 눈가에 눈물이 고인 채 나중에 다시 오게 되면 자신에게 전화나 해달라고 말했다. 기어코 나는 현금 봉투를 그의 셔츠 주머니에 쑤셔 넣고 그렇게 하겠다고 약속하며 자리를 떴다. 6개월 후 짧은 일정으로 벵갈루루에 다시 돌아왔을 때 비슷한 상황이 재현되었다. 나라시마는 또 다시 내가 준 돈을 받지 않았다. 베버가 옳았다. 그의 열정적인 노고에는 이익보다는 목적의식이 있었다.

이러한 변화는 10억 명 이상의 인도 사람들에게 마찬가지로 적용되어 기업가 정신이 싹트고 소비가 증가하며 정치 영향력이 확대되었다. 또한 국가 자부심이 높아지고 나라 전체가 변화하였다. 특히 중산층 인도인들은 급격한 변화를 겪고 있다. 대기업의 안정적인 일에 관심을 가지는 청년들의 수는 점점 줄고, 반면에 신생 기업을 통해 명성을 얻으려는 사람은 늘었다. 정치 운동은 젊은 세대가 정부의 부정부패를 뿌리 뽑고자 하는 열망과 함께 최고조에 달했다. 한편 수많은 사람들이 인도의 쇼핑몰로 몰려들었다. 2004년 내가 벵갈루루에 도착했을 때 도시에 쇼핑몰이 두 개 있었는데, 5년 후 떠날 때쯤에 열 개 이상으로 늘었으며, 모든 곳이 신세대 쇼핑객들로 터질 듯이 붐볐다. 2014년 9월 24일, 인도우주연구기구 Indian Space Research Organisation는 '망갈리안Mangalyaan' 우주선을 화성 궤도에 도달시켰다고 발표했다. 인도 전국 일간지에는 총리가 "이것은 세계 최초다. 오늘 새로운 역사가 만들어졌다"라고 선언하는 내용이 실렸다.[12]

빵이 많으면 일어나는 일

인도의 변화는 선진국의 역사 발전 단계를 되풀이한다. 미국은 오늘날 인도처럼 기업가 정신으로 부양되었다. 19세기에는 사람들이 미국의 정치 부패에 맞서 싸웠다.[13] 지금 인도에서 급성장하고 있는 소비문화는 1920년 경 미국에서 거의 다 나온 것이다. 그리고 화성 궤도 탐사선을 향한 인도인의 자부심은 인류 최초의 달 착륙을 이룬 아폴로 11호를 향한 미국인의 향수를 불러일으킨다.

문화와 역사의 큰 차이에도 사회·경제적 성장을 경험한 사회 간에 공통점이 있다는 사실은 부인할 수 없다. 나는 일본에서도 자랐고, 미국에서도 자랐다. 하지만 두 나라의 현대화 패턴은 비슷했다. 사회 기반이 발전하고, 기술이 빠르게 확산되고, 정부는 더 효율적이 되고, 부모들은 아이를 덜 낳고, 산업 고용은 농업을 앞지르며, 성별 편차는 줄어드는 경향을 보였다.[14]

인도에 도착했을 때 나는 기시감을 느꼈다. 부모님과 조부모님이 말했던 20세기 중반의 일본 모습 같았다. 도시의 거리는 활기차게 북적거리고 있었다. 나라시마 같은 개인의 열망은 국가 발전으로 단단히 엮여 있었다. 금융 서비스 광고는 사람들에게 '가족에 투자하고 인도에 투자하라'고 재촉했다. 즉, 국가적 사명감이 있었다.

진보를 믿는다고 해서 어느 나라도 최종 목적지에 도달했다는 게 아니며 단일한 목적에 합의했다는 의미도 아니다. 미국의 경우, 15퍼센트의 빈곤율, 금전적인 이해관계에 사로잡힌 정부, 기후변화 해결에 대한 완강한 저항 문제가 있다. 물론 진보가 어렵고 다양하게 정의된다는 이유로 그것을 바라는 마음을 포기해야 한다는 것은 아니다.

지난 반세기 동안 많은 나라에서 여성의 지위가 어떻게 변했는지 생각해 보라. 1977년 미국인 중 3분의 2는 여성은 집 밖에서 일하면 안 된다고 믿었다. 2012년에는 3분의 1에 못 미치는 사람이 그렇게 생각했다.[15] 1970년대에는 여성 평균 정규직 수입은 남성의 60퍼센트였다. 2011년에는 그 비율이 77퍼센트로 올랐다.[16] 1970년, 의회 535석 중에 여성은 11석만 차지했고, 그 비율은 2퍼센트에 불과했지만 2014년에는 처음으로 100석을 차지하고 그 비율은 거의 20퍼센트에 달했다.[17] 우리는 여전히 갈 길이 멀지만 발전은 꾸준히 이루어졌고, 지속적이며 대규모로 일어났다.

그냥 봐도 이러한 변화가 패키지 개입을 통해 일어나지 않았다는 점은 명확해 보인다. 어떤 사람은 가전제품과 피임법이 사회에서의 여성의 역할에 혁명을 일으켰다고 주장한다. 그러나 이러한 개입은 출판 산업에서 아마존의 효과와 마찬가지로 그것을 증폭하는 것이지, 주요한 원인은 아니다.[18] 피임약은 1960년 미국에서 사용이 허가되었지만 미국의 여성운동은 적어도 1800년대 중반까지 거슬러 올라간다. 여성 참정권은 1920년에 이루어졌고, 1963년에 동일임금법이 통과되었다. 이러한 이정표를 지나면서 평등을 위한 투쟁은 지속되었고, 여성 스스로 전면에 나서 싸웠다. 그리고 남성과 여성에 대한 국가의 관점이 바뀌면서 이를 뒷받침했다. 이 모든 힘은 측정하기 어렵고 하나로 묶기 힘들다.

다른 나라도 유사한 과정을 거쳤다. 1960년대 후반, 일본 게이오의대 대학생 95명의 동기생 중에 다섯 명이 여자였는데, 그중 한 명이 나의 어머니였다. 전체에서 약 5퍼센트에 불과한 숫자였다. 오늘날 약 450명의 동기생 중 여학생은 약 90명이며, 이는 20퍼센트를 차지한다. 그래도 갈 길은 아직 멀지만, 이것이 진보다. 유엔개발계획UNDP(United Nations Development Programme)은 의료, 교육, 정치적 대표성, 고용 지표를 근거로 2000년에서 2013년 사이에 관찰했던 나라 중 96퍼센트에서 남녀 편차의 감소세를 확인했다고 밝혔다.[19]

그렇다면 개인의 내면적 성장이 점차 누적되어 대규모 사회 발전으로 나타나는 것처럼 보인다. 그러나 구체적인 증거가 있을까?

미시간대학교의 정치학자인 로널드 잉글하트Ronald Inglehart가 주목할 만한 데이터를 내놓았다.[20] 잉글하트는 세계 가치관 조사의 창립자이자 초대 회장이다. 세계 가치관 조사는 잉글하트와 동료들이 1980년대 초반에 시작한 국가 가치관에 관한 일련의 대규모 조사다. 이 조사는 40년 동안 사람이 거주한 전체 여섯 개 대륙의 97개국에서 40만 명의 응답자를 대상으로 한다. 조사에서는 사람의 가치관, 믿음, 열망에 대해 질문한다. 그리고 직업, 가족, 종교, 행복, 정부, 환경을 고려한다.[21]

몇 년이 지나면서 잉글하트와 동료는 엄청난 데이터를 집중 분석하여 놀라운 패턴을 발견했다. 예를 들면, 많은 사람들의 열망이 현대화, 경제 발전, 민주화와 상관있다는 내용이었다. 다음은 그 결론의 핵심으로, 세계 가치관 조사의 웹사이트에서 발췌했다.

- 사회 간에 다양한 인간의 가치관은 대부분 두 개의 광범위한 차원으로 요약된다. 첫 번째는 '전통적 가치관 대 비종교적-이성적 가치관'이며, 두 번째는 '생존의 가치관 대 자기표현의 가치관'이다.
- 전통적 가치관은 종교성, 국민적 자부심, 권위에 대한 경의, 복종, 결혼을 강조한다. 비종교적-이성적 가치관은 이들 항목 각각에 대한 반대를 강조한다.
- 생존의 가치관은 자유 이상의 안전에 대한 우선순위, 동성애 반대, 정치 행위 자제, 외부인에 대한 불신, 행복에 대한 희박한 관념을 포함한다. 자기표현의 가치관은 이 모든 항목에 반대를 내포한다.
- 존재적 안정감이 높아지면 사람들의 우선순위가 전통적 가치관에서 비종교적-이성적 가치관으로 변한다. 농업사회에서 산업사회로 바뀌면서 존재적 안정감이 상당히 높아졌다. 결과적으로 전통적인 가치관에서 비종교적-이성적 가치관으로 가는 변화가 주로 이 단계에서 일어난다.
- 개인의 행위에 관한 의식이 높아지면 사람들의 우선순위가 생존의 가치관에서 자기표현의 가치관으로 변한다. 농업사회에서 산업사회로 바뀌면서 개인의 행위가 상당히 중요해졌다. 결과적으로 생존의 가치관에서 자기표현의 가치관으로 가는 변화가 주로 이 단계에서 일어난다.[22]

즉, 개인이 가진 열망의 변화는 국가의 현대화라는 가시적 측면과 연결되어 있다. 이러한 변화는 매슬로의 단계 이론과 명확한 상관관계가 있다.

전통적 가치관은 자급 농업 혹은 노예 상태에 있는 사람에게 기대되는 가치관이며, 이들은 습관적으로 생리적 욕구가 충족되지 않은 채 아슬아슬하게 살아갈지도 모른다. 만일 자연이나 권위가 개인의 노력보다 결과에 훨씬 더 영향을 준다면, 자신의 능력을 개발하지 못하는 것은 당연하다.

그렇지만 거대한 농업 생산성이 불러온 여유로 인해 산업화와 비종교적-이성적 가치관의 확산을 위한 장이 마련된다.[23] 공장과 정규적인 형태의 일은 규칙성과 더불어 능력주의를 출현하게 함으로써 비종교적-이성적 가치관을 강화한다. 그러나 비인간화에도 불구하고 산업화는 운명, 날씨, 그리고 최저 생활이라는 훨씬 가혹한 환경에서 잠시 떨어질 수 있게 한다.[24]

이렇게 전통적인 가치관에서 비종교적-이성적 가치관으로의 변화는 생존의 가치와 안전의 열망이 강하게 남아 있는 동안에 발생하지만, 목표 지향적인 일, 성취, 그리고 존중을 올바르게 인식하도록 한다.

안정된 직업이 물질적 행복을 보장했을 때, 사람들은 더 많은 자율성과 독립성과 자기표현을 추구한다. 이런 경향으로 주된 목적이 자기실현인 계층이 성장한다. 잉글하트와 동료인 피파 노리스Pippa Norris는 '이런 장기적 문화 변화는 더 위대한 남녀평등을 이루는 데 있어 중요하다'는 사실을 발견했다.[25] 그리고 잉글하트는 동료인 크리스찬 웰젤Christian Welzel과 함께 국민이 자기표현에 있어 민주주의에 충분히 의존할 수 있는지를 보여 주었다. 즉, 자기표현을 위한 열망은 성에 관한 평등주의 외에도 강력한 민주주의를 뒷받침한다.

잉글하트와 웰젤은 매슬로를 언급했다.

"선택과 자기표현을 향한 열망은 인간의 보편적인 열망이다. 이는 매슬로가 오래전에 지적한 대로 열망을 이루는 건 자아실현의 감정을 일으킨다."[26]

잉글하트와 웰젤은 자기표현의 가치관이 어떻게 더 민주적인 사회로 이어지는지 설명하기 위해 매슬로의 용어를 이용했다. 즉, '개인의 안전과 자율성은 자기중심주의를 낮추면서, 인간중심주의를 높인다.' 이것은 매슬로가 자아실현과 자기초월을 지닌 사람에게서 보았던 인류에 대한 배려와 같다.[27] 매슬로는 "빵이 많으면 사람의 욕망에 어떤 일이 일어날까?"라는 물음에 "즉시 다른 (그리고 더 높은 수준의) 욕구가 나타난다"고 답했다.[28] 잉글하트와 웰젤은 이 말에 동의했다. 생존이 보장되느냐, 보장되지 않느냐 같은 경험적인 요소는 사람의 세계관을 형성하는 데 적어도 동등하게 중요하다.[29]

내면적 성장과 국가적 변화 간의 관계에 대해 개괄적으로 설명할 수는 있지만,[30] 현실은 그렇게 딱 맞아 떨어지지 않기에 개별 국가에 영향을 미치는 다양한 요소가 존재한다. 그렇지만 데이터를 통해 대규모로 평균을 내어 비교해 보았을 때, 많은 사람들의 가치관 변화는 국가 발전과 상관관계가 있었다. 궁극적으로 잉글하트와 동료는 매슬로의 욕구 단계처럼 열망에서 일어나는 어떤 큰 변화가 현대화와 밀접하게 연결되어 있음을 보여 주었다.

인도 IT 발전에 대한 고찰

2006년 나는 파키스탄 카라치에 있는 마이크로소프트 영업부를 방문했다. 도시를 돌아다니면서 나는 파키스탄과 인도의 차이를 느끼지 않을 수 없었다. 인도의 도시에서는 곳곳에 쓰레기가 널려 있었고, 이주 가족들은 가용한 공간에 좁디좁게 끼여 살았다. 카라치에서는 높게 솟은 아파트 사이로 난 골목은 텅 비어 있었고 불법 거주자가 없는 광활한 토지가 있었다. 깨끗하고 잘 정돈돼 보였다.

그러나 겉모습만으로 판단할 수 없다. 그곳에서 만난 사람들은 다른 관점을 갖고 있었다. 그들은 인도의 최첨단 경제를 부러워하고 있었다. 내가 뱅갈루루에서 최첨단 경제를 구축하는 데 일정 부분 도움을 준 사실을 알고 있었기에 인도의 IT 분야의 비밀이 무엇인지 가장 궁금해했다.

나는 이러한 질문에 익숙해져 있었다. 브라질 사람들은 역사적으로 자기 나라보다 훨씬 가난한 인도가 어떻게 그렇게 잘하고 있는지 궁금해했다. 케냐 사람들은 인도의 성공을 따라 하려면 어떤 것이 필요한지 물어보았다. 스리랑카 사람들은 인도처럼 중간에 산업 단계를 끼지 않고 농업 경제에서 서비스 경제로 도약하는 것에 관해 이야기했다. 이런 질문은 항상 인도의 모든 맥락을 고려하지 않았지만, 그들은 내가 해답을 찾아내도록 집요하게 물었다.

인도의 전문가들은 자국의 기술 성공을 다양한 방법으로 설명한다. 많은 이는 1991년, 즉 P. V. 나라시마 라오P. V. Narasimha Rao 전 인도 총리와 경제 총리이자 훗날 인도 총리가 된 만모한 싱Manmohan Sing이 외국인 투자를 위해 인도를 개방했던 시점을 가리킨다. 그들이 시행한 개혁은 인도의 경제 부흥을 촉발시켰다. 어떤 사람들은 인도 기술 회사들이 Y2K 공포에서부터 추진력을 얻었다는 사실에 주목한다. 세계 기업들은 자신들의 컴퓨터 시스템이 00년에 이를 때 2000년이 아닌 1900년으로 오인할 것이라고 우려하였다. 네 자리 연도수로 업그레이드하기 위한 조치는 기술적으로 간단했지만 지겨운 일이었다. 인도 회사들은 저비용 기술로 그 요구를 만족시켰다. 그러나 어떤 사람들은 교육받은 인도인의 경우, 중국이라는 경쟁 국가와는 달리 영어를 사용하기 때문에 미국 기업과 민첩하게 의사소통할 수 있었다는 점을 언급한다.

이 모든 설명은 내가 만난 파키스탄 전문가를 만족시키지 못했다. 파키스탄 역시 최소한 1991년 이래로 외국인 투자를 위해 국가를 개방했었다. Y2K 이슈는 세계적이었고 파키스탄 회사들은 그 기회로 부상할 수 있었다. 또, 파키스탄의 엘리트들도 영어를 한다.

인도 성공의 진정한 비밀은 바로 인도가 IIT 같은 교육기관을 통해 우수한 기술자를 수십 년에 걸쳐 육성한 것이었다. 실리콘밸리에서 아무나 붙잡고 물어봐도 들을 수 있겠지만, IIT는 인도공과대학Indian Institute of Technology을 의미하며 국가 최고의 기술 인재를 배출하는 학교다. 이 학교는 1953년 총리 자와할랄 네루Jawaharlal Nehru가 세웠으며, 오늘날 이 학교의 입학 합격률은 하버드나 MIT보다 낮다. 2003년 개교 50주년을 맞이하여 아마존, 시스코, 마이크로소프트의 최고경영자들은 '고유하며', '놀라운', '세계 최상급의' 학교를 칭송했을 뿐만 아니라 세계적으로 공헌한 것에 감사를 전했다.[31] 빌 게이츠는 "컴퓨터 산업은 상당 부분 IIT의 전통으로부터 수혜를 입었다"라고 말했다. 게이츠가 감사해야 하는 게 맞다. 마이크로소프트 직원의 20퍼센트가 인도 출신이며, 그중 많은 수가 IIT 동문이다.

그렇게 많은 졸업생들이 해외로 가니, IIT가 정말로 인도를 위해 무엇을 하는지 궁금할지 모른다. 그러나 그들이 떠나는 것이 반드시 영구적인 두뇌유출을 의미하지는 않는다. 애너리 색스니언 교수는 조건이 맞으면 두뇌유출은 유익한 '두뇌순환'으로 바뀔 수 있다는 사실을 발견했다.[32] 색스니언은 자신의 책《새로운 아르고 호 원정대The New Argonauts》에서 인도뿐 아니라 이스라엘, 타이완, 다른 국가들의 기술 분야 성공은 많은 부분이 정확히 이런 현상에 기인한다고 밝히고 있다.

두뇌순환의 완벽한 사례는 바로 마이크로소프트 연구소에 있던 나의 전 매니저였다. P. 아난단P. Anandan은 1970년대 후반에 IIT 마드라스를 졸업해서 곧바로 석사 학위를 위해 미국으로 떠났다. 그다음 박사 학위를 받은 이후에 사르노프와 마이크로소프트에서 연구를 했다. 내가 아난단과 함께 일하기 시작할 때까지, 그는 약 20년 간 미국에서 행복하게 살아왔다. 그는 그 후 인도의 컴퓨터공학 연구를 지원했다. 인도 학생을 위한 인턴십 프로그램을 시작했고, 인도의 대학교들을 자주 방문했다. 또한 마이크로소프트의 인도 임원들로부터 지지를 모았다. 그러던 어느 날 빌 게이츠를 포함한 경영층은 아난단을 창립 이사로 임명하고 인도에 연구소 허가를 내주었다. 몇 달 후 아난단은 나를 데리고 25년간 떨어져 있던 고국으로 돌아왔다. 이는 색스니언의 이론이 실행된 것이다. 아난단은 해외의 기술, 사고방식, 사회적 인맥 모두 마이크로소프트 인도 연구소로 데

려왔다. 결과적으로 세계에서 가장 우수한 컴퓨터공학자 일부를 끌어들일 수 있었다.

IIT의 역할은 인도과학원, 델리대학교, 인도경영대학원, 그리고 전인도 의과학연구소 등 인도의 다른 유명한 교육 기관에 반영되었다. 또한 기술 분야의 성공은 인도의 다른 산업에도 영향을 미치고 있다.

인도의 기술 분야와 함께 시작된 대규모 변화의 진정한 기원을 우리는 어디에서 찾을 수 있을까? 그것은 의심할 여지없이 외국의 직접투자를 받았음에도 고급 기술교육과 국제적인 경험을 가진 관리자가 있었기 때문이다. 하지만 법 하나 바뀐다고 충분하지 않다. 또한 외국인의 직접투자 그 자체만으로도 충분하지 않다. 인도의 경우, 교육을 잘 받은 사람들에게 경제적 혜택이 치우쳤다. 나라 전체가 같은 법 아래에서 살아도 이곳 8억 명 이상의 사람들은 여전히 하루 2달러 이하로 먹고산다. 그리고 세계 어디든 투자 장벽을 낮춘다 해서 저절로 IT 분야가 번영하지는 않는다. 파키스탄, 브라질, 케냐, 스리랑카 모두 다각도로 노력하고 있지만, 투자 정책 통과나 하드웨어, 소프트웨어 수입과 별개로 개인의 재능이 성숙하려면 적어도 한 세대는 필요하다. 인도는 사람의 역량을 구축하는 데 수십 년이 필요하다고 보았다. 그중 일부는 네루 세대의 현명한 결정으로 의도적으로 이루어졌고, 또 다른 일부는 개인이 자신의 열망을 해외에서 펼치면서 이루어졌다. 금융에 관한 패키지 개입은 국가의 증폭된 내면적 성장을 개혁하였다.

또한 표면적으로 기술과 경제성장은 생각과 의지의 변화와 다름없다. 인도의 최신 기술 회사를 방문하면 그 회사가 기존 회사와 얼마나 다른

지 알 수 있다. 물론 건물은 유리로 된 외관으로 번쩍거리고 복도에는 축구 게임을 할 수 있는 테이블도 놓여 있다. 그렇지만 큰 차이는 일터의 문화와 직원들이 당연하게 생각하는 사회규범이다. 예를 들어, 인도의 전통적인 산업은 명령과 통제 방식으로 운영되는 경향이 있다. 항상 일을 잘 아는 상사가 시키는 대로 한다. 하지만 인도의 기술 산업은 점점 평등해지는 경향을 보인다. 나는 이러한 차이점을 목격했다. 기술 이외 분야에서 고용된 사람들은 적응하는 데 시간이 걸렸는데, 그 이유는 사람들이 자신의 명령에 잘 반응하지 않거나 갑자기 매니저를 '서Sir'로 부르지 말라고 요청받았기 때문이다. 이전 세대는 대부분 한결같이 안정된 직업을 최고의 성취라고 생각했다. 대학 졸업생은 의사, 변호사, 정부 공무원이 되기 원했다. 오늘날 단순한 금전적인 보장은 매력을 잃었다. 야심 찬 IIT 졸업생들은 자신의 회사를 차리기 위해 대기업을 떠나고 있다. 그들은 더 위대한 존중, 성취, 자아실현을 열망하고 있다.

창조 계급의 시대

잉글하트의 분석은 서비스 분야에서 중요도가 점점 줄었는데, 리처드 플로리다Richard Florida는 이 부분을 주목했다. 플로리다는 대중에게 '창조 계급creative class'을 알린 연구로 유명하다.[33] 창조 계급이란 주로 창조적인 일을 해서 돈을 버는 사람, 즉 과학자, 엔지니어, 예술가, 음악가, 디자이너, 지식 기반 전문가들을 뜻한다.[34]

창조 계급이 부상하는 것은 선진국 도시에서 먼저 발생하고 있는 세계적인 현상이다. 플로리다는 미국의 경우 1900년에서 2000년 사이에 창조 계급이 300만 명에서 3800만 명으로 늘었고 노동인구 기준으로 10퍼센트에서 30퍼센트 증가했다고 추정한다. '슈퍼창조핵심인력Super-Creative Core'은 1900년 2.5퍼센트에서 2000년 12퍼센트로 늘었다. 그러나 이런 수치는 창조 계급의 영향력을 과소평가하는 것이다. 창조 계급은 미국 노동 임금의 절반을 차지하며, 국가의 가장 권력 있는 제도 중 많은 부분을 통제하고 소비자가 구매하는 재화의 형태와 내용을 설계한다. 경제적인 면에서 발달한 유럽 국가의 창조 계급도 노동인구에서 유사한 비율을 차지한다.[35]

창조 계급은 자아실현이 두드러진다. 플로리다는 "창조적인 근로자는 전통적인 매슬로의 욕구 단계에서 단순히 위로 올라가지 않는다. 대다수는 기본적인 생존 요건을 충족시키는 문제로 걱정하지 않는다. 그들은 사다리로 치면 높은 계단에 있기 때문에 이미 존중과 자아실현 같은 내면적 보상을 추구하고 있다"라고 말했다.[36]

플로리다의 창조 계급은 매슬로의 단계에서 낮은 단계로 동기 부여되는 경우가 적다. 돈을 생존과 안전의 문제가 아니라 '단순히 수준을 유지하는 수단'으로 보기 때문이다. 그리고 어떤 분야든 가장 뛰어난 사람은 열정으로 동기부여가 된다.[37] 존중의 욕구조차도 특별한 형태를 취한다. 플로리다는 돈 많은 집안에서 태어난 창조 계급 사람의 경우, 더 이상 부에서 진정한 자아를 발견하지 않고, 돈을 중요치 않게 생각한다는 점을 발견했다. 대신에 창조 계급은 잘 알고 있는 사람들로부터 존중과 인정을 받을 기회를 찾는다.[38] 따라서 플로리다의 창조 계급 사람들은 매슬로의 자아실현이 그렇듯 주로 자신이 하는 일이 좋아서 일한다. 또한 자율성과 다양성을 높이 평가한다. 그들은 기본적인 욕구를 충족시키는 데에는 자신감이 있다. 때문에 자신의 직업이 위협을 받을 때 그들은 소득을 잃을까 하는 두려움보다 '단순히 직업'에 만족해야만 하는 두려움이 더 크다.

플로리다의 책에 나온 한 그래프에서는 개인의 열망과 국가 통계 간에 연관성을 제시한다. 1900년에 농업은 최고 전성기였으며 전체 노동력의 약 40퍼센트를 차지했으나 이내 노동자 계급 세력이 그 뒤를 이어 1910년에서 1960년 사이에 유사한 규모로 많은 노동력을 대체했다. 1970년대 이래로 서비스 계급이 전체 노동력의 약 45퍼센트를 차지했으나, 창조적이며 자아실현을 하는 계급이 지속적으로 부상하면서 지금은 그 위상이 떨어지고 있다. 이런 노동 순환은 개인의 매슬로식 발달로 인한 많은 변화가 국가의 사회·경제적 성장과 상관관계가 있음을 명확히 일깨워 준다.

닭이 먼저일까, 달걀이 먼저일까?

잉글하트와 플로리다의 핵심 주장은 국가의 변화는 개인 열망의 변화와 상관관계가 있다는 점이다. 하나가 없으면 다른 하나도 이루어질 수 없다. 만일 이것이 명백하다면 사람의 가치와 열망에 주의를 기울이지 않고 외부의 좋은 결과를 적용하려는 시도로 사회적 대의명분이 확산되고 있는 것이다. 이런 프로젝트에서는 침대망, 노트북컴퓨터, 개량종자에만 관심을 쏟고, 사용하는 사람을 육성하는 일에는 최소한의 관심만 둔다. 하늘 높은 줄 모르고 치솟는 의료보험료에도 상관없이, 다른 사람은 힘들게 사는 동안 몇몇 부자가 더 부유해지더라도 상관없이 항상 GDP 증가를 독려한다. 또한 제도와 사회규범이 준비되지 않은 곳에서 선거를 통해 민주주의가 이루어지리라 기대한다. 이렇게 많은 프로젝트들은 내면의 깊은 변화를 일으키기보다 표면의 상황을 개선하려고 한다.

내면적 성장의 기초를 다지지 않은 채 서둘러 만든 제도는 사라져 버리는 경향이 있다. 이라크와 아프가니스탄의 민주주의가 좋은 예다. 잉글하트와 웰젤은 선거를 유지하는 게 더 행복하고 인내심이 있으며 자유를 사랑하게 된다는 주장을 신랄하게 공격했다. 그들의 자료를 보면 포스트 소비에트 국가들은 1990년대 나타난 민주화 이후 신뢰와 인내심과 행복이 감소했다. 이는 민주화가 뿌리 내리고 있는지와 관련하여 '민주제도에서 인간의 삶은 단순한 습관화보다는 자기표현의 가치에 달려 있다고 보기 때문에' 의미심장하다. 그들은 "가장 잘 설계된 제도라고 해도 화합할 수 있는 대중의 문화가 필요하다"라고 결론지었다.[39] 민주주의의 패키지 개입은 시민의 도움을 받아야 효과가 있다.

그러면 무엇이 먼저일까? 개인의 내면적 성장일까 아니면 사회의 내면적 발전일까?[40] 서로에게 영향을 미친다고 보는 것이 맞을 것 같다. 개인의 성장은 국가의 성장으로 이어지는 경향이 있고, 그 반대도 마찬가지다. 강한 상관관계를 가진 많은 사회현상처럼 사회·경제적인 성장과 매슬로식 발달은 최소한 일정 수준의 번영에 이르기까지 상호 간에 강화된다. 사람들은 부유해질수록 단순한 생존 욕구 이상의 무언가를 열망하게 된다. 따라서 더 많은 사람들이 생존 욕구 이상의 무언가를 추구하면서 사회는 더 풍요로워진다. 개인과 사회 발전이 서로에게 힘이 되는 한, 둘 다통제 가능한 요인에 집중해야 한다. 개인 수준에서는 우리 자신과 다른 사람의 내면적 성장을 추구해야 한다. 사회 수준에서는 사회의 생각과 의지를 반영하고 함양할 수 있는 제도와 정책을 마련해야 한다. 그렇다면 대중의 내면적 성장이 아닌 정치적 의지를 완수해야 할 때, 무엇이 정치적 의지일까?

온정 계급과 우리의 미래

이 장 초반에서 우리는 나라시마를 통해 인도 노동 계층의 일원이 내면적 성장을 이루어 가는 이야기를 들었다. 이제 나는 인도에서 보다 넉넉한 삶을 사는 계층의 아이들에게 관심을 돌리고자 한다. 이 계층에서는 또 다른 형태의 성장이 일어나고 있다. 또한 이들은 다른 열망과 관계가 있다.

인도에서 나와 함께 일한 연구자 가운데 님미는 주부이자 엄마로서 도시 슬럼가의 기술 연구로 전향하기 위해 대학교 때 배웠던 사회인류학을 다시 들여다보았다. 사우라브는 재능 있는 컴퓨터공학자로서 인도에서 제대로 능력을 발휘하지 못하고 있는 학교 시스템을 위해 자신이 할 수 있는 게 무엇일지 고민했다. 아이쉬와라는 열정 넘치는 개발경제학자로서 자신의 학문적 소명과 공익 간에 균형을 유지했다. 인드라니는 디자인 연구자로서 자신의 연구를 통해 더 많은 사회적 영향력을 끌어내고자 했다. 이들 모두 상대적으로 부유한 가정 출신으로 이들의 관심사는 독창적이지만 대부분 금전적, 사회적 안정성에는 무관심했다. 대신 이들은 존중과 성취와 자아실현을 다각도로 추구했으며 자기초월에도 이끌렸다. 이들의 부모 세대와 비교해 볼 때, 열망에서 변화가 있음을 알 수 있다. 이들은 자신이 가진 것을 취약한 지역사회와 나누고 싶어 하였다.

창조 계급이 다수의 자아실현을 대표한다면, 다수의 자기초월이 '온정 계급'에 이른다고 상상하는 건 쉽게 볼 일이 아니다. 모든 욕구가 완전히 충족되고 가장 두드러진 열망이 세계 평화와 번영인 나라를 상상해 보자. 이런 나라는 자국민의 욕구를 계속해서 충족시킬 수 있을지라도 주요한 국가 목표에서 경제성장을 제외할 것이다. 자급자족이 가능하고 이타적인 사람들은 자기 자신과 다른 사람에게서 내면적 성장을 끌어내고자 할 것이며, 자기 잇속만 챙기거나 교화하려고 하는 신식민주의적인 '백인의 책무White Man's Burden' 같은 방법은 쓰지 않을 것이다.

나는 세계의 많은 영역에서 이미 이러한 방향으로 향하는 신호가 있다고 생각한다. 예를 들어 미국의 경우, 자선 기부와 자원봉사 비율이 경기 침체 이후 약간 줄어들었지만 그래도 대부분 높았다. 오늘날 150만 개의 이상의 비영리단체가 존재하며 매년 새롭게 5000개 정도가 생겨난다.[41] 2011년에는 미국 성인의 27퍼센트가 다양한 명분으로 152억 시간의 자원봉사를 했으며, 이는 역대 최고치였다.[42] 2013년 총 기부액은 3350억 달러였으며, 이는 경기 침체가 최고조에 이르기 바로 직전인 2007년에 기록한 최고 기부금액에 근접한 수치다.[43]

이러한 경향은 특히 젊은 미국인들 사이에서 두드러진다. 2013년, 캘리포니아대학교 로스앤젤레스 캠퍼스(UCLA)의 고등교육연구소에서는 조사를 통해 신입생 중 71.8퍼센트가 '사람들을 돕는 일'을 중요하게 느낀다고

밝혔으며, 이는 1980년대 이래 최고치다.[44]

'여론조사 업계의 노스트라다무스'로 불리는 프랭크 런츠Frank Luntz는 "2020세대는 자신이 성공하면 남을 돕기를 원한다"라고 말했다.[45] 학생들 대부분은 부유한 X세대의 자녀로 금전적으로 보장되고 일정 수준의 사회적 지위와 자아실현을 기정사실로 받아들이며 살아왔다.[46] 이들의 부모 세대인 X세대는 그 이전 세대가 금전적, 안전적 보장을 당연하게 여기듯 이미 자신이 좋아하는 일을 하며, 만족스러운 직업을 당연하게 생각한다. 그들이 지금 느끼고 있는 것은 자기초월을 위한 초기의 열망일지도 모른다.

《세상을 어떻게 바꿀 것인가How to Change the World》의 저자인 데이비드 본스타인David Bornstein은 곳곳에서 유사한 경향을 언급했다. 방글라데시에서 운영되고 있는 2만 개의 비정부 단체 대부분은 지난 25년 사이에 출범했다. 프랑스는 1990년대를 통틀어 매년 평균 7만 개의 시민단체가 생겨났다. 같은 기간 동안 브라질에서는 등록된 시민단체 수가 60퍼센트 증가했다. 또한 국제 시민단체 수는 6000개에서 2만6000개로 증가했다.[47] 존스홉킨스대학교의 레스터 샐러먼Lester Salamon과 동료는 지난 30년 넘게 세계 곳곳에서 조직적이고 자발적인 비영리 민간단체가 많이 생겨났다고 말했다.[48]

나아가 어떤 나라는 자선을 정부 정책의 중요한 기능으로 본다. 스웨덴과 노르웨이는 공식적 개발 원조에서 세계를 이끌고 있으며 두 나라 모두 국민총소득의 1퍼센트 이상을 기부한다. 이들 뒤를 이어 룩셈부르크, 덴마크, 네덜란드가 있다.[49] 이러한 나라들은 국민당 인도주의적 지원 기부금 측면에서도 최고 수준에 있으며, 룩셈부르크의 경우 2008년 국민당 연간 114달러였고, 노르웨이, 스웨덴, 아일랜드, 덴마크가 그 뒤를 이었다.[50] 세계 가치관 조사에서도 이런 나라들이 모두 비종교적–이성적 가치와 자기표현 가치에서 높은 점수를 받았다. 아마도 이 나라들은 이 측정치를 넘어 보다 온정적인 차원으로 이동하고 있을 것이다.

나는 세상의 모든 중요한 영역이 순수한 이타심을 가진 현자의 상태로 초월해 가고 있다고 보지는 않는다.[51] 외국인 원조 프로그램은 많은 문제를 안고 있다. 또한 행동주의를 통해 영광을 얻기 바라는 것은 부를 통해 얻는 것만큼 강력하다. 많은 사회운동가가 공익의 책임을 맡고 있지만, 그들은 여전히 인정받고 싶어 하며 영웅의 지위를 바란다. 그러나 희망의 신호는 있다. 최근 선진국에서 창조 계급이 부상하는 현상은 이전에 보지 못했던 것이다. 심리학자 스티븐 핑커Steven Pinker는 《우리 본성의 선한 천사The Better Angels of Our Nature》에서 인간의 폭력 비율은 장기간에 걸친 문명화를 통해 줄어들었다고 적었다.[52] 또한 점점 더 많은 사람들이 회사 승진이나 월가의 부자나 이기적인 자아존중이 아닌 다른 것에 관심을 돌리고 있다는 점은 새로운 열망의 탄생을 알리는 것이다.

우리는 더 많이 성장할 수 있다. 하지만 장담할 수는 없다. 온정 많은 세상이 실제 존재할지 명확하지 않기 때문이다. 현대 세계의 문명화는 소비와 개인의 성취로 특징짓는 일종의 자아실현에 갇혀 있는 듯 보인다. 그러나 자기초월의 세상이 확실하지 않아도 우리는 그것을 지향해야 한다. 그것은 믿을 만한 꿈이며, 성취될 가능성이 있는 예언이며, 우리의 미래를 위해 더 밝게 빛나는 열망이기 때문이다.

10장

사람이
세상을
바꾼다

피아니스트가 되는 지름길은 없다

　　　　나의 부모님은 나의 학업 성적에 관대했지만, 어머니는 내가 피아노를 배울 때만큼은 쉽게 흥분하셨다. 부모님은 내가 다섯 살일 때부터 피아노를 배우게 했고, 대학교 입학을 위해 집을 떠날 때까지 그만두지 못하게 했다. 나는 연습하는 게 싫었지만 어머니는 하루에 한 시간씩 피아노 앞에 억지로 앉아 있게 했다. 발표회나 경연대회를 앞두고는 더 많은 시간을 보내야 했다. 아버지는 나에게 "너는 아무래도 피아니스트는 못 되겠구나. 그래도 아마 좋은 걸 배우게 될 거다"라고 말했다. 그때는 그 말이 그냥 어른들의 뜻 모를 이야기라고 여겼다. 그런데 돌이켜 생각해 보니 아버지가 옳았다. 나는 건반 앞에 앉아 있으면서 많은 것을 얻었다. 복잡한 기술을 연습하고, 그것을 기억하고, 지루한 일에서도 기쁨을 얻으며, 반복을 통해 창의성을 키웠다. 또한 혼자 연주하거나 다른 사람과 같이 연주하면서 공연에 대한 불안을 다스리고 목표를 위해 지성과 감성을 조화시키는 법을 배웠다. 나는 이런 훌륭한 교육을 통해 어쩌면 가장 소중한 교훈을 배웠을지도 모른다. 그 교훈이란 인생의 많은 부분이 기술과 습관에 뿌리를 두고 있으며, 대부분은 충분한 연습이 있어야 배울 수 있다는 것이다. 물론 음악으로만 이것을 배울 수 있는 건 아니다. 어떤 사람은 스포츠, 댄스, 시각 예술, 학문, 컴퓨터 프로그래밍을 하거나 장기적인 훈련과 참여를 통해 비슷한 교훈을 얻는다.

　숙달의 경지에 이르는 데는 지름길이 없다. 피아노 초보자를 하루아침에 콘서트 피아니스트로 만들 수 있는 기술과 제도와 정책과 방법은 존재하지 않는다. 피아노를 배우기 위해 메트로놈과 튜너는 중요한 보조 기구다. 그리고 라디오와 아이팟 같은 기술은 단순히 음악을 켜는 것에서 음악이 매우 쉽게 보급될 수 있도록 한다. 그러나 피아노 음악을 켤 수 있다는 이유만으로 사람들에게 연주자라는 소리를 들을 수는 없다. 음악을 스스로 창조할 수 있어야 한다. 진정한 예술적 기교는 수년에 걸쳐 동기부여된 노력이 있어야 한다.

콘서트 음악가가 가득한 나라를 만들려면 무엇이 필요할까? 베네수엘라가 그 단서를 제공한다. 1950~1960년대 베네수엘라의 가장 큰 도시는 카라카스와 마라카이보 두 곳이었는데, 이 두 곳은 몇 안 되는 전문 오케스트라의 고향이었다. 이 엘리트 집단들은 베네수엘라 정유로 자금 지원을 받았지만, 단원 대부분이 유럽이나 북미인이었다. 피아노와 바이올린을 연주하는 석유경제학자 호세 안토니오 아브레우José Antonio Abreu는 베네수엘라 연주자를 위한 기회가 부족한 사실에 크게 실망했다. 이에 아브레우는 1975년, 청소년 오케스트라를 설립하기 위해 몇 명의 친구들을 불러 모았다. 첫째 날, 차고에 열한 명만 나타났다. 하루 종일 연습하고 난 후, 집으로 돌아가 다른 사람들을 모았다. 둘째 날에는 스물다섯 명이 모였고, 셋째 날에는 마흔여섯 명이 모였다. 한 달이 채 되지 않아 일흔다섯 명의 오케스트라 단원이 모였는데, 일부는 악기를 거의 연주할 줄 몰랐다. 아브레우는 하루에 열두 시간까지 예행연습을 했다. 그는 나이가 많은 연주자로 하여금 젊은 연주자에게 조언을 해달라고 부탁했다. 그리고 그들은 곧 정부 장관과 루이스 에체베리야 알바레스Luis Echeverría Álvarez 멕시코 대통령 같은 고위 관리 앞에서 공연하게 되었다. 알바레스 대통령은 감동받은 나머지 자국에서 공연해 달라고 오케스트라를 초청했다. 이러한 초기의 성공에 힘입어 아브레우는 오케스트라를 해외 페스티벌에 데리고 갔고 오케스트라는 순식간에 세계적인 찬사를 받았다.[1]

시간이 지나 아브레우는 자신과 비전을 함께한 사람들과 베네수엘라 전체에 오케스트라 시설을 세웠는데, 가난한 지역이 대부분이었다. 그들은 베네수엘라 정부, 세계은행, 미주개발은행, 유니세프 같은 공적 기관을 통해 자금을 확보했다. 이러한 노력은 주요 정치적 변화에서도 이루어졌다. 오늘날 베네수엘라에는 285개의 교습센터núcleos가 있어서 40만 명 이상의 학생이 여가 시간을 보내고 있다. 학생들은 연습을 통해 이 단체의 서른한 개 전문 심포니 오케스트라에 들어가기를 꿈꾼다.[2] 도시를 걸으면 공중에 은은하게 퍼지는 바흐와 말러의 음악을 들을 수 있다. 이 나라가 이런 현상을 기꺼이 받아들이자 시골 마을에서는 집 안의 소에게 모차르트와 베토벤이라는 이름을 붙여 주었다. 전국에서 가장 우수한 연주자들로 구성된 시몬 볼리바르 청소년 오케스트라Simón Bolívar Youth Orchestra는 카네기 홀, 케네디 센터와 베를린, 런던, 빈, 도쿄, 베이징 등의 주요 도시에서 공연했다. 2009년에는 스물여덟 살의 지휘자 구스타보 두다멜Gustavo Dudamel이 로스앤젤레스 필하모닉의 음악감독이 되었다. 베네수엘라의 신동이 세계 정상의 오케스트라를 이끌게 된 것이다. 두다멜은 그동안 차세대 레너드 번스타인Leonard Bernstein[3]으로 불려 왔다.

아브레우는 자신의 단체를 베네수엘라 국립 청년 및 유소년 오케스트라 시스템 육성 재단Foundacion del Estado para el Sistema Nacional de Orquestas Juveniles e Infantiles de Venezuela, 줄여서 '엘 시스테마El Sistema'로 명명했

다. 그러나 이것은 단순한 시스템이 아니라 사회운동이다. 오늘날 엘 시스테마는 학위를 수여하는 음악원과 특정 악기를 다루는 예술원, 재즈와 베네수엘라 민속음악 과정, 현악기 제작자를 위한 수습 과정, 특수아동을 위한 교과과정, 유치원 수업, 심지어 초보 엄마와 아기를 위한 프로그램에 이르기까지 다양한 과정을 포함하고 있다. 뿐만 아니라 엘 시스테마 그룹은 세계 약 50개국으로 뻗어 나갔다.

음악이 없는 나라는 어떤 패키지 개입을 통해서든 음악의 천국으로 바뀌지 못할 것이다. 그렇다. 바이올린이나 어쩌면 MP3 플레이어 같은 도구가 필요할 것이다. 단체가 예행연습을 할 수 있는 공간과 자금, 어쩌면 지원을 받기 위한 법이나 명령이 필요할지도 모른다. 하지만 그 어떤 것도 연습을 보장하거나 연주의 기교를 법률로 제정하지 못한다. 어떤 패키지 개입도 특별하지 않거나 모든 세대를 아우르지 않고서는 진정으로 음악이 넘치는 사회를 만들 수 없다. 역량 있는 리더의 한결같은 마음, 공적 지원과 넉넉한 후원, 음악을 사랑하는 아이들, 그리고 격려를 통해 회복하는 사회와 같이 보다 획기적인 것이 있어야 한다.

따라서 사회 변화를 고장 난 기계를 고치는 것으로 보지 않고 오케스트라를 육성하는 것으로 볼 때, 패키지 개입에 관한 많은 생각들이 우습게도 1차원적으로 보일 수 있다. 사회 발전을 위해서는 사람 안에서 변화가 필요하며 측정 가능한 행동으로 나타나기까지 수년이 걸릴 수 있다. 이는 명확하지만 점점 간과하고 있는 이야기이다. 이것은 저렴하고 번쩍거리는 임시 조치라는 현란한 잡음에 묻혀 들리지 않는다. 이집트 혁명과 미국의 동성결혼 합법화 같은 가시적 사건들은 너무나 빨리 일어나는 바람에 페이스북이나 단일법 혹은 판결 하나로 가능해진 것으로 착각할 수 있다. 그러나 그 사건들을 순간의 사건으로 보는 건 교향곡을 단지 일시적인 기분에 악기를 집어 들고 그대로 연주하기로 한 불특정 다수의 플래시몹flash mob⁴으로 보는 것과 다를 바 없다. 수십 년은 아니더라도 수년에 걸쳐 개인과 단체와 세대 간의 노력이 필요하며, 무대 위에서는 이런 노력을 통해 음 하나하나가 연주되며 울려 퍼진다. 즉, 기술로만 통하는 지름길은 존재하지 않는다.

지름길이 없다면 우리는 사회를 바꾸기 위해 무엇을 할 수 있을까? 본 마지막 장에서는 사람들의 내면적 성장을 발전시키는 아이디어를 제시할 것이다. 만일 기술과 패키지 개입이 사람의 영향력을 증폭한다고 한다면, 이미 기술 중심적인 장치들이 넘쳐 나는 세상에서 가장 중요한 문제는 바로 '내면적 성장을 어떻게 키우는가'이다.

눈앞의 변화

디기라는 서른 살의 눈부신 여자는 나로 하여금 놀라움을 금치 못하게 했다. 인도 자르칸드 동부, 평범한 네모진 건물 시멘트 바닥에는 자립단체 두 곳에 속한 마흔 명가량의 여자들이 앉아 있었는데, 그들을 대표하는 사람은 디기였다. 그녀는 빠른 힌두어로 자신의 마을인 론조Lonjo가 디지털 그린에서 배운 것처럼 우수한 쌀 재배 방법을 어떻게 적용하였는지 설명했다. 그러고는 마을 지도를 보여 주며 각 가정의 벼 수확량 수입에 관한 통계를 줄줄 설명했다. 청중에는 디기보다 나이가 두 배 많은 여자도 있었지만, 그들은 디기를 존중하며 그녀를 중심으로 한데 모였다.

그때가 2011년 7월이었다. 디지털 그린 이사회에 속한 우리 중 몇 명은 인도 농촌에 있는 직원의 업무를 관찰하기 위해 자르칸드에 갔다. 우리는 프라단Pradan과의 협력 관계를 이해하고 싶었다. 프라단은 선구적인 비정부 단체로서 인도에서 가장 빈곤한 일곱 개 주에서 약 35만 가정을 대상으로 일하고 있다. 프라단의 프로그램은 농업, 의료 서비스, 기반시설, 지방자치제도에 폭넓게 걸쳐 있어서 협력 지역사회는 다양한 성과를 내고 있었다. 일부는 소득이 두세 배가 되었다. 또 다른 곳은 보다 깨끗한 물을 얻을 수 있었고 질병도 줄었다. 일부는 디기처럼 젊은 리더가 생긴 것을 자랑스럽게 여겼다. 많은 곳에서 지역 정부와 협력 관계가 이루어졌다.[5] 프라단은 인도의 가난한 농촌 지역사회를 일깨워 사회·경제적 발전 가능성을 높이고자 노력했다.

초두리는 론조를 담당하는 프라단의 선임 직원이다. 그녀는 처음 프라단이 여기서 일을 시작했을 때 디기는 현대 농사법, 금융, 정치는 거의 몰랐던 조용한 초보 엄마였다고 말했다. 디기는 다른 인도 마을 사람과 다를 바 없었다. 보통 멀리 떨어진 농촌 지역에서 태어나, 정규교육은 거의 받지 못한 채 자라며, 힘든 농사일에 익숙하고, 어렸을 때 결혼하며, 마을 밖의 삶에 무지하고, 권위를 공경하고 스스로 생각하는 법에서 멀어진 사람들처럼 말이다. 그러나 디기는 전혀 그런 사람이 되지 않았다. 디기와 자립단체의 동료 구성원은 새로운 벼 재배 기술의 복잡함도 알거니와 은행에서 대출도 받고 지역 판차야트panchayat[6]의 마을 행정관리에서도 활동적이었다. 자립단체에 있는 한 여성은 처음에는 은행 직원에게 겁을 먹었지만 지금은 은행 직원을 대할 수 있다고 고백했다. 디기는 자신과 다른 여성들이 마을 정치에 어떻게 점차적으로 참여하게 되었는지 말해 주었다. 오늘날 마을 회의는 절반 이상이 여성이다. 또한 여성들은 정부의 공무원들과 자주 만나 회의를 한다. 디기는 자신의 일이 자랑스러워 자진해서 일을 맡았다고 했지만 이 모든 것은 궁극적으로 자신의 아이들과 마을을 위해서였다. 그녀는 다음 세대에는 견고한 교육이 반드시 이루어지기를 바랐다.

우리의 출장 목적은 겉으로는 디지털 그린의 비디오 제작 과정을 보기 위해서였다. 또한 프라단이 권장하는 농업기술이 궁금하기도 했다. 즉, 우리는 기술밖에 모르는 괴짜 같은 패키지 개입을 보기 위해 그곳에 있었다. 그러나 자립단체의 여성들과 상호작용을 하면서 그들이야말로 디지털 그린의 진정한 사례임을 알 수 있었다. 디기는 자신의 지성과 카리스마로 우리를 사로잡았다. 초두리는 디기가 몇 년에 걸쳐 지역사회에서 상호작용하는 능력과 발표력을 향상시키고 다방면에서 자신감을 키웠다고 말했다.

그렇다면 디기는 어떻게 이런 사람이 될 수 있었을까? 디기가 디지털 그린 비디오에서 배운 건 벼 재배법도 아니었고, 적어도 비디오에서 배우지도 않았다. 그녀가 자립단체와 받은 대출 때문도 아니었다. 지역 마을 회의에서 그녀가 얻은 투표수도 아니었다. 기술로 가능해지고, 법으로 강제되고, 인센티브로 조작되고, 시장에서 주고받는 것보다 훨씬 더 많은 것이 작용하고 있었다. 프라단이 디기에게 보인 특별한 관심과 그녀의 자립단체는 음악 초보자들이 모여 오케스트라가 된 엘 시스테마 못지않은 내면적 변화를 불러일으켰다. 디기를 바꾼 건 바로 프라단의 '멘토십 mentorship'이었다.[7]

효과적인 멘토십이란?

멘토십에서 한쪽 당사자는 다른 쪽이 열망을 이루는 데 필요한 역량을 갖추도록 도와주며, 둘 다 위대한 내면적 성장을 하게 된다. 멘토mentor와 멘티mentee는 개인이나 집단 또는 나라 전체가 될 수도 있다. 프라단은 30년 동안 마을과 관계 맺기 위해 일련의 전략을 개발했다. 그 전략들을 살펴보면 훌륭한 멘토십의 요소를 이해할 수 있다. 나는 우연히 프라단을 잘 알게 되었고, 이 단체가 자신의 역할을 훌륭히 해내고 있기에 프라단을 예로 들겠다. 그러나 세상에는 이름이 알려지지 않고, 자금 부족을 겪고 있는 단체도 많다. 단체마다 다르게 부를지언정 어쨌든 주요 모델은 멘토십이다. 훌륭한 멘토십의 요소에 관심을 가짐으로써 그것과 관련 있는 단체를 더 잘 알아보고, 그 단체에 효과적으로 도움을 줄 수 있다.

결정권이 있는 멘티와의 관계 형성

프라단이 함께 일할 지역사회를 알아본 후, 프라단의 한 직원은 지역 주민과 친밀한 관계를 형성하기 위해 몇 달간은 며칠씩 그곳에서 지냈다. 초두리의 전임자는 론조 지역 마을을 대상으로 처음 일해 본 사람이었다. 그는 함께 이야기할 지역 주민을 찾은 뒤 궂은일을 도와주고, 그렇지 않으면 그들과 함께 시간을 보냈다. 신뢰를 바탕으로 한 관계는 좋은 멘토링mentoring[8]의 필수이지만, 좋은 관계를 형성하는 데 시간이 걸린다.

또한 멘토십은 양자 간 지위의 차이를 분명하게 인정한다. 프라단과 프라단이 담당하는 마을의 경우, 이런 일은 자연스럽게 일어난다. 그 격차를 숨기는 건 불가능하다. 프라단은 자신들이 생각하기에 도움을 줄 수 있는 지역에 직원들을 보낸다. 직원들이 론조에 도착했을 때, 그들이 만난 마을 사람들은 가난하고 수동적이며 제대로 교육받지 못한 상태였다. 반대로 프라단 직원들은 대학을 졸업하고 힌두어와 영어를 구사했다. 직원들은 주민 대부분이 엄두를 못 내는 오토바이를 타고 다니며 TV에서만 볼 수 있는 젊고 도시적인 태도를 가졌다. 이러한 지위의 차이를 인정하는 것은 기술 남용과 무분별한 개발에 대한 경계심의 원인이 된다.[9] 프라단의 프로그램 이사이자 전 상무인 아닐반 고세Anirban Ghose은 "멘티인 지역사회는 취약하기 때문에 '신탁'의 정신으로 개입하는 것이 우리의 일이다"라고 말했다.

마을과의 관계가 취약하거나 마을에서 프라단이 제공하는 것에 관심이 없다면 관계는 끝나 버린다. 잠재적인 멘티는 멘토십을 거절할 권리가 있다. 또한 지역사회의 합의 없는 법 시행이나 프로젝트 운영과는 달리, 양측은 자유롭게 진정한 멘토링 관계에 있어야 한다. 정반대로 멘토는 믿지 않는 것은 피하려 하거나 성실하지 않을 가능성이 있는 멘티와 일하는 걸 거절할 수도 있다. 프라단은 종종 단체의 의도나 전문성을 인정하지 않는 마을을 떠났다.

멘티는 현안을 자기 것으로 인지하고 개입에 조건을 붙여야 한다. 멘티는 자신의 열망을 위해 끈기 있게 버티고 나중에 멘토를 비판하지 말아야 한다. 멘토는 자신의 세계관을 멘티에게 강요하는 유혹을 견뎌야 한다. 이런 태도를 개발하는 것 자체가 큰 노력을 요하며, 이는 일의 한 부분이다.

한편 멘토는 멘티와 함께 다음을 준비해야 한다. 일전에 나는 A. V. M. 샤니A. V. M. Sahni의 이야기를 들은 적이 있다. 샤니는 퇴역한 인도 공군 장교로서 비영리단체인 발전대안Development Alternatives과 함께 일했다. 그는 사방댐check dams 지지자였다. 사방댐은 작은 댐으로 강의 유속을 느리게 하여 인접한 밭에서 물을 흡수할 시간을 더 많이 주는 역할을 한다. 또한 건기에도 땅을 촉촉하게 하고 양질의 토양으로 만든다. 그가 인도 중부의 도시인 잔시 주변의 몇몇 지역사회에서 사방댐을 세우는 방법을 지도한 후, 주민들은 1년에 두 번 농작물을 재배할 수 있다는 사실을 발견했다. 주민들은 하루아침에 수입이 두 배가 되었다고 기뻐했다. 샤니는 거기서 멈추지 않고 1년에 세 번 재배할 수 있을 거라고 생각했다. 그러나 샤니가 재배 일정을 조정하자고 제안하자 농부들은 저항했다. '이 노인은 도대체 누구란 말인가? 이 마을 저 마을 다니며 우리에게 일을 더 시키는 거 외에는 할 일이 없느냐?'라고 말이다. 샤니는 미소와 함께 이 이야기를 전하며 "그들이 바라는 것 이상으로 몰아붙이는 건 소용없다"고 말했다.

열망 일깨우기

프라단은 일단 관계가 형성되면 마을에 정기적으로 모일 수 있는 자립단체를 만들도록 권장한다. 디기는 2002년 론조에서 만들어진 두 개의 자립단체 중 한 곳에 합류했다. 초두리가 설명했듯이 이곳에서 프라단의 업무 범위는 매우 넓다.

아주 초창기에는 자립단체 개념에 대해 공감할 수 있는 자리를 가졌다. 그다음 에달베라Edalbera라고 하는 인접 마을에 가서 프라단이 장려하고 있는 기존 자립단체SHG(Self-Helping Group)의 남녀 구성원 몇 명을 만났는데, 이들은 SHG의 핵심에 대한 방향성을 알려 주었다. 프라단은 기존 SHG 구성원과 SHG 운영 원칙과 내규, 그리고 구성원의 혜택을 논의했다. 마을 탐방 이후, 마을 주민들이 구성원에 관심이 있는지 들어보기 위해 또 다른 회의가 열렸다. 연이은 회의를 통해 비로소 SHG가 만들어졌다.

프라단의 차분하면서도 끈질긴 장려는 자립단체 안에 활기찬 단결력을 불러일으켰다. 오늘날 론조에는 열세 개의 자립단체가 있으며, 인도 전역에 걸쳐 2만2000개 이상이 있다.[10]

일단 SHG가 구성되면, 첫 번째로 집단의 열망을 분명하게 표현하는 일을 한다. 그러나 정의롭지 못한 것에 익숙한 지역사회의 경우, 먼저 열망을 일깨워야 할 수도 있다. 고세에 따르면 일할 때 난제는 부패한 관료도, 충분하지 못한 정부프로그램도, 마을과 가족의 내부 갈등도 아니다. 이 모든 문제가 존재하더라도 가장 큰 문제는 마을 주민의 자포자기다. 주민들은 하느님이 이곳에 있어도 상황이 달라질 게 없는데, 자기한테 무슨 기회가 있겠느냐고 묻는다. 그래서 프라단은 마을 주민을 차분하게 격려하며 그들의 장점을 확장해 갔다. 결국 지역사회는 낙심하지 않고 숨겨진 가냘픈 희망을 알아볼 수 있었다.[11] 예를 들면, 대금업자에게 덜 의존한 다든가, 남편이 술을 끊었으면 한다든가, 쌀 수확량을 늘려 더 많은 돈을 썼으면 하는 것들이었다.

이런 과정은 많은 사회운동가가 수행하도록 훈련받는 욕구 평가와는 대조적인 '열망 평가aspiration assessment'로 부를 수 있다. 욕구 평가 뒤에 숨겨진 의도는 좋은 것이다. 즉, 외부인인 우리가 지역사회에 필요하다고 생각하는 게 아니라 실제로 지역사회가 원하는 바를 향해 노력해야 한다. 사실 사람은 다른 사람의 욕구를 객관화한다. 부유한 사람일수록 가난한 사람에게 더 나은 의료 서비스가 필요하다고 믿는다. 민주주의 시민은 자신과 다른 사람에게 정치적 자유가 필요하다고 확신한다. 대학 졸업생들은 모든 사람들이 고등교육을 받아야 한다고 생각한다. 이런 욕구는 다른 환경에 있는 사람의 긴급한 욕구 뒤에 놓일 수 있다.

프라단이 가장 중요하게 생각하는 질문은 '지역사회가 무엇을 하기 원하는가?'이다. 프라단은 제안을 하더라도 단체의 사상을 너무 많이 강요하지 않고자 조심한다.

내면적 성장의 강화

열망의 핵심은 내면적 성장이 강화된다는 것이고, 일단 열망이 분명하게 표현되면 프라단은 전문가를 투입한다. 이 전문가는 기술을 가르치고 자원을 확보하는 것을 도우며 SHG를 유관 기관에 연결시켜 주는 일을 한다. 다음은 초두리가 해준 이야기이다.

처음에 프라단은 SHG가 어떻게 일해야 하는지 가르쳐 주었다. 저축 프로그램과 소액신용대출에 대해 하나씩 알려 주고, 또 법적 권리와 자격을 설명해 주었다. 그다음에는 사악한 마법, 알코올중독, 가정 폭력 같은 사회악을 논의했다. 디기를 비롯해 선발된 SHG 구성원들은 법적 행동과 남녀평등 문제 등에 관해 교육받았고, 지역사회의 여러 가지 천연자원을 이용할 수 있다는 점도 알게 되었다. 또한 관개 인프라를 위해 자금을 제공했던 자르칸드 부족개발사회 Jharkhand Tribal Development Society와 협력 관계를 맺어 토지와 용수 기반 공사가 이루어졌다.

전체적으로 중점을 두는 부분은 지역사회의 역량 강화다. 프라단은 자립단체가 스스로 자신의 열망을 충족시킬 수 있도록 돕는다. 디기와 같은 사람들은 프라단의 지도를 받은 직접적인 수혜자다.

프라단은 직접 마을 일을 하는 건 피한다. 대신에 마을 주민들이 자신의 목표를 달성하는 방법을 배우도록 한다. 멘토링에는 시범이 필요할 수도 있다. 하지만 프라단은 장기적 관점에서 마을을 대신해 일하지 않는다. 그렇게 해야 론조가 스스로 배워 나가기 때문이다. 생산량이 증가되었다는 건 프라단의 멘토십이 작용하고 있다는 의미이다. 멘토는 격려하고, 열망을 불어넣고, 이따금씩 압박도 하지만 괴롭히거나 주요 일정을 지시하지는 않는다.

그러면서 멘토십은 지식, 기술, 사회적 네트워크와 더불어 다른 형태의 개인과 사회의 지혜를 함양하는 데 집중한다. 사회에 기여하는 프라단의 핵심 능력은 돈과 음식과 장비와 인프라나 기술이 아닌, 자립단체 직원의 시간과 에너지와 전문성이다. 프라단은 패키지 개입을 위해 보조금과 기부금을 확보하지만 이것들은 모두 마을에서 새로운 것을 배우는 데 사용된다. (프라단의 장기적 목표는 마을 주민들이 스스로 자금을 확보하는 것이다.) 프라단이 상대적으로 물질적인 제공에 덜 개입하는 데에는 많은 이유가 있지만, 그 중 하나는 멘토십이 상대적으로 덜 부패하기 때문이다. 100만 달러의 원조가 정부 은행으로 들어오면 부패의 틈 사이로 쉽사리 빠져나가지만, 멘토가 투자한 100만 시간은 주머니 속으로 챙겨 넣기가 훨씬 어렵다. 그렇긴 해도 멘토십은 효과적이어야 하며 적절히 평가되어야 한다. 겉으로 멘토라고 하면서 보고서만 정리하고 다음 프로젝트를 확보하는 일 외에 하는 일이 없는 고액 연봉 컨설턴트의 주머니를 채워 주는 건 옳지 않다.

멘티의 열망에 집중하면 사람에게 꼬리표를 붙이거나 피해자에게 책임을 돌리는 일을 막을 수 있다. 열망의 계층은 사람의 발전을 전체적으로 볼 수 있는 지도이며 정상이 존재하는지와 정상에 도달하는 게 이론적으로 가능한지를 보여 준다. 그러나 이 지도는 사람의 출발 지점과 기호와 능력마다 서로 다른 경로를 보여 주지 않는다. 사람이 산의 어디에 있는지는 산에 오르는 것보다 중요하지 않다. 어느 길로 올라가야 할지 아는 게 가장 중요하며, '올라가는' 것이 곧 열망이다.

멘토라는 우리의 역할에서 볼 때, 우리는 사람들이 스스로 열망의 단계를 선택해 올라갈 수 있도록 역량을 키워 주어야 한다. 우리가 사람들을 위해 단계를 결정할 필요는 없다. 만일 멘토십에 최종 목표가 있다면, 그것은 멘티가 자신의 목표에 스스로 도달할 수 있는 수준에 이르는 것이다. 이게 바로 프라단이 자립단체의 자율성을 제고하는 데 훨씬 더 많

이 집중하는 이유다.[12]

교육과 양육

앞서 언급했듯이 멘티의 열망이 불명확하거나 형성되지 않은 경우도 존재한다. 이런 경우는 일반적으로 아이들에게서 일어나는데, 아이들에게는 특별한 멘토십이 요구된다. 바로 양육과 직접 교육이다.

그러나 어른이라도 자신의 삶에 결정권이 거의 없어 아주 사소한 결정조차 무서워하는 사람이 있다. 물론 프라단의 지역사회에서 디기처럼 바뀐 여성은 아무도 없었다. 그들은 남편이나 친구를 따르는 게 더 편하다고 생각했다. 하지만 그들에게도 어느 정도 성장하고 싶은 욕구는 있다. 관련된 기술을 알려 줌으로써 지식뿐만 아니라 학습 능력을 위한 자신감을 키워 주어야 한다. 교육이 내면적 성장에 중점을 두는 한, 이들에게는 효과적인 멘토십이 될 수 있다.

일반적으로 사회적 대의명분에서 큰 주목을 받을 만한 교육이 있다. 즉, 초중고 및 대학교 과정은 물론, 직업 교육, 직무 인식, 의사소통 및 발표 기술, 자신감 확립 연습, 예체능 역량 개발, 리더십 및 관리 교육, 지역사회 구축, 조직 개발, 역량 강화 등이다. 상황에 따라 개인이나 집단의 열망에 가장 적합한 교육이 이 중에 있을 것이다.

멘토십의 주의 사항

내면적 성장, 그리고 이를 위한 멘토십에는 시간이 필요하다. 프라단은 수년간 마을에 혼신을 다했고, 때로는 수십 년이 걸리기도 했다. 보통은 자립단체가 완전히 자율성을 갖추고 더 가르치거나 지원할 게 없을 때까지 남아 있는다.

프라단의 유일한 목표는 마을에 편익을 제공하는 것이다. 멘토십은 근본적으로 비즈니스의 거래 과정, 거래, 대가를 주고받는 정치, 기타 유형의 교환과는 다르다. 어떤 거래 관계에서는 낮은 지위에 있는 사람이 높은 지위에 있는 사람을 위해 일을 하거나 조언이나 도움을 받는 대가로 돈을 지불하기도 한다.[13] 이것이 멘토십처럼 보일지 모르지만 관계에 내재된 기득권은 착취로 발전할 수 있다. 더 높은 지위의 당사자를 위한 편익은 멘토십의 목적과 상충한다. 모든 물질적인 교환은 신중하고 투명하게, 심지어 의구심을 갖고 이루어져야 한다.

물론 멘토에게 도움이 될 만한 게 아무것도 없다면 멘토십은 어려운 설득 작업이 될 수 있다. 하지만 멘토링은 멘토를 흐뭇하게 하며 멘토에게 힘을 실어 준다. 나는 멘토가 넘쳐 나는 몇몇 프로그램에 자원한 적이 있는데, 멘토들은 예비 멘티의 관심을 얻기 위해 경쟁했다. 멘토링은 잘만 이루어지면 진심으로 배려하고 공감하는 활동이 된다. 아리스토텔레스가 "우리는 정의로운 일을 행함으로써 정의로운 사람이 되고, 절제 있는 일을 행함으로써 절제 있는 사람이 되며, 용감한 일을 행함으로써 용감한 사람이 되는 것이다"라고 한 말이 맞다면,[14] 멘토링을 통해서 우리는 남을 위해 희생하고 자기를 초월하는 사람이 될 가능성이 높다.

멘토십은 패키지 개입을 '점차 늘리거나 규모를 키우려는' 시도와는 확연히 다르다. 개인의 열망을 이루게 하는 데 중점을 뒀다면 거기에 맞춰 주제를 조정해야 한다. 예를 들어 프라단의 경우, 다양한 패키지 개입을 준비하고 있지만 마을 지역사회에서 요청할 때만 방문한다. 모든 지역사회에 패키지 개입을 억지로 적용하는 것이 아니라 지역사회의 열망과 더불어 패키지 개입을 조화시키는 데 주안점을 둔다. 고세는 "우리는 스스로를 서비스 제공 단체로 보기보다는 희망을 불러일으키고 그 과정을 돕는 존재로 본다"라고 말했다. 그는 이어서 "우리는 가난한 지역사회가 동등한 지위로 사회에 참여할 수 있도록 지식과 기술과 사회적 연계를 발전시킨다"라고 덧붙였다.

끝으로 과시할 만하거나 최신 유행이 아닌 '훌륭한' 멘토십이 중요하다. 세상에는 멘토십이 변질될 수 있는 소지가 많다. 또한 역량 강화 같은 다른 이름으로 이루어지는 일부 멘토십 활동이 실패하거나 인기가 없어졌다고 해서 그 멘토십에 희망이 없는 건 아니다.

개념적으로 멘토십은 세상을 놀랠 만한 것이 아니다. 그러나 좀처럼 사회적 대의명분의 모델로 제시되지 않기에 보통은 이론가와 정책 입안자, 기부단체로부터 외면당해 왔다.[15] 그렇지만 멘토십은 하향식 권위주의와 자애로운 온정주의나 가식적인 평등 문제를 피하는 아주 중요한 체계로서 잘 작용하고 있다.

멘토십처럼 보이지만 멘토십이 아닌 것

멘토십은 사회적 대의명분을 다루는 강압, 조작, 자선, 거래 등 다른 접근 방식과는 다르다. 강압은 행동을 제한하거나 명령하기 위해 물리적이거나 법적인 힘을 내포한다. 예로는 정권 교체를 위한 군사력이나 인구과잉을 제한하는 중국의 한 자녀 정책 등이 있다. 조작은 외부 인센티브를 통해 '자발적인' 선택을 유도하는 방법이다. 조건부 대출을 통해 학교에 자녀를 보내는 가족을 지원하고 유해 상품에 죄악세를 부과하는 것 등이 조작의 유형이다.[16] 자선은 사람들의 역량을 키우려 하지 않고 무상으로 지원하는 형태로서 긴급 상황에는 도움이 될 수 있지만 숙고하지 않고 지원할 때에는 발전을 저해할 수 있다. 그리고 거래는 보통 무조건적인 선으로 간주되지만, 평등하지 못한 권력이나 재산을 가진 당사자 간에 거래가 일어나면 착취로 발전할 가능성이 높다. 피의 다이아몬드와 나이지리아의 원유 사태를 생각해 보라.

멘토십은 비즈니스 세계에서 가장 많이 연구되는 대상이며, 때로는 코치나 관리와 대비된다. 둘 다 멘토십이 가진 지위의 차이를 수용한다는 측면이 있지만, 중요한 면에서 멘토십과 다르다.[17] 코치는 어떤 의미에서 볼 때, 이야기를 알맹이 없이 들어주는 역할과 프로그램 관리 역할을 한다. 즉, 기술적인 지식을 전달하지 않는다.[18] 멘토는 코치와는 달리 관련된 전문 지식과 자원을 전달한다. 한편, 관리는 사람들로 하여금 관리자의 목표를 향하도록 한다. 때문에 더 높은 목표 달성에 중점을 두며 멘토링의 목표와 반대된다.

위에 언급된 모든 방식은 멘토십이라는 광범위한 맥락에서 전략적으로 사용될 수 있다. 나는 다른 모델에 반대하는 입장으로서 멘토링을 권장하는 게 아니라, 더 많은 멘토십을 향한 의식 변화와 아주 중요한 체계로서 권장한다. 멘토십은 방식들 간에 현명한 전환을 용납한다. 내면적 성장이라는 광범위한 목표를 위해 다른 모델을 안목 있게 적용하는 게 필요할 수도 있지만, 멘티의 열망과 내면적 성장은 항상 고려돼야 한다. 멘토십을 통해 장기적으로 동료나 협력자를 스스로 독립하도록 성숙시켜야 한다.

외부에서 내부로

이처럼 멘토십에 대해 언급했지만, 적절한 시점에서 기술의 증폭을 간과한다면 아무런 소득이 없다. 론조의 경우, 새롭고 다양한 종자와 저축 제도, 그리고 프라단과 일하면서 알게 된 다른 개입을 이용했다. 패키지 개입은 중요하며, 현명한 사람이나 사회는 안목을 갖고 적절한 패키지 개입을 적용할 것이다. 그러나 이를 적용한다고 해도 내면적 성장을 키울 기회를 놓치는 것은 아니다.

앞에서 보았듯이 디지털 그린은 농부가 효과적인 농업 실무를 받아들이도록 농업기술을 담은 안내 영상을 교육 보조재로 사용한다. 디지털 그린은 이를 위해 광범위한 온라인 비디오 라이브러리를 구축했으며, 성과를 추적하기 위해 데이터 분석 시스템을 갖추고, 이동용 비디오카메라와 초소형 프로젝터를 사용하고 있다. 초소형 프로젝터는 아이스크림 샌드위치 크기만 한 이동 가능한 프로젝터로 어두운 방 벽에 영상을 상영할 수 있다. 따라서 기술은 디지털 그린에게 있어 중요한 부분이다.

그러나 디지털 그린의 궁극적인 목표가 농부의 수확량, 소득, 복지를 향상시키는 것이기는 하지만, 사람의 역량 강화에 더 초점을 맞추고 있다. 디지털 그린은 다방면으로 이 일을 수행하고 있다. 우선 디지털 그린의 비디오와 교육 방법은 농부에게 지식과 역량을 키워 주는 역할을 한다. 비디오는 농작물, 계절, 기후, 지리 등 지역과 연관성이 있도록 세심하게 기획하고, 가장 빨리 수익을 얻는 방법이나 가장 눈에 띄는 혜택이 먼저 나오도록 배치한다. 농부들은 비디오로 더 많은 지식에 대한 자신감과 함께 욕구가 강화된다. 그다음 디지털 그린은 협력사에게 농사 방법을 가르치게 한다. 디지털 그린은 프라단과 함께 마을에서 비디오 제작 과정을 직접 관장했지만, 시간이 지나면서 실무적인 내용은 프라단 직원에게 전해졌고, 이는 다시 관심 있는 자립단체에게 차례로 전해졌다.

따라서 이곳에 패키지 개입은 존재한다. 그것을 안내 영상이라고 생각하든 디지털 그린의 방법 전체라고 생각하든 말이다. 그렇지만 궁극적인 목표는 농부나 협력사 직원 중 어느 한 측의 내면적 성장을 촉진시키는 일이다. 다시 말하지만 이것은 패키지 개입에 관한 게 아니다.

패키지 개입을 제공하려는 의도가 있을 때면 언제나 멘토의 역할이 존재한다. 대부분의 사람들은 어떤 사람에게 물고기를 주면 하루에 다 먹고, 반면에 물고기 잡는 법을 가르쳐 주면 평생 먹고산다는 데 동의한다. 그러나 물고기를 잡는 방법으로 터보차저가 달린 열 추적 로봇형 낚시대를 확보하면 단순히 낚시 방법을 알려 주는 것보다 더 많은 일을 할 수 있다. 낚시 강사가 낚시 방법을 가르칠 수 있도록 지원하고, 낚시 기구를 제조하도록 기업가를 독려하며, 정책 입안자로 하여금 잘 규제된 생선 시장을 운영할 수 있도록 고쳐시키며, 어류학 연구를 하도록 대학을 육성하며, 지속 가능한 어업 활동을 위해 국가를 성원할 수 있는 것이다.

농업 개발의 성과는 프로그램이 농부와 농업지도 단체의 성장에 도움이 될 때 나온다. 여러 연구에서 농부 현장 학교Farmer Field Schools의 효과를 입증했는데, 이 학교의 지도 담당자는 현장에서 필요한 실용 기술을 농부에게 가르쳐 주고 있다.[19] 남아시아에서 일어난 녹색 혁명과 관련된 수확량 증가는 새롭고 다양한 종자를 소개한 것도 원인이지만 (토양과 농업에 미치는 부정적인 영향에 관한 의구심은 차치하고) 확대 지도 활동도 최소한 한몫을 했다.[20] 오늘날 중국은 지도의 효과를 계속 믿는 몇 안 되는 나라인데, 양과 질에서 타의 추종을 불허할 만한 약 80만 명의 담당자를 배치했다. 그 결과, 중국의 농부는 민첩하고 생산적이다.[21]

어떠한 패키지 개입과 행동이라도 내면적 성장을 촉진하는 기반이 될 수 있다. 내 친구 데오그라티아스 니이존키자Deogratias Niyizonkiza는 빌리지 헬스 웍스Village Health Works의 창립자인데, 그는 마을의 학교와 음식 및 생계 문제를 개선하기 위해 아프리카 부룬디의 마을을 멘토링하고자 했고, 이를 위한 출발점으로 의료 서비스 개입을 이용했다.[22] I-TECH의 수장인 앤 다우너는 일전에 K. 세투라는 초졸 택시 기사에 관해 이야기해 준 적이 있는데, 그녀가 멘토링했던 그 기사는 I-TECH 인도 사무소의 시설 관리자가 되었다. 또한 엘 시스테마의 창시자인 아브레우는 "오케스트라는 그 무엇보다도 사람을 훌륭하게 발전시키는 방법"이라고 말했다. 아브레우에게 있어서 음악이란 '개인과 사회의 발전을 위한 중요한 도구'다.[23]

지혜 함양에는 시간이 필요하며, 내면적 성장은 서서히 일어난다. 자신감이 부족한 일모작 생계형 농부가 제철이 아닐 때 고리버들로 가구를 만들어 돈을 버는 슈퍼 농부로 하루아침에 변하지는 못한다. 힘겹게 살아가는 농부에게는 농업 확대에 앞서 안식이 필요할 수 있고, 농업 다양화에 앞서 농업 확대가 필요할 수 있다. 때문에 사람들의 열망과 내면적 성장의 수준과 함께 맥락에 맞게 프로그램을 조정하는 세심한 노력이 필요하다.

멘토십으로 지속 가능한 성장을 꿈꾸다

멘토십은 다양한 수준에서 이루어질 수 있다.

초기에 프라단의 리더들은 타성에 젖어 있었고, 당시 최전선에서 일하고 있던 직원은 지도부에서 전달된 명령을 그대로 따르기만 했다. 공동창립자인 딥 조시Deep Joshi는 직원이 위에서 내린 명령을 그대로 따르는 모습을 보고는 마을 주민에게서 확신에 찬 의사결정을 기대하기는 무리라고 재빨리 판단했다. 그것은 현실의 영향력을 지닌 철학적 모순이었다. 왜냐하면 농촌 지역사회는 프라단 직원을 롤모델로 보려 했기 때문이다.

그래서 조시는 단체를 운영하는 방식에 관해 열심히 고민했다. 그는 단체가 '자율적이면서 지속적으로 탁월한 업무를 추구하는 전문 개발 직원을 끌여들여 지역사회를 육성하며 발전시키는 데 익숙해지기'를 원했다.[24] 시간이 지나 프라단의 고위 지도부는 이를 수행하기 위한 업무 방법을 개발했다. 예를 들어, 모든 직원이 2주일간 가난한 농촌 가정에서 집중 훈련을 하는 것을 포함해서 1년의 수습 과정을 거친다. 이 기간 동안 직원들은 훌륭한 자기 이해는 물론, 가난한 가정이 처한 어려움을 더 잘 이해하게 되며 그런 어려움을 해결하기 위한 강한 의지를 갖게 된다. 직원들은 업무를 할 때 많은 책임과 자유가 주어졌고 지속적인 훈련을 받았다. 선임 직원들은 프라단의 관리이사회에 참여해서 상사가 아닌 멘토로 역할을 수행했다. 직원은 점차 독립성과 자율성을 갖게 되었다.

이렇듯 프라단은 여러 계층에 영향을 미쳤다. 직원은 농촌 지역사회의 내면적 성장을 함양하고, 경영층은 직원의 내면적 성장을 함양하며, 지도부는 단체의 내면적 성장을 함양하였다.

행복으로 가는 멀고 험한 여정

소크라테스의 제자인 크세노폰의 비망록에는 젊은 헤라클레스가 길목에서 두 여인을 만난 이야기가 있다. 한 여인은 헤라클레스에게 커다란 성공은 없지만 편안하고 기쁜 삶을 제안했고, 다른 여인은 멀고 험한 여정을 가지만 축복 넘치는 행복한 삶을 제안했다. 물론 헤라클레스는 후자를 선택했다.

사회 변화에 관심 있는 우리들은 비슷한 선택의 길목에 서 있다. 길고도 험한 길을 가다 보면 멘토십과 열망과 내면적 성장에 집중해야 하는데, 이런 것들은 기술 중심적인 세계에서 지원하기가 어렵다. 또한 이들은 측정하기 쉽지 않으며 빠른 확대에 저항한다. 온통 가치에 관한 질문으로 가득 차 있으며 혁신으로 반짝거리지도 않는다. 그리고 기술 십계명을 죄다 어긴다.

물론 멘토십과 내면적 성장이 세상의 모든 문제를 해결할 수는 없다. 그렇지만 패키지 개입이 사람의 영향력을 증폭한다면, 이미 놀라운 기술과

찬란한 기술 중심적 사고로 가득한 이 세상에서 우리에게 더욱 필요한 건 바로 생각과 의지다.[25]

기술 중심의 영향력은 저절로 커져 간다. 세계 곳곳에 휴대전화 서비스를 개통해 달라고 다그칠 필요가 없다. 통신 회사들은 이미 그렇게 해왔기 때문이다. 또한 대출 연장을 걱정할 필요가 없다. 수익성 좋은 대출이라면 은행이 알아서 연장할 것이다. 그리고 민주주의 투쟁을 일으킬 필요가 없다. 성난 시민들이 스스로 일어날 것이기 때문이다. 패키지 개입은 우리의 도움이 있든 없든 번창하는데, 쉽게 반복 가능하다는 점에서 기본적으로 이점을 갖고 있다.

하지만 모두를 위한 우수한 품질의 교육은 스스로 번창하지 못한다. 효과가 나타나려면 오랜 시간이 걸리고, 측정하기도 곤란하다. 희망을 갖고 노력하는 사람을 위한 경제적 성장도 스스로 번창하지 못한다. 열망은 돈으로 측정할 길이 없기 때문이다. 강력한 지역사회와 단체도 스스로 번창하지 못한다. 비용이 많이 드는 일대일의 상호작용이 필요하기 때문이다. 부자와 권력자의 동정심도 스스로 번창하지 못한다. 그들은 동정심 없이도 살아갈 수 있기 때문이다. 그렇기 때문에 우리는 기술과 기술중심주의를 적용하기 어려운 목표에 주목해야 한다. 이런 목표에는 가난한 지역사회를 돕고, 교육을 제대로 받지 못한 사람을 교육하고, 제대로 기능하지 못하는 제도를 개혁하고, 소외된 집단을 모아서 정비하고, 장기적 위기에 대비하고, 자기초월을 격려하며, 권력을 가진 사람으로부터 반응을 끌어내는 것 등이 있다.

기술 중심적인 목표를 위한 인센티브는 준비되어 있다. 남은 일은 본질적으로 어려운 일이다.[26] 따라서 균형 있는 발전을 원하는 사람, 자기초월의 동기부여를 가진 사람, 진정으로 사회 변화를 원하는 사람에게 가장 의미 있는 활동은 기술 중심적인 가치로 지원받을 수 없다. 패키지 개입은 상대적으로 쉽지만 개인과 집단의 생각과 의지를 함양하는 것은 어렵다. 우리가 원하는 건 더 많은 사람이 멀고 험한 길을 택하는 것이다.

기술 의존에서 인간 존중으로

　　열다섯 살 때였다. 당시 나는 일본에 있는 미국인 고등학교를 다녔는데, 학교에서 개최한 계란 떨어뜨리기 대회에서 우승을 했다. 미션은 학교 급수탑에서 계란을 떨어뜨렸을 때 계란을 보호할 수 있는 가장 작고 가벼운 장치를 설계하는 것이었다. 내가 만든 장치는 화장지로 낙하산을 만들어 대롱 모양으로 만든 판지와 연결하고 판지 안에 계란을 담는 구조였다. 나는 우승으로 괴짜 스타 반열에 오른 기분을 느끼기를 바랐다. 오리어리 물리학 선생님은 진심으로 축하했으며, 반 친구들은 부러운 나머지 날 못살게 굴었다. 하지만 가장 기억나는 건 다음 날 아침, 학교의 조회시간에 나의 우승이 언급되지 않았다는 점이다. 교장 선생님은 스포츠팀 우승과 드라마 클럽의 이벤트는 중요하게 생각하면서도 왜 공학 기술의 가치는 인정하지 않았던 걸까? 기분이 상했다.

　　그날 밤 나는 왜 그것을 신경 썼는지 생각했다. 그리고 이내 불편했던 마음은 호기심으로 발전했다. 나는 낙하산을 설계하고 8층 발코니에서 떨어뜨려 실험하는 일을 즐겼다. 달걀이 깨지지 않은 것에 자부심이 있었고 과학 전문가로서 나의 이미지는 유지되었다. 그렇다면 사람들이 알아주는 게 중요했을까? 더 많이 인정받고 싶어 하는 건 어리석고 헛된 일 같았다.

난 아직도 그날을 성인기의 시작으로 생각하고 있는데, 그때 잠재의식 속의 강력한 열망에 이끌렸기 때문이다. 나는 특정한 분야를 성취하기를 원했으며, 찬사를 받고 싶었다. 그리고 어느 수준에 도달하면 대중의 존경은 신경 쓰지 않는 게 낫다는 걸 알면서도 나의 열망은 깊어만 갔다. 그 이유에 대해 나 자신을 설명할 길이 없었다.

물에 빠진 아이 구하기

철학자 피터 싱어Peter Singer의 책《물에 빠진 아이 구하기The Life You Can Save》는 그가 좋아하는 사고 실험으로 시작한다.[1] 출근 길에 연못에 빠진 어린 여자아이를 발견했는데, 아이를 구할 사람이 주위에 당신 밖에 없다고 가정하자. 아이를 구하려면 연못에 뛰어들어야 해서 새 구두는 망가지고 출근도 늦을 것이다. 어떻게 할 것인가? 물론 당신은 아이를 구할 것이다. 아이의 생명에 비하면 시간과 비용은 아무것도 아니기 때문이다.

이때 싱어는 실제 상황을 고려해 보라고 말한다. 세계 곳곳에서 여러 원인으로 매일 수천 명의 아이들이 목숨을 잃는다. 목숨을 잃는 아이들 중 상당수는 새 신발값이면 죽음을 막을 수 있었다. 예를 들어 홍역의 경우, 하루에 약 300명의 사람들이 죽어가며, 대다수가 다섯 살 미만의 아이들이다. 하지만 미국 적십자는 우리가 1달러를 기부하면 아이 한 명에게 백신을 접종하는 데 충분하다고 말한다.[2] 우리 대부분은 커피를 줄이거나 더 저렴한 휴대전화 요금제로 바꾸면 하루에 1달러는 충분히 낼 수 있다. 또, 일부 사람들은 생활을 바꾸지 않고 그 비용을 감당할 수 있다. 그렇다면 우리는 왜 이렇게 죽어가는 아이들을 살리지 않는가?

싱어는 두 가지 상황을 나란히 놓고 우리가 이런 비극을 겪는 건 변명의 여지가 없다고 주장한다. 싱어가 지지하는 비영리단체인 빈곤퇴치혁신기구는 최근에 내면의 갈등을 드러내는 쪽지와 함께 기부금을 받았는데, 거기엔 '야 피터 싱어, 이 자식아!'라고 적혀 있었다. 그러나 이런 기부자보다는 사고 실험을 해도 기부를 하지 않는 사람들이 수천 명은 아니라도 수백 명 존재한다. 물에 빠진 여자아이의 이야기를 읽었을 때 처음 든 생각은 나는 이미 매년 여러 명분으로 기부를 하고 있다는 것이었다. 그의 추론에 동의하면서도 그리고 더 기부할 수 있었지만 내 손은 지갑으로 가지 않았다. 왜 그랬을까?

이는 우리가 실제 접하는 상황에 훨씬 가깝다. 싱어는 예방 가능한 질병으로 인해 매일 2만7000명, 매년 약 1000만 명의 아이들이 죽어간다고 말한다. 우리 대부분은 몇 달러만 있으면 아이 한 명을 구할 수 있지만, 이것이 장기적으로 이루어져야 한다면 모든 아이들을 구할 수 있는 사람은 거의 없을 것이다. 이것은 우리가 시간과 돈으로 사회에 헌신할 마음의 준비가 되지 않았다는 의미이다. 나는 연간 수입의 0.1퍼센트를 포기해서 정말 행복하지만, 1퍼센트나 10퍼센트나 심지어 20퍼센트일지라도 그럴 것이다. 그러나 50퍼센트, 75퍼센트, 90퍼센트라면 어떨까?

다시 말해서 추상적인 선행은 이기적인 욕망과 충돌한다. 나는 기부할 수 있는 것보다 덜 기부하며, 필요한 것보다 더 소비한다. 그리고 이 책을 쓰는 데 시간을 보냈다. 이 책이 긍정적인 목적으로 작용하기를 바라는 만큼 이 또한 이기적인 자부심을 위한 노력이다. 죄책감과 수치와 다른 모든 자책을 무시하더라도, 엄연한 사실은 내가 성자가 아니라는 점이다. 친절해야만 한다는 것을 안다고 해도 그만큼 친절할 수가 없다. 이것이 핵심이다. 아는 것만으로 충분치 않다. 아는 바를 더 잘 행할 수 있는 사람이 되어야 한다.

기술중심주의자는 기술과 지식과 지성을 극찬하지만, 긍정적인 사회 변화는 더 많은 것을 필요로 한다. 오늘날 수백만 명의 사람들은 나머지 사람들이 부러워하는 만족스러운 삶을 살아간다. 이 말은 우리가 행복을 위해 필요한 지식을 이미 갖고 있다는 뜻이다. 외국 원조 비평가인 윌리엄 이스털리William Easterly가 썼듯이, 기술중심주의의 환상이란 우리가 '전문 지식이 부족해서' 고통을 겪는다고 생각하는 것이다.[3] 우리에게는 그것보다 세심하거나 역량 있게 일을 마무리하는 능력이 부족하다. 안목은 단지 시작일 뿐이다. 또, 우리에게는 월등한 의도와 훌륭한 자기통제도 필요하다. 싱어의 물에 빠진 아이 이야기가 제기하는 것은 아이를 구해야 하느냐 또는 어떤 패키지 개입으로 아이들을 최대한 구할 것인가의 문제라기보다 어떻게 더 많은 아이를 구할 수 있고 향후에도 그럴 수 있는가 하는 문제다.

이 책의 핵심 논지, 즉 우리가 어떤 사회 상황을 바라볼 때 그것을 해결해야 할 문제가 아닌 사람과 제도를 함양하는 것으로 봐야 한다는 내용은 다른 맥락에서 많은 사람들이 제기해 왔다. 이 논지는 아리스토텔레스와 공자 그리고 그들을 따르는 사람,[4] 공중보건 의료 체계를 지지하는 사람, 사회개발에 관한 사회사업가의 생각, 국제개발에 관련된 이스털리의 문제 해결 체계, 기술해결주의에 반대하는 예브게니 모로조프의 논쟁, 미국 교육 문제 해결을 위해 적용하는 임시 해결책에 관한 다이앤 래비치Diane Ravitch와 데이비드 L. 커프David L. Kirp의 비평, 1980년대 공동체주의와 공공 및 개인 가치의 밀접한 관계, 다양한 사회과학에서 나타난 '제도적 전환', 사람과 조직과 지역사회와 국가를 육성하기 위해 일하는 모든 단체의 배경이 되는 생각 등 다각도에서 일맥상통한다.[5] 나는 이 부분에서 이들이 모두 한 가지 주제로 일치한다는 점을 발견했다. 바로 한 영역의 교훈이 다른 영역에 적용됐다는 점이다. 강력한 백신이 있었지만 소아마비를 퇴치하기 어려웠던 것은 세상이 디지털 장치로 가득하지만 우수한 품질의 교육을 제공하지 못하는 것과 같고, 이는 인권법이 있지만 뿌리 깊은 편견이 남아 있는 것과 같으며, 선거가 있지만 민주주의를 가로막는 장애 요소가 존재하고, 환경보호기술이 있지만 기후변화에 아무런 대책이 없는 것과 같다. 21세기를 사는 우리는 수많은 패키지 개입을 갖고 있다. 우리에게 보다 필요한 건 올바른 생각과 의지다.

구원자는 누구인가?

미국 3대 대통령 제임스 매디슨James Madison은 "어떤 정부라도 국민에게 미덕이 없는 상태에서 자유나 행복을 보장한다는 생각은 허무맹랑하다"고 말했다.[6] 또 다른 미국 대통령인 에이브러햄 링컨 Abraham Lincoln은 이렇게 표현했다. "민심이 있으면 실패할 게 없다. 만일 민심이 없다면 아무것도 성공할 수 없다."[7] 두 사람 모두 가리키는 바는 우리 자신의 내면적 성장이 가장 중요하다는 점이다. 사실 그것은 우리가 할 수 있는 가장 의미 있고, 지속 가능하며, 확장 가능하고, 비용 효율적인 투자다.

우리는 다른 사람에게 할 수 있는 것보다 우리 자신을 더 통제할 수 있기에 여기서부터 시작하는 것이 자연스럽다.[8] 또한 우리가 그동안 봐온 것처럼 열망을 추구하는 한 사람이 미치는 사회 효과는 상당할 수 있다. 패트릭 아우아는 단지 한 사람이었지만, 그의 성장은 터건과 아기아레의 경우처럼 수백 명을 새 삶으로 안내했다. 그리고 지금 그 두 사람은 그 영향을 다른 사람에게 전파하고 있다. 우리 중 어떤 사람은 열 명의 삶에 영향을 미치고, 어떤 사람은 천 명의 삶에 영향을 미치고 또 어떤 사람은 수백만 명의 삶에 영향을 미친다. 이렇듯 내면적 성장은 매우 중요한데, 갖고 있는 영향력의 크기로 전파 효과가 배가되기 때문이다. 즉, 우리 자신의 가장 좋은 모습에 다가갈수록 우리가 영향을 미치는 사람들의 결과가 더 좋아진다.

이것은 국가에도 해당된다. 벵갈루루에 있을 때 나는 인도의 중상류층에게서 보았던 환경보호 의식 수준에 놀랐다. 회사들은 환경보호제품을 광고했고 시위자들은 도로를 넓힐 목적으로 나무를 베는 행위에 반대하며 행진했다. 내 친구 몇 명은 자신이 사는 동네에서 쓰레기 분리수거를 시작했다. 대부분의 선진국이 추진해 온 시기에 비해 인도의 환경보호 활동은 일찌감치 자리 잡았다.[9] 개인 한 사람 기준으로 볼 때 인도 경제는 미국 경제보다 50년 이상 뒤떨어져 있지만, 이 나라의 환경보호를 위한 열망은 미국과 비슷하다. 인도가 안식처라고 이야기하는 것은 아니다. 세계에서 공기 오염이 가장 심각한 스무 개 도시 중 절반이 인도에 있다. 그렇지만 이 나라의 일부 지역에서는 미래 환경의 안녕을 위해 준비하고 있다.[10]

이러한 추세에는 인도 고유의 전통을 유지하는 태도에서부터 산업화에 대한 압력에 이르기까지 많은 요소가 영향을 미쳤다. 여기에 또 한 가지 고려해야 할 요소가 있다. 인도를 떠났던 사람들이 고국으로 돌아오면서 타국에서 배운 환경보호의 감각은 물론, 환경보호운동을 지지하는 이들을 데리고 온다. 인도는 보통 서구 사회가 단서를 주리라 기대하는데, 이런 측면은 인도에서만 보이는 게 아니다. 많은 개발도상국은 물질적으로 발전한 나라를 롤모델로 본다. 그렇지만 선진국이 좋은 모델이 되려면, 선진국의 지속적인 내면적 성장이 필요하다. 그러기 위해서 할 일이 있다. 예를 들어, 미국의 경우 기후변화를 억제하기 위한 활동에서 훨씬 더 훌륭한 리더가 될 수 있다. '엉클 샘Uncle Sam'으로 불리는 미국 정부가 탄소 배출량을 줄이도록 중국이나 인도 같은 나라를 압박했지만,[11] 중국과 인도는 그런 요청을 아무렇지도 않게 묵살하며 정당한 사유를 들이댔다.[12] 1인당 기준으로 미국인은 세계 최악의 탄소 배출 국가다. 1인당 연간 18톤의 이산화탄소를 배출했으며, 반면에 중국은 6.3톤, 인도는 1.4톤을 배출했다.[13] 중국과 인도는 스스로 환경 문제를 인식했다는 것으로 칭찬받을 만하지만, 미국은 다른 나라에게 소비를 억제하라고 강요하기 전에 높은 도덕 수준에 이르러야 한다. 이렇듯 우리는 기후변화, 세계 빈곤, 민족

분쟁, 기타 세계 문제들을 막론하고 솔선수범해야만 한다.

선진국이 모델이 될 수 있는 또 다른 방법은 더 발전된 열망의 모습을 보이는 것이다. 한 나라의 위대함이 군사력이나 GDP로 평가되는 게 아니라 지혜와 내면적 성장으로 평가된다고 상상해 보자. 우리는 이미 종종 이렇게 하고 있다. 많은 선진국의 남녀평등 같은 문제는 아직 완벽하지는 않지만 존경할 만하다. 여기서 물질적인 소비를 줄이고 자기초월의 목표로 사회에 많이 참여하면 다른 나라들도 따르게 될 것이다.

우리 자신의 성장을 추구하면 온정주의도 약해진다. 사회적 대의명분에는 겸손이 요구되는데, 이는 특권을 가진 사람들의 독단으로 종종 피해가 발생했기 때문이다. 우리는 역사의 종언End of History에 도달했다는 오만한 생각을 없애야 한다.[14] 오늘날의 부유한 사회는 성숙까지 갈 길이 먼 기껏해야 청소년기에 해당된다. 모두의 내면적 성장이 공동의 목표가 될 때 진정한 파트너십에 이를 것이다.

변화를 위한 때는 지금이다

아이작 아시모프Isaac Asimov는 암울한 로봇 이야기에 싫증을 냈다. 그가 '프랑켄슈타인 증후군Frankenstein syndrome'이라고 부르는 이야기에서는 항상 인간의 창조물로 인간이 파멸되었다. 그래서 아시모프는 소설에서 낙관적인 미래를 세심하게 기획했는데, 거기서 인간이라는 존재가 은하계 전체에 걸쳐 번영하며 때로는 발전된 기술을 이용한다고 하였다.

1942년 아시모프가 겨우 스물두 살일 때 발표한 《평계Runaround》라는 소설을 예로 들어 보자. 소설에는 '스피디'라고 불리는 로봇이 나오는데, 이 로봇은 화성을 돌며 시간을 보내다가 몸이 고장 나면 동요를 불렀다. 한 인간 승무원이 연료의 원천을 찾기 위해 스피디를 보냈는데, 목적지는 부식성 기체로 오염되어 있었다. 그래서 스피디는 정해진 거리를 유지했다. 그 거리는 스피디의 하드웨어에 내장된 서로 충돌하는 두 가지 명령 간에 존재하는 균형점이다. 즉, 연료를 구하는 것과 자신을 보호하는 것이다. 이것을 깨달은 한 승무원은 문득 어떤 생각을 떠올린다. 그는 자신의 우주복을 열어 화성의 거친 물질이 옷 속으로 들어오게 하였다. 스피디는 승무원이 위험에 빠지자 그것을 두 가지 명령보다 우선순위가 높은 긴급 상황으로 인식하고 승무원을 구하기 위해 돌진한다. 이처럼 아시모프의 소설 세계에 나오는 모든 로봇의 두뇌에는 모든 명령에 선행하는 규칙이 있었다. 로봇공학의 제1법칙, 즉 '로봇은 인간을 해치지 않으며, 위험에 처해 있는 인간을 방관해서도 안 된다'라고 말이다.[15]

스피디는 초기 로봇이었지만 우리는 스피디를 통해 아시모프 이야기 전체의 '기술을 구원자로 보는' 주제를 파악할 수 있다. 아시모프가 성장하면서 그의 로봇도 성장했지만, 구원자 콤플렉스는 남아 있었다. 'R. 다닐 올리버'라는 신 같은 존재의 로봇이 등장하기 전까지 아시모프는 매번 새로운 이야기를 통해 더 복잡한 로봇을 묘사했다. 다닐은 자가 수리를 통해 불멸의 로봇이 되었고, 미래 과학을 통해 초감각적으로 마음을 조절할 수 있었다. 그러나 제1법칙은 결코 그를 내버려 두지 않았다. 다닐은 수천 년간 인류가 불멸의 은하계 문명을 향해 나아갈 동안 위험에 빠진 인류를 계속 구출했다.

우리의 마음에는 아시모프의 생각이 남아 있다. 우리는 기술, 즉 자아 실현의 독창성이 낳은 열매가 우리를 악에서 구원해 줄 것이라고 믿는다. 즉, 우리에게 구원이 필요하다는 것을 인정하고 동시에 구원받기를 소망하는 것이다. 그러나 이러한 믿음은 우리가 스스로 구원할 수 있는 잠재력과 책임을 포기하게 한다.

문제는 기술이나 기술중심주의 그 자체에 있는 게 아니라 기술이 이루어 낼 사회 변화에 대한 그릇되고 지나치게 낙관적인 믿음에 있다. 아시모프가 처음 가공의 로봇을 그려 낸 지 아직 한 세기가 되지 않았지만, 오늘날 뉴스에는 이미 로봇이 등장했다. 구글은 시험용 무인 자동차를 제작했고, 소프트웨어 로봇은 온라인으로 상품 평가를 하며, 아마존은 드론 배송을 시도하고 있다. 이러한 로봇들은 인간의 발전이 아니라 수익 창출을 위해 설계되었다. 기술은 스스로 윤리적 견해를 가질 수 없으며, 궁극적으로는 사람이 기술을 지배한다. 진보라는 이름에 걸맞게 기술은 사람의 생각과 의지에서 이루어져야 한다.

2차 세계 대전에 군복무를 하고 냉전의 정점을 겪은 아시모프는 자신의 낙관주의에도 불구하고 강력한 기술은 구시대의 정서를 능가할 수 없다는 점을 깨달았다.[16] 아시모프는 비평가들이 자신이 묘사한 로봇온정주의를 꿰뚫어 보지는 않을까 하는 우려와 함께 인간을 보호가 필요한 존재로 그린 것으로 혹평받을까 걱정했다. 그는 이에 대해 이렇게 말했다.

"어른처럼 대해 달라고 요구하려면 먼저 어른처럼 행동해야 하지 않겠는가? 그리고 대체 언제부터 행동할 생각인가?"[17]

주요 비영리단체

이 책에서 언급한 비영리단체를 지원하고 싶은 마음이 생긴 독자들을 위해 해당 단체들의 목록을 기재한다. 이 단체들은 각자의 영역에서 탁월한 능력을 보여 주고 있으며 목표를 구현하기 위해 일하고 있다. 나는 이 단체들로부터 어떠한 물질적인 보상을 받지 않았지만, 목록에 별 표시(*)를 한 단체는 내가 이사회에 참여하고 있는 곳으로 오해가 없도록 미리 말하는 것이 좋겠다. 물론 이 단체들 말고도 비영리단체는 많이 있으므로 목록에 없다고 해서 훌륭한 단체가 아닌 것은 아니다.

- **아셰시대학교(Ashesi University)**: 가나에 설립된 세계 수준의 비영리 4년제 대학교로서 윤리 기업가 정신을 가진 아프리카 리더들을 교육하는 데 중점을 두고 있다. www.ashesi.org
- **디지털 그린(Digital Green)***: 비디오 기반의 고유한 교육 방법을 사용하여 남아시아 및 아프리카의 농업, 보건, 영양 개선에 목적을 두고 있다. www.digitalgreen.org

- **빈곤퇴치혁신기구(Innovations for Poverty Action)***: 무작위 대조군 실험으로부터 수집된 증거를 이용해서 개발도상국을 위한 해법을 개발하고 사회에 확대하고자 한다. www.poverty-action.org

- **프라단(Pradan)**: 자립단체를 도와서 인도 농촌 지역에 있는 빈곤한 가정의 생계 수단을 만들고 체계를 잡아 개선하고자 한다. www.pradan.net

- **세바 만디르(Seva Mandir)**: 라자스탄 남부 지역사회의 민주적인 개발 활동을 지원한다. www.sevamandir.org

- **샨티 바반(Shanti Bhavan)**: 인도에서 가장 혜택 받지 못한 아이들에게 세계 수준의 교육을 제공한다. www.shantibhavanonline.org

- **기술접근재단(Technology Access Foundation)**: STEM교육의 효과를 통해 워싱턴 주의 유색 인종 학생들이 대학 진학과 자신의 삶에서 성공할 수 있도록 돕는다. www.techaccess.org

- **빌리지 헬스 웍스(Village Health Works)***: 아프리카 부룬디의 쿠구투에서 지역사회가 주도하는 세계 수준의 의료 서비스와 지역 개발 계획을 제공하고 있다. www.villagehealthworks.org

주

여는 글

1 패널 전체 녹화분은 색스니언와 연구진들(2011)의 자료에서 얻을 수 있다. 거기서 내가 제시한 관점은 대략 이 책의 1부에 해당한다.

2 패널이 열렸던 그날, '기술 중심의 자선사업(Tech-driven philanthropy)'은 구글닷오.그 홈페이지(http://www.google.org)에 있는 슬로건이었고 최근 2012년 11월 14일까지도 그랬다. 그 이후에 구글닷오.그는 변화를 모색했지만 2014년 12월 20일, 구글에서 '기술 중심의 자선사업'을 검색했더니 여전히(희한하게도) 탑 히트를 기록하고 있었다.

3 국제전기통신연합(2014); 에릭슨(2014), p. 6.

4 월드와이드웹(날짜 없음)

5 현재 알파벳 최고경영자 — 편집자주.

6 페이지(2014).

7 주커버그(2014). 인터넷닷오.그의 발표문은 인터넷닷오.그(2013)의 자료에 있다.

8 아른 던컨은 2015년 10월 미 교육부 장관직에서 사임했다 — 편집자주.

9 어떤 일의 판도를 뒤집을 만한 중요한 인물이나 사건 — 편집자주.

10 던컨(2012).

11 유엔과 컬럼비아대학교 지구연구소가 공동으로 진행하는 사업으로, 최신 경제 발전 이론을 적용한 '시범 마을'에 최진 경제 발전 이론을 적용하여 과연 빈곤에서 벗어날 수 있는지 알아보는 프로젝트이다 — 옮긴이주.

12 삭스(2008).

13 클린턴(2010).

14 드나바스-월트와 연구진들(2009), p. 13은 미 통계국의 빈곤 관련 그래프를 제공했다. 그런데 1970년대 초반에 잔잔하면서도 엄청난 일이 시작된 것처럼 보인다. 다양한 분야의 논평자들은 이 시기를 미국(그리고 어쩌면 서방국가 전체)이 침체되기 시작하는 전환점이었다고 언급한다. 헤드릭 스미스(2013)은 기업이 이기적이고 권력에 굶주린 이익 추구자로 변모한 이유가 1971년의 파월 메모(Powell memorandum) 때문이라고 비난한다. 정치학자인 제이콥 해커와 폴 피어슨(2010)은 정치 체계가 부자들의 의지에 달려 있다고 비난한다. 페이팔 공동 창립자인 피터 틸(2012)은 녹화분 39분 30초에서 1970년대 초반 이래로 기술 발전 속도가 줄었다고 말한다(컴퓨터 산업은 제외). 경제학자인 골딘과 카츠(2009), p. 4는 '1970년대가 시작되면서 청장년 교육의 발전 속도가 상당히 줄어

들었다'고 언급한다.

15 중산층 수입이 정체되고 불평등이 심화되었다는 증거는 근거가 확실하다. 예를 들어 피케티와 사에즈(2003), 미 상무부와 미 통계국(2011)의 자료를 보면 된다. 사에즈(2013)는 이러한 불평등 수준이 마지막으로 높았던 때가 1917년이었음을 보여 준다. 이러한 사실은 대부분 논란의 여지가 없으며, 보르도와 페리(2013) 같은 재정적 보수주의자조차도 정책에서 자신들의 대의명분과 연관성에 대해서는 동의하지 않아도 이런 통계에는 동의한다.

16 SNS(소셜 네트워크 서비스)에 가입한 사람들이 서로 정보와 의견 등을 적극적으로 공유하는 플랫폼을 말한다 ─ 편집자주.

17 CTIA(2011).

18 비기술의 영향력이 1970년대부터 지금까지 빈곤율을 증가시키고 있었고, 같은 기간 동안 기술은 빈곤율을 줄이고 있었다면 결과적으로 두 가지가 상쇄하면서 빈곤율이 유지되었을 가능성이 있다. 만일 그렇다면 기술이 더 많다고 해서 그 자체로는 사회적 대의명분에 도움이 되지 않는다고 말한 내가 틀릴 수도 있지만, 이는 새로운 기술이 엄청난 속도로 개발되지 않는다면 우리의 사회 체계가 더 심각한 빈곤에 빠질 수 있음을 의미한다.

19 키베라를 위한 캐롤리나(날짜 없음).

20 크리미니시와 연구진들(2004).

21 동작 인식 카메라로 별도의 컨트롤러 없이 몸동작으로 게임을 즐기는 장치─옮긴이주.

22 로완(2010)은 키넥트 시스템의 숨겨진 일화를 이야기하고, 토야마와 블레이크(2001)에서는 그 기술을 설명하고 있다.

23 중국에 더 큰 마이크로소프트 연구소가 있지만, 그곳은 베이징에 기반을 두고 있고, 반짝반짝 빛나는 고층건물에다가 근처에 슬럼가도 없어 '개발도상국'으로 분류하기 어렵다. 이와 대조적으로 인도에서는 주인 없는 소가 때만 되면 우리 센터 옆을 지나다니고 근처에는 방수포로 만든 수많은 천막집이 이주 노동자의 집터로 자리하고 있다.

24 Western, Educated, Industrialized, Rich, Democratic의 약어로 서구의 고학력층을 이르는 말─옮긴이주.

25 WEIRD라는 약어는 헨리치와 연구진들(2010)에서 소개됐다. 여기에서는 대부분의 심리학 연구가 부유한 나라의 대졸자들을 대상으로 이루어졌기에 세계 인구 집단을 대표할 수 없다고 주장했다.

26 플라톤(1956), pp. 64-65에서 스스로 움직이는 '다이달로스의 동상'을 언급하고 있으며, 이 동상을 계속 두려면 단단히 묶어 놓아야 하고 그렇지 않으면 달아나 버린다고 한다.

1부

1장

1 팔과 연구진들(2006). 팔은 아짐 프렘지 재단의 도움으로 인도의 네 개 주 열여덟 개 학교를 방문했다. 팔(2005)에는 이에 관련된 사진과 발표 자료가 있다.

2 파와르와 연구진들(2007). 멀티포인트는 인도 마이크로소프트에서 연구 접근 방법론 전체 주기를 거친 첫 번째 프로젝트 중 하나였다. 전체 주기는 특정 환경에 몰입하고, 시제품을 만들고, 실험적인 현장 연구를 반복하고, 확인 평가를 수행하며, 최종적으로 기술 이전과 양산화로 이루어진다.

3 UN(2005).

4 네그로폰테는 공식 석상에서 이 슬로건을 자주 반복해서 이야기했다. 이것은 One Laptop Per Child(날짜 없음) 웹사이트의 '임무(Mission)' 페이지에서도 볼 수 있다.

5 수라나와 연구진들(2008)은 인도 농촌 지역의 전력망에서 1000볼트까지 서지 전압이 발생한 것으로 측정했다. 대부분의 소비 전력은 240볼트를 넘지 않게 측정된다.

6 퀴즈나 투표 또는 어떤 행사에서 참여자의 반응을 확인하기 위해 사용하는 리모컨 형태의 장치—옮긴이주.

7 언급된 프로젝트는 인도 마이크로소프트 연구소 내 그룹에 있는 연구자들이 수행한 교육 관련 프로젝트의 하위 프로젝트이다. 프로젝트마다 결과는 달랐지만, 각각 2장에서 설명할 증폭의 법칙에 관한 내용, 즉 기술의 영향력은 학교와 교사의 교육 역량에 달렸다는 점을 알 수 있었다. 다음의 출처는 이 구절에서 언급된 순서와 일치한다. 사니와 연구진들(2008); 파루티와 티에스(2011); 판자니와 연구진들(2010); 헛치풀과 연구진들(2010); 린넬과 연구진들(2011); 쿠마르(2008).

8 큐반(1986)의 자료는 미국 전자 기술 역사의 완전한 해체를 제시하고 있다. 에디슨의 인용구는 위어의 자료(1922)에서 볼 수 있다.

9 대로우(1932), p. 79.

10 오펜하이머(2003), p. 5.

11 산티아고와 연구진들(2010); 크리스티아와 연구진들(2012). 연구 결과에서는 수학과 언어 학습 성취도에서 둘 다 발전이 없었다고 나타났지만, 시공간 능력 테스트인 레이븐 누진 행렬 검사(Raven's Progressive Matrices)로 측정한 인지능력은 상당히 올라간 것으로 나타났다. 이 연구 결과는 2장에서 말할 증폭의 법칙을 정확히 설명해 준다. 즉, 아이들의 천성에는 호기심이 있는데, 놀이를 통해 인지능력을 키우고 컴퓨터를 통해 그것을 증폭시킬 수 있다. 그러나 직접적인 동기부여가 되려면, 기술이 도와주기 전에 먼저 강력한 교육 방법이 필요하다.

12 드 멜로와 연구진들(2014), 스페인어. 결과에 대한 영어판 개요는 해설과 함께 머피(2014b)의 자료에 나와 있다.

13 린든(2008); 바레라-오소리오와 린든(2009). 린든의 연구는 개발도상국의 학교에서 컴퓨터의 효과를 측정하기 위해 대규모 무작위 대조군 실험을 적용한 첫 번째 사례 중 하나다.

14 베하르(2010). 베하르는 '교육의 특효약'에 대해 솔직한 비평가이다. 베하르(2012) 자료 참조.

15 이 구절에 있는 사례와 인용은 바르샤바와 연구진들(2004)의 자료에 있다.

16 솔직히 말해서 나는 바르샤바가 개인적인 이야기로 자신의 연구를 평가한 것에 불편한 마음이 든다. 나는 바르샤바를 올바르게 이해한다고 생각하는데, 그렇다면 그가 자신이 주장하는 바를 잘못 전한 게 아니라 내가 운영이 잘되는 학교에서는 컴퓨터가 좋은 효과를 미칠 수 있음을 강조하지 못한 것이다. 나는 이 장에서 균형 있는 관점을 제시하고자 노력했으며 전후 관계를 무시하고 바르샤바를 인용한 게 아니다. 바르샤바와 나는 기술이 제도의 힘을 키운다는 점에서는 동의하는 것 같다. 이 부분은 2장에서 보다 자세히 기술되었으며, 여기서는 기술의 잠재력과 실패에 관해 간결하게 설명하겠다.

17 바우어라인(2009), p. 139.

18 오펜하이머(2003).《흔들리는 마음》은 교육에 컴퓨터 기술을 적용하는 것을 가장 훌륭하게 비평한 것으로 유명하다.

19 후(2007).

20 던컨(2012).

21 프렌스키(2011), p. 9. 나는 비디오게임이 교육 목적에 생산적으로 사용될 수 있다는 가능성을 부정하지 않으며 교육용 비디오게임은 탐구할 만한 가치가 있다고 본다. 하지만 그 가치에 관한 증거는 거의 없다. 게다가 단기 학습에 효과적이라고 해도 우리가 학습 자료로 비디오게임을 제시했을 때 그것을 배울 수 있는 세대만 기를지는 알 수 없다. 깊이 있는 교육의 핵심은 학습 자료가 매력적이지 않아도 배우려 하거나, 그렇지 않으면 따분하더라도 흥미롭게 배우게 하는 것이다. 모든 학습이 재미있기만 하다면 이런 것은 배울 수 없다.

22 우드(2013).

23 샌더스(2013).

24 미트라와 당왈(2010).

25 TED는 Technology, Entertainment, Design의 약어로 미국의 비영리 재단에서 운영하는 강연회이다. 정기적으로 기술, 오락, 디자인 등과 관련된 강연회를 개최한다 — 옮긴이주.

26 바르샤바(2003)와 아로라(2010)의 벽 구멍 컴퓨터 프로젝트에 관한 회의적인 관점은 개인적인 방문을 근거로 하고 있다. 반면에 벽 구멍 컴퓨터 설치에 따른 긍정적 효과를 보여 주는 유일한 연구는 미트라와 그의 동료들이 수행했는데 이는 연구 방법 면에서 의심스럽다.

27 미트라와 아로라(2010).

28 페어리와 로빈슨(2013)의 연구는 학생들을 위한 개인용 노트북컴퓨터의 교육 효과에 관한 몇 안되는 무작위 대조군 실험 사례이며, 그 결과는 확실하다. 이 연구의 자금을 지원했던 두 단체, 즉 컴퓨터 포 클래스룸(Computers for Classrooms)과 제로디바이드 재단(ZeroDivide Foundation)은 비영리단체인데 이들의 임무는 컴퓨터가 없는 가정의 컴퓨터 수를 늘리는 것이었기에 의심할 여지 없이 다른 결과를 바랐다. 이런 연구에 기꺼이 자금을 지원하고 그 연구 결과를 발표하게 하는 이

단체들의 노력은 존경할 만하며, 그 결과는 더욱 믿을 만하다.

29 던컨(2012).

30 위와 동일 문헌 인용.

31 성공적인 학교를 만드는 요인에 관한 경제협력개발기구(OECD, Organisation for Economic Co-operation and Development)의 요약은 컴퓨터나 다른 기술에 대해 언급이 없어서 놀랍다. 중국의 결과는 실제로 상하이만 포함한 결과이다. 2012년 기준으로 PISA는 중국 전체를 대상으로 수행되지 않았다.

32 OECD(2010b), p. 106.

33 이 장에 있는 일부 구절은 토야마(2011)의 자료에서 그대로 발췌하거나 각색하였다.

34 CBS뉴스(2007). 그러나 네그로폰테는 교육 효과에 관해 진지한 연구를 한 적이 없다. 네그로폰테의 흥분은 마을 사람들이 한밤중에 불을 밝히는 용도로 노트북컴퓨터를 사용했고, 그들이 배운 첫 영어가 아마도 '구글'이지 않았을까 하는 데에 근거하고 있다.

35 바르샤바(2006), pp. 62−83.

36 2010년 말 튀니지에서 시작되어 아랍 중동 국가 및 북아프리카로 확산된 반정부 시위의 통칭 ― 옮긴이주.

37 미국의 소설가 겸 사회 비평가로 사회를 고발하는 작품을 발표하였다. 대표 작품으로 《석탄왕》, 《오일!》 등이 있다 ― 편집자주.

38 싱클레어(1934 [1994]), p. 109.

2장

1 상의가 길고 바지가 넉넉한 인도 전통 의상 ― 옮긴이주.

2 랑가스와미(2009).

3 하일브로너(1967)의 기사는 기술과 사회 문헌에서 가장 많이 언급되는 것 중 하나인데, 이는 아마도 존경받는 학자가 기술결정주의의 편을 드는 몇 안 되는 문헌이기 때문일 것이다. 나중에 하일브로너(1994)는 자신의 입장을 살짝 누그러뜨렸다. 오늘날 순수한 기술결정주의를 인정하는 학자는 거의 없지만, 이 장에 후반에 나오는 예와 같이 기술결정주의 관점을 지지하는 비학문자들은 많이 있다. 멕켄지와 와츠만(1985)은 기술결정주의를 '기술과 사회 간의 관계에 관한 가장 영향력 있는 유일한 이론'으로 언급한다.

4 핀버그(1999), p. 78.

5 〈스타트랙〉에 나오는 중요한 원소의 결정체 ― 옮긴이주.

6 〈스타트랙: 퍼스트 콘택트(Star Trek: First Contact)〉(1996).

7 슈미트와 코헨(2013), p. 257. 이들의 책은 기술의 암울한 측면을 어렵게 인정하고 있지만, 그것은

자신들의 더 웅대한 이론, 즉 '더 많은 기술이 더 좋은 것이다'라는 주장을 받아들일 때만 부각된다. 토야마(2013a)는 이 책을 더 자세히 논평한다.

8 《많아지면 달라진다(Cognitive Surplus)》 — 편집자주.

9 셔키(2010).

10 이 구절은 이코노미스트(2008)과 디아만디스와 코틀러(2012), p. 6에서 인용했다.

11 콜맨-제센과 연구진들(2013)은 미 농무부 조사 결과에서 2012년 미국의 700만 가정이 '매우 낮은 식량 안보'에 처해 있는데, 예를 들어 이러한 가정 중 97퍼센트는 '그들이 구입한 식량을 유지하기는 커녕 더 살 돈도 없다'고 보고하고 있다. 이들 가정에는 480만 명의 아이들이 있다.

12 유엔식량농업기구(Food and Agriculture Organization)(2013).

13 그리스 신화에 나오는 요정으로 머리는 여자이고 몸은 새이다. 아름다운 소리를 내 뱃사람들을 유혹하여 위험에 빠뜨렸다 — 옮긴이주.

14 웹(web)과 카메라(camera)의 합성어로 인터넷을 통해 실시간으로 활용할 수 있는 카메라 — 편집자주.

15 모로조프(2011), p. 88. 모로조프는 세계 곳곳의 압제 정치 세력이 인터넷의 어두운 면을 필요로 하는 상황을 알려 준다.

16 엘륄(1965 [1973]), p. 87.

17 미국의 사회비평, 교육, 커뮤니케이션 이론가로 광범위한 분야에 여러 저서를 남겼다 — 편집자주.

18 포스트먼(1985 [2005])은 텔레비전의 영향으로 현대사회는 오락적 가치로 모든 것을 평가받기 시작했다고 강력하게 주장한다. 그의 분석은 빈틈이 없어서 인터넷 시대에도 적용할 수 있다. 그는 일종의 기술결정주의 경향이 있음에도 사회의 추세를 놓고 기술 그 자체를 비난한다. 나는 우리 안에 오락을 좋아하는 마음이 자리하고 있으며, 기술의 역할은 그것을 증폭시키는 것이라고 주장하곤 했다. 문제는 우리가 유튜브에 집착하지 않고 자신의 다른 면을 증폭시킬 수 있는가이다.

19 자사노프(2002).

20 말모딘과 연구진들(2010).

21 텔포지(2014)는 2013년 데이터센터 전기 사용량이 910억 킬로와트시(kWh)에 달한다고 추정한다. 이는 4조4000억 킬로와트시를 맴도는 미국 전체 전기 사용량의 2.25퍼센트에 해당한다(미 에너지정보국 2014b). 이는 쿠미(2011)의 자료와 유사하며, 2001년도에는 2퍼센트의 수치를 기록했다.

22 회의주의자들은 이상주의자들은 꿈꾸는 것 같다고 조롱했고, 이에 대해 이상주의자들은 미사여구를 줄이려고 해왔다. 그러나 아직 설득력이 있지는 않다. 때로 그러한 시도가 서툴러 보이는데, 슈미트와 코헨(2013), p. 257에서 '낙관주의에 찬성하는 근거는 공상과학소설에 나오는 기계장치나 홀로그램에 있는 게 아니라, 우리 세계에 존재하는 학대, 고통, 파괴에 대항해서 기술과 상호 통신능력이 가져다주는 견제에 있다'고 쓴 걸 보면 그렇다. (번역: 낙관주의에 찬성하는 근거는 기술에 있지 않지만, 결국 기술이다.) 다른 사람들은 더 조심스럽다. 나는 셔키(2010, 2011)의 책 두 권을 살

삶이 뒤졌지만, 사회의 편익이 대놓고 기술 덕분이라고 하는 사례를 찾을 수 없었다. 그러나 셔키가 기술이라면 정신을 못 차린다는 것은 부정할 수 없다. 그의 책《많아지면 달라진다》이면에는 인터넷의 참여 속성 때문에 소파에 앉아 TV만 보던 사람들이 TV를 보지 않음으로써 시간을 낭비하지 않게 되고, 책 제목처럼 잉여가 되어 더 좋은 곳에 쓰일 수 있다는 자부심이 숨어 있다.

23 린다 스톤(2008)은 많은 디지털 기술로 인해 우리가 '지속적인 주의력 분산 상태'를 유지한다는 개념을 사람들에게 알렸다. 린다는 그것을 여기서 내가 경멸하듯 말하는 방식으로 의미하지는 않았다.

24 최첨단 기술을 비판하는 사람들을 일컫는 말 — 옮긴이주.

25 젠슨(1998 [2005]), p. 252.

26 카(2011), p. 224.

27 엘륄(1964), p. xxxi.

28 크란즈버그(1986).

29 라투르(1991). '과학과 기술 연구'라고 하는 학문 영역에는 맥락주의를 여러 형태로 계속 진술한다. 이런 종류의 이론은 이따금씩 심오하기도 하지만 보통 볼썽사납다. 이 영역에서 가장 인기 있는 사상 중 하나는 프랑스 사회학자인 브루노 라투르가 지지하는 사상인데, 종종 자기비판의 특징을 보인다. 라투르는 행위자-네트워크 이론(Actor-Network Theory)이라는 개념을 개발하는 데 일조했으며, 여기서는 사람과 기술이 상호 연결된 관계로 이루어진 망에서 서로에게 영향을 미치는 노드(node)가 된다. 라투르(1991)는 이를 다음과 같이 기술하고 있다. "만일 우리가 사회-과학의 네트워크를 표시한다면, 이때 궤적은 행위자의 결합(association)과 대체(substitution)로 정의되고, 행위자는 그들이 진입하는 모든 궤도와 이어지는 변형(translation)에 의해 정의되며, 관찰자의 관점을 바꿈으로써 정의되므로, 추가 원인을 찾을 필요가 없다. 일단 충분하게 서술하고 나면 설명이 나타난다." 그러나 어떤 것을 열쇠 묶음처럼 네트워크가 금방 엉클어져서 풀기 힘든 문제가 되며, 라투르는 전체를 이해하는 유일한 방법은 마지막 한 줄까지 하나하나 세심하게 추적함으로써 가능하다고 주장한다. 따라서 한편으로 우리는 보다 풍부하게 서술할 수 있지만, 다른 한편으로는 그게 전부이다. 간결한 설명이나 이해는 준비되어 있지 않다.

30 '가장 단순한 것을 해결하기 위해 만든 가장 복잡한 기계'를 의미하며 미국의 골드버그라는 사람이 이러한 아이디어를 만화로 그렸기 때문에 이렇게 부른다 — 옮긴이주.

31 비라라가반과 연구진들(2009).

32 스미스와 연구진(2010)들은 우리가 '뜻이 있는 곳에 길이 있다'라는 제목을 붙여 준 논문을 통해 대부분 영어로 된 인터페이스와 복잡한 단계를 거쳐야 함에도 불구하고 인도 도시의 젊은 성인들이 휴대전화의 블루투스를 통해 손쉽게 파일을 교환할 수 있다는 사실을 보여 주었다. 음악과 영화 파일을 교환하려는 젊은이들의 강한 욕망으로 이것이 가능해진 것이다. 때문에 사용자 인터페이스가 형편없더라도 그것을 장애 요인으로 볼 수 없다.

33 이 책에서 사용된 '사회결정주의'라는 말은 항상 기술의 효과는 사람의 영향력에 의해 결정된다는 사상을 의미한다. 사회결정주의의 또 다른 정의와 혼동해서는 안 되는데, 여기서는 개별적인 인간

의 행동은 전적으로 사회와 문화의 영향력에 의해 일어나며 육체적이나 생물학적인 영향력에 의한 것이 아니라고 정의하고 있다.

34 자율 로봇은 물리적이든 가상이든 자기 스스로 움직일 수 있다고 말할 수 있지만 그렇다고 하더라도 로봇의 특성이나 로봇이 생각하는 절차를 고안하고 지시하는 것은 사람이다. 물론 이 로봇들이 우리가 전혀 의도하지 않은 방향으로 행동하여 세상의 종말을 맞을지도 모른다. 나는 3장에서 의도하지 않은 결과의 본질에 관해 다룰 것이다.

35 메디와 연구진들(2007).

36 메디와 연구진들(2013). 여기서는 실험을 간단하게 설명했다. 실제 실험에는 다른 인터페이스 세 개가 포함되었으며, 거기에는 다른 계층으로 내포된 인터페이스 두 개가 포함되었다.

37 언급된 연구들은 각각 핀들레터와 연구진들(2009), 추와 연구진들(2011), 드렌지와 연구진들(2012)의 것이다.

38 증폭은 과학기술 연구 분야에서 눈에 띄지 않는다. 이 분야의 학자들은 기술의 도구 이론(instrumental theory)을 낮게 평가한다. 정보시스템 문헌에서 증폭에 가까운 이론은 흡수 능력 이론(absorptive capacity theory)인데, 이 이론은 코헨과 레빈탈(1990)이 처음으로 설명했으며, 이들은 조직이 기술을 흡수하는 능력에 따라 그 조직이 기술로 할 수 있는 것이 결정된다고 주장했다.

39 나는 토야마(2010)에서 기술과 빈곤에 증폭의 개념을 적용하면서 처음으로 증폭을 언급했다.

40 린든(2008); 산티아고와 연구진들(2010).

41 어떤 사람들은 아이들을 키울 때 놀이의 가치를 강조하는데, 놀이는 확실히 중요하다. 일정 수준의 비디오게임과 소셜 미디어는 그 목적에 부합할 수도 있으며 일정 부분은 뭐라고 꼬집을 수 없는 방법으로 아이들을 육성한다. 그렇지만 정글짐에서 오래 있는다고 해서 그 자체로 올림픽 선수가 될 수 없듯 디지털 오락이 진정한 K-12교육(유치원에서부터 고등학교를 졸업할 때까지의 교육 기간 — 옮긴이주)이 되기는 힘들다.

42 이집트의 제4대 대통령으로 대통령 선거에서 다섯 번 단독 후보로 출마하여 30년간 장기 집권하였다 — 편집자주.

43 라오(2011).

44 하우스로너(2011).

45 코헨(2011).

46 초치스(2011).

47 CNN(2011).

48 리비아의 군인이자 정치가로 1969년부터 42년간 장기 집권을 하다가 2011년 반정부 시위로 은신하던 중 사살되었다 — 편집자주.

49 올리바레즈-가일스(2011).

50 추로브(2012).

51 중동 지역 혁명의 실제 영향력과 정권의 억압에 관심이 있는 사람은 마다위 알 라시드의 연구를 읽으면 도움이 될 것이다. 알 라시드는 눈에 잘 띄는 사건인지 아닌지에 대한 근본적인 원인은 정치·문화의 영향력에 달려 있다고 주장하면서 소셜 미디어의 역할을 인정하는 데 있어 균형을 맞추고 있다. 앞에서 인용하고 설명한 내용은 알 라시드(2012)의 자료에서 가져온 것이다.

52 리와 웨인탈(2011).

53 폴 리비어 헤리티지 프로젝트(날짜 없음). 헨리 롱펠로(Henry Wadsworth Longfellow)가 쓴 '야밤의 질주(Midnight Ride)'라는 시는 후에 미국 전설의 토대가 되었는데, 그는 랜턴을 강조할 때 자유롭게 표현했다. 램프 불빛이 주는 상징성으로 인해 폴 리비어가 말을 타고 장거리를 달리기만 했던 단조로움은 사라졌다. 하지만 창작의 자유는 기억하기 쉬워서 시에 도움이 되는 것이지, 정밀한 분석과 철저한 대책을 위한 좋은 기초 자료는 될 수 없다.

54 60분(2011).

55 모로조프(2011).

56 클레이 셔키는 TED의 오너이자 큐레이터인 크리스 앤더슨(2009)과의 인터뷰에서 이 의견을 제시했다.

57 글래드웰(2011).

58 테일러(2011).

59 야쿠브와 콜린스(2011).

60 티치노와 연구진들(1970).

61 멈퍼드(1966), p. 9.

62 아그레(2002). 아그레는 처음으로 기술과 사회에 관한 증폭 이론의 틀을 잡았던 것으로 보인다. 나는 아그레가 해당 주제에 관해 쓴 내용에 대부분 동의하며, 강조된 부분에서만 다르게 생각한다. 첫째, 아그레는 인터넷이 정치에 미치는 전체적인 효과는 예측하기 어려운데, 이는 내재하고 있는 영향력이 너무나 복잡하기 때문이라고 말했다. 이 부분에서 동의하지만 사람의 영향력을 쉽게 이해할 수 있는, 보다 제한된 경우에는 예측이 가능하다고 생각한다. 둘째, 아그레는 정치와 지배구조에서의 인터넷이라는 논의로 한정했다. 나는 증폭이 단지 인터넷과 디지털만이 아니라, 광범위한 분야의 기술과 이에 상호작용하는 모든 영역에 적용된다고 믿는다.

3장

1 하비(1988)는 아이들을 대상으로 한 워크맨 광고 전략을 예로 들어 논의한다. 하비는 여기서 "나의 첫 번째 소니(워크맨)는 장난감 가게에 새로운 상품 카테고리를 만들어 냈고, 소니는 유통사들의 의심을 떨쳐 내고 자사의 제품을 장기간에 걸쳐 판매하게 되었다"고 언급한다. 이 말은 샌더슨과 우주메리(1995)의 자료에서 '혁신적인 성공을 관리 리더십과 효과적인 마케팅에 따른 결과로 보는 것은 당연한다'고 언급한 것처럼 기술 회사의 역량이 소비자의 행동을 임의로 바꾼다는 증거로 사용

된다.

2 워크맨을 문화 연구 관점에서 철저하게 다루려면 듀 게이(1997)의 자료를 보라. 듀 게이가 쓴 책 말미의 재판된 부분에 워크맨에 관한 다양한 접근 방법론을 소개하고 있는데, 대부분이 증폭의 법칙과 상반된다.

3 실제로 그런 것들(온라인에서 'cilice'를 검색해 보라)을 파는 틈새 기업이 있다. 하지만 이것들은 전혀 주류가 될 수 없다.

4 터클(2011).

5 이것에 관한 예로 바임(2010), pp. 51–57의 자료를 보라.

6 로젠펠트와 토머스(2012).

7 위샘(2011); 리랜드(2011). 프르지빌스키와 연구진들(2013)은 낮은 삶의 만족도와 사회 욕구 만족도를 가진 사람들은 소셜 미디어에서 'FOMO'에 관련된 행동을 더 많이 하는 경향이 있다고 밝히고 있다.

8 디지털 환경에서 만들어진 대규모 데이터—편집자주.

9 골드만(2009).

10 공화당 의사 위원회(날짜 없음).

11 라인하르트(2012).

12 화이트(2007); 럼프와 연구진들(2011).

13 이것에 관한 예로 스파이스웍스(2014)의 자료를 보라.

14 브릴(2013).

15 햄프턴과 연구진들(2011).

16 이것에 관한 예로 크레센치와 연구진들(2013), 리와 연구진들(2010), 올슨과 올슨(2010)의 자료를 보라. 맨 마지막 자료에서는 디지털 기술이 있더라도 거리가 중요한 이유에 관한 훌륭한 분석을 볼 수 있다.

17 케언 크로스(1997), p. xvi. 케언 크로스는 짐작컨대 비평가들의 반응으로 인해 개정판에서 자신의 주장을 완화시켰다. 그에 해당하는 문장은 다음과 같다. '사람들은 지구 반대편에 있는 사람과 더 자유롭게 통신할 것이다. 결과적으로 전쟁은 계속 일어나겠지만 기술의 효과로 세계 평화가 앞당겨질지도 모른다.' 사실 크로스는 개발도상국 같은 곳이 틀림없이 기술을 통해 발전될 것이라는 주장을 강화하고 있다.

18 반 앨스틴과 브린욜프슨(2005).

19 사이버 공간에서 관점과 입장이 비슷한 사람끼리 공동체를 형성하고, 그렇지 않은 사람들을 싫어하고 적대하는 인터넷 분열 현상—옮긴이주.

20 선택적 노출에 대한 설명은 심리학자 레온 페스팅거(1957)의 연구로 거슬러 올라간다. 페스팅거는 인지 부조화(cognitive dissonance)에 관한 개념을 가정했다. 인지 부조화는 사람들이 모순되는 정보를 접할 때 느끼는 불편감을 뜻한다. 선택적 노출은 인지 부조화를 피하려는 노력의 일환으로서 이루어지는데, 사람들은 자신의 믿음에 부합하는 정보만 추구하는 경향이 있다.

21 반 앨스틴과 브린욜프슨(2005).

22 스텍로(2005).

23 무쿨(2006); 라이나와 티몬스(2011).

24 패블릿은 스마트폰보다 크지만 태블릿보다는 작다.

25 이코노미스트(2005)는 텔레센터에 관한 이야기에서 디지털 격차는 사회·경제적인 격차의 징후라고 언급했다. 그렇지만 의아하게도 같은 기사에서 휴대전화는 상당히 보급되어 있기 때문에 어쩌면 사회·경제적인 격차를 좁히는 데 도움이 되어 아래에서 위로의 발전을 촉진시킬 것이라고 말하고 있다. 즉, 이 기사에서 주장하는 바는 텔레센터로 인한 디지털 격차는 사회·경제적 격차의 징후가 되지만 휴대전화로 인한 디지털 격차는 그렇지 않다는 것이다.

26 부유한 사람이 우위에 있는 기술에 접근한다는 사실을 인정하면 불평등의 증가는 그야말로 그래프를 뛰어넘는다. 새로운 기술이 출현함에 따라 부유한 사람은 더 많이 부유해진다. 저비용 기술이 가난한 사람을 도울 수 없다고 말하려는 건 아니다. 분명 도움이 될 수 있다. 그러나 사실상 이 주장은 정치적 영향력과 유한한 자연 자원은 둘 다 제로섬이라는 사실을 무시하는 것이다. 즉, 어떤 사람이 많이 가지면 가질수록 다른 사람은 덜 갖게 되므로 불평등이 증가하면 필연적으로 밑바닥에 있는 사람들은 더 안 좋아진다.

27 게리 킹 연구에 관해 이어지는 글은 이전에 토야마(2013b)의 자료에서 언급되었다.

28 킹과 연구진들(2013a).

29 킹과 연구진들(2013b).

30 킹과 연구진들(2013a)은 비정치적인 집단행동에 관한 사례를 언급하고 있다. 2011년 일본 핵발전소 사고가 발생한 이후, 요오드 소금이 방사선을 막아 준다는 소문이 있었다. 수많은 사람들에게 소금을 사라고 선동할 가능성이 있어 해당 게시글은 금지되었다.

31 인용문은 킹과 연구진들(2013a) 자료에서 발췌한 것이며, 이는 디미트로프(2008)의 자료를 요약한 것이다.

32 길포드(2013).

33 브루이즈와 연구진들(2011)은 세계적으로 비만인 사람을 낙인찍는 경향은 있지만, 다양한 연구 자료를 통해 문화권마다 다양한 체중을 선호한다는 사실을 제시하고 있다. 소발과 스턴커드(1989)는 사회·경제적 계급을 체중과 연관시킨 문헌을 논평한다.

34 렌하르트(2012); 하프너(2009). 2011년, 내가 바리코파 지역 대학교(Community College)에서 강연할 때, 하루에 문자를 100개 이상 보내는 사람이 있는지 물었다. 거의 모든 학생들이 손을 들었고 교수진들은 믿지 못하겠다는 표정으로 학생들을 둘러보았다.

35 그러나 마음에서 증폭된다면 10대의 사교 능력에 관한 예측 가능한 사례가 될 것이다.

36 새로운 기술을 세상에 내놓는 일은 아무도 예측할 수 없는 결과를 가져오는 일이다. 따라서 그 결과를 예측하고 감시하고 관리하는 데 실패하는 것은 일종의 소극적인 의도가 된다.

37 사르트르(1957 [1983]), p. 15: '인간은 스스로 자아를 만드는 걸 제외하면 아무것도 없다.'

4장

1 내가 '패키지 개입'이라는 용어를 쓰는 것은 에브게니 모로조프(2013)가 '기술적 해법'으로 부르는 것과 윌리엄 이스털리(2014)가 '기술적' 혹은 '기술 중심적 해법'으로 부르는 것과 매우 유사하다. 나는 '해법'이라는 단어를 사용하고 싶지 않은데, 왜냐하면 패키지 개입이 반드시 해법은 아니기 때문이다. 또한 '기술'과 '기술중심주의'라는 표현도 피하는 이유는 이미 다른 데서 특정한 것을 의미하는 데 사용되고 있기 때문이다.

2 유누스(1999), p. 48.

3 카운츠(2008), p. viii. 자료에 있는 유누스의 서문

4 카운츠(2008), p. 4.

5 믹스마켓(2014)에 있는 자료에 근거함

6 블룸버그 비즈니스위크(2007).

7 2010년, SKS 마이크로 파이낸스라고 불리는 소액신용대출 단체는 IPO를 통해 3억5800만 달러의 자금을 모집하여 인도 소액신용대출 산업이 제대로 기능하지 못하게 했다는 국가 차원의 논쟁을 불러일으켰다. 많은 사람들은 SKS와 기타 소액신용대출기관이 너무 공격적으로 대출을 밀어붙인다는 이유로 그들을 고소했다. 비제이 마하잔은 나중에 생긴 단체들이 '동일한 지역에 계속해서 대출을 급격하게 늘리다 보니 개인의 부채가 많아지고 어떤 경우에는 자살로 이어지기까지 했다고 말했다'(폴그린과 바자즈 2010). 성난 안드라프라데시 주의 정치인들은 소액신용대출이 이루어지는 과정에 관한 엄격한 법을 통과시켜 대중의 반발을 샀다. 대출자들은 일제히 상환을 중지했다. 바자즈(2011) 자료도 참조하라. 로젠버그(2007) 자료를 보면 이 상황을 신중히 평가하려는 시도를 확인할 수 있다.

8 유누스(2011).

9 콜린스와 연구진들(2009).

10 글로벌 개발 센터의 데이비드 루드만(2012)은 소액신용대출의 훌륭한 해체 이론을 선보였으며, 이를 지나치게 단순화시키지 않고 최근 연구들을 종합하여 분석했다. 이 장에서 언급된 연구 대부분은 루드만의 책에서 상세하게 다루고 있으며, 소액신용대출에 관해 확고히 정립된 것과 알려지지 않은 채 남아 있는 것이 무엇인지도 설명하고 있다.

11 카란과 진만(2010).

12 카란과 진만(2011).

13 안젤루치와 연구진들(2013).

14 바네르지와 연구진들(2010). 2005년에 경제학자인 앱히지트 바네르지, 에스더 듀플로, 레이첼 글레너스터, 신시아 킨넨은 스판다나(Spandana)라는 소액신용대출 단체에게 하이데라바드의 가난한 도시 지역 104군데에서 무작위로 선택된 52개 지역에 지점을 열어 달라고 설득했다. 지점을 연 지 15개월에서 18개월이 되었는데도 소액신용대출 이용이 가능했던 지역이 그렇지 않았던 지역에 비해 전반적으로 더 부유해 보이지는 않았다. 또한 여성의 발언권이나 건강 관련 측정치, 그리고 교육 성과 등에서 눈에 띌 만한 변화도 없었다. 그나마 이야기할 수 있는 것은 스판다나가 생김으로써 새롭게 사업을 하게 된 가정이 2퍼센트 증가했으며, 1인당 월간 내구재 구매액이 55센트 증가했으며, 소비재는 23센트 감소했다. 내구재는 사업하는 데 도움이 되기 위해 증가했을 가능성이 높다. 그들의 결론은 무엇일까? 소액신용대출은 그 이점에서는 기적이 아닐지 모르지만 가정에서 대출을 함으로써 신규 사업의 투자, 창출, 확대를 가능하게 한다는 것이다.

15 레이와 개르마니(2014).

16 보르노비츠키와 연구진들(2011).

17 이것에 관한 예로 크루그먼(2014)의 자료를 보라.

18 바네르지와 연구진들(2010); 드렉슬러와 연구진들(2010); 카란과 진만(2011).

19 이런 식으로 기술을 일반화하는 개념은 드물지 않다. 예를 들어 경제학자들은 인간의 조직 구조를 일종의 기술로 이야기하고는 한다. 그렇지만 대부분의 사람들은 기술을 물리적인 인공 산물 보기 때문에 나는 일반화의 표현으로 '패키지 개입'이라는 어구를 사용했다.

20 정부가 복지 서비스 구매 비용 보조를 위해 특정 수혜자의 구매 비용 지불을 보증하여 내놓은 증서 ─ 편집자주.

21 교사, 부모, 지역단체 등의 공적 자금을 받아 설립된 학교 ─ 편집자주.

22 만일 이런 일들이 드물거나 단기적인 효과라고 생각한다면 포스트소비에트 국가의 다양한 행보를 생각해 보라. 리투아니아, 라트비아, 에스토니아, 아마도 우크라이나는 민주화로 지속적으로 변화해 왔지만, 초기의 선거에서 결과는 독재정권으로 되돌아갔다. 평화로운 선거로 정권 교체를 하는 민주주의라고 해도 오랫동안 지속되어 온 태도는 지배구조를 방해하기 마련이다.

23 시모어 립셋(1959, 1960)은 다양한 사회·경제적 특성이 민주주의를 불러일으키는 것으로 보인다고 처음으로 주장했으며, 9장에서 이를 수정하여 논의하도록 하겠다. 정치학자인 로버트 달(1971)은 민주주의를 위한 여덟 가지 제도 요건에 주목했는데, 그중에는 정치 정당, 공직에 출마할 권리, 자유 언론, 결사에 관한 자율성, 법치, 효율적인 관료 체계 등이 있다.

24 이것에 관한 예로 아체베(1977)가 조지프 콘래드의《암흑의 핵심(Heart of Darkness)》에 관해 비판한 내용을 보라.

25 아체베(2011).

26 아틀란틱(2012).

27 포터(2013)는 주로 일하는 나이의 여성들이 비슷한 나이의 남성들에 비해 약 80퍼센트만 번다고

보고하고 있다.

28 세계 소아마비 박멸 연간 보고서(세계보건기구 2011)로부터 인용한 자료임. 소아마비 박멸 활동이 아프가니스탄이나 나이지리아 같이 갈등이 계속되는 곳에서는 잘 이루어지지 않고 있다는 사실은 이해할 만하다. 그렇지만 보고서에서는 차드 서부처럼 폭력이 그다지 빈번하지 않은 지역에서조차 운영상의 이유로 아이들이 아직 백신 접종을 받지 못하고 있다고 언급한다.

29 일반적으로 천연두는 항상 눈에 보이는 증상을 동반하므로 소아마비에 비해 박멸하기가 쉬운 것으로 알려져 있다. 소아마비의 경우, 증상을 보이는 사람들이 아닌 아무런 증상이 없는 사람들이 돌아다니며 소아마비를 전염시킨다. 따라서 해당 지역에서 소아마비를 박멸하기 위한 유일하면서도 확실한 방법은 지역에 있는 모든 사람들에게 백신을 접종하는 것이다. 그것을 가능케 하는 것은 기술이 아니라 정부 행정 당국과 의료 기관에 달려 있다.

30 유누스(2011).

31 저소득층, 다문화가정 등 취약 계층을 포함한 모든 사회계층이 비용 등 여러 측면에서 큰 부담 없이 금융 서비스를 쉽게 활용하도록 하기 위한 과정 또는 시스템 — 옮긴이주.

32 블룸버그 비즈니스위크(2007).

33 유누스(1999), p. 205.

34 위와 동일 문헌 인용, p. 140.

35 빈곤층을 위한 금융자문그룹(Consultative Group to Assist the Poor)(2008).

36 바네르지와 연구진들(2010).

37 트리파티(2006).

38 불임에 대한 공포는 개발도상국가에서 때만 되면 생기는데 이는 아마도 일부 국가에서 과거에 강제로 정관절제술을 시행했던 일에 근거했을 것으로 추정한다(인구 연구소 1998). 최근 파키스탄(예, 칸 2013)과 케냐(예, 갠더 2014)에서 비슷한 공포가 다시 생겼다. 선진국의 백신 공포에 관한 예는 누킨(2011)의 자료를 참고하라.

39 컴퓨터 시스템에 침입하여 정치, 사회운동과 관련된 안건을 추진하고자 하는 해커 — 옮긴이주.

40 때로는 미래 기술과 함께 어떤 일이 발생할지 예상해 보는 것이 도움이 될 수도 있다. '아바타'라는 기술을 이용할 수 있는 미래를 상상해 보자. 인간의 소뇌 바로 밑 척수에 특수 칩이 있어서 무선 명령을 통해 사람의 근육 시스템을 완전히 강탈할 수 있다면 의료 서비스 종사자들은 원격 조종 인형으로 탈바꿈되어 가정을 방문해서 일정을 완벽히 수행하고 결코 태만하거나 부조리한 행동을 보이지 않을 것이다. 다시 말하면 인간의 행동에 따른 성가신 문제들을 모조리 해결해 주는 기술인 것이다. 그러나 아바타 같은 기술이 강력한 만큼 그것을 만들어 내고 적용하기 위한 훌륭한 시스템이 있어야 할 것이다. 해당 기술 장치를 사람에게 일일이 이식해야 할 뿐 아니라, 누군가는 그 기술을 유지하고 고장 난 부품을 다시 확보하고 성능을 감시하며 자신의 몸에서 그 장치를 제거하려는 상황을 처리해야만 할 것이다. 또한 이러한 활동 모두 견고한 적용 과정이 필요하다. 간단히 말해서 패키지 개입 그 자체를 넘어서 제도적 뒷받침이 있어야만 할 것이며, 그것은 하드웨어 비용보다 훨

씬 더 큰 비용이 들 것이다. 물론 이렇게 암울한 미래는 풍자일 뿐이지만 요점은 절대적인 기술이라고 하더라도 일하는 사람의 적용이 필요하다는 것이다. 훨씬 덜 강력한 패키지 개입에 대해서도 자연스럽게 비슷한 교훈을 얻을 수 있다.

41 미국사회학회(American Sociological Association)(2006).

42 로시(1987).

43 여기서 직접 말하지는 않았지만 로시가 언급만 하고 체념했던 네 번째 문제가 있다. 그것은 패키지 개입의 수혜자에게 요구되는 것에 관한 내용이다. 로시는 수혜자에게 동기부여와 역량이 없다면 어떤 프로그램도 효과를 볼 수 없다는 것을 알고 있었다. 그는 이런 문제를 다루는 것 자체가 그 정책을 넘어섰다고 느꼈다. 로시는 '대규모의 인성 변화는 민주사회의 사회 정치 제도가 가진 영향력 그 이상이다'라고 말했다. 이것이 2부에서 다룰 중요한 내용이다. 나는 로시가 너무 쉽게 포기했다고 생각한다.

44 유누스(1999), p. 140.

45 위와 동일 문헌 인용, p. 205.

46 위키피디아(날짜 없음), "FINCA 인터내셔널," http://en.wikipedia.org /wiki/FINCA_International.

47 Kiva.org(날짜 없음).

48 오퍼튜니티 인터내셔널(날짜 없음).

49 유누스(1999), pp. 135-137.

50 믹스마켓(2014) 자료에 근거함. 추정치가 낮은 이유는 그 당시 거래소에 등록된 단체만 포함했고 선진국의 소액신용대출 활동은 제외했기 때문이다.

51 힉스(2009).

52 OECD(2014a). 여기서 언급한 수치는 OECD 국가로부터 받는 쌍무 원조와 유니세프 같은 단체로부터 받는 다자간 원조에 관한 모든 것을 포함한다.

53 스토브에 비판적인 보고에 관해서는 프레이저(2012)와 플러머(2012)의 자료를 보라.

5장

1 조지 패커(2014)는 2013년 아마존의 서적 매출이 52억2500만 달러로 추정된다고 언급하고 있으며, 밀리엇(2014)은 총 서적 매출을 150억 달러로 추정하고 있다. 또한 패커는 2010년에 아마존이 전자책 매출의 90퍼센트를 차지했다고 언급한다.

2 오웰에 관한 내용은 스트라이트펠드(2014)가 언급했던 것이다. 인용문은 오웰(1936)로부터 참조했다.

3 반즈앤노블 서점(날짜 없음).

4 톰슨(2010)은 1970년경 이후 40년간의 책 산업에 대한 풍부한 역사와 분석을 제공한다.

5 톰슨(2010), pp. 389–392은 이러한 경향을 더 자세히 설명하고 이를 가리켜 '승자가 더 많은 시장을 차지하는 현상'이라고 부른다.

6 온라인 매장 수익의 대부분이 오프라인에서 구비하지 않은 틈새상품에서 나온다는 법칙 — 옮긴이주.

7 각각 그대로 책 이름이 되었는데, 크리스 앤더슨(2008)의 책에서는 롱테일을 설명하고, 로버트 프랭크와 필립 쿡(1996)의 책에서는 승자 독식 사회를 설명한다.

8 듀플로와 연구진들(2012).

9 창의적이고 잠재력이 우수한 사람에게 주어지는 과학예술계 영재상 — 옮긴이주.

10 미국경제학회가 가장 탁월한 경제학자에게 2년마다 수여하는 상 — 옮긴이주.

11 듀플로는 다른 연구진들과 수행한 논문에서 이렇게 썼다. "최근의 증거들을 볼 때, 학교가 많이 개입하더라도 학생들의 평균 시험 점수가 향상되지 않았다." 일반적으로 학생들은 학교에서 며칠을 더 보냈다고 해서 배움에 도움을 얻지 못하는 것 같다(바네르지와 연구진들 2007). 다음 몇 구절에서 설명하는 바와 같이 두 논문을 통해 일반화된 결론을 받아들인다면, 둘 중 하나로는 설명할 수 없는 모순이 존재한다.

12 듀플로와 연구진들(2012). 세바 만디르는 자체 프로그램을 '비정규교육'으로 부르고 있는데, 이는 아이들을 교육을 위해 준비시켜야 하는 정부 교육 시스템과는 대조된다. 비정규교육이라는 이름에도 불구하고 교육 방법은 정규적이고 훌륭한 교실 수업 방법을 바탕으로 만들어졌다.

13 압둘 라티프 자밀 빈곤 퇴치연구소(날짜 없음).

14 게다가 최고의 무작위 대조군 실험(RCT)은 대부분 듀플로처럼 뛰어난 능력을 갖춘 연구자들이 관장한다. 이는 패키지 개입 자체가 없는 또 하나의 특수한 상황이 된다.

15 훌륭한 교실 상호작용에 관한 탁월한 팁을 알고자 하면 더그 레모브(2010)의 《최고의 교사는 어떻게 가르치는가(Teach Like a Champion)》를 보라. 나는 그의 책이 K-12를 가르치는 데 있어 대단히 중요하다고 본다.

16 단체 X와 협력 관계를 맺고 수행된 RCT가 프로그램 Y가 효과가 있다는 결과가 나오면, 그것은 Y 그 자체가 효과가 있는 게 아니라 X 같은 단체가 수행하는 경우에 Y가 효과가 있음을 증명하는 것이다. 대부분의 경우, 효과를 미치는 데 X와 Y 모두 필요한데, 이것은 마치 효과적인 결과를 위해 세바 만디르의 활동과 카메라 감시가 필요했던 것과 같다. 결론적으로 듀플로와 연구진들(2012)은 자신들의 결과를 다른 학교에도 일반화할 수 있는지를 고려하고 있으며, 긍정적으로 그럴 수 있을 것으로 내다봤다.

그들은 "연구 결과를 보면 비정규학교의 경우, 출석할 때 인센티브를 주면 학습 수준이 올라가는 것으로 나타났다"고 썼다. 논문에는 외적 타당도 여부에 대한 내용이 딱 한 군데 있다. 듀플로와 연구진들은 "그렇지만 인센티브 프로그램이 정치적으로 영향력 있는 공립학교 교사들에게 도입될 수 있는지는 미지수다. 카메라나 그와 비슷한 장치로 공립학교 교사들을 날마다 감시할 시스템을 도입하는 건 어려울 수도 있다. 그러나 우리가 발견한 사실은 교사가 규칙적으로 학교에 나가는 걸 방해하는 장애 요인(예를 들면, 거리, 다른 활동)은 해결할 수 있는 문제라는 점이다. 정치적 의지를 고려한다면, 공립학교에서도 결석 문제를 해결하기 위한 해법을 찾을 수 있다"고 언급한다. 연구진들은 도를 넘지 않는 수준에서 신중하게 표현하고 있지만 토야마(2013a)의 글에서 언급한 바와 같이 기술 옹호자의 방식으로 '할 수 있다'라는 단어 이면에는 어떤 단서가 숨어 있다.

나는 듀플로의 답변을 듣고자 2014년 6월 24일에서 25일에 걸쳐 그녀와 이메일을 주고받았다. 대다수의 경제학자가 그렇듯 듀플로 역시 자신감에 찬 어조로 "나는 그 논문의 결과를 전적으로 지지하지만, 세바 만디르가 다른 방식으로도 학교를 개선시키려고 노력했던 것이 그렇지 않았다고 가정했을 때보다 외적 타당도를 더 낮추는지는 정말 알 수 없다"고 보내왔다. 만약 세바 만디르 학교가 일반적인 학교와 다르다면, 외적 타당도에 분명히 영향이 있는 것이다. 그렇다면 차이점은 세바 만디르의 교수법과 관리 방법이 이례적인지 여부로 귀결된다. 나는 그들이 농촌 지역의 많은 공립학교와 비교할 때 이례적으로 우수하다고 생각했다. 하지만 듀플로는 세바 만디르가 우수하다는 가능성을 일축하며, 그 학교의 교육 방법이 그렇게 대단한 건 아니라고 말한다. 내가 RCT를 비판하는 부분은 방법 그 자체가 아니라, 지나친 자신감으로 일반화를 하고자 하며 외적 타당도에 관해서 대충 실험하는 경향이다.

17 바네르지와 듀플로(2011). 많은 곳에서 실험이 이루어졌으며 그 예는 p. 272를 참조하라.

18 조지타운대학교 경제학 교수이자 전 세계은행개발연구그룹 이사인 마틴 라발리온(2011)은 RCT에 관한 어려움을 잘 정리하고 있다. 노벨 경제학상 수상자인 제임스 헤크먼(1997)은 이를 보다 학문적으로 비판하고 있다. 내가 여기서 제기하는 문제는 외적 타당도에 관한 특수한 사례 외에도 연구를 하기에는 편리하지만 그다지 의미심장하지 않은 실험을 하는 경향이다.

19 대부분의 RCT에서는 특정한 패키지 개입의 효과성을 평가하는 데 중점을 둔다. 나는 지금까지 역량 있는 조직이 특정한 패키지 개입을 주요 요소라는 개념으로 시험하는 RCT를 본 적이 없다. 이론적으로 그런 연구는 이루어질 수 있었지만, 강경한 무작위 대조군 실험 예찬론자의 제약으로 인해 일정 연구 기간 내에 조직의 역량을 어느 정도 향상시킨 처리 방법이 필요했을 것이다. 이 같은 실험은 특히 조직의 역량을 향상시키는 데 오랜 시간이 걸리고 측정하기 어렵기 때문에 구현하는 데 드는 비용이 적지 않을뿐더러 쉽지도 않을 것이다. 이처럼 RCT의 한계는 존재한다. 수행된 연구들은 언제나 더 저렴한 비용에 더 적은 시간을 들이고 측정치를 찾기 쉬우면서 수행하기 쉬운 것들이다.

20 로시(1987).

21 만일 내가 경제학자들이 수행한 RCT에 관해서 한 가지를 바꿀 수만 있다면, 바로 이것이다. 즉, RCT가 수행되었던 보다 큰 배경이 상세하게 보고되어야 하며 예상되는 외적 타당도에 관해 명시적이고 철저한 토의가 있어야만 한다. '지역 문화, 역사, 지리, 기후 등에서 연관되는 측면은 무엇인가?', '실험에 참여한 협력 단체가 있었다면, 유사한 단체와 비교했을 때 그 단체의 고유한 강점과 약점은 무엇이었는가?', '사람들은 어떤 조건하에서 비슷한 결과를 기대할 수 있는가?' 등이다.

22 프라할라드(2004).

23 위와 동일 문헌 인용, p. 16.

24 위와 동일 문헌 인용, pp. 4-16.

25 위와 동일 문헌 인용, p. 4.

26 카나니(2007), p. 93, 표 1.

27 저비용 봉지 역시 결국에는 사업에 도움이 되지 않는 것으로 드러났다. 프라할라드의 책이 나온 이후, 비누뿐만 아니라 샴푸와 온갖 종류의 세제가 저비용 용기에 담겨 팔렸다. 이는 HLL과 프록터앤갬블 간에 가격 전쟁을 촉발시키면서 예를 들어 큰 병보다 작은 봉지에 담긴 샴푸가 용량당 가격이 더 싸지는 기이한 현상까지 일어났다. 일전에 HLL 경영진이 자신들은 시장 점유율을 확보했지만 절대 순익 측면에서는 손해라고 나에게 말한 적이 있다. HLL은 봉지 비즈니스에서 빠져나오고 싶어 했지만 그렇게 하는 방법을 알지 못했다. 실제로 '인도 봉지 가격 전쟁(India sachet price war)'이라고 온라인에서 검색하면 이 같은 사실이 담긴 기사를 볼 수 있다.

28 위와 동일 문헌 인용.

29 유누스(2007).

30 탐스(날짜 없음). 2014년 9월 기준으로 이 회사 웹사이트에 있던 정확한 표현은 '일대일: 당신이 제품을 구매하면 탐스는 어려운 사람을 돕게 됩니다'이었다.

31 유누스(2007).

32 반살(2012)과 버틀러(2014)는 탐스 슈즈에 관한 비판을 잘 요약하고 있다. 와이딕과 연구진들(2014)은 신발 기부를 통해 가정에서 신발을 더 적게 구매하게 되었는지 여부를 시험하기 위한 RCT를 수행했지만 결론에 이르지 못했다. 머피(2014a)는 비판의 맥락에서 그 결과를 해석했다.

33 오코너(2014).

34 루프와 바네르지(2014).

35 시민 참여나 집단행동을 촉진하기 위한 수단으로 소셜 미디어를 활용하는 사람 — 옮긴이주.

36 메리트와 연구진들(2010)은 도덕적 자기 허용에 관한 연구의 훌륭한 요점을 제공한다. 주목할 만한 사실은, 좋은 의도를 공개적으로 발언하기만 해도 자기 허용이 일어난다는 점이며, 이는 특히 선행을 하고 있다는 걸 공개적으로 알 수 있는 탐스 슈즈 및 기타 제품의 구매 행위과 관련 있다.

37 분명하게 말하지만 나는 자본주의에 반대하는 게 아니다. 자본주의는 놀라운 경제 원동력이며 개발도상국가들은 보다 많은 영리회사들로부터 혜택을 받을 수 있다. 그러나 자본주의 그 자체는 칼 마르크스에서 토머스 피케티(2014)에 이르는 많은 사람들이 언급해 왔듯이, 몇몇 사람들에게 부가 집중되고 있다. 따라서 협동조합이든, 노동조합이든, 누진과세든, 기본 욕구의 제공이든, 민간 자선이든, 아니면 이들과 다른 요소들의 조합이든 사회의 여러 영향력이 광범위하게 성장할 필요가 있다. 사회적 기업의 과대 선전은 시장 체제를 미화하여 겉으로 드러난 보상이 거의 없는 접근은 밀어내 버린다. 우리에게는 해방신학(liberation theology)에서 말한 '가난한 자들을 위한 편애(preferential option for the poor)'가 좀 더 필요하다(파머 2005, p. 139).

38 프란젠(2010), p. 439.

39 피셔(2012).

40 맥닐(2010).

41 UNESCO(2012). 그래도 아직 학교 밖에는 5000만 명 이상의 아이들이 있다.

42 국제적십자위원회(2014).

43 리처드 데이비슨은 감정에 관한 생리학적 토대를 찾는 감정신경과학 분야의 리더다. 두 가지 논문을 통해 전전두피질과 주관적이면서 긍정적인 기분 사이의 연관성을 논의한다.: 데이비슨(1992) 및 데이비슨과 연구진들(2000).

44 리처드 라야드(2005)의 책은 행복에 관한 현대 경제학자의 관점을 소개하며 읽기 쉽게 쓰인 최고의 책이다.

45 콥과 연구진들(1995).

46 센(2000), p. 14. 《자유로서의 발전(Development as Freedom)》에서는 사회·경제적 성장이 자유와 역량의 제공을 통해 이루어진다고 강력하게 주장한다. 그러나 궁극적으로 이 책의 철학은 명목뿐인 자유시장 민주주의를 제시하며, 개인의 책임에 관한 논의는 없다. 이 책의 2부는 '지혜로서의 발전(Development as Wisdom)'이라 불릴 수 있으며, 센에 대한 대응이다.

47 월 스트리트 저널(2009).

48 벤틀리(2012).

49 오바마(2013).

50 고대 그리스 신화에 등장하는 숲의 신으로 남자의 얼굴에 염소의 다리와 뿔을 가졌다 ― 옮긴이주.

51 이것에 관한 예로 페리(1990), pp. 183-184를 보라. 원래 이야기는 배짱이가 아니라 매미지만, 배짱이가 미국 사람들에게 더 친숙하기 때문에 이것을 사용했다.

52 에드 디너는 주관적 행복을 정의하고 측정하는 심리학적 시도를 상당 부분 이끌었다. 공동 저자로 지은 연구 중에 두 개는 알려진 내용을 훌륭하게 요약하여 제공한다. 디너와 연구진들(1999) 및 디너와 비스와스-디너(2008).

53 류보머스키(2007)는 긍정심리학 운동을 전형적으로 보여 주는데, 이것이 훌륭한 과학에 근거할지라도 행복한 삶을 위한 토대를 놓는 힘겨운 작업보다는 기분을 좋게 하는 속임수에 주로 집중하는 것처럼 보인다. 인정하건대 나는 나의 주장을 입증하기 위해 그녀의 책에서 필요한 것만 가져다 썼지만 가져다 쓰지 않은 것도 그다지 다르지는 않았다. 류보머스키의 책과 긍정심리학 그 자체에서는 최신 연구 조사로부터 도출된 간단한 교훈을 위해 중요한 미덕은 무시하는 경향이 있다. 예를 들어, '감사 표시'와 '친절한 행동 실천' 중에 후자가 훨씬 더 많이 개입된 것 같고 세상의 행복을 키워 갈 가능성이 더 높은 것 같지만, 류보머스키는 두 가지 모두 거의 동일하게 지면을 할당하고 있다.

54 긍정심리학에 대한 비판과 행복을 위한 섣부른 권고를 신랄하게 비판한 내용을 보려거든 바버라 에런라이크(2009)의 자료를 참조하라. 에런라이크는 자신이 유방암과 사투하며 알게 된 극도의 낙천적인 긍정심리학으로 자신의 분노를 기록해 두었다.

55 위키피디아(날짜 없음), "걱정하지 말고 행복해지세요(Don't Worry, Be Happy)", http://en.wikipedia.org/wiki/Don%27t_Worry,_Be_Happy.

56 나는 자신이 할 수 있는 것을 다 했음에도 세를 내지 못하는 사람들을 공감하지 못한다는 것도 아니고 빈곤의 구조적 원인을 부정하는 것도 아니다. 어떤 환경에서는 제대로 할 수 있는 것이 거의

없기도 하다. 내가 말하고 싶은 바는 행복에 이르는 길은 간단하지 않고 우리의 목표를 재조정하는 것으로는 불행의 원인을 해결할 수 없다는 점이다. 오히려 단기적 조치에 신경 쓰면 역효과가 일어날 수 있다.

57 다양하게 변형되는 이 인용문은 보통 알베르트 아인슈타인이 출처로 여겨지지만, 오툴(2010) 덕분에 진짜 출처가 사회학자인 윌리엄 브루스 카메론(1963), p. 13라는 것을 알 수 있었다.

58 한 나라의 경제 수준과 경제주체 간에 이루어진 거래 활동을 기록하는 국제기준 — 옮긴이주.

59 미국은 GDP를 측정할 수 있기 전에 주요 경제 대국으로 충분히 성장해 있었다. 1930년대, 경제학자인 사이먼 쿠즈네츠는 국민소득계정에 관한 체계를 처음으로 고안했다. 그 이후 GDP는 쿠즈네츠가 경고했던 방식대로 그 모습을 갖추어 왔다. 쿠즈네츠가 경고한 것과 그걸 고려하지 못한 것에 관한 자세한 설명은 로우(2008)의 자료에서 볼 수 있다.

60 피셔(1998)에서 인용함. 그러나 이 인용문의 출처는 일반적으로 피셔가 아니라 칭기즈 칸으로 알려져 있는 것 같다(오툴 2012).

61 기술 십계명은 기술에 정치적 배경을 갖고 있는 사람들에 의해 공유되고 있지만, 이들은 결정적으로 자유의지론자 성향을 보이고 있다. 조지 패커(2013)는 실리콘밸리의 자유의지론자 성향을 주목하고 있다. 그러나 정치와 사회 문제를 보완하기 위해 기술과 자유시장만 믿는 사람들은 생각해 볼 필요가 있다. 강력한 국가 없이 기술과 시장과 자유를 갖고 있다면 소말리아와 다를 바 없다.

62 도이치(2011)는 계몽주의의 중요한 역할에 대해 과학자의 주장이 정당함을 입증하고 있다.

63 계몽주 그 자체의 근원은 더 이전, 즉 구텐베르크의 인쇄기가 발명된 1500년대 중반부터 이어져 왔으며, 이는 적어도 이성의 시대보다 한 세기 전이었다. 식민지화는 유럽의 경제 발전에 공헌했는데, 이는 1400년대에 시작했다. 니스벳(1980)은 진보의 개념을 고대 그리스 문명까지 거슬러 올라간다. 그렇지만 오늘날 기술 십계명의 요소들은 계몽주의시대에 처음으로 구체적으로 표현되었다고 해도 과언이 아니며, 이것이 바로 니스벳(1980)이 언급한 많은 사람들이 주장하는 바다.

64 이 구절에 있는 데이터의 출처는 다음과 같다. GDP: 세계은행(2012a), 2006 세계 GDP 및 OECD 회원국 데이터. 기대수명: UN(2007), 미 상무부, 미 통계국(1949). 민주주의: 케치치(2007). 행복: 잉글하트와 연구진들(2008).

65 미 에너지 정보국(2014a); 이코노미스트(2014); 마켓라인(2014).

66 이 비율에 대한 추정치는 1차 자료를 추적하기 힘들며 비교 단위를 제공하는 출처도 거의 없다. 1인당 수치는 셰어와 모스(2012)의 자료가 출처다. 다이아몬드(2008)는 천연자원의 서른두 배 비율을 언급하고 있다. 유엔환경계획(2011)은 이 비율을 천연자원의 중량으로 열 배로 보고 있다. 얼마가 되었든 간에 선진국의 소비, 특히 미국의 소비는 개발도상국이 소비하는 것보다 훨씬 많다.

67 사르코지의 인용은 월 스트리트 저널(2009)이 출처다. 사르코지의 위원회에 관한 보도는 어치텔(2008)의 자료에서 볼 수 있다.

68 스티글리츠와 연구진들(2009).

2부

6장

1 1969년 인류 최초로 달에 착륙한 우주비행사 — 편집자주.

2 소여(1999).

3 스와미나단(2005).

4 힌두(2006).

5 준준왈라와 연구진들(2004).

6 이것에 관한 예로 베스트(2004)를 참조하라.

7 그 보고서는 비라라가반과 연구진들(2005) 또는 (2006) 자료였다.

8 텔레센터에 관한 자세한 내용은 쿠리얀과 토야마(2007)의 자료를 보라.

9 인터넷 카페는 보통 비디오게임을 즐기거나 성인물을 보는 젊은이들의 입맛을 맞추게 된다. 인터넷 카페가 비즈니스로서 잘 운영된다고 가정하면 카페를 통해 주로 혜택을 보는 사람은 기업가가 된다. 즉, 성공은 기술이 아니라 기업가의 역량에 좌우한다. 텔레센터 연구에 관한 포괄적인 이해를 위해서는 세이와 펠로우즈(2009)의 자료를 보라.

10 디지털 그린은 마이크로소프트 인도 연구소에서 우리가 지원했던 '디지털 스터디 홀'(날짜 없음)이라는 또 하나의 프로젝트를 바탕으로 만들어졌다.

11 간디와 연구진들(2009).

12 디지털 그린에 관한 다른 설명을 보려거든 본스타인(2014) 자료를 보라.

13 잭과 수리(2011), 음비티와 웨일(2011), 모러친스키와 피큰스(2009)는 모두 M-PESA로 인해 도시-농촌 송금 빈도가 더 높아졌다고 보고한다. 또한 음비티와 웨일(2011), 모러친스키와 피큰스(2009)는 총 송금액이 더 커졌다는 사실도 보여 주고 있다. 모러친스키(2011)의 박사 논문에서는 M-PESA의 부흥과 사용 패턴에 대해 심도 있게 다루고 있다.

14 이런 현상은 드물지 않게 나타난다. 나는 인도와 동아프리카 지역 몇 곳에 찾아갔었는데, 그곳의 지역사회는 의지에 상관없이 패키지 개입 실패를 많이 겪어서 또 다른 개입을 갖고 오는 외부인에게 냉소적이었다. 어떤 지역사회는 노골적으로 적대감을 표시했다. 이런 지역사회를 지원하는 데 헌신하고자 하는 사람들은 먼저 이전 개입으로 인한 지역사회의 피해를 처리해야 한다.

15 디지털 그린은 협력 단체인 농촌 재건과 적정기술을 위한 자발적 단체(Voluntary Association for Rural Reconstruction & Appropriate Technology)와의 연구에서 사람들 연 소득이 144달러에서 242달러로 평균 68퍼센트 상승했다고 밝혔다. 일부 가정에서는 소득이 두 배가 되었다.

16 기술 프로젝트는 처음부터 필요한 제도적 역량을 구축하는 것도 가능하다. 그라민 재단(2014)은 우간다의 지역사회 지식근로자(CKW, Community Knowledge Worker) 프로젝트에서 그렇게 했다. 이 프로젝트는 지역사회에서 지역 주민들이 CKW로 일할 수 있도록 그들을 훈련하는 프로그램

이었다.

17 람쿠마르(2008)의 자료에는 사회감사에 관한 사례 연구가 포함되어 있으며, 기존 MKSS 회원이 작성한 수행 시의 문제점도 포함되어 있다.

18 비라라가반(2013).

19 소년의 신원을 보호하기 위해 '빈센트'라는 가명을 사용했다.

20 게임화(Gamification)는 기술적 사고방식을 가진 사회운동가들 사이에서 대유행이지만, 사람이 자발적으로 교육적이거나 생산적으로 즐길 수 있는 게임을 고안하는 것이 엄청나게 어렵다는 것이 입증되고 있다. 문제의 본질은 일석이조가 쉽지 않다는 것이다. 교육 게임은 아무래도 재미만 추구하는 게임보다 어쩔 수 없이 덜 흥미롭다. 따라서 재미만 추구하는 게임이 흥행에 성공하는 것이다.

21 OECD(2014b), pp. 305, 382.

22 국제 수학 올림피아드(2014).

23 OECD(2011), p. 230; OECD(2013b), p. 174. '~번째로 열악한 교육 편차'라는 통계는 사회·경제적 지위에서 상위 95퍼센트 째 백분위와 하위 5퍼센트 째 백분위에 있는 학생들 간의 PISA 수학 점수 격차를 근거로 한 것이다.

24 던컨(2012).

25 나는 사회·경제적으로 혜택을 받지 못하는 10대를 위한 프로그래밍 수업을 반대하는 것이 아니다. 그런 프로그램에서 중요한 부분은 되도록 혜택이 적은 사람들에게 우선적으로 질 높은 자원을 할당하는 것이다. 따라서 태블릿을 다량으로 배포하는 것은 무의미한데, 이는 그 자체로 질 높은 교육이 아니기 때문이다. 그러나 가난한 가정의 아이들을 위한 방과 후 아동 미술 프로그램은 첨단 기술이 없더라도 좋은 교육이 될 것이다.

26 바르샤바(2006).

27 셔키(2014).

28 단순한 지식 습득보다는 학습자 스스로 학습 과정을 구성하고 어떻게 활용할 것인가에 초점을 맞추는 학습─옮긴이주.

29 빌튼(2014).

30 셔키(2014).

7장

1 라탄과 연구진들(2009). 이 같은 반응은 부분적으로는 진심 어려 보이기도 하지만 델과 연구진들(2012)에 따르면 패키지 개입의 수혜자들은 그것을 제공한 사람들이 듣기 좋아하는 말을 알아내는 데 능하다고 한다.

2 국제개발지역사회에서는 사람에게 오락을 제공하는 것이 가치가 있는지 없는지에 관해 논쟁이 계

속되고 있다. 그 예를 보기 위해서는 아로라와 랑가스와미(2014)의 자료를 보라. 확실한 것은 오락은 순간적으로 쾌락을 높여 주며, 일탈은 다른 점에서 보면 힘든 삶의 일시적인 처방일 수도 있다. 따라서 어쨌든 오락을 금지하거나 방해하는 건 좋지 않은 것 같다. 하지만 행복에 장기적인 도움이 되지 않는 목적을 위해 부족한 자원을 사용하는 것은 문제이며, 이는 사람들을 단순히 안정시켜서 받아들일 수 없는 상황을 쉽게 받아들이게 할 수 있다. 적어도 오락이 패키지 개입의 주요 목적이라면 지지자들은 그 목적을 이렇게 선언해야 하며 영향력이 약한 프로젝트를 위한 최후로 보루로 보아서는 안 된다.

3 이는 특별히 인도에 해당되는 내용인데, 인도에서는 하찮은 일과 아주 힘들지 않은 사무직 업무의 급여 차이가 쉽게 몇백에서 몇천 루피에 이른다.

4 라탄과 연구진들(2009).

5 드레슬러와 연구진들(2010).

6 바네르지와 연구진들(2011).

7 미트라와 아로라(2010).

8 '학습된 무력감'은 저명한 심리학자인 마틴 셀리그먼(Martin Seligman)이 처음으로 기술한 심리 현상이다. 셀리그먼과 스티븐 마이어(1967)는 개를 갖고 실험했는데, 실험에서는 개가 탈출할 수 없는 전기 충격에 계속 고통 받으면 대부분(전부는 아니지만) 전기 충격을 피하려는 행동을 포기한다는 사실을 발견했다. 주목할 만한 사실은 개에게 출구를 열어 줘도 학습된 무력감이 지속되었다는 점이다. 이와 상응하는 경향이 사람에게도 발견되었는데, 특히 특정한 우울증 사례에서 그랬다(셀리그먼 1975). 인류학자인 오스카 루이스(1961)는 멕시코와 미국 그리고 다른 국가의 가난한 지역사회에서 그런 특성을 관찰했는데, 루이스는 그런 이유가 가난해진 상태의 원인이자 결과인 사회 적응성(social adaptations)이었다고 믿었다. 미국에서는 '가난의 문화(culture of poverty)'라는 관념은 가난한 지역사회는 자신의 처지에 책임이 있다는 식으로 정치적으로 강요되었지만 루이스는 이를 다른 식으로 의미했다. 루이스는 선천적인 가난은 생존에 유용한 교훈을 가르친다고 보았다. 물론 그 교훈은 가난을 벗어나기 위한 최선의 방법은 아니었다. 예를 들어 농부가 농장에서 아무리 일해도 해충이나 열악한 날씨나 부패한 관료 등 다른 요소로 인해 자신의 수입에 영향을 받을 수 있다. 루이스는 '가난의 하위문화(subculture of poverty)는 기존 제도로 충족되지 않은 문제를 위한 지역적 해법의 시도로 볼 수 있으며, 가난의 문화는 기존의 사회질서에 반대하는 정치적 운동이 필요로 하는 것과 정반대의 특성과 잠재력을 갖고 있다'고 썼다. 이 이슈에 대한 훌륭한 비평은 스몰과 연구진들(2010) 자료에 있으며, 이 연구진들은 빈곤에서 문화의 역할에 관한 신중하고 세심한 연구는 가치 있다는 결론을 얻었다.

9 논란의 소지는 있지만, 종종 문화나 인성의 차이로 설명할 수 있는 집단 간의 차이는 의도의 범위가 다른 것으로 설명될 수 있다. 예를 들어, 삶이라는 더 큰 원에 대한 관심과 좋은 의도가 상관이 있다면 관심의 반경은 내면적 성장이다. 남성의 권리뿐만 아니라 여성의 권리를 존중하는 사회가 더 현명하지 않은가? 자기 자신만이 아니라 다른 집단이나 국가에 있는 사람들의 편익을 위하는 사회가 더 현명하지 않은가? 그리고 인간의 고통뿐만 아니라 동물의 고통에도 민감한 사회가 더 현명하지 않은가? 제레미 벤담(1789 [1907])이 언급했듯이 '생각할 수 있느냐', '말할 수 있느냐'가 아니라 '고통 받을 수 있느냐'가 중요하다.

10 부르디외(1979 [1984]). 사회학자인 피에르 부르디외(Pierre Bourdieu)의 문화 자본에 관한 담론은 일부는 설명이고 일부는 정치 비평이다. 부르디외의 주장의 핵심은 다양한 형태의 사회·문화 자본은 계층 장벽을 강화시키며 역사적 결정 요인인 교육과 다른 사회구조에 의해 전파된다는 것이다. 나는 여기서 비평 없이 그의 사상을 차용한다. 즉, 중산층의 문화 자본은 중산층의 삶을 원하는 사람에게 중요하다는 것이다. 사회학자인 아네트 라루(2011)가 유사한 주장을 했는데, 그녀는 여러 가정의 양육 방식을 조사한 바 있다. 라루가 발견한 것은 노동 계층 가족과 중산층 가족 간의 극명한 차이인데, 그녀는 이를 '차별적 지위의 전달(transmission of differential advantage)'이라고 불렀다. 즉, 잘사는 가족은 아이들에게 잘사는 습관을 되풀이하여 가르치며, 노동 계층 가족은 노동 계층의 습관을 가르친다. 라루는 부르디외를 인용하며 그의 사회 비평을 공유하지만, 문제는 계층의 장단점 모두 세대에 걸쳐 전파된다는데 있는 게 아니라 혜택을 덜 받는 아이들이 자신의 운명을 넘어설 수 있도록 돕는 사회 시스템을 갖추고 못했다는 데 있다.

11 캐롤 드웩(2007)은 선도적인 심리학자로서 자신의 연구를 통해 바꾸기 어려운 특성을 소중하게 생각하는 사고방식 위의 '성장 사고방식(growth mindset)'의 가치를 보여 준다. 드웩의 책 뒤표지에는 '모든 위대한 부모, 교사, 최고경영자, 선수들이 이미 알아야 하는 어떤 것'이라고 되어 있다. 안목이 있는 사람들은 이를 직감한다. 뮐러와 드웩(1998)은 능력을 칭찬하는 것보다 노력을 칭찬함으로써 (이는 성장 사고방식으로 이어질 수 있다) 아이 양육이 잘 이루어질 수 있는 방법에 대해 보여 준다.

12 이런 식의 차이는 선진국에서조차 다양한 수준의 성과로 이어질 수 있는데, 이는 부르디외(1979 [1984])가 강조한 바와 같이 사회계층 간의 장애물로 작용하기 때문이다. 예를 들어 상위 계층으로의 사회적 이동을 좀처럼 볼 수 없는 지역사회에서는 개인 주도성과 노력이 일관되게 인정받지 못한다. 오스카 루이스(1961)는 그들이 처한 힘든 삶에 기반을 둔 체념과 단념은 자신이 관찰한 가난한 지역사회의 특성 중 하나였다고 말한다. 콜맨와 연구진들(1966)은 미국 교육 현황을 보고하였는데, 여기서 연구진들은 사회적으로 혜택 받지 못한 환경에서 자란 아이들은 개인의 노력보다 운이 더 중요하다고 믿을 가능성이 더 높았다는 점을 발견했다. 이 보고서는 미국 공교육 현황에 관한 획기적인 보고서였으며, 특히 여러 인종 집단에 미치는 영향을 다루었다. 가장 흥미로운 사실 중 하나는 여러 인종 집단이 자신의 삶에 관한 통제감(sense of control)을 어떻게 느끼는가 하는 것이었다. '성공하기 위해 열심히 노력하는 것보다 행운이 더 중요하다'와 '훌륭한 교육을 받아도 적당한 직업을 구하는 게 매우 힘들 것이다'라는 말에 혜택 받지 못한 집단은 다수의 백인 중산층에 비해 동의할 가능성이 높았다. 또한 이 보고서는 이러한 차이들이 환경적 요소, 즉 양육과 교육이라는 점을 강력하게 암시했다. 다른 문화에서도 유사하게 행운에 관해 보고된 바 있다. 헨리치와 연구진들 (2004) 및 자키에라와 연구진들(2012)이 수행한 연구에서는 페루의 아마존과 케냐의 농촌과 같이 가난한 지역사회의 경우에도 행운에 주안점을 둔다는 것을 볼 수 있다. 물론 노력해도 보상이 따르지 않는다는 믿음 자체는 일반적으로 에너지를 보존하고 절망을 최소화하기 위한 생존 체제가 되기도 하지만, 현재 상태를 재차 긍정하는 자멸의 예언이나 마찬가지다.

13 아리스토텔레스에서 유래한 말로 필요한 결정을 내리고 시기적절하게 행동하는 실천적 지혜를 말한다 — 옮긴이주.

14 바르츠와 샤프(2010)가 정의한 바와 같이 '실용적 지혜(Practical wisdom)'는 내가 이 장에서 정의하고 있는 안목의 개념과 매우 유사하다.

15 개인에 관해서는 자기통제의 심리학(이는 집행기능, 자제력, 자기조절, 만족지연과 의지력처럼 다양

한 이름으로 연구되고 있다)뿐만 아니라 (아크라시아, 의지박약, 자멸적 행동과 심하게는 중독과 같은) 병적인 결근에 관한 많은 내용의 연구가 있다. 학술 전문가들은 보통 이들 용어 간에 미세한 차이점을 구별하지만 이 개념들은 밀접하게 연관되어 있다. 의지력이 최고라고 지지하는 사람 중에는 월터 미셸(Walter Mischel), 조지 애인슬리(George Ainslie), 로이 바우마이스터가 있다. 미셸은 '마시멜로 실험(marshmallow experiment)'으로 잘 알려져 있는데, 이 실험에서는 더 큰 보상을 위해 바로 앞에 있는 보상을 포기함으로써 만족을 지연시킨 어린 아이들이 그렇지 않았던 아이들보다 훗날 학교와 삶에서 성공한다는 사실을 보여 주었다. 쇼다와 연구진들(1990) 및 미셸과 쇼다(1995)의 자료를 보라. 바우마이스터와 연구진들은 자기통제를 통해 건강과 교육과 고용이 개선될 수 있다고 확신하며 더 나아가 성격특성(character trait)으로서 자기통제가 커지면 삶에 지속적으로 도움이 되는 것으로 보인다고 말한다. 이것에 관한 예로 탱그니와 연구진들(2004)의 자료를 참조하라. 또한 바우마이스터와 알귀스트(2009)는 자기통제의 경우, 더 많이 가져도 나쁠 게 없다는 측면에서 순전히 좋은 것이라고 주장한다. (예컨대 자기통제를 더 많이 가졌다는 것이 그것을 남용한다는 의미는 아니다.) 바우마이스터의 연구 결과에 관해 읽기 쉽도록 요약한 내용이 바우마이스터와 티어니(2011)의 자료에 있다. 애인슬리(2001)는 의지력 부족에 관한 어두운 면을 보았다. 그는 '과도한 가치 폄하(hyperbolic discounting)'를 제안한 것으로 유명한데, 이는 사람들이 미래에 비해 가까운 장래의 보상을 훨씬 더 선호하는 경향을 보인다는 것을 나타내는 모델로서, 미래 할인(time discounting)이라는 표준 경제 모델로 예상된다. 심리학자인 로이 바우마이스터는 자기통제에 관한 독창적인 연구를 통해 의지력이라는 개념에 현대 과학의 관심을 불어넣었다. 그리고 인간의 모든 의도적인 행동, 예를 들면 다이어트, 몰입, 격렬한 신체 운동, 정서 조절 등은 의지력이라는 동일한 생리적 저장소에 의지하며, 이는 혈류에 있는 포도당과 관련 있다고 하였다. 한편 연구 결과에서는 자기통제가 낮으면 '강박적 소비와 대출, 충동적 폭력, 학교에서의 학습 부진, 직장에서 일 미루기, 알코올 및 약물 남용, 건강하지 못한 다이어트, 운동 부족, 만성적 근심, 폭발적 분노'에 이른다고 말한다(바우마이스터와 티어니 2011). 바우마이스터는 '특성 자기통제(trait self-control)'과 '상태 자기통제(state self-control)'를 구분하고 있다. 만일 자기통제라는 수조가 있다면, 특성 자기통제는 수조의 총 용량이며 상태 자기통제는 특정 시점에 물이 얼마나 남았는지를 의미한다. 개인의 자기통제에서 우리는 특성 자기통제를 키우도록 노력해야 한다.

16 정서 지능은 다니엘 골먼(1995)에 의해 대중화된 개념이다. 정서 지능은 의도, 안목, 자기통제에 관한 것이라고 할 정도로 상당 부분이 내면적 성장과 중첩된다. 그러나 정서 지능에 관한 골먼의 개념은 내면적 성장에 반드시 필요한 것은 아닌, 감정적으로 공감하는 능력 같은 특성도 포함한다. 골먼이 강조하는 감정적 민감성(emotional sensitivity)을 가지지 않고 현명해지는 것은(어려울지 모르지만) 가능하다. 경제학자인 제임스 헤크먼(2012)이 '비인지적 특성(noncognitive traits)'이라는 용어를 사용한 것도 상당 부분 사리분별과 자기통제의 사상과 중첩되지만, 그의 정의에는 의도(intention)라는 요소가 빠져 있다.

17 내면적 성장은 사람이나 사회 내면에 존재하며 부분적인 통제를 받고 있다. 환경과 유전적 특성과 어쩌면 발생기구학의 특성이 생각과 의지를 형성하는 역할을 할 수 있다고 해도, 이들은 외적인 장점도 아니고 순전히 타고난 재능도 아니다. 얼마나 건강한가는 유전자와 큰 환경에 달려 있으며, 이들은 개인이 통제할 수 있는 게 아니다. 그러나 건강을 좋게 유지하려는 의도와 영양가 있는 음식을 선택하는 안목과 매일 산책을 하려는 자기통제는 통제할 수 있다.

18 오펜하이머(2003)와 토야마(2011) 모두 텔레비전이 교육에 미치는 효과는 형편없다고 강하게 주장

한다. 윌버 슈럼(1964)은 사회과학 분야 커뮤니케이션의 아버지로 여겨지는데, 1960년대에 국제 개발을 위해 TV에 높은 기대를 걸었던 내용을 설명하고 있다.

19 이것에 관한 예로 폴그런과 바자즈(2010)의 자료를 참조하라.

20 피터슨과 셀리그먼(2004)은 스물네 개의 성격적 장점을 식별한 참고서를 제시하는데, 이는 전 세계 문화에서 가치 있다고 판단한 여섯 개의 덕목, 즉 지식, 용기, 인간성, 정의, 절제, 초월성으로 압축될 수 있다. 아스만(1994), 타카하시와 오버튼(2005), 양(2001)은 지혜의 교차문화 이슈를 놓고 추가 논의를 제시한다.

21 이런 사람들의 두 가지 목록을 보고자 하면 폴허스와 연구진들(2002) 및 타카하시와 오버튼(2005)의 자료를 참조하라. 폴허스와 연구진들(2002)은 사람은 지혜와 지성과 창의성을 명확히 구분한다고 추가로 설명하고 있다.

22 나는 세 개의 기둥을 벡터 수학에서 '기본 벡터(basis vectors)'라고 부르는 것으로 생각한다. 의도와 안목과 자기통제는 도덕적 행동의 원인이라는 전체 벡터 공간에 걸쳐 있다. 어쨌거나 나는 의도와 안목과 자기통제를 생리학적 또는 심리학적 구성 요소에 부합하도록 의도하지 않았다. 이들은 사회 변화를 구성하는 대상을 둘러싼 철학적 개념이다. 예를 들어 훌륭한 안목은 스물세 개의 독립된 정신 기능의 복잡한 조합이며, 그중 일곱 개는 좋은 의도의 기저를 이룬다. 따라서 세 개의 기둥은 개념적으로 독립되었지만, 우리 뇌에서는 서로 연결되어 있다. 예를 들어 위대한 자기통제는 범죄 행위로부터 벗어나며 친사회적 행동으로 이끈다고 보는 많은 연구들이 있으며, 이는 곧 표현되는 의도 그 자체는 자기통제를 통해 바뀔 수 있음을 의미한다(예를 들면, 애인슬리 2001). 우리가 종종 현명한 이기심(enlightened self-interest)이라 부르는 것은 안목과 결합된 이기적인 의도일 수 있으며, 이는 사실상 덜 이기적인 의도가 된다.

23 물론 좋은 건강을 위해서는 유전자와 행운에서부터 적절한 의료 기술에 이르기까지 다른 요소들이 필요하지만, 이러한 것들은 대부분 개인의 통제 범위 밖에 있다. 또한 개인의 통제 범위라고 할지라도 의도와 안목과 자기통제로 해결해야 하는 영역에 놓일 것이다.

24 미 질병관리예방센터(US Centers for Disease Control and Prevention)가 의료 체계를 중요하게 보는 것에 대해 블로랜드와 연구진들(2012)의 자료를 참조하라. 2014년 에볼라 위기는 의료 체계에 관한 구체적인 실례였는데, 그 병은 이 책을 쓰는 기준 시점까지 알려진 치료법이 없었기 때문이었다. 그렇지만 아프리카와 미국에서 치료를 받았던 사람들의 사망률에서는 엄청난 차이가 있었다. 세계 보건 전문가인 폴 파머(Paul Farmer)는 우리가 해야 할 일을 아는 것과 실제로 한 일 사이에 '지식과 행동의 간극(know-do gap)'이 존재한다고 언급한다. 이 간극이 큰 것은 취약한 의료 체계 때문이다(아헨바흐 2014).

25 I-TECH(2011).

26 벤다비드와 바타차랴(2009).

27 왈렌스키와 쿠리츠케즈(2010).

28 미 질병관리예방센터(2008); 콜린드레스와 연구진들(2008).

29 미 질병관리예방센터(2008); 콜린드레스와 연구진들(2008).

30 나는 이 책에서 집단행동과 그것이 사회 변화에 중요한 역할을 한다는 점을 충분히 강조하지 못했다. 이는 부분적으로는 페이지 수의 한계 때문이기도 하고, 개인을 강조하지 않고 집단행동에 관한 이야기를 풀어 가기가 상당히 어렵기 때문이기도 하다. 그러나 내가 목격한 바로는 통일된 집단행동은 권력의 남용과 불균형을 해결하기 위한 유일하면서도 가장 효과적인 방법이다. 이러한 이유로 10장에서 프라단(Pradan)은 자립단체를 도와 지역 정치와 연계되도록 한다. 이집트 혁명은 그 어느 것보다 집단행동의 사례로 충분하다. 농민노조 및 협동조합은 농민 가정이 자체적으로 할 수 있는 것보다 효과적으로 회원들을 지원한다. 집단에 충분한 마음과 협조 의지가 없다면 효과적인 집단행동은 없다.

31 이 어구는 인도 헌법(2011) 16장 340조에 있는 내용이다.

32 샨티 바반의 자세한 설명은 조지(2004)의 자료에서 제공된다. 토머스 프리드먼(2005)은 《세계는 평평하다(The World Is Flat)》에서 샨티 바반에 관해 썼다. 프리드먼의 딸은 자원봉사자였다.

33 조지(2004)의 자료는 일부는 회고록이면서 일부는 사회 평론이다. 이 자료는 샨티 바반과 기타 제도와 프로그램을 구축하려고 조지가 했던 광범위한 활동, 즉 의료 센터, 납중독 반대 캠페인, 저널리즘 학교 등에 관한 일을 설명하고 있다.

34 사카로풀로스와 패트리노스(2004).

35 만델라(2003).

36 패트리노스(2008)의 자료로부터 인용한 내용에서 여러 인용문을 삭제했다. 사카로풀로스와 패트리노스(2004)의 자료를 보라.

37 교육을 묘책에 가깝다고 볼 수 있지만 꼭 그런 건 아니다. 효과적인 교육에 필수적인 인간성은 쉽게 반복할 수 있는 게 아니므로 훌륭한 교육 전체가 패키지 개입이 될 수는 없다. 교과서는 패키지 개입이고, 노트북컴퓨터도 패키지 개입이고, 학교 건물도 패키지 개입이고, 의무교육법도 패키지 개입이다. 그러나 훌륭한 교육 그 자체는 그렇지 않다. 소녀들의 교육 가치에 관한 감동적인 이야기를 보려거든 크리스토프와 우던(2009)의 자료를 보라.

38 교육의 가치를 의심하는 학자들이 있다. 어떤 이들은 교육과 국가 발전 간의 상관관계에 의구심을 보인다. 벤하비브와 스피겔(1994) 및 프리쳇(1996)은 몇 년 더 교육받는다 해서 국가 차원의 경제 발전과 상관있지는 않다고 주장한다. 그러나 그 이후의 연구들, 예를 들면 크뤼거와 린달(2001)의 자료에서는 벤하비브와 스피겔, 프리쳇이 연구한 자료에 의구심을 제기한다. 프리쳇 자신이 제시한 대로 학교 재적 학생 수가 반드시 훌륭한 교육을 의미하지 않는다. 명확하게 교육의 질이 중요한 것이지 아이들이 학교에 등록했는지 여부가 중요한 것이 아니다. 보다 현실적인 문제는 직업이 제한적인 환경에서는 교육 그 자체가 경제적 가치를 거의 갖지 못한다는 데 있다. 이에 관한 예로 바이드와 메타(2004), 데닌저와 오키디(2003), 크리슈나(2010), 스콧(2000)의 자료를 보라. 그러나 경제적 가치가 전부는 아니다. 교육은 사람들로 하여금 기회가 제한적인 시스템에 변화를 요구할 가능성을 높인다고 주장하는 사람도 있다. 프리드리히 엥겔스(1844 [1968]), p. 125는 '(생산수단을 소유한) 중산층의 경우 노동자들의 교육받는 것에 대해 희망이 아닌 두려움을 많이 갖고 있다'고 썼다. 프랑스와 미국 혁명은 군주제에 반대하는 전단지를 쓴 심오한 사상가들이 선동했다. 제목을 잘 지은 《독재자의 핸드북(Dictator's Handbook)》이라는 책에서는 비민주주의 국가에는 세계 최고 200대 대학으로 평가된 대학이 한 곳도 없다고 말한다(부에노 데 메스키타와 스미스 2011, p. 109). 저

자들은 '고등교육을 받은 사람들은 독재자에게 잠재적 위협이기 때문에 독재자는 반드시 교육 기회를 제한한다'고 덧붙인다.

39 운과 더불어 다른 요소들(예를 들면 역량, 노력, 인성)이 다양한 목표에 어떻게 기여하는지에 관해 이따금씩 논쟁이 있다[이에 관한 예로 프랭크(2012) 자료를 보라]. 그러나 이러한 질문이 학문적인 가치를 가질지는 모르지만 실용적인 행동을 위한 정밀한 측정은 중요하지 않다. 사실상 어떤 것에 관해서 실제로 잘못되거나 과장된 것을 믿는다고 해도(혹은 믿는 대로 행동하더라도) 좋은 결과가 나올 수 있다. 예를 들면, 낙관주의자는 온화한 비관주의자보다 덜 현실적이지만 성공을 위해 위험을 감수할 가능성이 높고 행복할 가능성이 높다(셀리그먼 2006). 이는 운과는 반대로 발생하는 특성을 모두 통제할 수 있는 경우에 그렇다. 예를 들어 출세한 사람들 대다수는 자신의 운명을 결정하는 것이 얼마나 중요한지를 강조하며 운에 기대지 않는다. 이를 통해 입증하는 바는 세상을 바라보는 그들의 모델이 정확하다는 게 아니라, 맞든 틀리든 자신이 믿는 대로 행동할 때 성공이 따를 가능성이 더 높다는 것이다. 즉, 모든 것은 자신에게 달려 있다.

40 콜맨(1966). 콜맨 보고서는 노력과 운의 차이가 인종에 따라 영향을 미치는 것으로 밝혔기 때문에 발표되었을 당시에는 논란의 소지가 있었으나, 1960년대 미국의 인종과 사회·경제적 수준 간에 강한 상관관계가 있었던 것을 감안하면 놀라운 일은 아니었다. 보수주의자들은 흑인의 문화가 좋지 않다는 증거라며 그 보고서를 이용했고, 자유주의자들은 '피해자에게 책임을 전가하는 것'이라는 주장으로 반응했다. 그때 이후로 계속해서 미국 사회는 문화와 개인의 미덕에 관한 지적인 대화를 나눌 수 없었다. 나는 8장과 9장에서 이 이슈를 다루고 있다.

41 이에 관한 예로 파라과이 재단의 농업자활학교(Agricultural Self-Sufficient School)(날짜 없음) 자료를 보라. 또한 제도권 교육을 널리 보급하기에 앞서 도제는 지식과 지혜를 전수하는 보편적인 방법이었다(데 뭉크와 연구진들 2007).

42 이는 일본 교육을 약간 일반화한 것이다. 여기도 다른 국가의 교육 시스템처럼 장단점이 있다. 예를 들어 1990년대 잘못 주도된 유토리 대안학교(편안한 교육) 정책의 결과로 일본 학생들의 학업성취도는 한동안 떨어졌다(브레이저 2001). 이전의 상태로 돌아가고자 하는 노력은 최근에 시작되었다(카토 2009). 한편 학생들이 자기 스스로 수학적인 알고리즘을 생각하고 발견하도록 노력하는 것처럼, 학생들이 가르치는 방법을 개선하기 위한 활동이 지속적으로 이루어지고 있다(그린 2014). 그렇지만 대체로 일본의 기초 교육은 대부분 기계적인 암기이며, 이는 특히 내가 미국 학교에서 경험했던 바와는 대조된다.

43 팔과 연구진들(2009).

44 플루타르크(1992), p. 50. 오툴(2013)에게 감사한다.

45 프라할라드(2004), p. 16.

46 학생당 정부 지출에 관한 자료는 세계은행(2012c)로부터 인용한 것이다. 이 수치는 계상 방법에 따라 다르지만 250달러라는 수치는 보수적인 상한선이다. 2011년의 경우, 이용 가능하거나 추정한 수치를 이용하면 1인당 GDP는 1489달러였다. 지난 10년간과 자료를 이용할 수 있는 최근 몇 년간을 놓고 볼 때, 1인당 GDP의 비율에 대한 학생당 교육 비용 지출은 2003년에 가장 높았으며, 이 당시 인도는 초등학교 학생당 11퍼센트와 중등학교 학생당 21퍼센트를 지출했다. 이는 학생당 약 226달러에 이른다. 그렇지만 초등학교 재적율은 116퍼센트(학교에 입학할 나이대를 넘어선 아이들 때문

이다)에 이르고 중등학교 재적율은 63퍼센트에 이르지만 여전히 학교에 가지 못하는 학령아동들이 4500만 명이나 있다. 따라서 학령아동당 정부 지출은 192달러에 더 근접한다. 한편 전체 교육을 위한 정부 예산 470억 달러를 학령인구(3억500만 명)로 나누면 학생당 겨우 154달러가 되며, 이는 3차 교육 예산까지 포함하여 반영한 수치다.

47 샨티 바반에는 가족당 한 명의 아이만 입학을 받는 정책이 있다. 일부 서양인은 이를 보고 불공평하다고 생각할 수도 있지만, 가족이 한 명의 아이에게 투자하는 인도 농촌의 문화와 잘 일치한다. 사실 대부분의 인도 사람들은 샨티 바반에 입학할 기회가 가족당 한 아이 이상으로 주어진다면 덜 공정하다고 생각할 것이다. 혜택을 받을 가족이 많은데, 왜 한 가족만 그렇게 많은 기회를 받는가 하고 말이다.

48 나는 가난하고 교육받지 못한 지역사회에서의 아동 성적 학대 이야기를 많이 들었다. 이는 가족이 함께 자는 문화에서부터 학대에 취약한 사회규범에 이르기까지 복잡한 이유가 있는 것 같다. 그렇지만 이런 문제는 해당 지역사회 외부에서는 거의 눈에 띄지 않으며, 이 현상에 관련된 문서도 놀라울 정도로 거의 없고 논문이나 대중 저널리즘도 없다. 예외적으로 아동보호개혁을 위한 국가연합(National Coalition for Child Protection Reform)(2003)은 미국 내 상황을 다루고 있으며, 아동 학대 및 방임 방지 대책(Resources Aimed at the Prevention of Child Abuse and Neglect)(1997)은 남아프리카를 다루고 있다.

49 경제학자인 롭 젠슨(2012)이 북인도에서 한 실험을 통해 이와 유사한 효과가 입증되었다. 인도 농촌 마을의 경우, 일부 여성들이 상대적으로 돈을 많이 버는 아웃소싱 산업에서 일하는 여자를 보면 '이 시기에 아이를 가질 가능성이 낮고 대신 일을 하거나 공부하거나 졸업 후 직업훈련을 받을 것이다'라고 생각한다고 한다.

50 아우아(2012).

51 실제로 매년 10퍼센트의 성장률을 고려하면 36년 4개월이 걸리며, 9퍼센트 성장률이라면 41년 이상이 걸릴 것이다. 2014년 단일 가정의 빈곤율은 1만1670달러였다(미 보건사회복지부 2014).

8장

1 샌드버그(2014), pp. 296-297.

2 작은 변화들이 쌓여 있다가 어느 작은 변화 하나만 더 일어나도 엄청난 영향을 초래할 수 있는 상태—편집자주.

3 경제학자들은 그중에 행동과학자를 들먹이며 그 분야에서는 돈이 전부가 아님을 알고 있다고 주장할 것이다. 그러나 이 주장에 대해 행동과학자가 선호하는 근거는 독재자 게임이다. 여기서 한 사람이 두 참가자를 위해 판돈을 할당한다. 가장 흔한 독재자 게임의 형태로는 한 참가자(독재자)에게 약간의 현금이 주어진다. 예를 들어 10달러라고 하자. 그리고 다른 참가자에게 자신이 원하는 방식대로 돈을 나누어 주어야 한다. [이에 관한 예로는 캐머러와 탈러(1995)의 자료를 보라.] 다양한 배경에서 많은 실험을 통해 주류경제학자들의 입이 떡 벌어지도록 놀라운 사실을 발견했는데, 바로 독재자의 역할을 가진 사람은 주로 다른 참가자에게 일정 금액을 주려고 했다는 것이다(헨리치와 연구진들 2004). 이 같은 사실은 경제학의 표준적인 '합리적 작용제(rational agent)' 모델을 뒤집는

것인데, 합리적 작용제 모델에서는 사람들은 순전히 이기심에 따르기 때문에 전체 판돈을 자신이 가질 것이라고 추정한다.

4 옥스퍼드영어사전(2013).

5 샘플 조사는 시장연구조사기업인 시노베이트가 수행했다. 나탈리아 로드리게스 베가(Nathalia Rodriguez Vega)가 자료를 분석하는 데 도움을 주었다. 해당 조사의 질문은 정확히 다음과 같았다. '당신이 어느 정도 통제할 수 있다고 생각하는 것 중에 향후 5년에 걸쳐 당신 또는 당신의 삶에서 가장 바꾸고 싶은 것은 무엇입니까?' 사람들은 훌륭하지 못한 자신의 열망을 언급하지 않을 가능성이 있지만, 만일 그렇다면 그 응답을 통해 사람들이 어떤 게 훌륭한 열망인지 알고 있음을 파악할 수 있다. [즉, 심리학자들이 '사회적 선망 편향(social desirability bias)'으로 부르는 것을 응답자가 갖고 있어도, 응답은 진실을 나타낸다는 말이다.] 심지어 갱단과 마피아와 독재자에게 유사한 질문을 했을 때에도 목적을 이루려는 수단은 사악할지 모르지만, 일반적으로 좋은 의도가 보였다. 이에 관한 예로는 벤카테시(2008)의 자료를 보라.

6 직원의 전직을 막기 위한 고액의 돈이나 다른 혜택 — 옮긴이주.

7 데시와 리안(1991).

8 이 결과에 대한 개요를 보려거든 셸던과 하우저-마르코(2001) 및 셸던과 엘리엇(1999)의 자료를 보라. 셸던과 엘리엇은 사람들이 내면적으로 동기 부여되는 목표에 보다 잘 버틴다는 사실도 발견하였다. 또한 뒤이어 내면적으로 동기 부여되는 목표로부터 위대한 결과가 나타난다는 연구 결과가 셸던과 캐서(1998)의 자료에 있다.

9 이러한 과정은 셸던과 엘리엇(1999)에 의해 확인되었다. 즉, 일정 시간 동안 자신의 목표를 향해 나아간 사람들은 그동안 능력과 자율성과 연관성에 관한 행동에 기반을 둔 경험을 축적하였으며, 자신의 목표가 자체적으로 조화를 이룰 때 더 많이 축적하였다.

10 리처드 노티(1993)는 처음으로 자원의 저주(resource curse, 편집자주 — 한 국가가 자원이 풍부할수록 경제성장이 둔해지는 현상)라는 것을 알아내고 이름 붙였다. 제프리 삭스와 앤드류 워너(1999)는 자원의 저주를 경제성장 지체와 연관 지었다.

11 자원에 의존해 급격한 성장을 이룩한 국가가 이후 물가 및 환율 상승으로 제조업이 경쟁력을 잃고 경제가 위기에 처하는 현상. '자원의 저주'라고 불리기도 한다 — 옮긴이주.

12 '네덜란드병'은 이코노미스트(1977)가 이렇게 명명했다. '네덜란드병(Dutch Disease)'에 관한 위키피디아 자료 참조(날짜 없음), http://en.wikipedia.org/wiki/Dutch_disease.

13 얼링 라센(2004)은 노르웨이가 국제 원조에 경탄할 만한 기부를 하고 있다는 사실이 많은 곳에서 입증되고 있다고 밝힌다. 레프킨(2008)은 노르웨이가 경기 침체기에 원조 기부금을 어떻게 늘렸는지 언급하고 있다.

14 아기아레(2014).

15 나는 2002년 아셰시대학교에서 수학을 가르칠 때 아우아를 만났으며 그 이후 우리는 대학교육, 가나, 개발에 관해 많은 토론을 했다. 이 책 전반에 걸쳐 있는 아우아와 아셰시대학교에 관한 이야기는 수년 동안 우리가 나눈 대화와 아셰시대학교의 창립 부총장인 니나 마리니를 포함해 다른 아셰

시 회원들로부터 들은 이야기에 기초했다. 아우아와 아셰시에 관한 더 많은 이야기들은 다음 자료에서 볼 수 있다. 이스털리(2006), pp. 306-307; 두들리(2009); 란카라니(2011).

16 코렐리(1905), p. 31에서 처음 나온 것으로 보이는 이 인용문은 괴테의 말을 정말 허술하게 번역해 놓았다. 리(1998)는 이를 보다 충분하게 설명하고 있다.

17 이스털리(2006), pp. 306-307의 자료를 보라. 아우아는 자신의 연구로 많은 상을 받았다. 2004년 스와스모어대학교로부터 명예박사 학위를 포함하여, 2009년에는 존 P. 맥널티 상(john P. McNulty Prize)을 받았으며, 마이크로소프트 동문회로부터 인티그럴 펠로우 상(Integral Fellow Award)을 수상했다.

18 자주 인용되는 이 연구 결과는 아이센과 레빈(1972)까지 거슬러 올라가며 많은 사람 중 슈바르츠와 스트랙(1999)이 대중화시켰다. 내가 이 선구적인 연구를 언급하는 이유는 이 결론이 틀리거나 중요하지 않다는 게 아니라 외부 환경이 단기 효과에 영향을 미치는 점을 강조한 유명한 사례이기 때문이다. 이런 유일한 연구 자체가 문제가 되는 건 아니다. 문제는 그런 연구들은 서서히 변하는 내적 특성에 관한 연구보다 (수행하기 쉽고 비용이 적게 들기 때문에) 점점 우선시되고 정책에 불균형하게 영향을 미친다는 것이다.

19 행동경제학의 '부드러운 유도(nudge)'에 관한 기본적인 설명을 보려거든 탈러와 선스타인(2008)의 자료를 보라. 그들은 이 용어를 대중화시켰다. 그들의 자유주의적 온정주의(libertarian paternalism)에 관한 사상은 가장 부드러운 조작이라는 개념 사이에 있으며, 이런 사상 대부분은 의심할 여지없이 적용할 만한 가치가 있다. 그러나 이것이 우리 자신에게 요구하려고 하는 전부인가? 부드럽게 유도하는 것 이상으로 나아갈 수는 없는가?

20 인성 발달에 관해 심리학자가 지닌 개념은 특히 내가 미국 이외의 국가에서 일부 사회 변화를 통해 겪었던 '인성 발달'과는 다르다. 심리학적 인성 발달은 인간이라는 존재가 자신의 삶 전체를 통해 수많은 심리학적 요인을 거치며 어떻게 성숙해져 가는지에 관심을 보인다. 인도의 발달 주기에서 '인성 발달'은 의사소통 능력 등의 발달과 함께 교육과 중산층 신분에 관한 외부로의 표출에 관한 것이다. 두 가지 정의가 중첩되지만 후자는 전자에 비해 다소 표면적인 발달을 암시한다. 인도에서는 '인성 발달'을 위한 3개월 과정(이 과정은 공식적인 목표에는 성공한다)이 있지만, 3개월 과정으로 인성 발달이 완성된다고 보는 심리학자는 거의 없다.

21 프로이트(1962)는 심리 성적 이론(psychosexual theory)을 제안했는데, 이는 아이가 구강기, 항문기, 남근기, 잠재기, 성기기의 발달 단계를 거치며, 리비도(libido, 옮긴이주 — 성의 본능)의 원초아(id), 자기방어적인 자아(ego), 신뢰할 수 있는 초자아(superego)의 성격 구조가 형성된다. 에릭 에릭슨(1950)의 심리 사회 이론은 일련의 8단계의 위기를 그려 내고 있으며, 이에 대한 해법으로 희망, 의지, 목적, 유능함, 충실성, 사랑, 배려, 지혜가 있다. 장 피아제는 논리적 사고와 과학적 능력에 관한 발달 단계를 연구했다(피아제와 인헬더 1958). 로렌스 콜버그는 도덕 발달 단계를 연구하기 위해 피아제로부터 영감을 받았다(콜버그와 연구진들 1983).

22 나는 그런 변화가 모두 긍정적인 방향을 향한다고 주장하는 건 아니다. 때때로 칭송받을 만한 업적을 남긴 사람이 내면적 성장에서 후퇴하는 결정을 내리기도 한다. 유명한 예로는 버나드 매도프가 있는데, 그의 헤지펀드 피라미드 체계는 자신의 투자자들을 속여서 수십억 달러를 가로챘다. 그렇지만 여기서 내가 주장하는 바는 앞을 향해 가는 성장과 성숙이 색다른 일은 아니라는 것이다. 사

람의 본성이 변하지 않고 경제적인 것에만 집중되어 있다고 믿는 사람과는 달리, 개인 수준에서 사람의 긍정적인 변화는 흔하면서면서도 일반적으로 돈에 관한 것이 아니다.

23 이에 관한 예로 해그불룸과 연구진들(2002)의 자료를 보라. 매슬로는 심리학 개론 교과서에서 가장 많이 언급되는 심리학자로 14위에 올라 있으며, 다른 심리학자가 가장 많이 존경하는 심리학자로 19위, 최종 분석에서 가장 저명한 것으로 10위, 가장 자주 언급되는 것으로 37위에 올라 있다.

24 모방을 통해 전해지는 것으로 여겨지는 문화적 요소 ─ 옮긴이주.

25 매슬로(1954 [1987]), p. 22.

26 매슬로(1943), p. 375, 매슬로(1954 [1987]), p. 17에서 다시 언급되었다.

27 매슬로(1943), pp. 388 - 389, 매슬로(1954 [1987]), p. 28에서 다시 언급되었다.

28 매슬로의 욕구 단계에 관한 실증적 연구에서는 상반된 결과를 보여 준다. 어떤 연구에서는 매슬로 이론의 특정 측면을 비난하는 반면, 다른 연구에서는 지지한다. 대체로 매슬로의 통찰력에 강력한 반증은 아직 없는 상태다. 매슬로에 관해 가장 많이 언급되는 비평은 와바와 브리드웰(1976)이 했는데, 그 비평에서는 조직 행동 욕구 단계의 증거에 관한 연구를 요약한다. 그러나 이들은 매슬로를 빈약한 허수아비로 만들어 놓고 이 절에서 설명한 대로 내용을 잘못 해석하고 있다. 네어(1991), 로완(1998), 콜트코-리베라(2006)는 보다 타당한 이유를 가진 일련의 비평과 함께 다른 평론에 대한 연관성을 제시한다. 매슬로(1996) 자신은 본인의 연구를 놓고 성찰하는 시간을 자주 가졌다. 심리학자인 에드워드 데시와 리처드 리안(1985)은 단계나 순서 없이 세 가지의 균등한 욕구, 역량, 자율성, 관계성을 주장하지만, 이들은 생존과 초월성 같은 인간 경험에 관한 보다 큰 욕구를 생략하고 있다.

29 매슬로 이론에 관해 가장 흔한 비평은 악을 설명하지 못한다는 것이다. 나는 결코 포괄적인 해답을 제시하지는 못하지만 매슬로의 체계에서 나쁜 행동을 설명하는 한 가지 방법은 사람들이 개인의 무능함, 외부 조건, 비현실적인 기대 등으로 인해 자신의 욕구나 열망을 달성하기 어렵다는 걸 알게될 때, 범죄적이고 비윤리적이며 잔인한 방식으로 행동을 취한다는 것이다. 따라서 생존에 어려움을 느끼면 어떤 사람들은 사납게 변한다. 성취와 존중감이 따르지 않게 될 때 어떤 사람들은 기만하려고 한다. 진실한 자아실현이 부정되면 어떤 사람들은 쾌락주의에 빠지게 된다.

30 홉스테이더(1984)는 자아실현이 인간의 최고 성취 단계라는 내용을 오해해서 나온 비평들은 전혀 의미 없다고 본다.

31 매슬로(1965), p. 45는 '(다른 사람들로부터의) 존중을 바라는 욕구와 자아존중에 대한 욕구 간의 차이점은 밝혀져야만 한다. 진정한 자아존중은 존엄성과 더불어, 자신의 삶을 통제하고, 스스로의 주인이 된다는 생각에 달려 있다'고 썼다. 로완(1998)은 욕구 단계를 두 단계로 분할해야 한다고 주장하며, 나는 이 부분에서 로완의 생각에 동의한다. 존중감은 성취나 숙달과는 다르며, 보다 본질적인 욕구를 앞서는 것처럼 보이는데, 이는 왜 그렇게 많은 사람들이 리얼 TV(reality TV, 옮긴이주 ─ 배우가 아닌 사람들의 실생활을 담은 TV 오락 프로)를 통해 유명해지기를 바라는가에 대한 설명이 될지도 모른다.

32 해당 인용문은 매슬로(1996), p. 31로부터 발췌한 내용이다. 콜트코-리베라(2006)는 매슬로가 특히 말년에 자기초월을 별도의 단계로 고려했다는 점을 조심스럽게 주장한다. 자아실현과 자기초월 간 분리에 관한 발단은 이미 매슬로(1961)의 자료에 명확하게 나와 있다. 그렇지만 매슬로는 호프먼

(1996)이 수집한 매슬로의 미발표 논문에서 명확하게 보여 주듯이 자기초월이 그 자체로 별도의 범주인지를 놓고 계속 고민했다. 매슬로는 신비적인 체험과 초월에 관해 자주 썼지만, 자기초월이라는 용어를 좀처럼 사용하진 않았다. 매슬로(1968), p. vi 자료에는 몇 번 나오긴 하는데, 자아실현의 관점에서 사용한 것이다.

33 이 비평에 관한 한 가지 예로 사회학자인 토니 왓슨(2008), p35이 있는데, 그는 자신이 먹는 것에 앞서 사회 및 존중의 욕구를 충족시키고 있으며, 군대에 있는 사촌은 안전에 앞서 명예를 충족시킨다고 기록하고 있다. 그러난 이런 경우는 실제로 매슬로의 진보된 발달(매슬로가 '내면적 학습' 또는 '성격 학습'으로 부르는) 사례이며, 여기서는 주로 높은 수준을 열망하며 일하는 사람들은 더 낮은 수준에서 부족함을 참고 견디려고 한다. 이는 마치 많은 사람들이 일의 압박으로 인해 점심을 거르는 것과 마찬가지다.

34 매슬로(1943), p. 375, 매슬로(1954 [1987]), p. 18에서 다시 언급되었다.

35 매슬로 자신은 매슬로(1954 [1987])와 매슬로(1971)에서 '열망'이라는 단어를 딱 두 번 사용했다.

36 매슬로(1954 [1987]), p. 35.

37 로버트 라이트(2000)가 자신의 책《넌제로(Nonzero)》에서 보여 준 포지티브섬(positive-sum) 수익에 관한 개념이 한 예다. 심리학자인 데이비드 C. 맥클리랜드(1961)는 반세기 전 이와 유사한 주장을 했다.

38 심리학자인 장 트웬지(2006)는《제너레이션 미(Generation Me)》에서 1970~1990년대 태어난 사람들의 경향을 결부시켜 설명한다. 트웬지는 이 세대는 자아도취하면서 스스로에게 관심을 갖지만 편견이 더 적고, 높은 자신감을 보인다는 점을 발견한다. 이렇게 명백하게 상충하는 특성들은 자아실현에 집중하는 것과 일맥상통하는데, 이는 이기심의 극치임과 동시에 이기적인 목표를 달성하기 위한 최고의 훌륭한 판단이다. 한편, 자아실현은 정체할 가능성이 있으며, 이는 논란의 여지는 있지만 어쩌면 기득권 사회가 직면할 위험이다. 그러므로 자기초월을 인간 성장에 있어서 더 발전된 단계로 인정하는 것은 중요하다고 할 수 있다.

39 사람이 매슬로의 욕구 단계 각각의 수준을 언제 무시할 수 있을지는 어려운 문제다. 현재 심리학에서 이에 대해 쉽게 답해 줄 수 없기 때문이다. 예를 들어 부의 축적은 생존, 안전, 존중, 자아실현 욕구를 다방면으로 충족시킬 수 있기에 부의 축적에 성공하면 일반적으로 자기초월을 향해 간다. 그러나 그런 변화를 일으키는 부의 절대적 수준은 존재하지 않는다. 일부 억만장자들은 자신의 제국을 확장하는 데 빠져 있는 것처럼 보이며, 반면에 매우 평범한 재산을 가진 사람이 자기초월적인 활동만 좋아하는 것처럼 보인다. 많은 부분이 가정교육에 달린 것 같다. 성향은 인성에 대한 다른 많은 측면과 마찬가지로 어른으로 성장하면서 굳어진다.

40 듀티에와 엘리스(2013).

41 베일즈(2002).

42 생존에 관련된 시급한 문제들은 가난한 지역사회와 함께 시간을 보내면 명확해진다. 부(2012), 콜린스와 연구진들(2009), 나라얀과 연구진들(2000)은 이러한 생존 본능을 생생하게 설명해 주고 있다.

43 버터필드와 연구진들(1975), p. 260. 존 애덤스와 그의 아내 아비게일 애덤스는 떨어져 있는 동안 계

속해서 서신을 주고받았다. 존은 1780년 5월 12일자 편지에서 파리와 베르사유의 잘 가꾸어진 정원들을 보고 놀라움과 부러움을 금치 못한다. 그는 프랑스의 예술과 건축양식에 감탄했지만, 행정학 공부에 대한 의무감으로 자세히 파고들지 못한다. 어떤 이는 애덤스의 역할을 감안할 때, 그를 사로잡은 것이 엄격히 말해서 의무감인지 아니면 심오한 개인의 열망인지 의아해한다.

44 나는 직업을 바꾸는 것이 전진을 위한 필수 조건임을 말하는 게 아니다. 내가 아기아레와 아우아를 모범 사례로 강조하는 이유는 이들의 내면적 성장은 가시적인 이정표로 쓸 수 있기 때문이다. 그러나 이정표는 단순히 표시인 것이지 변화의 원인이나 필연적 결과는 아니다. 동일한 업무를 하더라도 극적인 열망의 변화를 경험할 수 있다. 내면적 성장을 주장하기 어려운 한 가지 이유는 너무나 많은 효과들이 눈에 띄지 않는다는 점이며 유형의 지표로 나타낼 수 없어 점점 무시되는 경향이 있기 때문이다.

45 나는 경제학이라는 지배적 패러다임에 관해서만 이렇게 주장한다. 경제학은 광범위한 분야이기 때문에 기호의 변화를 연구하는 UC버클리의 매튜 라빈(Matthew Rabin) 같은 학자도 있지만 그 수는 매우 적으며, 내가 아는 한 심리적 성숙의 결과로 사람의 기호가 바뀌는 것에 대한 체계적인 방법을 연구하는 경제학자는 한 명도 없다. 경제학자들은 자연과학의 정확성을 기하기 위해 측정 가능한 변수에 기반을 둔다. 이론상 그 어떤 것도 수학적 모델의 복잡성을 제한하지 않지만, 사실상 자료가 부족한 실제 상황과 다루기 까다로운 수학, 그리고 물리학을 부러워하는 경향(physics-envy) 때문에 지나치게 간소해지는 경향이 있다.

46 샌델(2012), p. 85은 자료에서 경제학 사상의 중심에 인센티브를 배치한 현대 경제학자들을 집계하고 있다. '경제학은 본질적으로 인센티브를 연구하는 학문이다'(레빗과 더브너 2006, p. 16). '사람들은 인센티브에 반응한다'(맨큐 2004, p. 4). 내용 전개 과정에서 맨큐의 주장에 윌리엄 이스털리(2001)의 말이 다시 언급된다.

47 예외적인 사람 한 명이 있는데, 바로 노벨상 수상자인 제임스 헤크먼(James Heckman)이다. 헤크먼은 초기 유아 교육을 투자라는 경제학 모델에 적용하기 위해 신경과학과 심리학을 대략 꿰맞추었다. 이에 관한 예로는 헤크먼(2012)의 자료를 보라.

48 인류학자들은 비평가[예를 들면 기어츠(1984)]들이 제시한 문화상대주의에 관한 허수아비(straw-man, 옮긴이주 ― 상대방의 주장을 허수아비처럼 쉽게 무너지기 쉬운 주장으로 제멋대로 바꾸어 놓고 상대방을 공격하는 것) 해석과 거리를 두려고 애쓴다. 나는 이 구절에서 과잉일반화에 대해 사과하겠다. 개발에 대한 인류학자들의 관계를 보다 미묘하게 다룬 내용은 루이스(2005)의 자료에 있다. 그러나 나의 경험상, 질적 측면의 연구자들은 대부분 사회적 진보라는 발상과 어떤 문화가 특히 도덕적으로 다른 문화보다 우세하다고 보는 사상 자체를 혐오한다. 나는 민족중심주의와 문화제국주의에 반감을 느끼는 것에는 찬성하지만, 만일 진보가 금기시된다면 진보를 위한 최선의 방법을 논의하는 건 불가능하다. 예를 들어 아동 인신매매가 이루어지던 문화에서 그것이 철폐된다면 도덕적으로나 문화적으로 발전했다고 보는 게 명확하다. 난제는 진보가 존재할 수 있는지 여부가 아니라, 문화의 어떤 측면을 보고 (기호나 전통이라는 비도덕적 차이와는 달리) 도덕적 진보의 개념을 인정하는가와 제왕처럼 자신의 사상을 강요하지 않고 도덕적 진보와 문화를 어떻게 연계시킬 수 있는가이다.

49 경제학자와 인류학자들 모두 개인의 행위나 자유의지를 믿는다고 강력히 주장한다. 즉, 행위자는 외부 환경에 이성적 또는 지성적으로 반응할 것이며, 이는 다시 다양한 내적 상태가 아닌 다양한

외부 조건에 대한 다양한 결과라는 명분을 밀어붙인다. 다른 사회과학에 유사한 논쟁이 있다. 심리학에는 개인-상황(person- situation) 논쟁이 있는데, 이는 내적 인성을 행동의 결정인자인 외부 환경과 맞붙이는 것이다. 사회학자들은 사회구조와 개인의 행위를 대비하여 이야기한다. 또한 공공영역(public sphere)에서는 '기본적 귀인 오류(fundamental attribution error)'를 언급하는 게 유행이 되었는데, 그것은 행동이란 기저에 있는 어떤 인성의 결과가 아닌 환경의 결과라는 것이다. 그러나 명확한 사실은 행동은 내적 상태와 외적 상황이 복합적으로 상호작용하여 일어난다는 것이다. 어떤 하나가 다른 것보다 더 중요할 수도 있다. 이는 마치 운동선수의 성과 측면에서 기량이 중요한지 장비의 품질이 중요한지 물어보는 거나 마찬가지다. 그러나 그것은 스포츠와 운동선수와 고려해야 할 기량과 장비 품질의 범위에 따라 다르다. 그러나 유전자 같은 불변의 조건이 더 큰 영향력을 발휘한다고 주장하는 사람은 양육의 타당성을 비판한다. 주디스 해리스(2009)는 다른 환경적 요인과 비교해서 양육에 대해 그렇게 주장했다. 더 최근에 브라이언 캐플란(2012)은 육아는 거의 중요하지 않다고 내다봤다. 이런 결론이 가지는 문제는 그들이 상대적으로 좁은 시야로 인간의 맥락을 바라본다는 데 있다.

50 해당 인용문은 뉴욕 타임스(2012)의 토론 원고에서 발췌한 것이다.

51 유모처럼 국민을 과보호하려 드는 국가 — 옮긴이주.

9장

1 점수표의 부정적인 영향은 '고정관념의 위협(stereotype threat)'인데, 이는 사람들이 부정적인 고정관념을 걱정할 때 업무 수행 능력이 떨어진다는 것이다. 이런 현상을 처음으로 입증한 사람은 스틸과 아론슨(1995)이었다. 고정관념은 어떤 사람을 고정된 관점으로 왜곡해서 본다는 측면에서 암묵적으로 변화 가능성을 부인한다.

2 마시멜로를 먹지 않고 오래 참은 아이일수록 가정이나 학교 등 삶 전반에서 그렇지 못한 아이들보다 훨씬 우수하다는 결과 — 옮긴이주.

3 쇼다와 연구진들(1990) 및 미셸과 쇼다(1995)의 자료를 보라.

4 만일 어른이 아이였을 때 가졌던 자기통제에 의존하게 되고, 아이의 자기통제에 관해 아이에게 전적으로 책임을 전가할 수 없다면, 적어도 어른의 자기통제는 일정 부분 자신의 행위를 넘어선 다른 원인 때문이라고 볼 수 있다. 간단히 말해서 사람의 내면적 발전 중에서 일부는 자기통제 밖에 있는 영향력에 기인한다. 갤런 스트로슨(2010) 같은 철학자는 사람의 어떤 측면도 궁극적으로 개인이 결정하는 것이 아니므로 자유의지는 결국 허상이라는 결론을 냈다. 사람이 하는 모든 일은 궁극적으로 외부 영향력에 의해 결정된다. 나는 이 설명이 이론적으로 타당하다고 믿으며, 현실을 잘 묘사했다고 본다. [철학적으로 자유의지에 관한 진정한 문제는 불교와 데이비드 흄(1740 [2011])과 데릭 파핏(1984) 같은 일부 서양 철학자들이 주장했던 것처럼, 행동하는 '자신(self)'이라는 개념에 하자가 생긴 것이며, 대부분의 사람이 자유의지를 당연하게 여긴다. 그렇지 않다면 우리는 물리적인 영향력으로부터 독립적인 의사결정 주체를 앉혀야 하는데, 이는 '영혼(soul)' 같은 초자연적인 개체를 가정하는 것과 마찬가지이며, 아니면 우리 마음의 일부 영역은 우주로부터 분리된 것으로서 내적 영향력이므로 그것을 의도적으로 제한해야 한다.] 어쨌든 책망(blame)과 기인(attribution)은 사회적 영향력으로서 유용한 가치가 있다. 책망은 완전히 확고한 환경에서도 사람을 적극적으

로 행동하도록 이끄는 외부의 사회적 영향력으로 작용할 수 있다. 이러한 결론은 바라라 프라이드 (2013)와 스트로슨 같은 철학자가 제시한 책망에 관한 생각과는 다르다. 이들은 모든 행동은 외부의 영향을 받기 때문에 어느 누구도 책망받아서는 안 된다고 말한다. 어른이 아이보다 더 책망 받을 만하다는 상식은 사회적으로 가치가 있다. 하지만 우리는 어른이 전적으로 책망받을 만하지 않다는 점도 명심해야 한다. (미셸 본인은 자기통제가 예언 같기도 하고 유연하기도 하다고 주장한다.) 이것은 내가 이 절과 다른 부분에서 진행할 내용의 기초이다.

5 이에 관한 예로 크라우스와 연구진들(2010), 피프와 연구진들(2010) 및 피프와 연구진들(2012)을 보라.

6 외부 환경이 중요한지 개인의 행동이 중요한지의 문제는 특정한 상황에서만 답할 수 있는 문제가 아니다. 다른 기질을 갖고 있는 두 명의 개인이 있을 때, 이들은 어떤 환경에서도 다르게 행동할 것이라고 쉽게 상상할 수 있다. 이 예는 개인의 행동이 외부 환경보다 더 중요하다는 것을 보여 준다. 그러나 다른 외부 환경에서 자란 두 명의 개인이 있는데, 이들 중 한 명은 연쇄살인범이 되고 다른 한 명은 덕망 높은 영웅이 되었다고 상상해 보는 것도 가능하다. 이 예는 외부 조건이 개인의 행동보다 더 중요하다는 것을 보여 준다. 결론은 둘 다 중요하며 긍정적인 방향으로 바뀌도록 돕는 일이야말로 상당히 가치가 있다는 점이다.

7 독재정권의 경우, 개인이 어떤 결정을 내릴 때에도 사람들이 어느 정도 연관되어 결정을 내린다. 심지어 사람들은 아주 극단적인 상황에서 가능해 보이지 않는 것도 집단적으로 선택한다. 오래전 사람들이 미국 뉴햄프셔에서 '자유가 아니면 죽음을 달라(Live free or die)'고 말한 것처럼 냉혹한 선택은 항상 존재한다.

8 영국의 시인 겸 화가. 대표적인 작품으로 《결백의 노래》, 《밀턴》 등이 있다 ― 편집자주.

9 루터, 칼뱅 등에 의하여 주도된 16세기 종교 개혁의 중심 사상. 또는 여기에서 성립된 여러 교회의 신조를 기초로 하는 교의 ― 편집자주.

10 베버는 실제로 인도나 중국에 가본 적이 없었으나 해당 국가의 종교에 관한 책을 썼다. 베버는 두 나라의 종교는 경제성장을 위한 문화적 토대로서 부적당하다는 결론을 얻었는데, 그 이유는 두 종교 모두 기업가 활동에 대한 도덕적인 지지가 없기 때문이었다. 유교는 사회에서 개인의 화합을 강조했고(베버 1915 [1951]), 인도의 종교는 우주의 질서가 불변한다는 것을 강조했다(베버 1916 [1958], p. 326). 이에 대한 답은 1990년대 초기에 나왔고, 그 당시는 중국이나 인도 모두 오늘날처럼 경제 대국이 아니었기 때문에 베버는 아무 일 없이 넘어갈 수 있었던 것 같다.

11 베버(1904 [1976]).

12 힌두(2014). 2008년 인도가 달에 도달한 다섯 번째 국가가 되도록 이끈 찬드라얀(Chandrayaan)에 대해서도 비슷한 수준으로 흥분했다.

13 월리스(2006)는 '조직적 부패(systematic corruption)', 즉 정치인들이 정부를 속이고 폭정에 대한 공포가 지배적인 상황과 '뇌물 부패(venal corruption)', 즉 돈으로 정부를 속이는 상황을 구분하고 있다. 월리스의 연구 결과를 보면, 미국의 경우 1890년대에 이르면서 조직적 부패는 거의 사라졌고 오늘날 부패 걱정거리는 거의 다 뇌물 부패 형태라고 되어 있다. 그러나 오늘날 개발도상국 대부분은 조직적 부패와 계속 싸워 나가고 있다.

14 진보 형태가 공통적이라고 해서 그 나라 문화의 다양성을 잃는다는 것이 아니다. 오늘날 일본을 보

면 오늘날 미국과는 많이 다르며, 인도와도 많이 다르다. 하지만 현대 일본과 100년 전 일본이 다른 것은 현대 미국과 1900년대의 미국이 다른 것과 유사하다. 또한 인도의 부유한 도시와 힌두스탄의 가난한 농촌이 다른 것에서도 유사하다. 많은 질적 특성들이 정확히 보조를 맞추는 건 아니지만, 함께 변하는 경향이 있다. 사실상 고고학자와 인류학자는 보다 장기간에 걸쳐 사회를 논의하기 위해 다른 단계의 유형 분류 체계를 사용한다. 예를 들어 자주 사용되는 엘먼 서비스(1962 [1968])의 유형 분류 체계는 인간 사회를 집단, 종족, 군장국가와 민족국가로 분류하고 있다.

15 쿤츠(2014).

16 헤게비스와 윌리엄스(2013).

17 미국 여성 정치 센터(Center for American Women and Politics)(2014).

18 비주류경제학자인 장하준(2010), p. 35은 "가전제품뿐만 아니라 전기, 상수도, 도시가스의 출현은 여성이 사는 방식과 더불어 남성이 사는 방식까지 완전히 바꿔 놓았다. 훨씬 많은 여성을 노동 시장에 참여하게 하였다"라고 말했다. 이러한 해석은 가사는 여자가 해야만 하는 일이라고 가정한다. 진정한 문제는 일부 기술이 여성을 집안일에서 해방시켰는지의 여부가 아니라 변화하는 사회규범이 우리가 성과 일에 관해 생각하는 방식을 어떻게 바꿨는가 하는 것이다. (장하준은 다른 사회적 대의명분의 중요성을 부정하지 않는다. 또한 그는 인터넷의 영향력을 가전제품과 비교하여 낮게 평가하고 있다.)

19 유엔개발계획(2013). 96퍼센트라는 수치는 두 해의 자료를 놓고 봤을 때 83개국에서 80개국임을 의미한다. 세계경제포럼(2013)에서도 유사한 보고서가 있었는데, 경제 참여, 교육 정도, 건강과 생존, 정치적 권한에 대한 세계 성별 편차를 추적했다. 2006년부터 2013년까지 전체 성 평등은 110개국 중 95개국에서 증가한 것으로 밝혀졌다(86퍼센트).

20 잉글하트는 주관적 가치에 관해 세계에서 가장 포괄적이면서도 엄격한 자료 수집을 관장했다. 잉글하트와 연구진들은 분석을 통해 개인 심리과 사회 변화를 연결하는 통합된 이론을 추진한다. 잉글하트의 연구는 훨씬 더 광범위하게 알려질 만한 가치가 있다. 그의 연구에 대한 훌륭한 소개 글은 잉글하트와 웰젤(2005)의 자료에 있다.

21 세계 가치관 조사는 자체 조사, 자료, 많은 학술 분석에 관한 내용으로 웹사이트를 활발하게 운영하고 있다(www.worldvaluessurvey.org).

22 글머리표의 내용은 세계 가치관 조사(날짜 없음)에서 발췌한 내용이며 읽기 좋도록 약간 편집했다. 또한 웹사이트에 잉글하트와 웰젤의 문화도(cultural map)가 있는데, 2차원으로 문화적으로 유사한 나라가 어떻게 군집을 이루는지를 보여 준다. 지도에 대한 자세한 설명은 잉글하트와 웰젤(2005)의 자료에 있다.

23 국가 발전의 동인에 관해 의견이 일치하는 설명은 없지만, 농업에서 문명 그 자체가 예견된다는 점은 널리 받아들여지고 있다. 왜냐하면 문명은 군사 계급이 필요하고 이는 다시 지배계급과 유한계급으로 이어지기 때문이다. 그리고 좀 더 최근의 역사를 보면 농업 생산성에 일부 경계가 나타난 것을 미래 경제 발전으로 예측하는 증거가 상당히 많다. 이에 관한 예로 삭스(2005), pp. 69–70를 보라.

24 내가 만난 가난한 소작농들은 한결같이 세금을 더 적게 내고 자신의 일을 예측하고 싶어 했다. 이와 반대로 부자들은 농장을 소유하는 게 재미있는 일이라고 생각했다. 인도에는 매일 5만 명 이상

의 사람들이 농촌에서 도시로 이주한다(인도 인류 정착 연구소 2012). 2009년, 세계는 역사상 처음으로 도시에 사는 사람들이 농촌보다 많아졌다(UN 2010).

25 잉글하트와 노리스(2003), p. 159.

26 잉글하트와 웰젤(2005), p. 139.

27 위와 동일 문헌 인용, p. 33.

28 매슬로(1954 [1987]), p. 17.

29 잉글하트와 웰젤(2005), p. 37.

30 매슬로의 욕구 단계는 잉글하트의 가치 체계뿐만 아니라 다른 사회과학의 다양한 발달 체계와 대략 맞아떨어진다. 아마도 이들 체계에 내재된 단일한 심리-사회학적 이론이 있는 것 같다. 인간 발달에 관한 다양한 단계 이론은 다음 표와 같다. 위 네 개는 사회에 관한 것이고, 아래 네 개는 개인에 관한 것이다. 이론들이 일대일로 상응하는 것은 아니므로 대략 유사한 수평 위치로 나타냈다. 괄호로 표시한 것은 원래 용어를 바꿔서 표현했다. 이탤릭체는 전체 항목을 완성하기 위해 내가 추가한 단계다. 참조한 내용은 다음과 같다. 로스토(1960); 벨(1999); 플로리다(2002); 잉글하트와 웰젤(2005); 파울러(1981); 콜버그와 연구진들(1983); 피스케(1993) – '합리적-법적 형(Rational Legal)'은 피스케가 '시장가격결정형(Market Pricing)'이라고 부르는 것을 핑커가 바꿔 표현한 것이다; 매슬로(1943, 1954 [1987]).

지배구조 유형	원시	독재	국수주의	관료주의	민감 반응	철학 정치
로스토우의 발전 단계	전통적	도약준비	도약	성숙	[자족]	*자선*
벨과 플로리다의 계급사회	농업 계급		산업 계급	서비스 계급	창조 계급	온정 계급
잉글하트의 현대화 가치	전통적/생존적		비종교적-합리적/생존적		자기표현적	*이타적*
파울러의 신앙 단계	신화적-문자적		종합적-관습적		개체적	결합적-보편적
콜버그의 도덕성 발달 단계	본능적	타율적	개인주의적-도구적	몰인격적-규범적	사회 체계	권리-복지 보편적
피스케의 관계 모델	공동 분배형		권위 서열형	평등 조화형	[합리-법률형]	*기타 복지형*
매슬로의 욕구 단계	생존	안전/보호	자아존중	성취	자아실현	자기초월

31 바트(2003).

32 색스니언(2006).

33 이 인용문은 플로리다(2002), pp. 77-80에서 발췌한 것이다.

34 플로리다(2002), p. xiii.

35 위와 동일 문헌 인용, pp. xiv, 74.

36 위와 동일 문헌 인용, p. 101.

37 위와 동일 문헌 인용, p. 88. 테일러(1999)에서 오픈소스 옹호자인 에릭 레이몬드의 말을 인용함.

38 위와 동일 문헌 인용, p. 92.

39 잉글하트와 웰젤(2005), p. 159. 잉글하트와 웰젤(2010)의 자료도 보라.

40 이 논쟁은 일찍이 1960년대에 있었다[와이너(1966) 참조]. 귀도 타벨리니(2008)는 잉글하트와는 대조적으로 개방적인 제도가 보다 개방적인 가치를 이끈다고 주장한다. 예를 들어, 3세대 미국인의 태도는 조부모의 국가에서 나타난 독재정치와 연관이 있다. 관련 요소들이 서로를 강화하면서 확실히 양방향으로 인과관계가 있는 것처럼 보인다. 잉글하트와 타벨리니 모두 동의하는 건 개인의 태도가 중요하다는 점이다. 타벨리니(2008)는 이렇게 표현했다. '어떤 정치적 성과나 관료 조직의 기능을 설명하기 위해서는 순수한 경제적 인센티브를 넘어서 개인행동에 동기를 부여하는 다른 요소도 생각해야 할지도 모른다.'

41 존스(2006); 비영리재단 통계센터(2010).

42 블랙우드와 연구진들(2012); 국가 및 지역사회 봉사 협의회(2006).

43 이는 인플레이션을 감안하면 1973년 기부액인 1300억 달러보다 157퍼센트 증가한 수치다(Giving USA 2014). 그러나 페리(2013)가 작성한 훌륭한 개요 자료에서 GDP 백분율을 기준으로 한 기부액을 보면, 1970년대 이후 2퍼센트 주위에서 맴돌고 있다고 보고하고 있다. 이는 2001년도에 최고치를 기록했는데, 2.3퍼센트였다.

44 고등교육연구소(2008); 이건과 연구진들(2013).

45 런츠(2009).

46 고등교육연구소(2008)는 대학생 가족의 중간 소득은 모든 미국 가족의 중간 소득보다 50퍼센트 높다는 결과도 보여 주었다. 이 같은 사실은 가정했던 바와 같이 '사람들을 돕는 행위'에 대한 집단 성향과 더불어 가족의 수입과 매슬로의 발전 수준과 상관관계가 있음을 나타낸다. 또한 매슬로라면 예상했을지도 모르지만, 2007년 이후 세계 경기 침체는 사회적 대의명분에 대한 관심을 떨어뜨렸다. 많은 사람들이 외부 환경으로 인해 안전의 욕구로 내몰렸기 때문이다.

47 본스타인(2004), p. 4.

48 샐러먼과 연구진들(2013).

49 OECD(2010a).

50 개발계획(Development Initiatives)(2010).

51 고등교육연구소(2008)에 따르면, '사람들을 돕는 것'이 바로 이전의 과거와 비교할 때 상대적으로 높아졌으며, 여전히 '가족을 부양하는 것'과 '금전적으로 부유해지는 것'의 뒤를 잇고 있다. 앞선 두 개 항목은 표본조사를 한 학생 중 각각 75.5퍼센트와 73.4퍼센트가 강조했다.

52 핑커(2001)의 책은 순수한 천재 같은 책이다. 이 책은 폭력, 편견, 나쁜 관습들이 역사적으로(또한 언뜻 납득이 잘 가지 않게) 감소하는 현상에 대해 엄청난 수의 정보를 종합하고 그 이유에 대한 합리적인 설명을 신중히 제시한다. 핑커의 '선한 천사' 네 가지는 내면적 성장의 세 가지 요소와 밀접

하게 일치한다. 공감과 도덕적 이성은 선의를 향하고 있고, 이성은 안목이며, 자기통제는 알다시피 자기통제다. 핑커의 역사적인 영향력 다섯 가지는 자유롭게 해석되는데, 이는 사회의 내면적인 성장을 위해 중요한 요소들이다.

10장

1 트리시아 툰스톨(2012)의 책《삶의 변화(Changing Lives)》는 이 절에서 언급한 엘 시스테마에 관한 많은 이야기의 기초가 되었다. 이 책을 통해 음악에 대해 아무것도 모르는 사람도 대규모의 사회 변화에 대한 영감과 통찰력을 얻게 될 것이다.

2 엘 시스테마(날짜 없음).

3 미국의 지휘자, 작곡가, 피아니스트. 뉴욕 필하모닉의 상임지휘자 및 음악감독이었으며 세계적인 마에스트로로 유명하다 ─ 편집자주.

4 미리 정한 장소에 모여 아주 짧은 시간 동안 약속한 행동을 한 후, 바로 흩어지는 불특정 다수의 군중 행위 ─ 옮긴이주.

5 프라단(2014). 프라단의 영향력을 간결하게 담아내기란 쉽지 않다. 그 이유는 이 장을 보면 명확해지겠지만, 너무 다양해서 그렇다. 프라단의 성공 이야기는 상당히 많고 널리 퍼져 있다. 그중 일부는 http://30.pradan.net/ 에 언급되어 있다.

6 인도의 지방 단위에서의 자치기구 ─ 옮긴이주.

7 프라단은 자신이 하는 일을 설명하기 위해 '멘토십(mentorship, 편집자주 ─ 조언자인 멘토와 가르침을 받는 멘티와의 일대일 관계를 이르는 말)'이란 단어를 쓰지 않지만, 프라단의 리더들은 이 장에서 표현된 그들의 일과 가치에 관한 설명에 동의한다.

8 어떤 문제에 대하여 일대일로 상담하거나 조언해 주는 행위나 체계─편집자주.

9 대부분의 사회운동가들은 양측의 계약이 동등한 관계에서 일어나는 것처럼 보이도록 '파트너십'과 '협력' 같은 단어를 사용하기 좋아한다. 아마도 그 의도는 신식민주의의 오만함이나 우월성 있는 주장을 피하기 위한 것이며, 이런 것이 기술 남용과 무분별한 개발로 이어질 수 있기 때문이다. 그러나 기술 남용과 무분별한 개발은 그것을 인정하든 안하든 세력의 측면에서 진정한 편차가 있는 곳이라면 위험이 된다. 문제는 권력도 아니고, 위계도 아니고, 지위의 격차도 아니다. 문제는 남용이다. 대체로 그런 편차는 인정하는 게 좋다. 또한 편차가 전혀 존재하지 않는 체 하는 것보다 남용에 대해 경계하는 것이 더 좋다. 전자의 경우 부정직하게 되는데, 이 때문에 사람들은 무분별한 개발에 틈을 보여 주게 된다. 때문에 개별 사례마다 좋은 안목이 필요하다. 고정관념 위험의 경우에서처럼, 격차를 분명하게 만드는 건 실패할 수 있다고 주장하는 사례가 있기 때문이다(라 스틸과 아론슨 1995). 권력은 받아들이고, 권력의 남용을 받아들이지 않아야 하는 강력한 논거가 풀러(2004)의 자료에 제시된다.

10 프라단(2014).

11 질적 연구자들 사이에서 희망은 오래전부터 지역사회 내 정신건강의 중요한 측면으로 인식되어 왔으며, 오스카 루이스(1961) 같은 인류학자는 희망이 없다는 건 빈곤한 지역사회 대다수의 특성이

라고 자주 언급했다. 최근에 경제학자인 에스더 듀플로(2012)는 하버드대학교에서 가진 태너 강좌(Tanner Lectures)에서 일부 가난한 사람들은 그들에게 가축이나 맞춤형 지원의 형태로 자그마한 희망이 주어지면 자신들을 위해 지속적으로 노력할 것이라고 언급했다. 경제학자들이 '희망'처럼 애매한 개념을 심각하게 받아들인 것은 고무적인 일이다.

12 부가적인 장점으로는 멘토가 주제를 정하지 않기 때문에 좋지 못한 결과가 발생하더라도 멘토는 도덕적 책임을 많이 덜게 된다. 특히 일이 제대로 되지 않을 때, 누군가에게 무언가를 하라고 말하는 것과 요청받아서 신실한 조언을 하는 것과는 엄청난 윤리적 차이가 존재한다.

13 우리는 멘토에게 지불되는 돈도 경계해야 한다. 돈을 받고 하는 멘토십은 '벨트웨이 도당(beltway bandits, 옮긴이주 — 미국의 정치 로비 집단을 이르는 말)'으로 유명한 위싱턴의 경우처럼, 고비용 컨설턴트 산업으로 변질될 수 있다. 비용이 높으면 높을수록 멘토는 멘티의 내면적 성장이 아닌 다른 것에 이해관계를 많이 갖게 된다. '멘토'는 이해관계가 많으면 많을수록, 변질될 수 있는 기회가 커진다. 값비싼 '멘토'들 사이에 가장 확실한 형태의 변질은 멘티의 성장을 놓고 일자리를 보장하는 것이다. 바로 이런 역학 관계가 2012년에 드러났는데, 당시 미국국제개발처 수장인 라지브 샤(Rajiv Shah)는 조직의 정책을 바꿔서 지역 시장에서 더 많은 상품과 서비스를 구매하고 미국 시장에서는 덜 구매하도록 했다. 벨트웨이 도당을 대표하는 집단들은 즉시 로비 회사를 개입시켜 해당 정책에 맞서도록 했다(이스털리와 프레스키 2012). 가장 훌륭한 멘토는 무료로 서비스를 제공하거나, 원가에 제공하거나, 아니면 거의 원가에 근접하게 제공한다. 확실한 것은 시장이 감내할 수 있는 최고 금액에 제공하는 것이 아니라는 점이다.

14 아포슬(1984), p. 21.

15 전 세계은행 자문가인 데이비드 엘러먼(2005)은 예외다. 엘러먼은 《다른 사람을 돕는 사람은 자신을 돕는다(Helping People Help Themselves)》라는 책에서 비록 '멘토십'이라는 단어를 쓰지는 않았지만, 그의 충고는 나에게 전조나 다름없었다. 엘러먼은 이 책에서 하향식 명령과 통합된 메시지 전달이라는 '교회' 문화가 국가로 하여금 스스로의 진로를 결정하도록 허락하는 과정에서 어떻게 충돌하는지를 관찰했다.

16 이러한 사례는 보통 좋은 정책이지만 엄격히 말하면 멘토십은 아니다. 그러나 나중에 언급하겠지만, 광범위한 멘토십 체계 안에서 인센티브를 사용해서 무언가를 실현하도록 도와줄 수도 있다. 접근 방식 측면에서 멘토십과 조작의 중요한 차이는 멘토십의 경우, 궁극적인 목표는 행동에서뿐만 아니라 사람 자체의 긍정적인 변화를 추구하는 것이다.

17 적어도 일대일 멘토링 관계의 경우, 멘토를 잘하기 위해 어떤 것이 필요한지에 관해 의견이 일치하는 연구 결과가 비즈니스 문헌 중에 많이 있다. 나는 이 장을 나의 경험과 관찰에 기반을 두고 구성했지만, 권장하는 바가 브라운스타인(2000), 존슨과 리들리(2008), 자카리(2012) 등의 실용적인 지침이나 학술 문헌의 내용에서 크게 벗어나지 않는다(이에 관한 예로는 국제 근거 기반 코칭과 멘토링 저널을 보라. 웹사이트는 http://ijebcm.brookes.ac.uk/이다). 멘토십을 심각하게 받아들이는 또 다른 분야는 청년 개발 분야다. 청년 멘토십의 효과에 관해 훌륭하게 논평한 내용을 보려거든 로즈(2008)를 참조하고, 관련 기사는 근거 기반 멘토링 연대기(http://chronicle.umbmentoring.org/)를 참조하라. 갤럽과 퍼듀대학교(2014)는 3만 명이 넘는 대학 졸업생을 조사하여 재학 시의 좋은 멘토링은 일터에서의 몰입과 전반적인 행복을 위해 중요하다는 사실을 발견했다. 파우슨(2004)은 국제 개발의 맥락에서 멘토십에 관한 연관성을 포함하고 있다.

18 국제코치연맹(The International Coach Federation)(날짜 없음)은 코치를 '개인이나 집단이 자신의 목표를 설정하고 도달하도록' 돕는 사람들로 정의하고 있다.

19 농부 현장 학교에 관한 자세한 자료는 데이비스와 연구진들(2010)의 자료를 보라. 그 자료는 농부 현장 학교에 관한 문헌을 논평하며 동아프리카에서 농부 현장 학교가 미친 영향에 관해 보고하고 있다.

20 녹색 혁명이 끼친 전반적인 영향에 관해서는 논쟁이 많다. 비평가들은 녹색 혁명으로 인해 대수층이 고갈되고, 단일 경작으로 토양이 훼손되고, 농촌 불균형이 심화되었고(증폭), 개발도상국의 농업이 선진국 기업에 의존하도록 만들었다고 시사한다. 모두 일리가 있다. 그러나 나는 녹색 혁명을 예로 들어 수확량 개선이라는 목표의 효율성을 논하고자 한다. 녹색 혁명은 일반적으로 종자, 비료, 농약 등에 관한 신기술의 승리로 묘사되지만, 실은 연구 역량과 광범위한 농업 지도를 위한 대규모 투자를 포함해 여러 일선에서 조직적으로 후원하는 것이었다. 이에 관한 예로 하젤(2009)의 자료를 보라.

21 휴와 연구진들(2012). 중국의 담당자들이 최고로 많았을 때는 100만 명에 이르렀지만, 그 이후에는 감소했다. 지도력의 수준은 오르락내리락했지만, 정부는 계속해서 농업에 전념했다. 중국 체계에 관한 가장 흔한 비평은 중국이 하향식이라는 것이다. 농부들은 종종 국가의 우선순위로 인해 자신이 재배하는 품목을 바꾸라는 명령을 받는다.

22 데오의 놀라운 인생 이야기는 키더(2009)의 자료에 있다.

23 턴스털(2012), pp. 71, xi. 엘 시스테마를 사회 발전으로 보는 아브레우의 믿음은 학교 출석률이 향상되고, 청소년 비행이 감소하고, 엘 시스테마에 가난한 가정 출신의 참가자의 비율이 높고, 다른 베네수엘라 10대에 비해 고등학교 중퇴율이 낮다는 사실들로 뒷받침된다(6.9퍼센트 대 26퍼센트). 미주개발은행은 엘 시스테마에 투자된 1달러마다 사회적 수익은 모두 다 해서 1.68달러라고 추정했다(루보 2007).

24 해당 인용문은 프라단(날짜 없음)의 온라인 강령에서 발췌한 것이다. 프라단은 내가 만나 본 개발 단체 중 가장 현명하다. [이 말은 비슷한 역량을 지닌 다른 단체가 없다는 의미는 아니다. 인도에선 SEWA, MYRADA, 세바 만디르, 그램 비카스(Gram Vikas), MKSS, 팀박투 콜렉티브(Timbaktu Collective) 등이 그런 단체라고 할 수 있다.] 프라단의 창립자인 딥 조시는 자신이 노력하는 바를 '생각' 측면에서 이야기하고 있다.

25 패키지 개입은 성과를 창출하기 위해 사람의 영향력을 증폭한다. 이 개념을 있는 글자 그대로 산술적으로 해석하면 마음의 눈을 통해 사각형을 보게 된다. 이 사각형의 너비는 패키지 개입의 양으로 결정되고, 높이는 사람의 영향력 강도로 결정된다. 거시경제학에서 코브-더글러스 함수는 총 경제 산출량을 기술과 인적자본(그리고 금융자본)의 곱으로 나타내므로 이렇게 글자 그대로 해석하는 것이 그렇게 말이 안 되는 것 같지는 않다. 어떤 사각형이 있다고 가정할 때 면적을 늘리는 최적의 방법은 양변 중 더 짧은 변을 늘리는 것이다. 예를 들어, 1×5인 직사각형의 경우, 어느 한 변에 1을 더할 수 있다면, 1×(5+1)=6 보다 (1+1)×5=10을 선택하는 것이 더 좋다. 따라서 기술에 사로잡힌 세상의 경우, 상대적으로 짧은 변이 사람의 측면이므로 그쪽을 강화해야 한다.

26 비슷한 이유로 기술 세계에서 컴퓨팅 산업이 성장했을지 모른다. 효율적인 기계 엔진을 개발하고 테스트하고 배포하고 이에 대한 급여를 받는 것보다 소프트웨어 어플리케이션을 통해 급여를 받는

게 훨씬 더 쉽다. 결과적으로 정보 기술은 기하급수적으로 발전하지만 자동차는 (단지 예를 들기 위한 것이지만) 그렇게 많이 변하지 않았다. 기술을 좋아하는 젊은이들은 컴퓨팅 분야를 부와 명성에 이르는 가장 쉬운 길로 생각하기 때문에 이 분야에 매력을 느낄 수 있다. 다른 모든 것과 마찬가지로 문명은 일을 가장 쉽게 만드는 방향으로 자연스럽게 흘러간다.

마치는 글

1 싱어(2009), pp. 3-5.

2 이에 관한 예로 미국 적십자(날짜 없음)의 자료를 보라.

3 이스털리(2014), p. 7.

4 이 책의 목적은 사회적 대의명분에 적용되는 일종의 결과주의로서의 덕 윤리학(virtue ethics)이다. 철학자인 줄리아 드라이버(2001)는 이 관점을 확실히 지지하며, 미덕이란 '체계적으로 선을 만드는 성격적 특성'이라고 기술한다. 결과주의로서의 덕 윤리학의 요지는 좋은 세상을 만들 수 있다는 이유만으로 사람이 가진 어떤 성향을 길러 주는 것이다. 덕 윤리학은 무엇이 옳은지 아는 것이 옳은 일을 행하는 것과 다르다는 점을 인정한다. 그리고 보다 윤리적인 행동에 더 중점을 둔다. 서구의 덕 윤리학은 고대와 현대 모두 일반적으로 아리스토텔레스의 것으로 여겨지는 목적론적 추론(teleological reasoning)으로 인해 혼란스러운데, 이 추론에서는 미덕이야말로 우리를 사람답게 만드는 가장 훌륭한 표현 방식으로 본다. 덕 윤리학을 이러한 관점에서 보는 사람은 미덕 그 자체를 목적으로 보고, 인간의 '번영(flourishing)'이 공리적 가치(axiomatic value)가 있다고 본다. 철학자인 마사 누스바움(2011)은 국제 개발에 '역량 중심 접근(Capability Approach)'을 확립한 아마르티아 센과 이런 논지의 맥락을 같이 한다. 그러나 보다 큰 목적이 없는 상태에서 번영하면 무의미한 고급문화에 이르거나 그릇된 자아도취에 이르게 된다. 보다 실질적으로 보면, 누스바움과 센의 경우에 인간이 가진 올바른 의도의 중요성을 강조하지 않는다. 그들은 책임감을 키우는 데 중점을 두지 않고, 자유를 주는 데 중점을 둔다.

5 의료 체계 강화의 중요성은 블로랜드와 연구진들(2012) 자료에 간결하게 담겨 있다. 파이바(1977)는 사회 개발에 대해 '자신의 복지와 사회의 복지를 위해 지속적으로 일하는 사람들의 역량'으로 정의했다. 모로조프(2013) 자료에 보면 실리콘밸리의 '앱으로 세상을 구한다(save-the-world-with-apps)'는 정신을 비평한 내용은 탁월하지만, 모로조프(2011) 자료에서 제시한 해법은 더 강력하다. 래비치(2011)는 미국 교육의 '교육 개혁'에 관해 가차 없이 비평한다. 데이비드 L. 커프(2013)는 교사의 기본적인 관리와 우수한 지원의 중요성을 강조한다. 이스털리(2006)의 자료는 그의 비평 중에 가장 건설적이다. 이스털리(2014)가 기술중심주의적인 해법에 관해 비평한 내용은 정책 권고 사항은 다를지언정 나의 생각과 비슷하다. 제도 전환에 관한 개요는 사회학자인 피터 에반스(2005)가 제시한다. 덕 윤리학에는 많은 철학자들이 있지만 나는 줄리아 드라이버(2001) 의견에 가장 동의한다. 공산주의의 개요는 에치오니(1993)의 자료를 보라.

6 윌스(2002), p. 36. 해당 인용문은 1788년 6월 20일에 매디슨이 버지니아 비준회의(Virginia Ratifying Convention)에서 연설한 내용으로부터 발췌한 것이다.

7 링컨(1858).

8 이 부분은 특히 미국의 경우, 비종교적 현대사회가 자아 개발의 견해에 깊은 양면성을 지니고 있기에 언급될 필요가 있다. 우리는 한편으로 가공의 인물인 호라시오 엘저나 현실 세계의 스티브 잡스와 같이 자수성가한 사람들을 존경한다. 다른 한편으로는 이들은 열정이나 미덕 때문이 아니라, 주로 기술 역량이 높거나 관습에 반항했다는 이유로 존경받는다. 우리는 자의식적인 도덕을 무시하고는 한다. 그 이유는 인간 본성에 대한 냉소주의 때문일 수도 있다. (인간의 본성은 변하지 않는다.) 즉, 종교에 느낀 환멸을 과잉 보상하려는 행위(미덕의 경우, 이런 경향이 있다), 영락없는 모범생처럼 보이는 것에 대한 반감, 자신의 도덕적 실패를 인정하지 않는 행위 등이 그렇다. 예술과 문학에 관한 최악의 비난은 그 작품을 보고 '교훈적'이라고 하는 것이며, 훈계하는 분위기가 조금이라도 있으면 세련되지 못하고 탐탁지 않게 여겨진다.

9 예를 들어, 레이첼 카슨(Rachel Carson)의 《침묵의 봄(Silent Spring)》이 출판되었던 1962년, 미국의 1인당 GDP는 2012년 달러 기준으로 3100달러였음을 고려해 보자(세계은행 2012a). 이 책은 미국 최초로 환경 인식에 관한 이정표를 세웠다. 오늘날 인도의 1인당 GDP는 1500달러이므로(세계은행 2012b), 매년 7퍼센트씩 성장해도 1962년의 미국 수준에 도달하려면 적어도 10년은 더 걸릴 것이다.

10 박(2014)은 해당 통계를 언급하고 있으며, 세계보건기구(2014) 자료에 근거하고 있다.

11 크라레프(2009).

12 2014년 미-중 기후 협약은 약간 예외였는데, 이는 바로 오바마 미 대통령이 탄소 배출을 기꺼이 감축하겠다는 의지를 보여 주었기 때문이었다. 이에 대해 헨리 왁스먼 하원의원은 '나중에 역사를 뒤돌아보면 이번 협약이 기후에 있어 전환점이었다고 말할지도 모른다'고 말했다(파슨스와 연구진들 2014). 그렇게 되기를 바란다.

13 이 수치는 미 에너지 정보국이 게시한 자료(2010)이며, 2010년에 화석연료를 태워서 발생된 이산화탄소만 포함한 것이다.

14 프랜시스 후쿠야마(1992)는 자유민주주의가 '역사의 종언(end of history)', 즉 인간 문명의 정점과 목표점이며, 다른 나라들은 결국 이를 향해 나가게 되어 있다고 주장했다. 사람들은 이 논문을 거세게 혹평했는데, 특히 후쿠야마 자신이 그랬다.

15 아시모프(1942 [1991]), p. 126. 로봇의 법칙에 관한 아시모프의 사상은 철학적으로 볼 때 여기서 표현된 것보다 훨씬 더 심오하다. 그렇더라도 이 절에서 내가 이야기하고 싶은 내용은 동일하다. 아시모프(1985 [1994])는 《로봇과 제국(Robots and Empire)》이라는 소설에서 다닐이라는 로봇으로 하여금 제1법칙에 우선하는 법칙을 정립하도록 했다. 로봇공학의 제0법칙인 '로봇은 인류에게 해를 가하거나 그런 행동을 하지 않음으로써 인류에게 해가 가도록 해서는 안 된다'는 로봇이 인류에 훨씬 더 해를 끼칠 것으로 판단되는 사람은 해칠 수 있도록 했다. 그러나 다닐(아마도 아시모프)은 이런 윤리적 불씨의 소지에 편치 않았다. 《파운데이션과 지구(Foundation and Earth)》에서 아시모프(1986 [1994])는 다닐로 하여금 안목 있는 한 명의 인간을 찾게 함으로써 제0법칙을 효과적으로 철회하도록 하였다. 그렇게 함으로써 다닐은 사회운동가들의 롤모델이 되었다.

16 E. O. 윌슨(2012), p. 7은 우리가 사는 '스타워즈 문명(Star Wars civilization)'에 관해 자주 언급하고 있다. 즉, 신 같은 기술과 중세 시대의 제도와 석기 시대의 정서를 지닌 문명 말이다.

17 아시모프(1979 [1991]).

내 안의 겁쟁이 길들이기

- 이름트라우트 타르 지음
- 배인섭 옮김
- 자기계발/심리
- 값 13,500원

심리치료사이자 독일의 유명 무대연주자가 쓴 무대공포증 정복 비법. 이달의 읽을 만한 책(한국출판문화산업진흥원)으로 선정된 바 있다.

내 안의 자신감 길들이기

- 바튼 골드스미스 지음
- 김동규 옮김
- 자기계발/심리
- 값 13,800원

도전에 맞서기가 두려운 이유는 자신에 대한 믿음이 부족하기 때문이다. 이 책은 자신감이 부족한 당신의 삶을 바꿀 수 있는 계기가 될 것이다.

내 안의 마음습관 길들이기

- 수제, 진홍수 지음
- 김경숙 옮김
- 자기계발/심리
- 값 13,500원

생활 속에서 흔히 경험하는 심리 현상을 소개하고, 사람들의 행동에 숨겨진 심리적 원인을 쉬운 언어로 해석했다. 더불어 자신의 마음을 다스리고, 원활하게 사회생활을 해 나갈 수 있는 구체적인 방법을 제시한다.

성장의 챔피언

- The Growth Agenda 지음
- 김정수 옮김 | 뿌브아르 경제연구소 감수
- 자기계발/경영 · 경제
- 값 17,000원

삼성전자, 애플, 구글, 아마존 등 글로벌 기업 20곳의 성공비결을 다양한 자료와 인터뷰로 꾸몄다.

마피아의 실전 경영학

- 루이스 페란테 지음
- 김현정 옮김
- 자기계발
- 값 14,500원

〈비즈니스위크〉에서 언급한 암흑가의 경영 구루가 쓴 현대판 군주론이다.

행운을 잡는 8가지 기술

- 소어 뮬러, 레인 베커 지음
- 김고명 옮김
- 자기계발/경영 · 경제
- 값 15,000원

우리가 어떻게 해야 운 좋은 사람이 될 수 있는지를 과학적으로 논했다.
뉴욕타임스 베스트셀러

병법에서 비즈니스 전략을 읽다

- 후쿠다 고이치 지음
- 한양번역연구회 옮김
- 자기계발/리더십
- 값 15,000원

더 이상의 병법서는 없다. 현존하는 주요 병법서를 종합한 현대판 손자병법이다.

리퀴드 리더십

- 브래드 스졸로제 지음
- 이주만 옮김
- 자기계발/리더십
- 값 15,500원

버르장머리 없는 Y세대와 잔소리꾼 베이비부머가 함께 어울리는 법이 담겼다.
아마존 베스트셀러

마음을 흔드는 한 문장

- 라이오넬 살렘 지음
- 네이슨 드보아, 이은경 옮김
- 경영 · 경제/마케팅
- 값 20,000원

2200개 이상의 광고 카피를 분석해 글로벌 기업의 최신 슬로건을 정리했다.

세종처럼 읽고 다산처럼 써라

- 다이애나 홍 지음
- 인문/에세이
- 값 14,000원

책 읽기와 글쓰기는 최고의 자기계발법이다. 세종과 다산, 두 위인의 발자취를 에세이 형식으로 풀어냈다. 저자인 다이애나 홍은 한국독서경영연구원을 이끌며 대한민국 1호 독서 디자이너로 활약 중이다.

깐깐한 기자와 대화하는 법

- 제프 앤셀 제프리 리슨 지음
- 구세희 옮김
- 자기계발/언론
- 값 14,000원

기자 출신으로 세계적인 커뮤니케이션 컨설턴트가 말하는 실전 대언론전략서다. 기업 임원, 홍보 담당자, 정계 인사라면 꼭 읽어야 할 책이다.

세상에 쓸모없는 사람은 없다

- 웨이완레이, 양셴쥐 지음
- 조영숙 옮김
- 인문/자기계발
- 값 15,000원

전 세계에서 《성경》과 《공산당선언》 다음으로 많이 보급된 《노자》. 이 《노자》에 담긴 경영 사상을 도(道), 덕(德), 유(柔), 무(無), 반(反), 수(水)로 종합해 설명했다.

서로를 사랑하지 못하는 엄마와 딸

- 호로이와 히데아키 지음
- 박미정 옮김
- 인문/에세이
- 값 13,000원

서로를 사랑하지 못하는 모녀들의 이야기. 실제 상담 사례를 각색해 그들이 상처를 치유해 가는 과정을 보여준다.

량원건과 싼이그룹 이야기

- 허전린 지음
- 정호운 옮김
- 경영·경제
- 값 14,500원

중국 최고의 중공업기업인 싼이그룹과 량원건 그룹 회장에 대한 이야기이다. 허름한 용접공장에서 시작된 싼이그룹이 어떻게 중국 최고에 올랐는지를 분석했다. 저자 허전린은 최측근에서 량 회장을 보좌하면서 알게 된 그의 철학 등을 허심탄회하게 풀어나간다.

벤츠·베토벤·분데스리가

- 최연혜 지음
- 인문/에세이
- 값 14,000원

이 책은 독일과 독일인에 대해 한국인의 시선으로 심도 있게 분석한다. 이를 통해 한국이 나아갈 방향을 제시한다. 저자 최연혜 코레일 사장은 서울대학교와 동 대학원에서 독문학을 전공하고, 독일 만하임대학교에서 경영학 박사 학위를 취득한 자타공인 독일 전문가다.

반성의 역설

- 오카모토 시게키 지음
- 조민정 옮김
- 인문/교육
- 값 13,800원

저자는 교도소에 수감 중인 수형자를 교정지도하고 있는 범죄 심리 전문가다. 그는 수감자와의 상담을 통해 반성의 역설적인 면을 폭로한다. 이를 통해 진정한 반성이 무엇인지를 고민했다.

누가 왕따를 만드는가

- 아카사카 노리오 지음
- 최지안 옮김
- 인문/사회
- 값 14,500원

차별 문제를 '배제'라는 키워드로 풀었다. 배제의 현상을 학교 내 따돌림, 노숙자 살인, 사이비 종교, 묻지마 범죄, 장애인 차별, 젊은이들의 현실 도피 등 6개 주제로 나누어 분석했다.

유대인 유치원에서 배운 것들

- 우웨이닝 지음
- 정유희 옮김
- 육아/유대인 교육
- 값 13,000원

유대인의 교육 철학은 유명하다. 이렇게 유명한 데는 이유가 있는 법! 이 책은 자녀교육의 모범답안이라는 유대인의 교육법을 동양인의 시선으로 바라봤다.

생각의 크기만큼 자란다

- 장석만 지음
- 청소년/철학
- 값 12,000원

이 책에서는 '창의력이란 무엇일까'라는 물음에 70명의 위인들이 답한다. 남들과 다른 생각으로 세상을 바꾼 인물들의 이야기가 나온다. 대한출판문화협회와 한국출판문화진흥재단이 선정한 '2015 올해의 청소년교양도서' 중 하나다.

모략의 기술

- 장스완 지음
- 인문/고전
- 값 14,000원

귀곡자는 중국 역사상 가장 혼란했다는 전국시대에 제후들 사이를 오가며 약한 나라일수록 종횡으로 힘을 이용해야 한다고 주장한 책략가였다. 지금까지 국내에 잘 알려지지 않았던 그의 주장을 현대에 맞게 자기계발서로 재구성했다.

돈, 피, 혁명

- 조지 쿠퍼 지음
- PLS번역 옮김 | 송경모 감수
- 경제학/교양 과학
- 값 15,000원

이 책은 혼란했던 과학혁명 직전의 시기를 예로 들어 경제학에도 혁명이 임박했음을 이야기한다. 과학혁명 이전 혼란기의 천문학, 의학, 생물학, 지질학과 현재 혼란기를 겪고 있는 경제학의 유사점이 흥미진지하게 전개된다.

상처를 넘어설 용기

- 나영채 지음
- 심리학/심리에세이
- 값 14,000원

심리상담 전문가인 저자는 자신의 경험과 여러 상담 사례를 통해 독자들에게 끌어가는 삶을 살 것인지 끌려가는 삶을 살 것인지를 묻는다. 과거와 이별하면 현재가 보이며 그렇게 됐을 때 앞으로의 삶을 주도적으로 살 수 있게 된다고 주장한다.

엄마의 감정수업

- 나오미 스태들런 지음
- 이은경 옮김
- 육아심리/자녀교육
- 값 14,800원

엄마라면 누구나 공감할 만한 생생한 목소리가 담겼다. 육아 분야 베스트셀러 저자이자 심리치료사인 저자가 운영하는 엄마들을 위한 토론 모임에서 나왔던 많은 엄마들의 사례를 통해 엄마와 아이의 바람직한 애착 관계에 대해 이야기한다.

희망을 뜨개하는 남자

- 조성진 지음
- 자기계발/경제·경영
- 값 14,000원

공병호, 김미경, 최희수 등이 추천하는 감동 휴먼 스토리이자 특별한 성공 노하우가 담긴 자기계발서다. 보통 사람들이 범접하기 힘든 분야의 거창한 성공담이 아닌 가진 것 없던 보통 사람의 경험이 글에 녹아 있다.

임원보다는 부장을 꿈꿔라

- 김남정 지음
- 자기계발/직장생활
- 값 14,000원

대한민국에서 가장 치열한 분위기의 직장이라 할 수 있는 삼성전자에서 30년을 근속한 저자가 사회생활의 요령에 대해 논하는 책이다. 직장에서 인간관계는 승진과 앞으로의 직장생활을 좌우할 만큼 중요하다는 주장이다.

마음을 흔드는 영업의 법칙

- 와타세 켄 지음
- 화성네트웍스 옮김
- 영업/세일즈
- 값 13,500원

실적이 있고 없고의 차이는 영업의 기술에 달렸다. 극도로 소심한 성격의 저자는 한때 실적이 없어 무시당하던 세일즈맨이었다. 하지만 끊임없는 시행착오 끝에 나름의 영업 기술로 최고에 자리에 올랐다. 이 책에 그 비결이 담겨 있다.

왜 세계는 인도네시아에 주목하는가

- 방정환 지음
- 비즈니스/경영
- 값 14,000원

언론인 출신 비즈니스맨인 저자가 직접 인도네시아에서 발로 뛰며 얻은 생생한 정보와 이야기가 담겨 있다. 인도네시아 사회 전반은 물론 경제, 관광과 관련된 부분까지 다양한 내용을 실었다. 세계 경제의 거대한 변화를 알고 싶다면 누구나 일독해야 할 책이다.

삶의 뿌리, 인문학

- 다이애나 홍 지음
- 인문/자기계발
- 값 15,000원

역사적인 위인과 인문학이라는 신선한 조합을 통해 시대를 뛰어넘은 인문학을 전한다. 다이애나 홍 한국독서경영연구원 원장은 위대한 인물들의 치열한 삶의 과정을 인문학이란 그릇에 담아냈다. 흔들리지 않고 행복한 삶을 살고 싶은 사람이라면 꼭 읽어야 할 책이다.

내 안의 불안감 길들이기

- 존 실림패리스, 데일리 디애나 슈워츠 지음
- 이연규 옮김 | 최한나 감수
- 자기계발/심리
- 값 15,000원

미국에서 수많은 불안장애 환자들을 치료하며 명성을 얻은 존 실림패리스 심리치료사는 책을 통해 일상생활에서 쉽게 불안감을 이겨낼 수 있는 방법을 제시하고 있다. 막연한 불안감에 시달리는 사람들에게 직접적인 해결책을 준다.